Ilja Srubar

Kultur und Semantik

D1672440

77. Die Grablegung Jesu

Joh 19, 38–42	*Mk 15, 42–47*	*Mt 27, 57–61*	*Lk 23, 50–55*
38 Danach aber	42 Und da es schon Abend wurde, zumal Rüsttag war, das ist Vorsabbat, 43 kam Josef, (der) von	57 Da es aber Abend wurde,	*[Vgl V 54]*
bat den Pilatus Josef, (der) von Arimatäa,	Arimatäa, ein angesehener Ratsherr,	kam ein reicher Mensch von Arimatäa, dessen Name (war) Josef,	50 Und siehe, ein Mann namens Josef, der ein Ratsherr war, ein guter und gerechter Mann 51 – dieser hatte ihrem Ratschluß und ihrem Handeln nicht beigepflichtet – von Arimatäa, einer
der ein Jünger Jesu war, ein verborgener aber aus Furcht vor den Juden,[528] daß er den Leib Jesu wegnehmen dürfe.	der auch selbst das Gottesreich erwartete, wagte es, ging hinein zu Pilatus und verlangte den Leib Jesu. 44 Pilatus aber staunte, ob er schon tot sei, und er rief den Hauptmann herbei, fragte ihn, ob er bereits gestorben sei. 45 Und da er (es) vom	der auch selbst zum Jünger Jesu geworden war, 58 dieser ging hin zu Pilatus, verlangte den Leib Jesu.	Stadt der Juden, der das Gottesreich erwartete, 52 dieser ging hin zu Pilatus, verlangte den Leib Jesu.
Und Pilatus gestattete es. Er kam nun und nahm seinen Leib weg. 39 Es kam aber auch Nikodemus, der zu ihm des Nachts gekommen war das erste Mal,[529] brachte ein Gemisch von Myrrhe und Aloe, etwa hundert Pfund.	Hauptmann erfahren hatte, schenkte er die Leiche dem Josef.	Dann befahl Pilatus, er solle herausgegeben werden.	
40 Sie nahmen nun den Leib Jesu und banden ihn mit Tüchern, zusammen mit den Kräuterölen, wie es Sitte ist bei den Juden zu begraben. 41 Es war aber an dem Ort, wo er gekreuzigt wurde, ein Garten, und in dem Garten eine neue Grabstätte, in der noch	46 Und er kaufte Leinwand, nahm ihn herab, umhüllte ihn mit der Leinwand	59 Und Josef nahm den Leib, wickelte ihn in reine Leinwand	53 Und er nahm ihn herab, umwickelte ihn mit Leinwand
nie jemand hingelegt worden war.[530] 42 Dort nun wegen des Rüsttags der Juden, weil die Grabstätte nahe war, legten sie Jesus (hin).	und legte ihn in einer Grabstätte (hin), die aus Felsen ausgehauen war.	60 und legte ihn in seiner neuen Grabstätte (hin), die er im Felsen ausgehauen hatte.	und legte ihn in einer ausgehauenen Grabkammer (hin), wo noch nie jemand gelegen hatte. 54 Und es war Tag des Rüsttags, und der Sabbat leuchtete auf.
	Und er wälzte einen Stein vor die Tür der Grabstätte.	Und nachdem er einen großen Stein vor die Tür der Grabstätte gewälzt hatte, ging er fort.	
	47 Maria aber, die von Magdala, und Maria, die (des) Joses, schauten, wo er hingelegt worden war.	61 Es war aber dort Maria, die von Magdala, und die andere Maria, sitzend gegenüber dem Grab.	55 Die nachfolgenden Frauen aber, die zusammen mit ihm von Galiläa gekommen waren, schauten die Grabstätte an und wie sein Leib hingelegt wurde.
		[Vgl V 62–66: Die Grabwache]	*[Vgl den Abschluß V 56]*

---

[528] *Vgl 7, 13; 9, 22; 20, 19.*
[529] *Vgl 3, 1f; 7, 50.*
[530] *Vgl Petrusevangelium 3–5. 23–24:* »Es stand aber dort Josef, der Freund (des) Pilatus und des Herrn. Und da er wußte, daß sie ihn kreuzigen wollten, kam er zu Pilatus und erbat den Leib des Herrn zum Grab.

4 Und Pilatus schickte zu Herodes, erbat seinen Leib. 5 Und Herodes meinte: ›Bruder Pilatus, auch wenn ihn keiner erbeten hätte, wir hätten ihn begraben, zumal auch der Sabbat aufleuchtet. Denn es steht geschrieben im Gesetz, die Sonne dürfe nicht untergehen über einem Getöteten.‹ 23 Es freuten sich aber die

Juden und gaben dem Josef seinen Leib, damit er ihn begrabe, zumal er gesehen hatte, wieviel Gutes er getan. 24 Er nahm aber den Herrn, wusch (ihn) und umhüllte ihn mit Leinwand und überführte ihn in sein eigenes Grab, gerufen: Garten Josefs.«

78. Das leere Grab

Joh 20, 1–13

Mk 16, 2. 4. 10. 5 a. 5. 6 e

Mt 28, 1–2. 2 b. 3 b. 6 b

Lk 24, 1. 2. 9. 12 ab. 3. 12 c. 4

1 Am ersten Wochentag aber kommt Maria, die von Magdala, früh, als noch Finsternis war, zur Grabstätte

und sieht
den Stein weggenommen aus der Grabstätte.

2 Sie läuft nun und kommt zu Simon Petrus und zu dem anderen Jünger, den Jesus liebhatte,[531] und sagt ihnen: »Sie haben den Herrn weggenommen aus der Grabstätte, und wir wissen nicht, wo sie ihn hingelegt haben.«[532]
3 Hinausging nun Petrus und der andere Jünger; und sie kamen zur Grabstätte. *4* Es liefen aber die beiden zugleich. Und der andere Jünger lief voraus, rascher als Petrus, und kam als erster zur Grabstätte.
5 Und vorgebeugt, erblickt er die Tücher liegen; freilich ging er nicht hinein. *6* Es kommt nun auch Simon Petrus, ihm folgend; und er ging hinein in die Grabstätte. Und er schaut die Tücher liegen, *7* und das Schweißtuch, das auf seinem Kopf gewesen,[533] nicht mit den Tüchern liegen, sondern gesondert, zusammengefaltet an einem Ort. *8* Dann nun ging auch der andere Jünger, der als erster gekommen, in die Grabstätte hinein; und er sah und glaubte. *9* Denn noch nicht kannten sie die Schrift, daß er von den Toten auferstehen müsse.[534] *10* Fort nun gingen wiederum zu ihnen die Jünger.

2 Und sehr früh am ersten Wochentag kommen sie zur Grabstätte, als die Sonne aufging.
[Vgl V 1 und 3]
4 Und aufblickend schauen sie, daß der Stein umgewälzt ist. Er war nämlich sehr groß.

10 Jene zog hin, meldete (es) denen, die mit ihm gewesen waren, die trauerten und weinten.

5 a Und hineingegangen in die Grabstätte …

1 Spät aber des Sabbats, da es aufleuchtete zum ersten Wochentag, kamen Maria, die von Magdala, und die andere Maria, zu schauen das Grab.
2 Und siehe, ein großes Erdbeben entstand. Denn ein Engel des Herrn stieg vom Himmel, trat herzu und wälzte den Stein weg und setzte sich auf ihn.

1 Am ersten Wochentag aber, am frühen Morgen, kamen sie zur Grabkammer, brachten die Kräuteröle, die sie bereitet hatten.
2 Sie fanden aber den Stein weggewälzt von der Grabstätte.

9 Und zurückgekehrt von der Grabstätte meldeten sie dies alles den Elfen und den übrigen.

12 Petrus aber stand auf, lief zur Grabstätte.

Und vorgebückt, erblickt er die Binden allein.

3 Hineingegangen aber, fanden sie den Leib des Herrn Jesus nicht.

[Vgl V 7]

12 c Und er ging fort zu sich, staunend über das Geschehene.

---

[531] *Vgl 13, 23; 19, 26; 21, 7. 20.*   [532] *Vgl 20, 13.*   [533] *Vgl 11, 44.*   [534] *Vgl Ps 16, 9; Lk 24, 26 f; Apg 2, 27. 31; 1 Kor 15, 4.*

11 Maria aber stand bei der Grabstätte
draußen weinend.
Wie sie nun weinte,
bückte sie sich vor in die Grabstätte
12 und schaut zwei Engel
in weißen (Gewändern) (da)sitzen,

einen beim Kopf und einen bei den
Füßen, wo der Leib Jesu gelegen hatte.
13 Und es sagen zu ihr jene:
»Frau, was weinst du?«
Sie sagt ihnen:
»Sie haben meinen Herrn wegge-
nommen, und ich weiß nicht, wo sie
ihn hingelegt haben.«[535]

5 Und hineingegangen
in die Grabstätte,
sahen sie einen Jüngling zur Rechten
sitzen, umgeworfen einen weißen
Talar;
6e »Sieh der Ort,
wo sie ihn hingelegt hatten!«

2b Denn ein Engel des Herrn stieg vom
Himmel, trat herzu … 3b und seine
Kleidung weiß wie Schnee.
6b »Seht den Ort,
wo er lag!«

4 Und es geschah, da sie in
Verlegenheit darüber waren, und
siehe, zwei Männer traten zu ihnen
in blitzender Gewandung.

79. Erscheinung Jesu vor Maria von Magdala

Joh 20, 14–18	Mk 16, 9. 6c. 10. 11	Mt 28, 9a. 5c. 9b. 10. 8	Lk 24, 10. 5b. 9

14 Da sie dies gesprochen, wandte
sie sich um zurück und schaut
Jesus (da)stehen; und sie wußte nicht,
daß es Jesus ist.[536]

9 Auferstanden aber früh am ersten
(Tag) der Woche, erschien er zuerst
Maria, der von Magdala, von der er
sieben Dämonen ausgetrieben hatte.

9a Und siehe,
Jesus begegnete ihnen,
sagte: »Seid gegrüßt!«

10 Es waren aber Maria, die von Magdala, und Johanna und Maria, die (des)
Jakobus und die übrigen mit ihnen.

15 Es sagt ihr Jesus:
»Frau, was weinst du? Wen suchst du?«

6c »Jesus sucht ihr, den Nazarener,
den Gekreuzigten.«

5c »Denn ich weiß, daß ihr Jesus, den
Gekreuzigten, sucht!«

5b »Was sucht ihr den Lebenden bei
den Toten?«

Jene meinte, daß es der Gärtner sei,
sagt ihm: »Herr, wenn du ihn fortge-
tragen hast, sage mir, wo du ihn hingelegt hast, und ich will ihn holen!«
16 Es sagt ihr Jesus: »Maria!«
Umgewandt sagt jene ihm auf Hebräisch: »Rabbuni!«, das heißt: Lehrer.
17 Es sagt ihr Jesus: »Berühre mich
nicht, denn ich bin noch nicht hinauf-
gestiegen zum Vater!
Zieh aber hin zu
meinen Brüdern[537] und sprich zu ihnen:
›Ich steige hinauf zu meinem Vater
und eurem Vater und meinem Gott und
eurem Gott!‹«
18 Es kommt Maria, die von Magdala,
meldet den Jüngern:

[Vgl V 7]

9b Die aber traten hinzu, ergriffen
seine Füße und huldigten ihm.
10 Dann sagt ihnen Jesus: »Fürchtet
euch nicht! Geht hin, meldet
meinen Brüdern, daß sie fortgehen
sollen nach Galiläa. Und dort werden
sie mich sehen!«

10 Jene zog hin,
meldete (es) denen, die mit ihm gewesen
waren, die trauerten und weinten.
11 Und jene, da sie hörten, daß er lebe
und von ihr gesehen worden sei,
blieben ungläubig.

8 Und rasch fortgegangen von der
Grabstätte mit Furcht und großer
Freude, liefen (sie), es zu melden seinen
Jüngern.

9 Und zurückgekehrt von der
Grabstätte, meldeten sie dies alles den
Elfen und den übrigen.

»Ich habe den Herrn gesehen!«,
und dies habe er zu ihr gesprochen.

---

[535] Vgl 20, 2.   [536] Vgl 21, 4; Lk 24, 16.   [537] Vgl Röm 8, 29; Hebr 2, 11f.

80. Jesus erscheint den Jüngern

Joh 20, 19–23

19 Als nun Abend war an jenem Tag, dem ersten der Woche,
und die Türen verschlossen waren, wo die Jünger waren,
wegen der Furcht vor den Juden,[538] kam Jesus und trat in die Mitte
und sagt ihnen: »Friede euch!«
20 Und da er dies gesprochen, zeigt er ihnen die Hände und die Seite.[539]
Es freuten sich nun die Jünger, da sie den Herrn sahen.[540]
21 Er sprach nun wiederum zu ihnen: »Friede euch!
Wie mich der Vater gesandt hat, schicke auch ich euch.«[541]
22 Und da er dies gesprochen, hauchte er (sie) an und sagt ihnen:
»Empfanget heiligen Geist!
23 Wem immer ihr nachlaßt die Sünden, ihnen sind sie nachgelassen;
wem immer ihr sie festhaltet, sind sie festgehalten.«[542]

Lk 24, 36. 40. 41 a

[Vgl V 13. 29. 33]

36 Da sie aber dies redeten, trat er selbst in ihre Mitte
und sagt ihnen: »Friede euch!«
40 Und nachdem er dies gesprochen, zeigte er ihnen die Hände und die Füße.
41a Da sie aber noch ungläubig waren vor Freude und staunten,
sprach er zu ihnen …

[Vgl V 47f]

[Vgl V 49]
[Vgl V 47]   [Vgl Mk 16, 16]

81. Der ungläubige Tomas

Joh 20, 24–29

24 Tomas aber, einer von den Zwölfen, der (so)genannte Zwilling,[543] war nicht
bei ihnen, als Jesus kam. 25 Es sagten ihm nun die anderen Jünger:
»Wir haben den Herrn gesehen!« Er aber sprach zu ihnen: »Wenn ich nicht sehe
an seinen Händen den Abdruck seiner Nägel und lege meinen Finger in den Abdruck
der Nägel und lege meine Hand in seine Seite, werde ich niemals glauben.«
26 Und nach acht Tagen waren seine Jünger wiederum drinnen, und Tomas bei
ihnen. Jesus kommt bei verschlossenen Türen, und er trat in die Mitte und
sprach: »Friede euch!« 27 Darauf sagt er zu Tomas: »Bringe deinen Finger
hierher und sieh, meine Hände! Und bringe deine Hand und lege sie in meine
Seite! Und sei nicht ungläubig, sondern gläubig!«
28 Tomas antwortete und sprach zu ihm: »Mein Herr und mein Gott!«
29 Es sagt ihm Jesus: »Weil du mich gesehen hast, hast du geglaubt!
Selig, die nicht sahen und glaubten.«[544]

Mk 16, 14

14 Schließlich aber erschien er den Elfen selbst, da sie zu Tisch lagen.
Und er schmähte ihren Unglauben und (ihre) Herzenshärte, weil sie denen,
die ihn auferweckt gesehen hatten, nicht glaubten.

82. Erster Buchschluß

Joh 20, 30–31

30 Zwar viele nun und andere Zeichen tat Jesus vor seinen Jüngern,
die nicht aufgeschrieben sind in diesem Buch.[545]

31 Aber diese sind aufgeschrieben, damit ihr glaubt, daß Jesus ist der Christus,
der Sohn Gottes, und damit ihr glaubend Leben habt in seinem Namen.[546]

---

[538] Vgl 7, 13; 9, 22; 19, 38.
[539] Vgl 19, 34.
[540] Vgl 16, 20. 22.
[541] Vgl 17, 18.
[542] Vgl Mt 16, 19; 18, 18.
[543] Vgl 11, 16; 21, 2.
[544] Vgl 1 Petr 1, 8.
[545] Vgl 21, 25.
[546] Vgl 3, 15; 1 Joh 5, 13.

83. Erscheinung Jesu am Meer von Tiberias

Joh 21, 1–14

1 Danach offenbarte sich Jesus wiederum den Jüngern am Meer von Tiberias. Er offenbarte sich aber so.
2 Es waren zusammen Simon Petrus und Tomas, der (so)genannte Zwilling, und Natanael, der von Kana in Galiläa, und die (Söhne) des Zebedäus und zwei andere von seinen Jüngern.
3 Es sagt ihnen Simon Petrus: »Ich gehe fischen.« Sie sagen ihm: »Auch wir kommen mit dir!«
Sie gingen hinaus und stiegen in das Boot,
und in jener Nacht
fingen sie nichts.
4 Als aber schon Morgenfrühe war,
stand Jesus am Ufer. Freilich wußten die Jünger nicht, daß es Jesus ist.[547]
5 Es sagt nun ihnen Jesus: »Kinder, habt ihr etwas Verzehrbares?«
Sie antworteten ihm: »Nein!«
6 Er aber sprach zu ihnen:
»Werfet auf die rechte Seite des Bootes das Netz und ihr werdet finden!«
Sie warfen nun, und nicht mehr konnten sie es hochziehen vor der Menge der Fische.
7 Es sagt nun jener Jünger, den Jesus liebte[548], zu Petrus: »Der Herr ist's!«
Simon Petrus nun, da er hörte, daß es der Herr ist, umgürtete sich das Obergewand – er war nämlich nackt – und warf sich ins Meer.[549]
8 Die anderen Jünger aber kamen im Bötchen – denn sie waren nicht weit vom Land, sondern etwa zweihundert Ellen –, schleppend das Netz der Fische.
9 Wie sie nun ausstiegen ans Land, sahen sie ein Feuer angelegt und Bratfisch daraufliegen und Brot.
10 Es sagt ihnen Jesus: »Bringt von den Bratfischen, die ihr jetzt gefangen habt!«
11 Simon Petrus nun stieg hinauf und zog das Netz (hoch) ans Land, voll von einhundertdreiundfünfzig großen Fischen. Und obwohl es soviele waren, zerriß das Netz nicht.

12 Es sagt ihnen Jesus: »Kommt! Haltet Mahl!« Niemand aber von den Jüngern wagte, ihn auszuforschen: »Du, wer bist du?« Sie wußten, daß es der Herr ist.
13 Jesus kommt und nimmt das Brot und gibt ihnen, und den Bratfisch desgleichen.[550]
14 Zu diesem schon dritten Mal[551] offenbarte sich Jesus den Jüngern, auferweckt von (den) Toten.

Lk 5, 3 a. 5 a. 1; 24, 41 b. 42; 5, 4. 6–9.

[Vgl V 8. 10]

[Vgl V 10]

3 a Er stieg aber in eines der Boote, das war Simons …
5 a und Simon antwortete, sprach: »Meister, die ganze Nacht hindurch haben wir uns gemüht, nichts gefangen …
1 Es geschah aber, während die Schar ihn umdrängte und das Wort Gottes hörte: und er, er stand am See Gennesaret.
24, 41 b sprach er zu ihnen: »Habt ihr Eßbares hier drinnen?«
42 Sie aber reichten ihm ein Stück gebratenen Fischs.
4 Wie er aber aufhörte zu reden, sprach er zu Simon: »Fahre hinaus in die Tiefe, und laßt hinunter eure Netze zum Fang!«
6 Und da sie dies taten, schlossen sie eine große Menge Fische ein, es zerrissen aber ihre Netze.

7 Und sie winkten den Gefährten in dem weiteren Boot, zu kommen, ihnen zu helfen.

Und sie kamen und sie füllten beide Boote, so daß sie einsanken. 8 Als aber Simon Petrus (es) sah, fiel er zu Jesu Knien …
9 Denn Schauder umfing ihn und alle die mit ihm über den Fang der Fische, die sie eingefangen.

---

[547] *Vgl 20, 14; Lk 24, 16.*   [548] *Vgl 13, 23; 19, 26; 20, 2; 21, 20.*   [549] *Vgl Mt 14, 29.*   [550] *Vgl Mk 6, 41 parr; 8, 6 parr; Joh 6, 11.*   [551] *Vgl 20, 19. 26.*

84. Simons Einweisung ins Hirtenamt – Prophetie seines Todes

Joh 21, 15–19

15 Als sie nun Mahl gehalten, sagt Jesus dem Simon Petrus:
»Simon, (des) Johannes (Sohn), liebst du mich mehr als diese?«
Er sagt ihm: »Ja, Herr, du weißt, daß ich dich liebhabe.«
Er sagt ihm: »Weide meine Lämmer!«
16 Er sagt ihm wiederum, ein zweites Mal:
»Simon, (des) Johannes (Sohn), liebst du mich?«
Er sagt ihm: »Ja, Herr, du weißt, daß ich dich liebhabe.«
Er sagt ihm: »Hüte meine Schafe!«[552]
17 Er sagt ihm ein drittes Mal:
»Simon, (des) Johannes (Sohn), hast du mich lieb?«
Petrus wurde betrübt, daß er zum dritten Mal zu ihm sprach: »Hast du mich lieb?«

Und er sagt ihm: »Herr, du weißt alles,[553] du erkennst, daß ich dich liebhabe!«
Er sagt ihm: »Weide meine Schafe!
18 Amen, amen, ich sage dir:
Als du ein Jüngling warst, gürtetest du dich selbst und gingst umher,
wohin du wolltest.
Wenn du aber gealtert bist, wirst du deine Hände ausstrecken, und ein anderer
wird dich gürten und bringen, wohin du nicht willst.«[554]
19 Dies aber sprach er, andeutend, durch welchen Tod er Gott verherrlichen
werde.[555]
Und da er dies gesprochen, sagt er ihm: »Folge mir!«

85. Der Lieblingsjünger

Joh 21, 20–24

20 Umgewandt sieht Petrus den Jünger, den Jesus liebte,[556] folgen,
der auch beim Mahl an seiner Brust lag,[557] und sprach: »Herr, wer ist's,
der dich ausliefert?« 21 Da Petrus nun diesen sieht, sagt er Jesus:
»Herr, dieser aber, was (ist mit ihm)?«
22 Es sagt ihm Jesus: »Wenn ich will, daß er bleibe, bis ich komme,[558]
was geht's dich an? Du, folge mir!«

23 Es ging nun dieses Wort hinaus zu den Brüdern, daß jener Jünger nicht
sterbe. Jesus aber hatte nicht zu ihm gesprochen, daß er nicht sterbe, sondern:
»Wenn ich will, daß er bleibt, bis ich komme, was geht's dich an?«
24 Dieser ist der Jünger,
der über dies zeugt und dies aufgeschrieben hat,
und wir wissen,
daß sein Zeugnis zuverlässig ist.[559]

86. Zweiter Buchschluß

Joh 21, 25

25 Es gibt aber auch vieles anderes, das Jesus getan hat;
wenn es einzeln aufgeschrieben würde,
würde selbst die Welt, denke ich, die geschriebenen Bücher nicht fassen.[560]

---

[552] *Vgl Apg 20, 28; 1 Petr 5, 2.*
[553] *Vgl 16, 30.*
[554] *Vgl 2 Petr 1, 14.*

[555] *Vgl 12, 33; 18, 32.*
[556] *Vgl 13, 23; 19, 26; 20, 2; 21, 7.*
[557] *Vgl 13, 25.*

[558] *Vgl Mk 9, 1 parr.*
[559] *Vgl 19, 35.*
[560] *Vgl 20, 30.*

AUSWAHLKONKORDANZ

Wie zu den ersten drei Synopsen (der synoptischen Evangelien) legen wir auch zur »Synopse nach Johannes« eine Auswahlkonkordanz vor, die fast alle mehr als einmal begegnenden Wörter (mit Ausnahme von Pronomen, Partikeln und nicht charakteristischen Alltagswörtern wie ›sagen‹ oder ›setzen, stellen, legen‹) verzeichnet. Zum Gebrauch vgl. die Einführung zur Auswahlkonkordanz im »Synoptischen Arbeitsbuch«, Band 4, S. 5.

A

Abend
Joh 6,16; 20, 19

abschlagen
Joh 18,10.26

Abraham
Joh 8,33.37.39.40.52.53.56.57.58

abtrocknen
Joh 11,2; 12,3; 13,5

ähnlich → gleich *homoios)*

allein
Joh 5,18.44; 6,15.22; 8,9.16.29; 11,52; 12,9.24; 13,9; 16,32; 17,3.20

allezeit
Joh 6,34; 7,6; 8,29; 11,42; 12,8; 18,20

als, wann⁺ *(hote)*
Joh 1,19; 2,22; 4,21⁺.23⁺. 45; 5,25⁺; 6, 24; 9,4⁺; 12,16.17; 13,12.31; 16, 25⁺; 17,12; 19,6.8.23.30; 20, 24; 21,15.18

Amen
Joh 1,51; 3,3.5.11; 5,19.24.25; 6,26.32.47.53; 8,34.51.58; 10,1.7; 12,24; 13,16.20.21.38; 14,12; 16,20.23; 21,18.25

anblicken
Joh 1,36.42

anderer
Joh 4,37.38; 5,7.32.43; 6,22.23; 7,12.41; 9,9.16; 10,16.21; 12,29; 14,16; 15,24; 18,15.16.34; 19,18.32; 20,2.3.4.8.25.30; 21,2.8.18.25

andeuten
Joh 12,33; 18,32; 21,19

Andreas
Joh 1,40.44; 6,8; 12,22

anfahren → ergrimmen

Anfang
Joh 1,1.2; 2,11; 6,64; 8,25.44; 15,27; 16,4

anfangen
Joh 8,9; 13,5

angelegt → liegen

annehmen → mitnehmen → nehmen

anschauen → schauen

anschlagen
Joh 11,9.10

Anstoß geben, nehmen
Joh 6,61; 16,1

antworten
Joh 1,21.26.48.49.50; 2,18.19; 3,3.5.9.10.27; 4,10.13.17; 5,7.11.17.19; 6,7.26.29.43.68.70; 7,16.20.21.46.47.52; 8,14.19.33.34.39.48.49.54; 9,3.11.20.25.27.30.34.36; 10,25.32.33.34; 11,9; 12,23.30.34; 13,7.8.26.36.38; 14,23; 16,31; 18,5.8.20.22.23.30.34.35.36.37; 19,7.11.15.22; 20,28; 21,5

arbeiten, wirken⁺
Joh 3,21⁺; 5,17; 6,27.28.30; 9,4⁺

arm
Joh 12,5.6.8; 13,29

Auf! *(deuro)*
Joh 11,43

auferstehen → auferwecken

auferwecken → aufrichten

auferwecken, aufstehen⁺, auferstehen⁺⁺
Joh 6,39.40.44.54; 11,23⁺⁺.24⁺⁺.31⁺; 20,9⁺⁺

Auferstehung
Joh 5,29; 11,24.25

aufhalten, sich
Joh 3,22

aufheben → tragen

aufheben → tragen *(bastazo)*

auflösen → lösen

aufnehmen → nehmen

aufrichten, auferwecken⁺
Joh 2,19.20.22⁺; 5,8.21⁺; 12,9⁺.17⁺; 13,4; 14,31; 21,14⁺

aufstehen → auferwecken

auftreten
Joh 3,23; 8,2

Auge
Joh 4,35; 6,5; 9,6.10.11.14.15.17.21.26.30.32; 10,21; 11,37.41; 12,40; 17,1

ausgehen → hinausgehen

ausrichten → nützen

ausliefern, übergeben⁺
Joh 6,64.71; 12,4; 13,2.11.21; 18,2.5.30.35.36; 19,11.16.30⁺; 21,20

B

bedienen → dienen

begegnen, entgegengehen[+] *(hypantao)*
    Joh 4,51; 11,20[+].30; 12,18[+]

behüten → beobachten

bekannt
    Joh 18,15.16

bekennen
    Joh 1,20; 9,22; 12,42

beobachten, behüten[+]
    Joh 12,25[+].47; 17,12[+]

bereit
    Joh 7,6

bereiten
    Joh 14,2.3

Berg
    Joh 4,20.21; 6,3.15; 8,1

beschließen
    Joh 11,53; 12,10

Beschneidung
    Joh 7,22.23

Betanien
    Joh 1,28; 11,1.18; 12,1

betrüben
    Joh 16,20; 21,17

Betrübnis
    Joh 16,6.20.21.22

Betsaida
    Joh 1,44; 12,21

bevor
    Joh 4,49; 8,58; 14,29

bewahren, halten[+]
    Joh 2,10; 8,51.52.55; 9,16[+]; 12,7; 14,15.21.23.24;
    15,10.20; 17,6.11.12.15

bewegen → erregen

binden
    Joh 11,44; 18,12.24; 19,40

bis, solange[+] *(heos)*
    Joh 2,7.10; 5,17; 9,4[+].18; 10,24; 13,38; 16,24;
    21,22.23

bitten → fragen → verlangen

blasen, wehen[+]
    Joh 3,8[+]; 6, 18

bleiben
    Joh 1,32.33.38.39; 2,12; 3,36; 4,40; 5,38; 6,27.56;
    7,9; 8,31.35; 9,41; 10,40; 11,6.54;
    12,24.34.46; 14,10.17.25; 15,4.5.6.7.9.10.16;
    19,31; 21, 22.23

blind
    Joh 5,3; 9,1.2.13.17.18.19.20.24.25.32.39.40.41;
    10,21; 11,37

Blut
    Joh 1,13; 6,53.54.55.56; 19,34

(zu)Boden
    Joh 9,6; 18,6

böse
    Joh 3,19; 7,7; 17,15

Bötchen
    Joh 6,22.24; 21,8

Boot
    Joh 6,17.19.21.22.23; 21,3.6

Bräutigam
    Joh 2,9; 3,29

Bratfisch
    Joh 6,9.11; 21,9.10.13

brennen, ver-
    Joh 5,35; 15,6

bringen
    Joh 2,8; 4,33; 12,24; 15,2.4.5.8.16; 18,29; 19,39;
    20,27; 21,10.18

bringen → werfen

Brocken
    Joh 6,12.13

Brot
    Joh 6,5.7.9.11.13.23.26.31.32.33.34.35.41.48.50.
    51.58; 13,18; 21,9.13

Bruder
    Joh 1,40.41; 2,12; 6,8; 7,3.5.10; 11,2.19.21.23.32;
    20,17; 21,23

Brunnen
    Joh 4,11.12

Brust *(kolpos)*
    Joh 1,18; 13,23

Brust *(stäthos)*
    Joh 13,25; 21,20

Buch
    Joh 20,31; 21,25

C

Christus
    Joh 1,17.20.25; 3,28; 4,25.29; 7,26.27.31.41.42;
    9,22; 10,24; 11,27; 12,34; 17,3; 20,31

D

da *(epei)*
    Joh 13,29; 19,31

dabeistehen
    Joh 18,22; 19,26

Dämon
    Joh 7,20; 8,48.49.52; 10,20.21

Dank sprechen → danken

danken, Dank sprechen
    Joh 6,11.23; 11,41

dann
    Joh 7,10; 8,28; 10,22; 11,6.14; 12,16; 13,27;
    19,1.16; 20,8

darauf
    Joh 13,5; 19,27; 20,27

daraufliegen
    Joh 11,38; 21,9

dasein
    Joh 7,6; 11,28

Denar
    Joh 6,7; 12,5

denken (daran)
    Joh 15,20; 16,4.21.

desgleichen
    Joh 5,19; 6,11; 21,13

Dieb
    Joh 10,1.8.10; 12,6

dienen, be-
    Joh 12,2.26

Diener *(diakonos)*
    Joh 2,5.9; 12,26

Diener *(hypäretäs)*
    Joh 7,32.45.46; 18,3.12.18.22.36; 19,6

diskutieren → suchen

Dorf
    Joh 7,42; 11,1.30

dort
> *Joh* *2,1.6.12;˙3,22.23; 4,6.40; 5,5; 6,3.22.24;*
> *10,40.42; 11,8.15.31.54; 12,2.9.26; 18,2.3;*
> *19,42*

dort → von dort

Drangsal
> *Joh* *16,21.33*

draußen, heraus
> *Joh* *6,37; 9,34.35; 11,43; 12,31; 15,6; 18,16.29;*
> *19,4.5.13; 20,11*

drei
> *Joh* *2,6.19.20*

dritter
> *Joh* *2,1; 21,14.17.17*

drüben → von hier

dürsten
> *Joh* *4,13.14.15; 6,35; 7,37; 19,28*

durchforschen, nachforschen
> *Joh* *5,39; 7,52*

durchgehen, kommen⁺
> *Joh* *4,4.15⁺*

durchkommen → durchgehen

E

edel → gut *(kalos)*

eher → erster

ehren
> *Joh* *5,23; 8,49; 12,26*

eigen
> *Joh* *1,11.41; 4,44; 5,18.43; 7,18; 8,44; 10,3.4.12;*
> *13,1; 15,19; 16,32; 19,27*

einer
> *Joh* *1,3.40; 3,27; 6,8.9.22.70.71; 7,21.50;8,9.41;*
> *9,25; 10,16.30; 11,49.50.52; 12,2.4; 13,21. 23;*
> *17,11.21.22.23; 18,14.22.26.39; 19,34;*
> *20,1.7.12.19.24.25*

einfahren → hineingehen

einsteigen, hineinsteigen
> *Joh* *5,4; 6,17.22.24; 21,3*

ein(zig)geboren
> *Joh* *1,14.18; 3,16.18*

Elija
> *Joh* *1,21.25*

Eltern
> *Joh* *9,2.3.18.20.22.23*

empfangen → nehmen

Engel
> *Joh* *1,51; 5,4; 20,12*

entkommen → hinausgehen

entlassen
> *Joh* *18,39; 19,10.12*

erbitten → verlangen

Erde, Land
> *Joh* *3,22.31; 6,21; 8,6.8; 12,24.32; 17,4; 21,8.9.11*

erfahren → erkennen

erfüllen
> *Joh* *3,29; 7,8; 12,3.38; 13,18; 15,11.25; 16,6.24;*
> *17,12.13; 18,9.32; 19,24.36*

ergrimmen
> *Joh* *11,33.38*

erheben
> *Joh* *4,35; 6,5; 13,18; 17,1*

erhöhen
> *Joh* *3,14; 8, 28; 12,32.34*

erinnern, sich
> *Joh* *2,17.22; 12,16*

erkennen, erfahren⁺
> *Joh* *1,10.48; 2,24.25; 3,10; 4,1⁺.53; 5,6⁺.42;*
> *6,15.69; 7,17⁺.26.27.49.51; 8,27.*
> *28.32.43.52.55; 10,6.14.15.27.38; 11,57⁺;*
> *12,9⁺.16; 13,7.12.28.35; 14,7.9.17.20.31;*
> *15,18; 16,3.19; 17,3.7.8.23.25; 19,4; 21,17*

erkunden
> *Joh* *4,52; 13,24*

erlaubt, es ist
> *Joh* *5,10; 18,31*

ermüden → mühen, sich

ernten
> *Joh* *4,36.37.38*

erregen, bewegen⁺
> *Joh* *5,4⁺.7⁺; 11,33; 12,27; 13,21; 14,1.27*

erscheinen → offenbar werden

erst → noch

erster, zuerst,⁺ eher⁺⁺
> *Joh* *1,15⁺⁺.30⁺⁺.41; 2,10⁺; 5,4; 7,51⁺; 8,7;*
> *10,40⁺; 12,16⁺; 15,18⁺⁺; 18,13⁺; 19,32.39;*
> *20,4.8*

ertragen → tragen *(bastazo)*

erwählen
> *Joh* *6,70; 13,18; 15,16.19*

essen
> *Joh* *4,31.32.33; 6,5.23.26.31.49.50.51.52.53.58;*
> *18,28*

Essig
> *Joh* *19,29.30*

etwa
> *Joh* *4,29; 8,22; 18,35*

euer
> *Joh* *7,6; 8,17; 15,20*

ewig
> *Joh* *3,15.16.36; 4,14.36; 5,24.39;*
> *6,27.40.47.54.68; 10,28; 12,25.50; 17,2.3*

Ewigkeit
> *Joh* *4,14; 6,51.58; 8,35.51.52; 9,32; 10,28; 11,26;*
> *12,34; 13,8; 14,16*

F

fallen
> *Joh* *11,32; 12,24; 18,6*

fangen → gefangennehmen

fassen → Platz haben

Feigenbaum
> *Joh* *1,48.50*

Fest, Festversammlung
> *Joh* *2,23; 4,45; 5,1; 6,4; 7,2.8.10.11.14.37; 11,56;*
> *12,12.20; 13,1.29*

festhalten → rauben

Festversammlung → Fest

finden
> *Joh* *1,41.43.45; 2,14; 5,14; 6,25; 7,34.35.36; 9,35;*
> *10,9; 11,17; 12,14; 18,38; 19,4.6; 21,6*

Finger
> *Joh* *8,6; 20,25.27*

Finsternis *(skotia)*
> *Joh* *1,5; 6,17; 8,12; 12,35. 46; 20,1*

Finsternis *(skotos)*
> *Joh* *3,19*

Fisch
> *Joh* *21,6.8.11*

Fleisch
Joh 1,13.14; 3,6; 6,51.52.53.54.55.56. 63; 8,15; 17,2

fliehen
Joh 10,5.12

folgen, nach-
Joh 1,27.38.40.43; 6,2; 8,12; 10,4.5.27; 11,31; 12,26; 13,36.37; 18,15; 20,6; 21,19.20.22

fortgehen
Joh 4,3.8.28.43.47; 5,15; 6,1.22.66.68; 9,7.11; 10,40; 11,28.46.54; 12,19.36; 16,7; 18,6; 20,10

fragen (eperotao)
Joh 9,23; 18,7.21

fragen, bitten (erotao)
Joh 1,19.21.25; 4,31.40.47; 5,12; 8,7; 9,2.15.21.23; 12,21; 14,16; 16,5.19.23.26.30; 17,9.15.20; 18,19.21; 19,31.38

Frau
Joh 2,4; 4,7.9.11.15.17.19.21.25.27.28.39.42; 8,3.4.9.10; 16,21; 19,26; 20,13.15

frei
Joh 8,33.36

frei heraus → öffentlich

freilich
Joh 4,27; 7,13; 12,42; 20,5; 21,4

freimachen
Joh 8,32.36

Freude
Joh 3,29; 15,11; 16,20.21.22.24; 17,13

freuen, sich; grüßen[+]
Joh 3,29; 4,36; 8,56; 11,15; 14,28.22; 19,3[+]; 20,3

Freund
Joh 3,29; 11,11; 15,13.14.15; 19,12

Friede
Joh 14,27; 16,33; 20,19.21.26

Frist → Zeit

Frucht
Joh 4,36; 12,24; 15,2.4.5.8.16

früh
Joh 18,28; 20,1

früher
Joh 6,62; 7,50; 9,8

führen, gehen[++]**, ziehen** (agomen)[+]
Joh 1,42; 7,45; 8,3; 9,13; 10,16; 11,7[+].15[+].16[+]; 14,31[++]; 18,13.28; 19,4.13

füllen
Joh 2,7; 6,13

fünf
Joh 4,18; 5,2; 6,9.13

Fürst → Vorsteher

fürchten
Joh 6,19.20; 9,22; 12,15; 19,8

Furcht
Joh 7,13; 19,38; 20,19

Fuß
Joh 11,2.32.44; 12,3; 13,5.6.8.9.10.12.14; 20,12

G

Galiläa
Joh 1,43; 2,1.11; 4,3.43.45.46.47.54; 6,1; 7,1.9.41.52; 12,21; 21,2

ganz (holos)
Joh 4,53; 7,23; 9,34; 11,50; 13,10; 19,23

Garten
Joh 18,1.26; 19,41

geben
Joh 1,12.17.22; 3,16.27.34.35; 4,5.7.10.12.14.15; 5,22.26.27.36; 6,11.27.31.32.33.34.37.39.51.52.65; 7,19.22; 9,24; 10,28.29; 11,22.57; 12,5.49; 13,3.15.26.29.34; 14,16.27.31; 15,16; 16,23; 17,2.4.6.7.8.9.11.12.14.22.24; 18,9.11.22; 19,3. 9.11; 21,13

gebieten (entellomai)
Joh 8,5; 14,31; 15,14.17

geboren werden → zeugen

Gebot
Joh 10,18; 11,57; 12,49.50; 13,34; 14,15.21.31; 15,10.12

gefangennehmen, fangen[+]
Joh 7,30.32.44; 8,20; 10,39; 11,57; 21,3[+].10[+]

Gegenseite → jenseits

gehen, kommen
Joh 1,7.9.11.15.27.29.30.31.39.46.47; 3,2.8.19.20.21.26.31; 4,5.7.15.16.21.25.27.30.35.40.45.46.47.54; 5,7.24.25.28.40.43; 6,5.14.15.17.23.24.35.37.44.45.65; 7,27.28.30.31.34.36.37.41.42.45.50; 8,2.14.20.21.22.42; 9,4.7.39; 10,8.10.12.41; 11,17.19.20.27.29.30.32.34.38.45.48.56; 12,1.9.12.13.15.22.23.27.28.46.47; 13,1.6.33; 14,3.6.18.23.28.30; 15,22.26; 16,2.4.7.8.13.21.25.28.32; 17,1.11.13; 18,3.4.37; 19,3.32.33.38.39; 20,1.2.3.4.6.8.18.19.24.26; 21,3.8.13.22.23

fünf
Joh 4,18; 5,2; 6,9.13

Geist
Joh 1,32.33; 3,5.6.8.34; 4,23.24; 6,63; 7,39; 11,33; 13,21; 14,17.26; 15,26;16,13; 19,30;20,22

genügen
Joh 6,7; 14,8

gerecht
Joh 5,30; 7,24; 17,25

Gerechtigkeit
Joh 16,8.10

Gericht, Richtspruch[+]
Joh 3,19; 5,22.24.27.29.30; 7,24; 8,16[+]; 12,31; 16,8.11

Gesetz
Joh 1,17.45; 7,19.23.49.51; 8,5.17; 10,34; 12,34; 15,25; 18,31; 19,7

gesund
Joh 5,4.6.9.11.14.15; 7,23

gesundmachen (iaomai)
Joh 4,47; 5,13; 12,40

gießen → werfen

glauben, anvertrauen[+]
Joh 1,7.12.50; 2,11.22.23.24[+]; 3,12.15.16.18.36; 4,21.39.41.42.48.50.53; 5,24.38.44.46.47; 6,29.30.35.36.40.47.64.69; 7,5.31.38.39.48; 8,24.30.31.45.46; 9,18.35.36.38; 10,25.26.37.38.42; 11,15.25.26.27.40.42.45.48; 12,11.36.37.38.39.42.44.46; 13,19; 14,1.10.11.12.29; 16,9.27.30.31; 17,8.20.21; 19,35; 20,8.25.29.31

gleich (euthys)
Joh 13,30.32; 19,34; 21,3

gleich, ähnlich[+] (homoios)
Joh 8,55[+]; 9,9

gleich (isos)
Joh 5,18

Gnade
Joh 1,14.16.17

Gott
Joh 1,1.2.6.12.13.18.29.34.36.49.51; 3,2.3.5.16.17.18.21.33.34.36; 4,10.24; 5,18.25.42.44; 6,27.28.29.33.45.46.69; 7,17; 8,40.41.42.47.54; 9,3.16.24.29.31.33.35; 10,33.34.35.36; 11,4.22.27.40.52; 12,43; 13,3.31.32; 14,1; 16,2.27.30; 17,3; 19,7; 20,17.28.31; 21,19

Gottesreich
Joh 3,3.5

Grab(stätte)
Joh 5,28; 11,17.31.38; 12,17; 19,41.42; 20,1.2.3.4.6.8.11

Grieche
Joh 7,35; 12,20

groß, laut[+]
Joh 1,50; 4,12; 5,20.36; 6,18; 7,37; 8,53; 10,29; 11,43[+]; 13,16; 14,12.28; 15,13.20; 19,11.31; 21,11

grüßen → freuen, sich

gut *(agathos)*
Joh 1,46; 5,29; 7,12

gut, edel[+] *(kalos)*
Joh 2,10[+]; 10,11.14.32.33

H

Haar
Joh 11,2.3

Hahn
Joh 13,38; 18,27

Halle
Joh 5,2; 10,23

halten → bewahren

Hand
Joh 3,35; 7,30.44; 10,28.29.39; 11,44; 13,3.9; 20,20.25.27; 21,18

Hand anlegen
Joh 7,30.44

hassen
Joh 3,20; 7,7; 12,25; 15,18.19.23.24.25; 17,14

Haus *(oikia)*
Joh 4,53; 8,35; 11,31; 12,3; 14,2

Haus *(oikos)*
Joh 2,16.17; 7,53; 11,20

Hebräisch
Joh 5,2; 19,13.17.20; 20,16

heilig
Joh 1,33; 6,69; 7,39; 14,26; 17,11; 20,22

heiligen *(hagiazo)*
Joh 10,36; 17,17.19

heiligen *(hagnizo)*
Joh 11,55

Heiligtum
Joh 2,19.20.21

herabkommen → herabsteigen

herabsteigen, hinabsteigen
Joh 1,32.33.51; 2,12; 3,13; 4,47.49.51; 5,4.7; 6,16.33.38.41.42.50.51.58

heraufsteigen, hinaufsteigen
Joh 1,51; 2,13; 3,13; 5,1; 6,62; 7,8.10.14; 10,1; 11,55; 12,20; 20,17; 21,11

heraus → draußen

herauskommen → hinausgehen → hinausziehen

Herr
Joh 1,23; 4,11.15.19.49; 5,4.7; 6,23.34.68; 8,11; 9,36.38; 11,2.3.12.21.27.32.34.39; 12,13.21.38; 13,6.9.13.14.16.25.36.37; 14,5.8.22; 15,15.20; 20,2.13.15.18.20.25.28; 21,7.12.15.16.17.20.21

Herrlichkeit
Joh 1,14; 2,11; 5,41.44; 7,18; 8,50.54; 9,24; 11,4.40; 12,41.43; 17,5.22.24

Herz
Joh 12,40; 13,2; 14,1.27; 16,6.22

hier
Joh 6,9.25; 11,21.32; 20,27

hier → von hier

hierher
Joh 4,15.16

Himmel
Joh 1,32.51; 3,13.27.31; 6,31.32.33.38.41.42.50.51.58; 12,28; 17,1

hinabsteigen → herabsteigen

hinaufsteigen → heraufsteigen

(hin)ausgehen, herauskommen, entkommen[+]
Joh 1,43; 4,30.43; 8,9.42.59; 10,9.39[+]; 11,31.44; 12,13; 13,3.30.31; 16,27.28.30; 17,8; 18,1.4.16.29.38; 19,4.5.17.34; 20,3; 21,3.23

hinaustreiben → hinauswerfen

hinauswerfen, hinaustreiben[+]
Joh 2,15[+]; 6,37; 9,34.35; 10,4[+]; 12,31

hinausziehen, herauskommen[+]
Joh 5,29[+]; 15,26

hineingehen, -kommen, einfahren[+]
Joh 3,4.5; 4,38; 10,1.2.9; 13,27[+]; 18,1.28.33; 19,9; 20,5.6.8

hineinkommen → hineingehen

hineinsteigen → einsteigen

hingehen
Joh 3,8; 4,16; 6,21.67; 7,3.33; 8,14.21.22; 9,7.11; 11,8.31.44; 12,11.35; 13,3.33.36; 14,4.5.28; 15,16; 16,5.10.17; 18,8; 21,3

hinüberschreiten, wegziehen
Joh 5,24; 7,3; 13,1

hinziehen → ziehen

Hirt
Joh 10,2.11.12.14.16

Hochzeit
Joh 2,1.2.3.

hören
Joh 1,37.40; 3,8.29.32; 4,1.42.47; 5,24.25.28.30.37; 6,45.60; 7,32.40.51; 8,9.26.38.40.43.47; 9,27.31.32.35.40; 10,3.8.16.20.27; 11,4.6.20.29.41.42; 12,12.18.29.34.47; 14,24.28; 15,15; 16,13; 18,21.37; 19,8.13; 21,7.

Hof, Palast[+]
Joh 10,1.16; 18,15[+]

Hoherpriester
Joh 7,32.45; 11,47.49.51.57; 12,10; 18,3.10.13.15.16.19.22.24.26.35; 19,6.15.21

hüben → von hier

hüten → weiden

huldigen
Joh 4,20.21.22.23.24; 9,38; 12,20

hundert
Joh 19,39; 21,11

I

ich
Joh 1,20.23.26.27.30.31; 3,28; 4,14.26.32.38; 5,7.30.31.34.36.43.45; 6,20.35.40.41.44.48.51.54.63.70; 7,7.8.17.29.34.36; 8,11.12.14.15.16.18.21.22.23.24.28.29.38.42. 45.49.50.54.55.58; 9,9.39; 10,7.9.10.11.14.17.18.25.30.34; 11,25.27.42; 12,26.46.47.49.50; 13,7.14.15.18.19.26.33.36; 14,3.4.6.10.11.12.14.16.19.20.21.26.27.28; 15,1.5.10.14.16.19.20.26; 16,4.7.16.17.26.27.33; 17,4.9.11.12.14.16.19.22.23.24.25; 18,5.6.8.20.21.26.35.37.38; 19,6

irreführen
Joh 7,12.47

Israel
Joh 1,31.49; 3,10; 12,13

J

Ja
 Joh 11,27; 21,15.16

Jahr *(eniautos)*
 Joh 11,49.51; 18,13

Jahr *(etos)*
 Joh 2,20; 5,5; 8,57

jeder
 Joh 6,7; 7,53; 16,32; 1923

jemals
 Joh 1,18; 5,37; 6,35; 8,33

jener
 Joh 1,8.18.33; 2,21; 3,28.30; 4,25.39.53;
 5,9.11.19.35.37.38.39.43.46.47; 6,22.29;
 7,11.45; 8,10.42.44; 9,9.11.12.25.28.36.37;
 10,1.6.35; 11,13.29.49.51.53; 12,48;
 13,6.25.26.27.30; 14,20.21.26; 15,26;
 16,8.13.14.23.26; 18,13.15.17.25;
 19,15.21.27.27.31.35; 20,13.15.16.19;
 21,3.7.23

jenseits, Gegenseite
 Joh 1,28; 3,26; 6,1.17.22.25; 10,40; 18,1

Jerusalem
 Joh 1,19; 2,13.23; 4,20.21.45; 5,1.2; 10,22;
 11,18.55; 12,12

Jesaja
 Joh 1,23; 12,38.39.41

jetzt
 Joh 2,8; 4,18.23; 5,25; 6,46; 8,11.40.52; 9,21.41;
 11,8.22; 12,27.31; 13,31.36; 14,29; 15,22.24;
 16,5.22.29.30; 17,5.7.13; 18,36; 21,10

Johannes (der Täufer)
 Joh 1,6.15.19.26.29.32.35.40; 3,23.24.25.26.27;
 4,1; 5,33.36; 10,40.41

Johannes (Simons Vater)
 Joh 1,42; 21,16.17

Jordan
 Joh 1,28; 3,26; 10,40

Josef (Vater Jesu)
 Joh 1,45; 6,42

jubeln
 Joh 5,35; 8,56

Judäa
 Joh 4,3.47.54; 7,1.3; 11,7

Judas Iskariot
 Joh 6,71; 12,4; 13,2.26.29; 18,2.3.5

Jude
 Joh 1,19; 2,6.13.18.20; 3,1.22.25; 4,9.22;
 5,1.10.15.16.18; 6,4.41.52; 7,1.2.11.13.15.35;
 8,22.31.48.52.57; 9,18.22; 10,19.24.31.33;
 11,8.19.31.33.36.45.54.55; 12,9.11; 13,33;
 18,12.14.20.31.33.35.36.38.39;
 19,1.3.7.12.14.19.20.21.31.38.40.42; 20,19

Jünger
 Joh 1,35.37; 2,2.11.12.17.22; 3,22.25;
 4,1.2.8.27.31.33; 6,3.8.12.16.22.24.60.61.66;
 7,3; 8,31; 9,2.27.28; 11,7.8.12.54; 12,4.16;
 13,5.22.23.35; 15,8; 16,17.29;
 18,1.2.15.16.17.19.25; 19,26.27.38;
 20,2.3.4.8.10.18.19.20.25.26.30;
 21,1.2.4.7.8.12.14.23.24

K

Kafarnaum
 Joh 2,12; 4,46; 6,17.24.59

Kaiser
 Joh 19,12.15

Kajafas
 Joh 11,49; 18,13.14.24.28

Kana
 Joh 2,1.11; 4,46; 21,2

kaufen
 Joh 4,8; 6,5; 13,29

kennen, wissen
 Joh 1,26.31.33; 2,9; 3,2.8.11; 4,10.22.25.32.42;
 5,13.32; 6,6.42.61.64; 7,15.27.28.29;
 8,14.19.37.55; 9,12.20.21.24.25.29.30.31;
 10,4.5; 11,22.24.42.49; 12,35.50;
 13,1.3.7.11.17.18; 14,4.5; 15,15.21; 16,18.30;
 18,2.4.21; 19,10.28.35; 20,2.9.13.14;
 21,4.12.15.16.17.24

Kind *(paidion)*
 Joh 4,49; 16,21; 21,5

Kind *(teknon)*
 Joh 1,12; 8,39; 11,52

Kleid *(himation)*
 Joh 13,4.12; 19,2.5.23.24

klein, kurz⁺
 Joh 7,33⁺; 12,35⁺; 13,33⁺; 14,19⁺; 16,16⁺.
 17⁺.18⁺.19⁺

Knecht, Sklave *(doulos)*
 Joh 4,51; 8,34.35; 13,16; 15,15.20; 18,10.18.26

König
 Joh 1,49; 6,15; 12,13.15; 18,33.37.39;
 19,3.12.14.15.19.21

königlich
 Joh 4,46.49

können
 Joh 1,46; 3,2.3.4.5.9.27; 5,19.30.44; 6,44.52.60.65;
 7,7.34.36; 8,21.22.43; 9,4.16.33; 10,21.29.35;
 11,37; 12,39; 13,33.36.37; 14,5.17; 15,4.5;
 16,12

Kohorte
 Joh 18,3.12

kommen → gehen → durchgehen

kommen *(häko)*
 Joh 2,4; 4,47; 6,37; 8,42

Kommt! *(deute)*
 Joh 4,29; 21,12

Kopf
 Joh 13,9; 19,2.30; 20,7.12

kosten
 Joh 2,9; 8,52

krank sein, Kranker
 Joh 4,46; 5,3.7; 6,2; 11,1.2.3.6

Kranz
 Joh 19,2.5

Kreuz
 Joh 19,17.19.25.31

kreuzigen
 Joh 19,6.10.15.16.18.20.23.41

kümmern, sich
 Joh 10,13; 12,6

kundmachen
 Joh 15,15; 17,26

kurz → klein

L

Lamm *(amnos)*
 Joh 1,29.36

Lamm *(arnion)*
 Joh 21,15

Land *(chora)*
 Joh 4,35; 11,54.55

Land → Erde

lassen, nach-, ver-
 Joh 4,3.28.52; 8,29; 10,12; 11,44.48; 12,7;
 14,18.27; 16,28.32; 18,8; 20,23

laufen
Joh 20,2.4
laut → groß
Lazarus
Joh 11,1.2.5.11.14.43; 12,1.2.9.10.17
Leben
Joh 1,4; 3,15.16.36; 4,14.36; 5,24.26.29.39.40;
6,27.33.35.40.47.48.51.53.54.63.68; 8,12;
10,10.28; 11,25; 12,25.50; 14,6; 17,2.3; 20,31
Leben → Seele
leben, lebendig
Joh 4,10.11.50.51.53; 5,25; 6,51.57.58; 7,38;
11,25.26; 14,19
lebendig → leben
lebendigmachen
Joh 5,21; 6,63
legen → werfen
Lehre
Joh 7,16.17; 18,19
lehren
Joh 6,59; 7,14.28.35; 8,2.20.28; 9,34; 14,26; 18,20
Lehrer
Joh 1,38; 3,2.10; 8,4; 11,28; 13,13.14; 20,16
Leib
Joh 2,21; 19,31.38.40; 20,12
Leiden
Joh 5,5; 11,4
lernen, Schüler sein
Joh 6,45; 7,15
letzter
Joh 6,39.40.44.54; 7,37; 11,24; 12,48
leugnen, ver-
Joh 1,20; 13,38; 18,25.27
Licht
Joh 1,4.5.7.8.9; 3,19.20.21; 5,35; 8,12; 9,5;
11,9.10; 12,35.36.46
lieben *(agapao)*
Joh 3,16.19.35; 8,42; 10,17; 11,5; 12,43;
13,1.23.34; 14,15.21.23.24.28.31; 15,9.12.17;
17,23.24.26; 19,26; 21,7.15.16.20
liebhaben *(phileo)*
Joh 5,20; 11,3.36; 12,25; 15,19; 16,27; 20,2;
21,15.16.17
liegen *(katakeimai)*
Joh 5,3.6
liegen, vorhanden sein[+], angelegt[++] *(keimai)*
Joh 2,6[+]; 19,29; 20,5.6.7.12; 21,9[++]

liegen → niederlassen, sich
liegen (zu Tisch) *(anakeimai)*
Joh 6,11; 12,2; 13,23.28
lösen, auf-
Joh 1,27; 2,19; 5,18; 7,23; 10,35; 11,44
Lohnknecht
Joh 10,12,13
Lügner
Joh 8,44.55

M

Magdala, von
Joh 19,25; 20,1.18
Mahl
Joh 12,2; 13,2.4; 21,20
Mahl halten, speisen
Joh 21,12.15
Mann
Joh 1,13.30; 4,16.17.18; 6,10
Manna
Joh 6,31.49
Maria (von Betanien)
Joh 11,1.2.19.20.28.31.32.45; 12,3
Marta
Joh 11,1.5.19.20.21.24.30.39; 12,2
Matratze
Joh 5,8.9.10.11
Meer
Joh 6,1.16.17.18.19.22.25; 21,1.7
mehr
Joh 3,19; 5,18; 12,43; 19,8
meinen
Joh 5,39.45; 11,13.31.56; 13,29; 16,2; 20,15
melden *(anaggelo)*
Joh 4,25; 5,15; 16,13.14.15
melden *(apaggello)*
Joh 16,25
Menge
Joh 5,3; 21,6
Mensch
Joh 1,4.6.9.51; 2,10.25; 3,1.4.13.14.19.27;
4,28.29.50; 5,5.7.9.12.15.27.34.41;
6,10.14.27.53.62; 7,22.23.46.51; 8,17.28.40;
9,1.11.16.24.30.35; 10,33; 11,47.50;
12,23.34.43; 13,31; 16,21; 17,6; 18,14.17.29;
19,5

Menschensohn
Joh 1,51; 3,13.14; 5,27; 6,27.53.62; 8,28; 9,35;
12,23.34; 13,31
mitnehmen, annehmen[+]
Joh 1,11[+]; 14,3; 19,16
Mitte, mitten
Joh 1,26; 8,3.9; 19,18; 20,19
Mose
Joh 1,17.45; 3,14; 5,45.46; 6,32; 7,19.22.23; 8,5;
9,28.29
mühen, sich; ermüden[+]
Joh 4,6[+].38
müssen → schulden
müssen *(dei)*
Joh 3,7.14.30; 4,4.20.24; 9,4; 10,16; 12,34; 20,9
murmeln → murren
murren, murmeln[+]
Joh 6,41.43.61; 7,32[+]
Mutter
Joh 2,1.3.5.12; 3,4; 6,42; 19,25.26.27

N

nach, zurück, zurückliegend[+]
Joh 1,15.27.30; 6,66[+]; 12,19; 18,6; 20,14
nachfolgen → folgen
nachforschen → durchforschen
Nacht
Joh 3,2; 9,4; 11,10; 13,30; 19,39; 21,3
nahe
Joh 2,13; 3,23; 6,4.19.23; 7,2; 11,18.54.55;
19,20.42
Name
Joh 1,6.12; 2,23; 3,1.18; 5,43; 10,3.25; 12,13.28;
14,13.14.26; 15,16.21; 16,23.24.26;
17,6.11.12.26; 18,10; 20,31
Natanael
Joh 1,45.46.47.48.49; 21,2
Nation *(ethnos)*
Joh 11,48.50.51.52; 18,35
Nazaret
Joh 1,45.46
Nazoräer
Joh 18,5.7; 19,19

nehmen, annehmen[+] empfangen[++]

Joh 1,12.16[++]; 3,11[+].27.32[+].33[+]; 4,36; 5,34[+].41[+].43[+].44[+]; 6,7[++].11.21; 7,23[++].39[++]; 10,17.[++]18[++]; 12,3.13.48[+]; 13,4.12.20[+].30; 14,17[+]; 16,14.15.24[++]; 17,8[+]; 18,3.31; 19,1.6.23.27.30.40; 20,22[++]; 21,13

nehmen → tragen

nein (ou)

Joh 1,21; 7,12; 21,5

nein (ouchi)

Joh 9,9; 11,9; 13,10.11; 14,22

Netz

Joh 21,6.8.11

neu (kainos)

Joh 13,34; 19,41

nicht mehr (ouketi)

Joh 4,42; 6,66; 11,54; 14,19.30; 15,15; 16,10.16.21.25; 17,11; 21,6

nicht mehr (mäketi)

Joh 5,14; 8,11

niederlassen, sich, liegen[+]

Joh 6,10; 13,12.25; 21,20[+]

niemand

Joh 1,18; 3,2.13.32; 4,27; 5,19.22.30; 6,44.63.65; 7,4.13.19.26.27.30.44; 8,10.11.15.20. 28.33.54; 9,4.33; 10,18.29.41; 11,49; 12,19; 13,28; 14,6.30; 15,5.13.24; 16,5.23.24.29; 17,12; 18,9.20.31.38; 19,4.11.41; 21,3.12

Nikodemus

Joh 3,1.4.9; 7,50; 19,39

noch

Joh 4,35; 7,33; 11,30; 12,35; 13,33; 14,19; 16,12; 20,1

noch nicht

Joh 2,4; 3,24; 6,17; 7,6.8.30.39; 8,20.57; 11,30; 20,17

nötig haben

Joh 2,25; 13,10.29; 16,30

nützen, ausrichten[+]

Joh 6,63; 12,19[+]

nun (arti)

Joh 2,10; 5,17; 9,19.25; 13,7. 19.33.37; 14,7; 16,12.24.31

nun (oun)

Joh 1,21.22.25.39; 2,18.20.22; 3,25.29; 4,1.5.6.9.11.28.33.40.45.46.48.52.53; 5,4.10.18.19; 6,5.10.11.13.14.15.19.21.24.28.30.32.34.41. 52.53.60.62.66.67; 7,3.6.11.15.16.25.28.30.33.35.40.43.45.47; 8,5.12.13.19.21.22.24.28.31.36.38.41.52.57;

59; 9,7.8.10.11.15.16.17.18.19.20.24.25.26; 10,7,24.39; 11,3.12.14.16.17.20.21.31.32.36.38.41.45.47. 53.54.56; 12,1.2.3.7.9.17.19.21.28.29.34.35.50; 13,6.12.14.24.25.26.27.30.31; 16,17.18.22; 18,3.4.6.7.8.10.11.12.16.17.19.24.25.27.28. 29.31.33.37.39.40; 19,1.5.6.8.10.13.15.16.20.21.23.24.26.29.30. 31.32.38.40.42; 20,3.6.8.10.11.19.20.21.25.30; 21,5.6.7.9.11.15.21.23

O

oben

Joh 2,7; 8,23; 11,41

oben → von oben

Ochse

Joh 2,14.15

öffentlich, Öffentlichkeit[+], frei heraus[++]

Joh 7,4[+].13[++].26[++]; 10,24[++]; 11,14[++].54; 16,25[++].29[++]; 18,20

offenbaren (sich) (phaneroo)

Joh 1,31; 2,11; 3,21; 7,4; 9,3; 17,6; 21,1.14

offenbaren, sich (emphanizo)

Joh 14,21.22

öffnen

Joh 1,51; 9,10.14.17.21.26.30.32; 10,3.21; 11,37

ohne

Joh 1,3; 15,5; 20,7

Ohrfeige

Joh 18,22; 19,3

Ort, Stätte

Joh 4,20; 5,13; 6,10.23; 10,40; 11,6. 30.48; 14,2.3; 18,2; 19,13.17.20.41; 20,7

P

Palast → Hof

Paraklet

Joh 14,16.26; 15,26; 16,7

Pascha

Joh 2,13.23; 6,4; 11,55; 12,1; 13,1; 18,28.39; 19,14

Petrus

Joh 1,40.42.44; 6,8.68; 13,6.8.9.24.36.37; 18,10.11.15.16.17.18.25.26.27; 20,2.3.4.6; 21,2.3.7.11.15.17.20.21

Pfund

Joh 12,3; 19,39

Pharisäer

Joh 1,24; 3,1; 4,1; 7,32.45.47.48; 8,3.13; 9,13.15.16.40; 11,46.47.57; 12,19.42; 18,3

Philippus

Joh 1,43.44.45.46.48; 6,5.7; 12,21.22; 14,8.9

Pilatus

Joh 18,29.31.33.35.37.38; 19,1.4.6.8.10.12.13.15.19.21.22.31.38

Platz haben, fassen[+]

Joh 2,6[+]; 8,37; 21,25[+]

Prätorium

Joh 18,28.33; 19,9

Prophet

Joh 1,21.23.25.45; 4,19.44; 6,14.45; 7,40.52; 8,52.53; 9,17; 12,38

prüfen

Joh 6,6; 8,6

Q

Quelle

Joh 4,6.14

R

Rabbi

Joh 1,38.49; 3,2.26; 4,31; 6,25; 9,2; 11,8

Räuber

Joh 10,1.8; 18,40

rasch

Joh 11,29.31; 13,27; 20,4

rauben, festhalten[+]

Joh 6,15[+]; 10,12.28.29

rechts

Joh 18,10; 21,6

Rede

Joh 4,42; 8,43

reden (laleo)

Joh 1,37; 3,11.31.34; 4,26.27; 6,63; 7,13.17.18.26.46; 8,12.20.25.26.28.30.38.40.44; 9,21.29.37; 10,6; 12,29.36.41.48.49.50; 14,10.25.30; 15,3.11.22; 16,1.4.6.13.18.25.29.33; 17,1.13; 18,20.21.23; 19,10

rein
Joh 13,10.11; 15,3

Reinigung
Joh 2,6; 3,25

retten
Joh 3,17; 5,34; 10,9; 11,12; 12,27.47

richten
Joh 3,17.18; 5,22.30; 7,24.51; 8,15.16.26.50;
12,47.48; 16,11; 18,31

Richtspruch → Gericht

Rüsttag
Joh 19,14.31.42

Ruf → Stimme

rufen *(kaleo)*
Joh 1,42; 2,2; 10,3

rufen *(phoneo)*
Joh 1,48; 2,9; 4,16; 9,18.24; 10,3; 11,28; 12,17;
13,13.38; 18,27.33

S

Sabbat
Joh 5,9.10.16.18; 7,22.23; 9,14.16; 19,31; 20,1.19

säen
Joh 4,36.37

sagen *(phämi; sonst: lego)*
Joh 1,23; 9,38; 18,29

salben
Joh 11,2.3

Salböl
Joh 11,2; 12,3.5

Samaria
Joh 4,4.5.7

Samariter
Joh 4,9.39.40; 8,48

sammeln, versammeln
Joh 4,36; 6,12.13; 11,47.52; 15,6; 18,2

Schaf *(probaton)*
Joh 2,14.15; 10,1.2.3.4.7.8.11.12.13.15.16.26.27;
21,16.17

Schar
Joh 5,13; 6,2.5.22.24; 7,12.20.31.32.40.43.49;
11,42; 12,9.12.17.18.29.34

schauen *(theoreo)*
Joh 2,23; 4,19; 6,2.19.40.62; 7,3; 8,51; 9,8; 10,12;
12,19.45; 14,17.19; 16,10.16.17.19; 17,24;
20,6.12.14

schauen, an- *(theaomai)*
Joh 1,14.32.38; 4,35; 6,5; 11,45

scheinen
Joh 1,5; 5,35

schicken
Joh 1,22.33; 4,34; 5,23.24.30.37; 6,38.39.44;
7,16.18.28.33; 8,16.18.26.29; 9,4; 12,44.45.49;
13,16.20; 14,24.26; 15,21.26; 16,5.7; 20,21

schicken → werfen

schlafen *(koimaomai)*
Joh 11,11.12

schöpfen
Joh 2,8.9; 4,7.15

schon
Joh 3,18; 4,35.51; 5,6; 6,17; 7,14; 9,22.27;
11,17.39; 13,2; 15,3; 19,28.33; 21,4.14

schreiben
Joh 1,45; 2,17; 5,46; 6,31.45; 8,6.8.17; 10,34;
12,14.16; 15,25; 19,19.20.21.22; 20,30.31;
21,24.25

schreien *(krazo)*
Joh 1,15; 7,37; 12,44

schreien *(kraugazo)*
Joh 11,43; 12,13; 18,40; 19,6.12.15

Schrift(-stelle) *(graphä)*
Joh 2,22; 5,39; 7,38.42; 10,35; 13,18; 17,12;
19,24.28.36.37; 20,9

Schriften *(grammata)*
Joh 5,47; 7,15

Schüler sein → lernen

Schuld
Joh 18,38; 19,4.6

schulden, müssen[+]
Joh 13,14; 19,7[+]

Schwert
Joh 18,10.11

Schwester
Joh 11,1.3.5.28.39; 19,25

sechs
Joh 2,6.20; 12,1

sechster
Joh 4,6; 19,14

Seele, Leben
Joh 10,11.15.17.24; 12,25.27; 13,37.38; 15,13

sehen *(blepo)*
Joh 1,29; 5,19; 9,7.15.19.21.25.39.41; 11,9; 13,22;
20,1.5.; 21,9.20

sehen *(horao)*
Joh 1,18.33.34.39.47.48.50.51; 3,3.11.32.36;
4,29.45.48; 5,6.37; 6,14.22.24.26.30.36.46;
8,38.56.57; 9,1.37; 11,31.32.33.40;
12,9.21.40.41; 14,7.9; 15,24; 16,16.17.19.22;
18,26; 19,6.26.33.35.37; 20,8.18.20.25.29;
21,21

Seite *(pleura)*
Joh 19,34; 20,20.25.27

Seite → Teil

selig
Joh 13,17; 20,29

senden
Joh 1,6.19.24; 3,17.28.34; 4,38; 5,33.36.38;
6,29.57; 7,29.32; 8,42; 9,7; 10,36; 11,3.42;
17,3.8.18.21.23.25; 18,24; 20,21

setzen, sich *(kathizo)*
Joh 8,2; 12,14; 19,13

setzen, sich → sitzen

sieh *(ide)*
Joh 1,29.36.47; 3,26; 5,14; 7,26; 11,3.36; 12,19;
16,29; 18,21; 19,4.5.14.26.27

siehe *(idou)*
Joh 4,35; 12,15; 16,32; 19,5.26.27

Simon (Petrus)
Joh 1,40.41.42; 6,8.68.71; 13,6.9.24.36;
18,10.15.25; 20,2.6; 21,2.3.7.11.15.16.17

sitzen *(kathämai)*
Joh 2,14; 6,3; 9,8; 12,15

sitzen, sich setzen *(kathezomai)*
Joh 4,6; 6,3; 11,20; 20,12

Sklave → Knecht

so
Joh 3,8.14.16; 4,6; 5,21.26; 7,46; 11,48; 12,50;
13,25; 14,31; 15,4; 18,22; 21,1

sogleich *(eutheos)*
Joh 5,9; 6,21; 18,27

Sohn
Joh 1,34.42.45.49.51; 3,13.14.16.17.18.35.36;
4,5.12.46.47.50.53; 5,19.20.21.22.23.25.26.27;
6,27.40.42.53.62; 8,28.35.36; 9,19.20.35;
10,36; 11,4.27; 12,23.34.36; 13,31; 14,13;
17,1.12

Sohn Gottes
Joh 1,34.49; 5,25; 10,36; 11,4.27; 19,7; 20,31

solcher
Joh 4,23; 8,5; 9,16

Soldat
Joh 19,2.23.24.32.34

soviel
  Joh *6,9; 12,37; 14,9; 21,11*

Speise *(broma)*
  Joh *4,34*

Speise *(brosis)*
  Joh *4,32; 6,27.55*

speisen → Mahl halten

Spruch
  Joh *3,34; 5,47; 6,63.68; 8,20.47; 10,21; 12,47.48; 14,10; 15,7; 17,8*

Stadie
  Joh *6,19; 11,18*

Stadt
  Joh *1,44; 4,5.8.28.30.39; 11,54; 19,20*

Stätte → Ort

staunen
  Joh *3,7; 4,27; 5,20.28; 7,15.21*

stehen, stellen[+], treten[++]
  Joh *1,26.35; 3,29; 6,22; 7,37; 8,3[+].44; 11,56; 12,29; 18,5.16.18.25; 19,25; 20,11.14.19[++].26[++]; 21,4*

Stein
  Joh *8,7.59; 10,31; 11,38.39.41; 20,1*

steinigen *(lithazo)*
  Joh *8,5; 10,31.32.33; 11,8*

stellen → stehen

sterben *(apothnäsko)*
  Joh *4,47.49; 6,49.50.58; 8,21.24.52.53; 11,14.16.21.25.26.32.37.50.51; 12,24.33; 18,14.32; 19,7; 21,23*

sterben *(thnäsko)*
  Joh *11,21.39.41.44; 12,1; 19,33*

Stimme, Ruf
  Joh *1,23; 3,8.29; 5,25.28.37; 10,3.4.5.16.27; 11,43; 12,28.30; 18,37*

Stunde
  Joh *1,39; 2,4; 4,6.21.23.52.53; 5,25.28.35; 7,30; 8,20; 11,9; 12,23.27; 13,1; 16,2.4.21.25.32; 17,1; 19,14.27*

suchen, diskutieren[+]
  Joh *1,38; 4,23.27; 5,18.30.44; 6,24.26; 7,1.4.11.18.19.20.25.30.34.36; 8,21.37.40.50; 10,39; 11,8.56; 13,33; 16,19[+]; 18,4.7.8; 19,12; 20,15*

Sünde
  Joh *1,29; 8,21.24.34.46; 9,34.41; 15,22.24; 16,8.9; 19,11; 20,23*

Sünder, sündig
  Joh *9,16.24.25.31*

sündig → Sünder

sündigen
  Joh *5,14; 8,11; 9,2.3*

Synagoge
  Joh *6,59; 18,20*

T

Tag
  Joh *1,39; 2,1.12.19.20; 4,40.43; 5,9; 6,39.40.44.54; 7,37; 8,56; 9,4.14; 11,6.9.17.24.53; 12,1.7.48; 14,20; 16,23.26; 19,31; 20,19.26*

Tag, am folgenden
  Joh *1,29.35.43; 6,22; 12,12*

Taube
  Joh *1,32; 2,14.16*

taufen
  Joh *1,25.26.31.33; 3,22.23.26; 4,1.2; 10,40*

Teil, Seite[+]
  Joh *13,8; 19,23; 21,6[+]*

Tempel
  Joh *2,14.15; 5,14; 7,14.28; 8,2.20.59; 10,23; 11,56; 18,20*

Teufel
  Joh *6,70; 8,44; 13,2*

Tiberias
  Joh *6,1.23; 21,1*

Titel
  Joh *19,19.20*

Tod
  Joh *5,24; 8,51.52; 11,4.13; 12,33; 18,32; 21,19*

töten
  Joh *5,18; 7,1.19.20.25; 8,22.37.40; 11,53; 12,10; 16,2; 18,31*

Tomas
  Joh *11,16; 14,5; 20,24.26.27.28.29; 21,2*

tot
  Joh *2,22; 5,21.25; 12,1.9.17; 20,9; 21,14*

tragen, (weg-)nehmen[+], aufheben[++] *(airo)*, hinweg! *(aire)*[+++]
  Joh *1,29; 2,16[+]; 5,8.9.10.11.12; 8,59[++]; 10,18[+].24[+]; 11,39[++].41[++].48[+]; 15,2[+]; 16,22[+]; 17,15[+]; 19,15[+++].31[+].38[+]; 20,1[+].2[+].13[+].15[+]*

tragen, weg-, aufheben[+], schleppen[++] *(bastazo)*
  Joh *10,31[+]; 12,6; 16,12; 19,17[++]; 20,15*

trefflich
  Joh *4,17; 8,48; 13,13; 18,23*

treten → stehen

trinken
  Joh *4,7.9.10.12.13.14; 6,53.54.56; 7,37; 18,11*

trocknen → abtrocknen

Tuch
  Joh *19,40; 20,5.6.7*

Tür
  Joh *10,1.2.7.9; 18,16; 20,19.26*

Türhüter
  Joh *10,3; 18,16.17*

U

übel
  Joh *18,23.30*

überführen, entlarven[+]
  Joh *3,20[+]; 8,46; 16,8*

übergeben → ausliefern

übersetzen
  Joh *1,38.41*

überwältigen
  Joh *1,5; 8,3.4; 12,35*

übrig bleiben
  Joh *6,12.13*

umhergehen
  Joh *1,36; 5,8.9.11.12; 6,19.66; 7,1; 8,12; 10,23; 11,9.10.54; 12,35; 21,18*

umwenden, sich
  Joh *1,38; 12,40; 20,14.16; 21,20*

unten
  Joh *8,6.23*

V

Vater
Joh 1,14.18; 2,16; 3,35; 4,12.20.21.23.53;
5,17.18.19.20.21.22.23.26.36.37.43.45;
6,27.31.32.37.40.42.44.45.46.49.57.58.65;
7,22;
8,16.18.19.27.28.38.39.41.42.44.49.53.54.56;
10,15.17.18.25.29.30.32.36.37.38; 11,41;
12,26.27.28.49.50; 13,1.3;
14,2.6.7.8.9.10.11.12.13.16.20.21.23.24.26.
28.31; 15,1.8.9.10.15.16.23.24.26;
16,3.15.17.23.25.26.27.28.32;
17,1.5.11.21.24.25; 18,11; 20,17.21

verbergen
Joh 8,59; 12,36; 19,38

verborgen
Joh 7,4.10; (19,38)

verbrennen → brennen

verderben, verlieren[+]
Joh 3,16; 6,12.27.39; 10,10.28; 11,50; 12,25[+];
17,12[+]; 18,9[+]

verfolgen
Joh 5,16; 15,20

verherrlichen
Joh 7,39; 8,54; 11,4; 12,16.23.28; 13,31.32; 14,13;
15,8; 16,14; 17,1.4.5.10; 21,19

verkaufen
Joh 2,14.16

verklagen
Joh 5,45; 8,6

verlangen, (er)bitten[+]
Joh 4,9.10; 11,22; 14,13[+].14[+]; 15,7[+].16[+];
16,23[+].24[+].26[+]

verlassen → lassen

verleugnen → leugnen

verlieren → verderben

versammeln → sammeln

verschließen
Joh 20,19.26

verteilen (diadidomi)
Joh 6,11

verteilen (diamerizo)
Joh 19,24

verüben
Joh 3,20; 5,29

verurteilen
Joh 8,10.11

verzehren
Joh 6,54.56.57.58

vier
Joh 11,17; 19,23

Volk (laos)
Joh 8,2; 11,50; 18,14

Volk → Nation (ethnos)

voll (mestos)
Joh 19,29; 21,11

vollenden (teleioo)
Joh 4,34; 5,36; 17,4.23;

vollenden (teleo)
Joh 19,28.30

Vollmacht
Joh 1,12; 5,27; 10,18; 17,2; 19,10.11

von dort
Joh 4,43; 11,54

von hier, hüben[+]
Joh 2,16; 7,3; 14,31; 18,36; 19,18[+]

von oben
Joh 3,3.7.31; 19,11.23

vor (emprosthen)
Joh 1,15.27.30; 3,28; 10,4; 12,37

vor (enopion)
Joh 20,30

vorbücken, sich
Joh 20,5.11

vorhanden sein → liegen

Vorsteher, Fürst[+]
Joh 3,7; 7,26.48; 12,31[+]; 12,42; 14,30[+]; 16,11[+]

W

wärmen, sich
Joh 18,18.25

wahr, wahrhaft[+] (aläthinos)
Joh 1,9; 4,23.37; 6,32; 7,28[+]; 8,16; 15,1; 17,3;
19,35

wahrhaftig (aläthos)
Joh 1,47; 4,42; 6,14.55; 7,26.40; 8,31; 17,8

Wahrheit
Joh 1,14.17; 3,21; 4,23.24; 5,33; 8,32.40.44.45.46;
14,6.17; 15,26; 16,7.13; 17,17.19; 18,37.38

wann
Joh 6,25; 10,24

wann → als

waschen (nipto)
Joh 9,7.11; 9,11.15; 13,5.6.8.10.12.14

Wasser
Joh 1,26.31.33; 2,7.9; 3,5.23;
4,7.10.11.13.14.15.46; 5,4.7; 7,38; 13,5; 19,34

Weg
Joh 1,23; 14,4.5.6

wegnehmen → tragen

wegziehen → hinüberschreiten

wehen → blasen

weiden (bosko)
Joh 21,15.17

weiden, hüten[+] (poimaino)
Joh 21,16[+]

Wein
Joh 2.3.9.10; 4,46

weinen
Joh 11,31.33; 16,20; 20,11.13.15

Weinstock
Joh 15,1.4.5

weiß
Joh 4,35; 16,5

weiterer
Joh 19,37

welcher
Joh 10,32; 12,33; 18,32; 21,19

Welt
Joh 1,9.10.29; 3,16.17.19; 4,42; 6,14.33.51; 7,4.7;
8,12.23.26; 9,5.39; 10,36; 11,9.27;
12,19.25.31.46.47; 13,1; 14,17.19.22.27.30.31;
15,18.19; 16,8.11.20.21.28.33;
17,5.6.9.11.13.14.15.16.18.21.23.24.25;
18,20.36.37; 21,25

**werfen, bringen[+], legen[++], gießen[+++],
stecken[++++] (ballo)**
Joh 3,24; 5,7[+]; 7,44[++]; 8,7.59; 12,6[++]; 13,2.5[+++];
15,6; 18,11[++++]; 19,24; 20,25[++].27[++]; 21,6.7

Werk
Joh 3,19.20.21; 4,34; 5,20.36; 6,28.29; 7,3.7.21;
8,39.41; 9,3.4; 10,25.32.33.37.38; 14,10.11.12;
15,24; 17,4

wie (kathos)
Joh 1,23; 3,14; 5,23.30; 6,31.57.58; 7,38; 8,28;
10,15.26; 12,14.50; 13,15.33.34; 14,27.31;
15,4.9.10.12; 17,2.11.14.16.18.21.22.23;
19,40; 20,21

wie, wieso

Joh *3,4.9.12; 4,9; 5,44.47; 6,42.52; 7,15; 8,33; 9,10.15.16.19.21.26; 11,36; 12,34; 14,5*

wiederum

Joh *1,35; 4,3.13.46.54; 6,15; 8,2.8.12.21; 9,15.17.27; 10,7.17.18.19.31.39.40; 11,7.8.38; 12,28.39; 13,12; 14,3; 16,16.17.19.22.28; 18,7.27.33.38.40; 19,4.9.37; 20,10.21.26; 21,1.16*

wieso → wie

Wille

Joh *1,13; 4,34; 5,30; 6,38.39.40; 7,17; 9,31*

wirken → arbeiten

wirklich → zuverlässig

wissen → kennen

wo *(hopou)*

Joh *1,28; 3,8; 4,20.46; 6,23.62; 7,34.36.42; 8,21.22; 10,40; 11,30.32; 12,1.26; 13,33.36; 14,3.4; 17,24; 18,1.20; 19,18.20.41; 20,12.19; 21,18*

wo *(pou)*

Joh *1,38.39; 3,8; 7,11.35; 8,10.14.19; 9,12; 11,34.57; 12,35; 13,36; 14,5; 16,5; 20,2.13.15*

woher

Joh *1,48; 2,9; 3,8; 4,11; 6,5; 7,27.28; 8,14; 9,29.30; 19,8*

wollen *(thelo)*

Joh *1,43; 3,8; 5,6.21.35.40; 6,11.21.67; 7,1.17.44; 8,44; 9,27; 12,21; 15,7; 16,19; 17,24; 21,18.22.23*

Wort *(logos)*

Joh *1,1.14; 2,22; 4,37.39.41.50; 5,24.38; 6,60; 7,36.40; 8,31.37.43.51.52.55; 10,19.35;*
12,38.48; 14,23.24; 15,3.20.25; 17,6.14.17.20; 18,9.32; 19,8.13; 21,23

Wüste

Joh *1,23; 3,14; 6,31.49; 11,54*

Z

Zeichen

Joh *2,11.18.23; 3,2; 4,48.54; 6,2.14.26.30; 7,31; 9,16; 10,41; 11,47; 12,18.37; 20,30*

zeigen

Joh *2,18; 5,20; 10,32; 14,8.9; 20,20*

Zeit *(chronos)*

Joh *5,6; 7,33; 12,35; 14,9*

Zeit, Frist[+] *(kairos)*

Joh *5,4; 7,6[+].8[+]*

zerbrechen

Joh *19,31.32.33*

zerreißen

Joh *19,24; 21,11*

zerstreuen

Joh *10,12; 16,32*

zeugen, be-*(martyreo)*

Joh *1,7.8.15.32.34; 2,25; 3,11.26.28.32; 4,39.44; 5,31.32.33.36.37.39; 7,7; 8,13.14.18; 10,25; 12,17; 13,21; 15,26.27; 18,23.37; 19,35; 21,24*

zeugen, geboren werden *(gennao)*

Joh *1,13; 3,3.4.5.6.7.8; 8,41; 9,2.19.20.32.34; 16,21; 18,37*

Zeugnis *(martyria)*

Joh *1,7.19; 3,11.32.33; 5,31.32.34.36; 8,13.14.17; 19,35; 21,24*

ziehen, hin-

Joh *4,50; 7,35.53; 8,1.11; 10,4; 11,11; 14,2.3.12.28; 16,7.28; 20,17*

ziehen → führen

ziehen *(helko)*

Joh *6,44; 12,32; 18,10; 21.6.11*

zuerst → erster

zugleich, zusammen[+]

Joh *4,36; 20,4; 21,2[+]*

zurück → nach

zusammen → zugleich

zuverlässig, wirklich[+] *(aläthäs)*

Joh *3,33; 4,18; 5,31.32; 6,55[+]; 7,18; 8,13.14.16.17.26; 10,41; 19,35; 21,24*

zwar

Joh *7,12; 10,41; 11,6; 16,9.22; 19,24.32; 20,30*

zwei

Joh *1,35.37.40; 2,6; 4,10.43; 6,9; 8,17; 11,6; 19,18; 20,4.12; 21,2*

zweihundert

Joh *6,7; 21,8*

zweiter

Joh *3,4; 4,54; 9,24; 21,16*

Zwölf

Joh *6,13.67.70.71; 11,9; 20,24*

Ilja Srubar

Kultur und Semantik

VS VERLAG FÜR SOZIALWISSENSCHAFTEN

Bibliografische Information der Deutschen Nationalbibliothek
Die Deutsche Nationalbibliothek verzeichnet diese Publikation in der
Deutschen Nationalbibliografie; detaillierte bibliografische Daten sind im Internet über
<http://dnb.d-nb.de> abrufbar.

1. Auflage 2009

Alle Rechte vorbehalten
© VS Verlag für Sozialwissenschaften | GWV Fachverlage GmbH, Wiesbaden 2009

Lektorat: Frank Engelhardt

VS Verlag für Sozialwissenschaften ist Teil der Fachverlagsgruppe
Springer Science+Business Media.
www.vs-verlag.de

Umschlaggestaltung: KünkelLopka Medienentwicklung, Heidelberg
Druck und buchbinderische Verarbeitung: Ten Brink, Meppel
Gedruckt auf säurefreiem und chlorfrei gebleichtem Papier
Printed in the Netherlands

ISBN 978-3-531-16917-0

Inhaltsverzeichnis

Vorwort

Die in diesem Band abgedruckten Aufsätze gehen von der Annahme aus, dass der Prozess der Konstruktion sozialer Wirklichkeit ein sinnverarbeitender Prozess ist. Eine systematischen Untersuchung von Kultur und ihrer unterschiedlichen semantischen Ausprägungen ist daher nur möglich, wenn der sinngenerative Zusammenhang, der hinter dem sinnhaften Aufbau der sozialen Welt steht, auf seine konstitutiven Prozesse und Ebenen hin untersucht wird. Nur so lässt sich die selbstregulative – autogenetische – Konstruktion sozialer Wirklichkeit erfassen. Die sinnkonstituierenden Prozesse, auf die die humane Lebenswelt qua Kulturwelt zurückgeht, lassen sich auf unterschiedlichen Ebenen aufspüren: Sinnkonstituierende Bewusstseinsakte, Leiblichkeit, pragmatische Konstitution des Handlungsfelds, Semiosis sowie Diskurse machen die selektierenden und zugleich kreativen Momente des sinngenerativen Geschehens aus, dessen Resultate uns als einzelne Kultur- und Lebensformen begegnen. Einen der wichtigsten Prozesse, durch die diese Momente miteinender verwoben werden, stellt der Zusammenhang von Handlungs-, Denk- und Sprachform dar. Er bezeichnet die Schnittstelle, an der subjektive und soziale Sinnkonstitution den menschlichen Weltzugang und somit auch die Gestalt dessen, was wir Kultur nennen, prägen. Die Beantwortung der Frage nach der Möglichkeit des Fremdverstehens, der Intersubjektivität, aber auch nach der Selektivität von Handlungs-, Sprach- und Denkschemata in Bezug auf die Variationsbreite der Sinnbildung, hängt von der Klärung des HDS-Zusammenhangs ab. Das Forschungsfeld, das sich hier eröffnet, ist keineswegs nur ein theoretisches. Es ist – im Gegenteil – die Intention der vorliegenden Aufsätze, die Anschlüsse an die empirische Forschung zu zeigen und deren einschlägige Ergebnisse einzubeziehen. Es sind dann häufig diese empirischen Bezüge, die dazu zwingen, postmoderne bzw. systemtheoretisch - radikal konstruktivistische Konzepte kritisch zu beleuchten.

Die hier präsentierten Texte erörtern unterschiedliche Aspekte im Rahmen des oben skizzierten Forschungsfelds. Sie sind zugleich bemüht, ein analytisches

Instrumentarium zur Verfügung zu stellen und zu erproben, mit dem die Konstitution konkreter Lebensformen sowie ihr Vergleich angegangen werden können. Dazu gehört es, dass sie auch versuchen, einige Scheinprobleme und theoretische Artefakte zu beseitigen, die derartigen Untersuchungen im Wege stehen. Des Umstands, dass seine eigenen Ausführungen in diesem Sinne ebenso geprüft werden, ist sich der Verfasser natürlich bewusst.

Für die Hilfe bei der Herstellung des druckfertigen Manuskripts möchte er sich bei Gerd Sebald, Linda Nell und Thorn Kray, sowie für die Erstellung der graphischen Darstellungen im Text »Handeln, Denken, Sprechen« bei Ulrich Wenzel bedanken. Für Form und Inhalt haftet er selbst.

Konstanz, den 15. 8. 2009

I. Kultur

Handeln, Denken, Sprechen. Der Zusammenhang ihrer Form als genetischer Mechanismus der Lebenswelt

I. Der HDS-Zusammenhang als Hintergrund der Frage nach der Entstehung von Kultur

Der *linguistic turn* in den Humanwissenschaften hat seit den 60er Jahren die Aufmerksamkeit auf Sprache und Kommunikation als Grundlagen der sozialen Konstruktion der Wirklichkeit gelenkt. Diese Entwicklung war zweifelsohne produktiv und hat wesentliche Erkenntnisse für die Konstitutionstheorie der Gesellschaft hervorgebracht. Allerdings dienten radikale Formen dieses Diskurses (etwa die diversen Versionen des Sprachholismus in der analytischen Philosophie und im postmodernen Poststrukturalismus, der Sprachdeterminismus in der anthropologischen Linguistik bzw. die autopoetische Version der Systemtheorie) auch dazu, den breiteren Kontext der Genese menschlichen Weltzugangs zu verstellen. Dies wurde spätestens dann deutlich, als der *linguistic turn* einem *cultural turn* zu weichen begann. Die leidenschaftlichen Debatten zwischen Universalisten und Relativisten aller Couleurs sowie die Entwicklung in der Sprachphilosophie, Linguistik, Soziologie und Psychologie führten zu der Einsicht, dass Sprache selbst, ohne ihren pragmatischen und kognitiven Kontext nicht als Basis der Wirklichkeitskonstitution gelten kann. Vielmehr erwies es sich als notwendig, den für diese Konstitution fundierenden Zusammenhang von Handeln, Denken und Sprechen in seiner Ganzheit zu betrachten. Diese Einsicht wurde noch verstärkt durch die »empirische« Entwicklung, durch die der *cultural turn* getragen wird. Der multikulturelle Wandel nationalstaatlich hervorgebrachter Kulturen und die damit einhergehende Heterogenisierung des Kulturbegriffs löste die Vorstellung der 1:1 Übereinstimmung von Sprache, Denkart und Kultur auf. Anstelle des unterbestimmten Kulturbegriffs wird zunehmend auf konkrete kommunikative Praktiken und Zusammenhänge hingewiesen, aus denen neue kulturelle Formen hervorgehen.

Damit wird der Handlungskomponente wieder die Bedeutung eingeräumt, die durch die lange vorherrschende psycholinguistische Perspektive verdeckt wurde (Gumperz 1996).

Ich gehe hier von der These aus, dass Handeln, Denken und Sprechen die drei konstituierenden Momente des menschlichen Weltzugangs darstellen. Die Annahme, dass Handeln, Denken und Sprache miteinander verbunden sind, steht implizit oder explizit hinter allen Konzepten, die auf die Erfassung der sozialen Realität als einer Kulturwirklichkeit zielen. Die Genese der Sinnstruktur menschlicher Lebenswelt sowie die Möglichkeiten, diese Genese zu verstehen und zu untersuchen, werden schon immer vor dem Hintergrund dieser Annahme betrachtet und entworfen, wenn auch über die Reichweite des Zusammenhangs von Handlungs-, Denk- und Sprachform (weiter im Text HDS-Zusammenhang genannt), über seine konkrete Gestalt sowie über die Bedeutung seiner einzelnen Momente die Ansichten weit auseinander gehen.

Die Annahme des HDS-Zusammenhangs ist zentral für eine Reihe der »Wissenschaften von Menschen«, die auch bemüht sind, diesen Zusammenhang transdisziplinär zu beleuchten: Für die Phylogenese des Menschen stellt dieser Zusammenhang den primären Evolutionsmechanismus der Gattung dar (Hildebrand-Nilshon 1980; Holloway 1999; LeCron Foster 1999; Lock/Symes 1999; Rolfe 1999), soziologische und psychologischen Konzepte der Ontogenese und der Sozialisierung kommen ohne diese Annahme nicht aus (Bernstein 1972; Mead 1973; Piaget 1972, 1969; Schütz 1970), die Philosophie des 20. Jahrhunderts baut auf ihm auf, gleich ob sie von den Positionen des Pragmatismus, des logischen Positivismus, der Sprachphilosophie in der Nachfolge Wittgensteins bzw. der »Philosophie des Geistes« argumentiert, oder von der hermeneutischen auf Dilthey, Cassirer, Husserl und Heidegger beruhenden Tradition ausgeht.

Auch für die Sozial- und Kulturwissenschaften, insbesondere für jene ihrer Ansätze, die die Prozesse der Konstitution der sozialen Wirklichkeit und ihrer kulturellen Formen untersuchen, ist die Annahme des HDS-Zusammenhangs unverzichtbar. Ihre Bedeutung wird hier gesteigert mit der zunehmenden Erkenntnis, dass Prozesse der Kommunikation für die Konstitution der sozialen Welt als einer Kulturwelt ausschlaggebend sind. Hier berühren sich Strömungen, die von Mead und Schütz einerseits und von systemtheoretischen, kognitionswissenschaftlichen bzw. genetisch-psychologischen Grundpositionen andererseits ausgehen. Spätestens seit Malinowski (1927) und natürlich seit Sapir (1972)/Whorf (1988) und Chomsky (1965) wird sowohl in der Kulturanthropologie als auch in der Linguistik das Thema zentral. In der Synthese der Vielfalt all dieser Perspektiven wird der HDS-Zusammenhang schließlich zum Ort, von dem aus Hypothesen zur Erklärung von Entstehung und Entwicklung der conditio humana entwickelt und wo die Mechanismen der Ausdifferenzierung der sozialen »zweiten Natur« des Menschen in eine Vielfalt von Kulturformen aufgesucht werden.

Die transdisziplinäre Übereinstimmung in Bezug auf die Zentralität des HDS-Zusammenhangs für die Prägung des menschlichen Weltzugangs könnte allerdings selbst als ein Bestandteil eines traditionellen europäischen Kulturtopos erscheinen. Um dies zu illustrieren kann man beliebig in die Tradition des europäischen Denkens greifen: Die im griechischen Logos-Begriff thematisierte Einheit von Sprache, wahrem Denken und wahrer Praxis (Platon 1991, Kauffmann 1993) taucht immer wieder auf. Nicht umsonst bezeichnet es Herder, der in seinen »Ideen zur Philosophie der Geschichte der Menschheit« (1887) dem Problem jene kulturalistische Wendung gab, die uns hier beschäftigen soll, als eine der verdienstvollsten Aufgaben für die Zukunft, eine sprachvergleichende Untersuchung anzustellen, aus der sich die »Physiognomik der Völker« sowie die Vielfalt der Formen der menschlichen Geschichte und des menschlichen Geistes erschließen würden, und bemerkt, dadurch würde der Wunsch von Francis Bacon und Leibniz in Erfüllung gehen (Herder 1887, 364). Und Wilhelm von Humboldt, der etwa 40 Jahre später daran geht, diese Aufgabe aufzugreifen, stellt einen engen Zusammenhang zwischen der »geistigen Tätigkeit« und der Sprachform her, der in den Kategorien des »inneren Sprachsinns« und der Denkform als »inneren Rede« zum Ausdruck kommt (Humboldt 1963, 658 ff.). Angesichts dieser Verbindung kann sich auch er nicht der Folgerung entziehen, dass die Sprachform »Rückwirkung auf die Intellektualität der Völker« habe und so auch auf ihre Geschichte (Humboldt 1963, 655), wie er auch im Vergleich der indogermanischen Sprachen mit dem Chinesischen zu zeigen versucht (Humboldt 1963, 779 ff.).

So einleuchtend diese argumentative Figur einerseits ist, bei der Herder und auch Humboldt anlangen, um die Kulturgenese zu erklären, so skeptisch sind ihre Urheber andererseits in Bezug auf ihre deterministische Generalisierbarkeit. Bereits Herder bemerkt, der Umstand, dass in einer Sprache höchste Kulturgüter geschaffen wurden, bedeute noch nicht, dass jeder ihrer Sprecher dieses Denkniveau erreicht (Herder 1887, 371). Bei Humboldt lässt sich gut beobachten, wie sich ein »Kultur-Topos« in Verbindung mit komparativer Untersuchung von Sprachen und Sprachtypen in ein komplexes Untersuchungsfeld verwandelt, das die Beobachtung des HDS-Problems unter recht unterschiedlichen Perspektiven erlaubt. Angesichts seines Materials kann Humboldt nicht umhin, zu differenzieren: Einerseits muss er erkennen, dass es keine »unvollkommenen Sprachen« gibt, d. h. dass alle Sprachen an die geistige Tätigkeit ihrer Sprecher optimal angepasst sind und ihnen keine Ausdrucksbeschränkungen auferlegen. Andererseits jedoch sieht er sich gezwungen, Unterschiede im Sprachbau auszumachen und eine optimale Sprachgestalt von weniger optimalen zu trennen. Als Kriterium dient ihm hier bekanntlich die Fähigkeit einer Sprache, das Denken und seine Beweglichkeit sowie Kreativität aus sich heraus zu fördern (Humboldt 1963, 652, 655). In Humboldts Augen geschieht dies durch eine ausdifferenzierte Syntax, die es erlaubt, abstrakte Gedankenzüge eindeutig zu formulieren, durch Flexion und vor allem durch die Fähigkeit der Sprache, »dem inneren Sprachsinn durch Laute einen sinnlichen Ausdruck zu verleihen« (Humboldt 1963, 657 ff.), d. h. durch das Vermögen der Sprache, möglichst viele potentielle Denkfiguren in Laut-/Sprachmerkmalen auszuzeichnen. Den hier zum Ausdruck kommenden HDS-Zusammenhang könnte man daher so formulieren: Da Sprache »Natur« ist (Humboldt 1963, 294), ist sie immer optimal dem Denken der Sprecher angepasst. Daher gibt es keine »Ausdrucksdefizite« zwischen den Sprachen. Allerdings gibt es Sprachen, deren Bau dem Denken einen »freien Lauf« lässt und dies kann historische Konsequenzen in Bezug auf divergierende Kulturentwicklung haben. Es gibt also für Humboldt eine universelle Denkform, die durch unterschiedliche Sprachformen artikuliert werden kann, was zu unterschiedlichen kulturellen Handlungsformen führen mag, wobei allerdings eine Unterscheidung in »primitive« und »entwickelte« Sprachen nicht möglich ist.

Humboldt ist allerdings Empiriker genug, um zu sehen, dass dieses Ergebnis seiner Forschung mit äußerster Vorsicht zu behandeln ist, denn es legt einen generellen Zusammenhang zwischen einem homogen gedachten Sprachsystem und einem ebenso homogen gedachten Kollektiv seiner Sprecher nahe, aus dem sich eine kontinuierliche, über Generationen hinweg wirksame Beeinflussung des Handelns dieses Kollektivs ergibt. Dem gegenüber steht allerdings die nun gleichermaßen von Humboldt beobachtete Tatsache, dass »die Sprache eine Abstraktion des Verstandes« sei (Humboldt 1963, 295), weil es *de facto* nur eine Vielfalt von Sprachstilen gibt. Ebenso sei es angesichts des durch die pragmatische Sprachanwendung in der Zeit stattfindenden Sprachwandels schwierig, von historischer Kontinuität der Sprachwirkung zu reden. Den HDS-Zusammenhang gibt es demnach nur im Vollzug des Sprechens, d. h. nur solange als eine historische Gruppe eine historische Sprachvariante benutzt. Humboldt sieht also klar, dass die Gestalt des HDS-Zusammenhangs nicht nur vom Sprachbau allein abhängt, sondern auch einem durch die Sprachpragmatik bedingten Wandel unterworfen ist (Humboldt 1963, 297 ff.).

Humboldts Exposition des Problems offenbart also ein Dilemma: Einerseits gibt es gute Gründe dafür, einen kulturbildenden Zusammenhang zwischen Denk- und Sprachform mit weitreichenden Handlungskonsequenzen anzunehmen, andererseits jedoch zeitigt die Sprachform in ihrer pragmatischen Dimension eine derartige Vielfalt von synchronen und diachronen Variationen, dass es schwierig wird, die Wirkung dieses Zusammenhangs an konkreten Trägern auszumachen. Humboldt versucht bekanntlich zwischen dem Postulat eines generalisierbaren HDS-Zusammenhangs und der Erkenntnis seiner historisch-pragmatischen Relativierbarkeit dadurch zu vermitteln, dass er eine »gefühlsmäßige« Identifizierbarkeit von intra-lingualen Stilen und Varianten mit einem Sprachsystem annimmt und von der Gleichartigkeit des menschlichen Denkens und der menschlichen Sprachwerkzeuge im Sinne von allgemeinen sprachbildenen Voraussetzungen ausgeht (Humboldt 1963, 300 ff.). Wenn man auch die Humboldt'schen Vorschläge zur Lösung des genannten Dilemmas als einen Ausdruck des Humanismus seiner Zeit betrachten kann, ist nicht zu übersehen, dass seine Exposition des Problems eine allgemeine Geltung hat, weil in ihr die Positionen und die Positionsmarkierungen vorgezeichnet sind, die spätere Diskurse über den HDS-Zusammenhang kennzeichnen.

Die erste Linie, die Positionen in späteren Diskursen voneinander scheidet, verläuft entlang des bereits angedeuteten Dilemmas: Der Annahme einer universellen Denktätigkeit, die einen inneren Sprachsinn erfordert und als eine Voraussetzung der Sprachbildung und ihrer Gesetzmäßigkeiten gilt, begegnen wir in den nativistischen Ansätzen in Anschluss an Chomsky wieder. Die dazu komplementäre Opposition, die die pragmatische Genese von Sprachsystemen betont, finden wir in den interaktionistischen Positionen in Anschluss an Mead, aber auch in phänomenologischen Ansätzen der philosophischen Anthropologie, die seit Scheler (1980) pragmatische Motive mitführt, die einerseits in das Denken Gehlens, andererseits in jenes von Alfred Schütz Eingang finden. Aus einer »Kompromiss-Haltung« zwischen diesen Positionen kann dann etwa der ontogenetische »biologisch-konstruktivistische« Ansatz von Piaget und seine »Korrektur« durch Wygotski (1972) angesehen werden.

Eine zweite, mit der ersten in gewissem Sinne komplementäre Trennungslinie zeichnet sich in der Humboldt'schen Exposition entlang der Unterscheidung zwischen universalen und historisch gewachsenen Strukturen der Denk- und Sprachform. Hier erkennen wir die möglichen Frontlinien relativistischer und universalistischer Argumentation wie sie von Sapir (1972)/Whorf (1988) und von Greenberg (1966) bzw. Berlin/Kay (1969) eingeführt wurden. Eine dritte Unterscheidungslinie wird schließlich indiziert von der Humboldt'schen Trennung zwischen der an sich abstrakten Ebene der Sprache als eines Zeichensystems und ihrer pragmatischen Verwirklichung in der Vielfalt von Sprachstilen. Auch hier finden wir den entsprechenden Hiatus innerhalb der zeitgenössischen Diskurse etwa zwischen den »klassischen« linguistischen Positionen in Nachfolge Saussures (1967) und der Ethnographie des Sprechens von Hymes (1979) und Gumperz (1972). Es überrascht daher nicht, dass gegenwärtige Versuche, zwischen universalistischen und relativistischen Positionen zu vermitteln, diese Humboldt'sche Trennung weiterzuführen und die variierenden Faktoren des HDS-Zusammenhangs im Bereich der Pragmatik anzusiedeln versuchen, ohne die Möglichkeit, allgemeiner Sprachstrukturen auszuschließen (Gumperz/Lewinson 1996).

Diese knappe Skizzierung des Diskursfeldes vor dem Humboldt'schen Hintergrund geschieht hier nicht ohne Sinn: Sie soll zeigen, dass die einzelnen Diskurspositionen, die häufig als unüberwindbare Gegensätze erscheinen als bloße Hypostasierungen von Problemaspekten zu sehen sind, deren für Humboldt noch/schon sichtbare Einheit den Zusammenhang von Handlungs-, Denk- und Sprachform darstellt. Festgehalten werden soll hier also, dass die skizzierten Positionen, wenn sie auch von »unversöhnlichen« Prämissen ausgehen, diesen Zusammenhang keineswegs negieren, sondern lediglich seinen Ursprung und seine Form sowie seine Konsequenzen unterschiedlich behandeln.[1]

Die obige Feststellung führt nun zu der Frage danach, ob trotz der Divergenz von Perspektiven eine verallgemeinbare Struktur des HDS-Zusammenhangs ausgemacht werden kann. Oder, vorsichtiger formuliert, lassen sich in den Untersuchungen und Resultaten der unterschiedlichen Zugänge zum HDS-Zusammenhang Anzeichen finden, die auf eine allgemeine Form dieses Zusammenhangs schließen lassen?

Die erste Fragestellung, der ich hier folgen will, bezieht sich auf die Ansichten über die genetische Reihenfolge, in der Denken, Handeln und Sprechen für die Herausbildung des menschlichen Weltzugangs relevant werden. Es ist natürlich klar, dass sich die Komplementarität der drei Momente des Weltzugangs kaum anders als analytisch auftrennen lässt. Andererseits jedoch ist es nicht zu übersehen, dass man durchaus Konstitutionstheorien sozialer Wirklichkeit danach unterscheiden kann, wie sie diese Momente anordnen. Diesem Aspekt soll also unsere Aufmerksamkeit zuerst gelten. Es ist an dieser Stelle selbstverständlich nicht realisierbar, sämtliche Konzepte, die den HDS-Zusammenhang thematisieren, systematisch zu erörtern. Den aufgezeigten Trennlinien des Diskurses folgend, wähle ich daher als Fälle pragmatisch argumentierender Ansätze, die Universalstrukturen zulassen, diejenigen von Mead und Schütz, die zugleich auch zwei wichtige Varianten soziologischer Konstitutionstheorie repräsentieren. Komplementär dazu sollen die sozio-linguistischen Ansätze von Bernstein und Lakoff skizziert werden, die in der linguistischen Sicht ähnlicher Perspektive folgen. Als eine zwischen dem Nativismus und dem pragmatischen Konstruktivismus vermittelnde Konzeption soll der Ansatz von Piaget

---

[1]In einer etwas anderen Sicht weist auf diese Problemgenese auch Chomsky hin, der, um den Zusammenhang zwischen Sprachform und Denkform zu rekonstruieren, auf die philosophische Grammatik von Port Royal sowie auf Humboldt zurückgreift (Chomsky 1973, 30 ff.).

untersucht werden. Stellvertretend für sprachrelativistische Perspektiven wird schließlich die Argumentation von Whorf betrachtet. Von der Betrachtung der nativistischen Position Chomskys sehen wir hier vorerst ab, da sie erklärtermaßen von pragmatischen und sozialen Aspekten der Sprachform absieht und Sprachstrukturen fern der natürlichen Sprachen untersucht (Fanselow/Felix 1993, 9, 65 ff.). Die im Folgenden entwickelte Argumentation versteht sich auch nicht als eine unmittelbare Auseinandersetzung mit Chomskys Ansatz, denn es geht hier weder darum, Eigengesetzlichkeiten der Sprachform zu negieren, noch darum, die Sprachgenese gänzlich auf außersprachliche Momente zurückzuführen. Vielmehr soll die Verzahnung der Leistungen, die durch die Handlungs-, Denk- und Sprachform für den menschlichen Weltzugang erbracht werden, beleuchtet werden. Die nativistische Position schließt, soweit ich sehe, die Idee des HDS-Zusammenhangs nicht gänzlich aus: Er wird wohl diachron/phylogenetisch als eine Möglichkeit der Entstehung des sprachlichen Genoms zugelassen. In der synchronen Sicht richtet sich die Argumentation des Ansatzes von Chomsky und seiner Schüler nicht primär gegen die unstrittigen gegenseitigen Bezüge des HDS-Zusammenhangs, die sich in der Sprachform niederschlagen, sondern vielmehr gegen Versuche, grammatikalische, d. h. vor allem syntaktische Strukturen völlig auf sozial-kommunikative, pragmatische bzw. semantische Momente zurückzuführen. Sie insistieren so auf einem harten syntaktischen Kern in der sprachlicher Tiefenstruktur, dem sie den Charakter eines angeborenen, universalen und autonomen kognitiven Moduls zuschreiben (Chomsky 1973; Fodor 1975, 1983; Fanselow/Felix 1993). Wenn auch die nativistischen Annahmen über die Sprachgenese empirisch strittig sind, betont der Ansatz wohl zurecht die Eigengesetzlichkeit sowie die Universalität bestimmter Strukturen der Sprachform. Damit steht er keineswegs im Konflikt mit der hier vertretenen Sicht, die sich allerdings an natürlichen Sprachen ausrichtet.

II. Zur Gestalt des HDS-Zusammenhangs

Bevor wir mit den Untersuchungen beginnen, sollen die Bereiche des Handelns, Denkens und Sprechens näher spezifiziert werden. Unter Denken soll im Anschluss an Husserl und Schütz die Aktivität des Bewusstseins jeglicher Art mitsamt der Erfahrungsschemata, Typik- und Relevanzstrukturen verstanden werden, die die konkrete Gestalt der Bewusstseinsprozesse ausmacht. Handeln soll hier äußeres Wirken heißen, dessen Bezugspunkt Objekte, andere oder ich selbst sein können. Sprache wird hier verstanden als eine natürliche, d. h. im Sinne Saussures (1967) als ein phonemisches, sequenzielles und voll institutionalisiertes Zeichensystem in pragmatischer Anwendung, also als Einheit von »langue« und »parole«.

Sobald wir allerdings diese Spezifizierungen vorgenommen haben, sehen wir auch gleich die Schwierigkeit, die mit derartigen Abgrenzungen verbunden ist. Denn die den drei Momenten zugewiesenen Bereiche bilden natürlich Schnittmengen, deren Ausdehnungen einen der strittigen Punkte der Diskussion um den HDS-Zusammenhang darstellen. In Chomskys Variante steht die mit der generativen Grammatik zu beschreibende universelle Sprachstruktur auch für eine allgemeine Denkstruktur, die die Bedingung des Sprechens überhaupt darstellt (Chomsky 1973, 50 ff., 130 ff.; Fodor 1975).[2] Das relativistische Pendant zu dieser Sicht begegnet uns bekanntlich in Whorfs Sprachdeterminismus, wo allerdings die Denkform durch die Struktur natürlicher Sprachen bedingt wird. Denken als inneres Sprechen ist nicht nur eine Vorstellung Humboldts, sondern spielt eine Rolle in dem sprachpsychologischen Diskurs seit den 30er Jahren (Wygotski 1972). Eine ebenso enge Deckung wie zwischen Sprechen und Denken kann in gewissen Perspektiven auch zwischen dem Bereich des Sprechens und des Handelns hergestellt werden: Der Zusammenhang zwischen Handlungsform und Sprachform kann einerseits darin gesucht werden, dass Sprache Strukturen und semantische Inhalte transportiert, die im Handeln generiert wurden(Schütz/Luckmann 1979, Luckmann 1980, Labov 1980) Hinzu kommt, dass der Gebrauch von Sprache selbst immer auch ein Handeln bedeutet, das die soziale Realität konstituiert und in ihrem Rahmen auch einen ihrer Bestandteile nämlich die Sprache als Zeichensystem selbst. Wenn wir also die drei Momente des HDS-Zusammenhangs in ihren Bereichen unterschieden haben, bedeutet es nicht, dass damit mögliche strukturelle Überschneidungen negiert werden sollten, die sie verbinden. Im Gegenteil: Diese machen ja den Sinn der Rede von einem HDS-Zusammenhang und sollen Gegenstand der Untersuchung sein.

---

[2] Hier wird auch die von Chomsky selbst gesehene Nähe seines Ansatzes zu Humboldt deutlich (Chomsky 1973, 118).

Alfred Schütz

Beginnen wir mit der Ansicht des HDS-Zusammenhangs, wie sie uns von den pragmatisch-handlungszentrierten Konstitutionstheorien von Alfred Schütz und George Herbert Mead geliefert wird. Skizzieren wir zunächst in aller Kürze die Position von Schütz (2004[1932]; 2003). Hier, wie auch in allen weiteren Rekonstruktionen des HDS-Zusammenhangs, ist zwischen der diachronen und synchronen Sicht zu unterscheiden, d. h. zwischen den Aussagen zu der Rolle und der Position von Handeln, Denken und Sprechen in der Entwicklung des menschlichen Weltzugangs und der Darstellung des HDS-Zusammenhangs unter der Bedingung erlangter Kompetenz in allen drei Bereichen.

Angesichts des Schütz'schen phänomenologischen Hintergrunds würde man vermuten, dass er bei der Darstellung der Entwicklung des menschlichen Weltzugangs bei der Bewusstseinsaktivität ansetzt – also beim Denken. In der phänomenologischen Sicht stellen Bewusstseinsleistungen in der Tat eine wesentliche Voraussetzung für die in der relativ natürlichen Einstellung erfolgende Konstitution der Lebenswelt dar. Hinzu gehört vor allem die Temporalität des Bewusstseins und die auf ihr aufbauenden Intentionalität, Reflexivität sowie Appräsentativität seiner Akte. Insofern allerdings, als für Schütz die Lebenswelt um ihren alltäglichen Kern – die Wirkwelt – zentriert ist, steht Handeln qua Wirken mit im Zentrum der Konstitutionsprozesse, die den menschlichen Weltzugang kennzeichnen. Auf das Handeln qua Wirken, das hier als Interaktion mit Objekten und anderen zu verstehen ist, gehen primäre Erfahrungsstrukturen des Weltzugangs zurück – sie folgen so dem Prinzip der pragmatischen Relevanz. Handeln ist allerdings leibgebunden. Die Leiblichkeit des Ego stellt daher auch das Zentrum seiner Wirkwelt dar. Dies hat eine Reihe von Konsequenzen:

1. Das Wirken und seine Resultate gehen als Erlebnisse mit den intentionalen Bewusstseinsakten einher und ihre Sedimentierungen stellen die Typik- und Relevanzsysteme subjektiven Wissensvorrats dar.

2. Das Erleben der leibzentrierten Wirkwelt und ihrer pragmatischen Ordnung macht Raum- und Zeitgrenzen innerhalb der Lebenswelt deutlich,

die nun ihrerseits zum Objekt des Wirkens – d. h. der Interaktion mit Objekten und anderen werden können.

3. Handlungen können nun auf Überwindung dieser Grenzen innerhalb der Lebenswelt gerichtet werden, d. h. als Mittel der Überwindung der innerweltlichen Transzendenz eingesetzt werden.

Mit ermöglicht durch die Appräsentativität der Bewusstseinsakte werden so Handlungen bzw. ihre Resultate zu Zeichen, die unterschiedliche Sinnbereiche der Lebenswelt zu einem Deutungszusammenhang (zu einem appräsentativen System) zu verbinden vermögen. Sprache stellt dann jenes Zeichensystem dar, das die Transzendenz von Ego und Alter überwindet. Sie basiert auf Wirkungsbeziehungen, in denen die gegenseitig gesetzten Handlungen immer einen Zeichencharakter haben und als Koordinierung von zwei Bewusstseinsströmen fungieren. Kommunikation als Interaktion in einer Wirkensbeziehung verkettet die Handlungsmotivation der Akteure zu einer gemeinsamen Erwartung und »sozialisiert« so die im Erleben der Wirkensbeziehung sedimentierten Typik- und Relevanzstrukturen der subjektiven Wissensvorräte. Die Genese der Appräsentationssysteme sprachlicher Zeichen ist in solchen Konstitutionsprozessen zu sehen. Daher trägt die Sprache die »Spuren« ihres pragmatischen Konstitutionskontextes in sich. Dies führt dazu, dass sie – einmal etabliert und angeeignet – als Träger von Typik- und Relevanzsystemen fungiert und somit dem Handeln und Denken Klassifikations-, Interpretations- und Motivationsschemata in zum Teil routinisierter Form anbietet.

Gehen wir also von der Schütz'schen Vorstellung der Konstitution einer Wirkwelt aus, wie sie anhand des Prinzips der pragmatischen Relevanz entsteht, so erscheinen in der diachronen Sicht die Momente des Denkens und des Handelns als jene Bereiche, durch welche sich primär der Weltzugang öffnet. In Schütz'scher Sicht sind die beiden Momente gleichursprünglich. Dem Handeln kommt allerdings eine weiterreichende konstituierende Wirkung zu: Als Wirken ist es sowohl nach innen (Erleben) als auch nach außen (Interaktion) gerichtet und ist somit sowohl für den Aufbau der subjektiven als auch der kollektiven – im Zeichensystem der Sprache gespeicherten – Wissensvorräte konstitutiv. Theoretisch könnte dieses Modell zur Beschreibung der Konstitution einer sinnvollen Wirkwelt dienen, die sich lediglich als Resultat von Denken und Handeln ohne sprachliche Vermittlung aufbauen würde (Luckmann 1992). Allerdings ginge dieser Prozess auch nicht vonstatten ohne »private« Zeichensysteme (etwa Merkzeichen). Unter Berücksichtigung einer normalen Ontogenese muss man jedoch von einer solchen Vorstellung Abstand nehmen. In der Synchronperspektive stellt sich jedoch die Sache anders dar: Ist die Sprache einmal etabliert und die Sprachkompetenz erlangt, so steht sie als Trägerin von Relevanz und Typik für die Strukturen des kollektiven Wissensvorrats, die sowohl das Denken prägen als auch Handlungsmotivationen bereit halten.

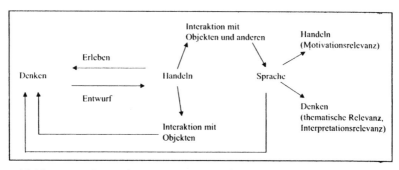

Abbildung 1: Schema des HDS-Zusammenhangs bei Schütz

2. George Herbert Mead

Meads Ausgangspunkt wird eindeutig im Bereich des Handelns qua sozialer Interaktion gesehen. Dies trifft sicher zu, wenn auch berücksichtigt werden muss, dass auch Mead Annahmen über das Funktionieren von »Organismen« macht und über den Zusammenhang von Denken und Handeln nachdenkt, wobei er unter Handeln auch eine Interaktion mit Objekten versteht (Mead 1969; 1972). Seine diesbezügliche grundlegende Annahme, die man als eine Aussage über das Fungieren von Bewusstsein im weitesten Sinne verstehen muss, besagt, dass Sozialität ein dem Organismus eigenes Vermögen sei, zwei Zustände auf einmal zu sein – d. h. sich zu sich selbst zu verhalten (Mead 1969, 280). In dieser Reflexivität ist dann der für die Mead'sche interaktionistische Sinnkonstitution fundierende Mechanismus begründet – nämlich die Fähigkeit von Organismen, eigenes Verhalten durch das Verhalten und die Reaktionen anderer zu kontrollieren. Das humane Mittel dieser Kontrolle stellen bekanntlich signifikante Gesten – und optimalerweise sprachliche Lautgesten – dar, in deren Sinnkonstitution der interaktive Prozess von Egos Handlung und Alters Reaktion eingegangen ist, so dass sie nunmehr als Mittel der Übernahme der in ihnen sedimentierten Erwartungen anderer zu Kontrolle und Regelung eigenen Verhaltens, d. h. Handelns und Denkens dienen können. Die Sinnstrukturen, Kategorien und Schemata, die die Sprachzeichen als signifikante Gesten transportieren, haben daher immer gegenüber dem subjektiven Bewusstseinsinhalten höheren Allgemeinheits- und Objektivitätsgrad. »Geist« ist daher nicht ein Produkt des Bewusstseins einzelner Subjekte, sondern ein Produkt des »sozialen« Prozesses, d. h. der das System signifikanter Gesten hervorbringenden Kommunikation. Objektives – d. h. übersubjektiv geltendes – Denken ist einzelnen Subjekten nur möglich dank der Übernahme der im kollektiven »Geist« von Sprache gespeicherten Strukturen und Schemata, durch die sie ihr Denkverhalten kontrollieren können. In diesem Sinne ist »Geist« nicht nur ein kollektiver Wissensvorrat sondern auch eine normative Regelstruktur, die »richtiges und falsches« Denken und Handeln nicht nur in Bezug auf »Moral« sondern auch im Bezug auf »Wahrheit« zu differenzieren vermag. Darin ist für Mead und andere (Habermas 1981; Joas 1980) die Chance begründet, aus Kommunikationsprozessen eine auf Wahrheit gestützte soziale Moralität abzuleiten.

Betrachten wir nun die in diesem Konzept angezeigten Aussagen zum HDS-Zusammenhang in der synchronen Sicht, so sehen wir, dass sie sich von der Schütz'schen Vorstellung kaum unterscheiden, sondern vielmehr in einer radikalisierten Weise in die gleiche Richtung zeigen: Die Sprache ermöglicht Denken und Handeln nicht nur, indem sie als Wissensvorrat fungiert und Wissensschemata transportiert, sondern sie besitzt darüber hinaus eine normative Kraft. Diese erschöpft sich nicht in der Notwendigkeit, den Regeln eines Zeichensystems zu folgen, wenn Verständigung möglich sein soll. Die Allgemeinheit und Geltung der Sprachnormen transportiert auch den Allgemeinheits- und Wahrheitsanspruch kognitiver Art in Bezug auf das Denken sowie moralisch normativer Art in Bezug auf das Handeln und die Identitätsbildung (Mead 1969, 64 ff., 1973).

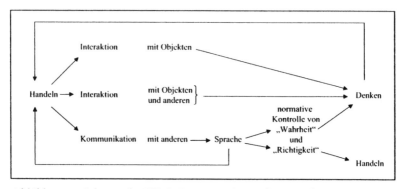

Abbildung 2: Schema des HDS-Zusammenhangs bei Mead

Betrachtet man nun Meads Argumentation, wie sie in »Geist, Identität, Gesellschaft« (Mead 1973) erscheint, in der diachronen Perspektive, so ergibt sich deutlich eine Differenz zu der Schütz'schen Auffassung der Genese des HDS-Zusammenhangs. In Meads Sicht kommt zwar dem Bereich der Handlung/Interaktion eine Priorität in der Entwicklung des Weltzugangs zu, die Vermittlung zwischen Handeln und Denken erfolgt jedoch durch das interaktiv entstehende Sprachsystem, das dem Denken ordnende Kategorien liefert und so die Entstehung des humanen Bewusstseins sowie individueller Identität erst möglich macht. Die hier zutage tretende Vorgängigkeit des Regelwerks der Sprache vor dem individuellen Denken, die im anderen Kontext weitgehende Konsequenzen für emanzipatorische Gesellschaftstheorien hat (Habermas 1981), wird allerdings relativiert, wenn man Meads Untersuchungen zu pragmatischer Konstitution der Objektwelt berücksichtigt. Auch hier kommt das Konzept der Interaktion zum Tragen, denn »Objekte« als Wahrnehmungsgegenstände sind Konstrukte der Interaktion zwischen dem »Organismus« Mensch und den Gegebenheiten seiner Umwelt. Sie konstituieren sich in dem »manipulatory field« (Mead 1972, 150) der Akteure, in der pragmatisch orientierten Distanzwahrnehmung sowie in den Handlungsakten des Kontakts und der Manipulation, die die selbständige Eigenart des Objekts an Hand seiner Widerständigkeit hervortreten und so zu einem »Ding« der Wahrnehmung werden lassen. (Mead 1969, 102 ff.; 1973, 145 ff.). Diese Akte konstituieren allerdings nicht nur Objekte im Sinne pragmatisch generierter Bewusstseinsschemata, sondern sind auch die Quelle der Raum-Zeit-Erfahrung, d. h. des fundierenden Rahmens der kognitiven und pragmatischen Weltorientierung schlechthin. Die Raumerfahrung ist an die Wahrnehmung der Distanz zum Objekt gebunden, während die Zeiterfahrung in der Vorstellung des Phasenablaufs eines »inhibierten«, d. h. nicht vollzogenen Handelns begründet ist (Mead 1969, 167). Die Kategorien des Denkens und der Anschauung stellen somit nicht bewusstseinsimmanente Schemata *a priori* dar, sondern sind Produkte der Interaktion, in der das Denken durch die Übernahme der »Objektposition« sich kontrolliert, wodurch, wie Mead sagt, »Eigenschaften in den Objekten und Sensitivitäten in den Individuen entstehen, die einander entsprechen« (Mead 1969, 82). Sofern also individuelle Handlungssituationen voneinander unterschiedlich sind, ist die jeweilige Gestalt des Objekts und des interaktiven Zeit-Raum-Feldes, in dem sie pragmatisch hervorgebracht werden, je eine andere (Mead 1969, 80). Allerdings können »Objekte« Produkte der Interaktion mehrerer sein – wodurch sie im Mead'schen Sinne »soziale Objekte« werden (Mead 1969, 84). Als solche gehen sie in die Erfahrung der Beteiligten als sozial hervorgebrachte »Denkrepräsentationen« ein (Mead 1969, 161), deren Gehalt ähnlich wie bei signifikanten Gesten von höherem Allgemeinheitsgrad ist als ihn rein subjektive Wahrnehmungen besitzen können.

Es wird also deutlich, dass in Meads Sicht der Prozess der pragmatischen Prägung der Denkform auf mehreren Ebenen abläuft. Da ist erstens die Ebene der Formung des Denkens durch die interaktiv generierten Sprachnormen, zweitens aber auch die pragmatische Konstitution von »Objekten« selbst, die individuell oder kollektiv erfolgen kann, wobei die »Gesellschaft« in Gestalt des sprachlich artikulierten »Geistes« auch bei diesen Prozessen kopräsent ist (Mead 1969, 64 ff.). Während also in der Synchronperspektive die erlangte Sprachkompetenz ermöglicht, die verallgemeinerte Sprachnorm zur Kontrolle eigenen Denkens und Handelns zu übernehmen, wodurch Sprache eine dominante Bedeutung im Bereich des Handelns und Denkens gewinnt, erschließt sich der Weltzugang in der diachronen Sicht vom Primat des Handelns aus in parallel verlaufenden Prozessen sowohl in der Interaktion als Konstitution von Sprache als auch in der Interaktion mit Objekten als Konstitution von »Dingen« der Wahrnehmung. Die Denkform wird also in Meads Sicht über zwei gleichzeitig verlaufende Stränge der Interaktion und Kommunikation pragmatisch geprägt. Berücksichtigt man zugleich auch die von Mead gemachte Annahme der Sozialität von Organismen, so lässt sich sagen, dass Meads Konzept sowohl in der diachronen als auch in der synchronen Sicht der Gestalt des HDS-Zusammenhangs wesentlichen Punkten mit dem Schütz'schen Konzept kongruent ist.

Dies gilt vor allem für die Konzepte der pragmatischen Konstitution von Objekten und der Zeit-Raum-Erfahrung innerhalb des »manipulatory area« sowie für die pragmatische Konstitution von Zeichensystemen. Allerdings ist nicht zu übersehen, dass dem Schütz'schen Verständnis von Sprache als Trägerin von kollektiven Wissensstrukturen ein für Mead konstitutiver Aspekt der Sprachwirkung fehlt – nämlich die Vorstellung der Übernahme verallgemeinerter Sprachregeln zwecks eigener Verhaltenskontrolle. Es ist auch nicht zu übersehen, dass in der Diachronperspektive die Momente des Handelns und des Denkens bei Mead und Schütz unterschiedliche Betonung erfahren. Für Schütz sind Handlungs- und Bewusstseinsakte gleichursprünglich: Die Zeitlichkeit und die Intentionalität der Bewusstseinsakte in allen ihren Formen ist ein notwendiges Konstitutivum des Weltzuganges, weil aus ihr die Plastizität des Bewusstseins resultiert, das in Prozessen der Interaktion und der Kommunikation seine Gestalt erhält. Die mundane Konstitution der Lebenswelt kann also von Handlung aus gedacht werden, baut allerdings auf viel stärkeren Annahmen über bewusstseinimmanente Mechanismen auf, als es bei Mead der Fall ist. Auch Mead kommt allerdings nicht ohne Annahmen bezüglich der Plastizität des »Organismus« aus. Bezeichnenderweise wird »Sozialität«, die für diese Plastizität bei Mead steht (Mead 1969, 280, 200 ff.) als eine Form der Temporalität des »Organismus« gedacht, d. h. als Gleichzeitigkeit zweier seiner aufeinander bezogenen Zustände – also als Reflexivität. Temporalität und Reflexivität des Organismus stellen so wie bei Schütz, auch für Mead die im Denkbereich anzusiedelnden Mitbedingungen für die pragmatischen Strukturierungen des Denkens dar. Ohne sie käme der interaktive Prozess eines Bewusstseins im Sinne eines konkreten »Bewusstseins von einer sinnvollen Welt« nicht in Gang. Meads Rede von »Organismen« im Sinne von konstitutionsfähigen Akteuren zielt natürlich auch auf die leibliche Zentrierung der Handlungssituation, die sich etwa in der Distanzerfahrung artikuliert. Ohne diese könnte es auch keine Erfahrung der Dezentrierung geben.

Wir sehen also, dass selbst Meads radikal-pragmatisch-interaktive Konstitutionstheorie des Weltzugangs Annahmen über konstitutive Mitbedingungen machen muss, die nicht im Bereich des Handelns, sondern in jenen des Denkens liegen, wobei die Leiblichkeit der Akteure eine synthetisierende Rolle in diesem Zusammenhang spielt. Handlungsprozesse führen dann zu einer konkreten Denkform (Bewusstsein von), wobei auch hier eine Parallelität dieser Prozesse in Gestalt der Interaktion mit Objekten und mit anderen angenommen wird bei gleichzeitiger Annahme ihrer Verschränkung, die sowohl bei Schütz als auch bei Mead zu einer Sozialisierung der Denkform führt. Kurz, es müssen laut der beiden Ansätze einige vorgängige Bedingungen im Handlungs- und Denkbereich gegeben sein, damit die interaktive Prägung des Denkens und Handelns durch Kommunikation und Objekt-Interaktion greifen kann. Dies gilt offensichtlich nicht nur in dem trivialen Sinne, dass es zuerst Denken und Handeln geben muss, damit sie irgendwelche Formen annehmen können. Vielmehr haben wir es hier mit einem »basalen« Mechanismus der sozialen Konstitution der Realität selbst zu tun – nämlich mit ihrer reflexiven Selbstkonstitution, der wir hier mit der Frage nach dem HDS-Zusammenhang auf der Spur sind. Doch bevor wir in die Höhen theoretischer Generalisierungen aufsteigen, sollten wir versuchen, eine Antwort auf die sich hier aufdrängende Frage zu erhalten – nämlich, wie ist die Parallelität der genannten Prozesse zu denken, und wie kann ihre Verschränkung vorgestellt werden? Hierzu kann als Leitfaden die ontogenetische Konzeption der Sprachentwicklung dienen, die wir bei Jean Piaget vorfinden.

3. Jean Piaget

Wenn ich im Kontext dieser Untersuchung die Piaget'sche Position als einen Kompromiss zwischen pragmatischer Konstitutionstheorie und dem nativistischen Standpunkt bezeichne, mag es angesichts der ausgeprägten Kontroverse zwischen Piaget und Chomsky (Piattelli-Palmarini 1980) verwundern. Gemessen an den interaktionistischen Ansätzen Meads und Schütz' enthält allerdings der Piaget'sche Ansatz eine biologistische Komponente, sozusagen eine innere biologische Uhr der Ontogenese von Kognition, die einerseits durch die pragmatische Auseinandersetzung des Kindes mit Objekten und anderen in Gang gehalten wird, andererseits jedoch durch keine Kommunikation und Interaktion in ihrem phasenmäßigen Ablauf beschleunigt werden kann. Die Differenz zum Nativismus Chomskys besteht m. E. nicht im Fehlen von Annahmen über eine angeborene biologische Fundierung der Ontogenese, sondern in der Piaget'schen Ablehnung der Vorstellung eines angeborenen latenten und bereits voll entwickelten Strukturkerns der Sprach- und Denkform, der durch die Interaktion in einer bestimmten Form abgerufen wird und so in einer konkret historischen Variante zum Vorschein kommt.

Die biologische Komponente in Piagets Sicht der Entwicklung des HDS-Zusammenhangs besteht in der Annahme von biologischen »Systemeigenschaften«, die eine phasenmäßige Selbstkonstitution der kognitiven Kompetenz im Prozess der Interaktion ermöglichen. Ihr Potential kann zwar ohne Prozesse pragmatischer und sozialer Konstruktion der Realität nicht entfaltet werden; die Leistungsfähigkeit dieser Prozesse im Verlauf der Ontogenese erfährt aber an diesen Eigenschaften ihre jeweilige Grenze. Obwohl sich die von Piaget angenommenen »Systemeigenschaften« in ihrer Substanz von jenen Annahmen nicht allzu unterscheiden, die auch Schütz und Mead machen, um die Voraussetzungen für die Konstitution des menschlichen Weltzugangs in Gestalt des HDS-Zusammenhangs zu beschreiben, ist ihre biologische Verankerung und somit auch ihr von Piaget in Anspruch genommener naturgeschichtlicher Charakter nicht zu übersehen.

Als biologische Basis des Piagetschen Konzepts par excellence, die sozusagen den Motor der Ontogenese für ihn ausmacht, kann ohne Zweifel der Mechanismus der »Adaptation« angesehen werden, d. h. die Herausbildung »des eigenen Gesichtspunkts je nach Bewegung und Position des Objekts« (Akkomodation) einerseits, und die »Modifikation der Bewegung und Position des Objekts gemäß der eigenen Orientierungsschemata« (Assimilation) andererseits (Piaget 1969, 344 f.). Beide Prozesse, d. h. sowohl die Herausbildung der kognitiven Schemata im Kontakt mit Objekten und anderen als auch die Anwendung dieser Schemata zwecks Orientierung in der Welt, sind per »zirkulare Aktion« miteinander verbunden und müssen sich im »Gleichgewicht« befinden, soll eine Stabilisierung kognitiver Kompetenzen vorliegen (Piaget 1969, 26). Dass allerdings der Mechanismus der Adaptation in Gang kommt, setzt Handlung voraus, durch die Objekte/andere überhaupt erfahren/konstituiert und andererseits der Erfahrung gemäß behandelt werden können. Im Mechanismus der Adaptation sind also Denk- und Handlungsform untrennbar miteinander verbunden. Zunehmende Komplexität des Handelns führt hier zu zunehmender Komplexität des Denkens und des »Weltbildes« und umgekehrt. In ihrer primären – sensumotorischen – Form sind also kognitive Strukturen des Denkens handlungsbasiert und die kognitiven Schemata sind primär Handlungsschemata, gebunden an aktuelle Handlungssituation. Die wichtigste Leistung dieser Schemata in dieser Phase besteht darin, die Konstanz des Objekts und seiner Eigenschaften festzuhalten, sowie die Zeit-Raum-Struktur des Handlungsfeldes praktisch beherrschbar zu machen. Man könnte also sagen, dass hier in der pragmatischen Auseinandersetzung mit der Umwelt die Konstitution von Objekten und einem zeiträumlichen »manipulatory area« stattfindet. Dies allein ist allerdings nach Piaget für die Entwicklung menschlicher Kognition nicht ausreichend. Denn seit den ersten Lebenstagen praktiziert das Kind auch Handlungen, die in ihrer Potentialität über die handlungsbasierten, sensumotorischen Schemata hinausweisen – es setzt Signale, auf die reagiert wird. Dass diese Art von Handlungen eine Entwicklung von kognitiven Schemata freisetzen kann, die sich später von der Handlungsebene ablösen und zur Grundlage des abstrakt-objektiven Denkens werden, wird dadurch möglich, dass die biologischen Systemeigenschaften als Voraussetzungen der Ontogenese eine weitere wichtige Funktion enthalten – die Symbolfunktion. Auf diese ist es zurückzuführen, dass sich die Kognitionsschemata in zwei miteinander korrelierenden Strängen entwickeln: Einerseits als Objekt- und Handlungsschemata, verankert in der pragmatischen Auseinandersetzung mit konkreten Situationen, andererseits als Symbol- und Zeichenschemata, die zum einen eine komplexere, transsituative Realitätskonstitution erlauben, zum zweiten aber ein Denkinstrumentarium darstellen, das zu situationsunabhängigen, logisch-objektiven Schlussfolgerungen führen kann (Piaget 1969, 310 f., 354).

An der Entwicklung der symbolischen Funktion lässt sich nun die Genese des HDS-Zusammenhangs in der Piaget'schen Sicht gut demonstrieren. Gemäß der Piaget'schen Stadienlehre nimmt sie in ihrer Entwicklung drei Gestalten an, die mit der sensumotorischen, präoperationalen und operationalen Phase korrespondieren – nämlich jene der Nachahmung, des Spiels/Symbols und der eigentlichen kognitiven Repräsentation durch Sprachbegriffe. Die Nachahmung als eine vorsprachliche Form der Symbolfunktion bringt Darstellungs- und Handlungsschemata quasi als Kopien externer Modelle hervor. Es können dann Indikationen und Signale in den Abläufen der externen Welt ausgemacht werden, die zuerst aktuell, später auch mit längerfristiger Verzögerung eine Nachahmungshandlung auslösen, wobei zuerst das externe Modell, später dann ein »inneres Schema« des externen Modells als auslösende Zeichen dienen.

Die Nachahmung stellt also die erste »Praxis« dar, in der es zu einer Verbindung zwischen Objekt (»Modell«) und seinem Abbild kommt, wobei allerdings die Beziehung der zwei appräsentierten Glieder der semiotischen Beziehung recht ambivalent bleibt. Einerseits betont Piaget, dass die Symbolfunktion der Nachahmung unter der Dominanz des nachzuahmenden Objekts also der Akkomodation steht. So gesehen würde das Objekt für das Bezeichnete, das Imitat dann für das Bezeichnende stehen. Allerdings gehört es zu den Charakteristika der Nachahmung auch, dass das Objekt in seiner Modellhaftigkeit selbst Zeichenfunktionen übernimmt, indem es Indikationen und Signale an sich trägt, die die imitierende Tätigkeit leiten und als solche bereits per Assimilation erkannt werden müssen (Piaget 1969, 24 f.). Symbolische Schemata der Nachahmung haben also anhand dieser Ambivalenz zuerst den Charakter der »Anzeichen«, in welchen das Bezeichnende als Teil oder Aspekt des Bezeichneten erscheint (Piaget 1969, 131). Die symbolische Funktion der Nachahmung entwickelt sich also aus dem sensumotorischen Kontext der Adaptation und bleibt mit dem Handlungsbereich eng verbunden, was sich auch in der relativen Ungeschiedenheit des Bezeichnenden und des Bezeichneten in der semiotischen Beziehung anzeigt.

Die symbolische Funktion, die in der Form der Nachahmung ihren ersten praktischen Niederschlag erfährt, ist ihrerseits nicht voraussetzungslos. In meiner Sicht gibt es bei Piaget zwei Orte, an denen ihre »basalen« Mechanismen aufgesucht werden können. Der eine, der dem Piagetschen Ansatz gänzlich konform, ist biologischer Natur: Es ist der Reflexmechanismus der Neugeborenen, der die primäre Form der Verbindung von Anzeige und Handlung als Reiz und Reaktion darstellt und so die ersten Assimilierungsschemata liefert, von denen aus pragmatische Prozesse der Nachahmung ausgebaut werden können (Piaget 1969, 24 f.). Der andere Ort, an dem das Geschehen der symbolischen Funktion sichtbar wird, ist allerdings vom Handeln und seiner biologischen

Ermöglichung weit entfernt – es ist der Bereich des Traums. Aus meiner Sicht kann das Träumen als ein »Indikator« für das Vorhandensein der appräsentativen Funktion des Bewusstseins gesehen werden, d. h. als das Prozessieren der symbolischen Funktion außerhalb des pragmatischen Rahmens und des korrigierenden Kontakts mit Objekten par excellence. Damit liegt eine symbolische Ebene vor, die – ebenso wie die Piaget'sche höchste kognitive Stufe der operativen Repräsentation, von der Handlungsebene weitgehend abgekoppelt ist, aber natürlich nicht durch sprachgeleitete begriffliche Operationen, sondern durch freie assoziative Tätigkeit des (Unter-)Bewusstseins geleitet wird. In der Freud'schen Tradition, aber auch im Sinne zeitgenössischer psychologischer Forschung, gehört das Träumen zu ursprünglichen, spontanen bereits im pränatalen Stadium ausmachbaren Aktivitäten des Bewusstseins. Spuren dieser Spontaneität finden sich m. E. in den Symbolisierungen und Vorstellungsbildern des Spiels sowie in dem diesem Stadium eigenen »artifizialistischen« Denken, das »pseudoexplikative Mythen« als Realitätsbeschreibungen produziert (Piaget 1969, 310 f., 218 f.).

Eine assoziative Spontaneität der symbolischen Funktion des Geistes anzuerkennen, die unterhalb der durch die Adaptation konstituierten Kognitionsschemata wirkt und womöglich die Voraussetzung für ihr Zustandekommen darstellt, hieße allerdings für Piaget, die Grundannahmen seiner Konstitutionstheorie aufzugeben. Daher treibt er einigen Aufwand, nachzuweisen, dass die symbolisierende Spontaneität des Träumens keine »basale« Operation des Systems ist, sondern vielmehr ein erst mit dem Spracherwerb einhergehendes Phänomen darstellt. Die Sprachaneignung stellt für ihn die Voraussetzung dafür dar, dass überhaupt ein Vorrat an Vorstellungsbildern aufgebaut und gespeichert werden kann, der als ein Symbolgedächtnis fungiert, aus dem sich die Trauminhalte speisen. Träume werden erst möglich, wenn – über die sensumotorischen Handlungsschemata hinaus – ein Vorrat an Vorstellungsbildern aufgebaut ist, an die das Kind die Wirklichkeit assimiliert, indem es seine Vorstellungswelt spielend ausagiert. Im Traum radikalisiert sich dieser Mechanismus, indem das Moment des Agierens wegfällt. Damit wird jeglicher externer Wirklichkeitskontakt und somit auch die Möglichkeit des Wissens/der Bewusstheit um das »als ob« des Spielvorgangs ausgeschaltet. Übrig bleibt die unbewusste Assimilation, deren Bilder mangels Wirklichkeitsberührung unverständlich bleiben (Piaget 1969, 262).

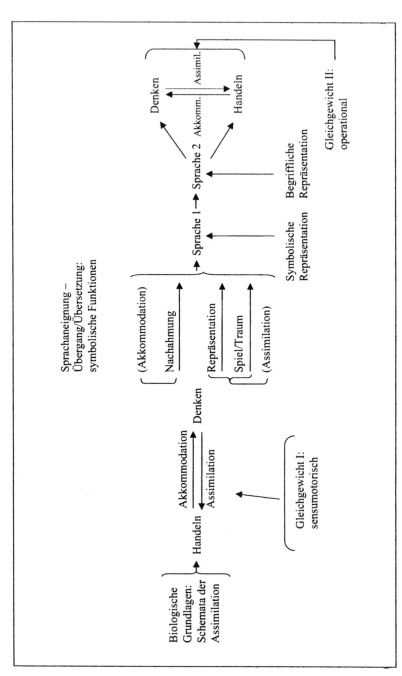

Abbildung 3 Schema des HDS-Zusammenhangs bei Piaget

Spiel und Traum stellen für Piaget jene Form der symbolischen Funktion dar, in deren Rahmen Prozesse einsetzen, die einerseits zur Anbindung der im Adaptationsmechanismus verbundenen Denk- und Handlungsform an die Sprachform führen, andererseits aber auch die Ablösung der sprachgeleiteten kognitiven Operationen von der Handlungsebene einleiten. Im Spiel assimiliert das Kind einerseits Objekte und sich selbst an seine Vorstellungsschemata. Es besetzt Objekte und sich selbst mit Bedeutungen, die ihnen »normalerweise« nicht zukommen, und benutzt sie als Zeichen für Vorgestelltes. Die hier beobachtbare Ritualisierung solcher Abläufe stellt einen Mechanismus dar, über den eine zunehmende Regelhaftigkeit und somit auch eine Sozialisierung/Objektivierung derart symbolisch repräsentierter Handlungsabläufe/Rollen möglich wird. Andererseits geht diese Entwicklung der symbolischen Funktion einher mit dem in dieser Periode einsetzenden Spracherwerb. Neben »objekthaften« Zeichen treten also anstelle der Symbole Wortbilder, die als Repräsentationen der kognitiven Schemata dienen. Neben den objekthaft symbolisierten Handlungsschemata entwickelt das Kind also sprachliche »Bilder«, die Piaget in Abgrenzung zu formalisierbarer Begrifflichkeit als »Vorbegriffe« bezeichnet. Die spielerische und die sprachgeleitete symbolische Funktion, die sich hier nebeneinander entwickelt, werden nun untereinander substituierbar – die Handlungsschemata können so durch Sprachbilder »repräsentiert« und verarbeitet werden. Damit wird der HDS-Zusammenhang hergestellt (Piaget 1969, 310 f.).

In dieser Phase wirken also mehrere Formen der symbolischen Funktion nebeneinander und miteinander. Die handlungsbasierten Schemata der Nachahmung gehen einher mit der Entwicklung der symbolischen Formen und nehmen langsam eine »repräsentative« Gestalt ein, in der die Nachahmung »inneren Modellen« folgt, die als Schemata des Spiels und der symbolischen Repräsentation wirken. Aus dieser Parallelität entwickelt sich erst langsam die Dominanz der Sprachform. Die Entstehung des HDS-Zusammenhangs in diesem präoperationalen Stadium bedeutet für Piaget jedoch noch nicht, dass das Kind sämtliche Potenziale des sprachgeleiteten Handelns und begrifflichen Denkens nutzen kann. Das Wort bleibt in diesem Stadium lange ein Teil der Handlung, es bleibt als Zeichen mit dem »Ding«, für welches es im Handlungskontext steht, fest verbunden; die Zufälligkeit des Zeichens und somit die Optionalität und die Reversibilität abstrakter kognitiver Operationen werden noch nicht erreicht. Die Sprache wird nicht benutzt, um die Welt »logisch« in Klassen, Hierarchien und Schnittmengen zu ordnen, die symbolische Gliederung der Welt folgt der subjektiven Perspektive des Kindes. Obwohl es bereits die in der Sprache angelegten Ausdrucksformen kausaler Beziehungen verwendet (Weil-Sätze), stehen die Inhalte dieser Satzformen für keine »wirkliche Erklärung«. Das vorbegriffliche symbolische Denken bleibt in der Piaget'schen Sicht in der Ich-Zentrierung verhaftet, trägt Züge des Animismus und produziert »mythische Quasi-Erklärungen«. Das, was der Laie als die Phantasie des Kindes bewundert, ist also nur der Ausdruck einer noch nicht voll erreichten kognitiven Kompetenz.

Aus diesen Feststellungen zieht Piaget bekanntlich den Schluss, dass der Spracherwerb, d. h. die Entwicklung der Sprachkompetenz, nicht zugleich auch den vollen Erwerb der kommunikativen Kompetenz im Sinne eines auf der Reziprozität von Perspektiven beruhenden – d. h., in Piagets Worten, von der Dezentrierung des Weltbildes ausgehenden Sprechens, Denkens und Handelns bedeutet. Durch den Spracherwerb wird das Kind nicht völlig, sondern nur »halb« sozialisiert, es spricht, denkt und handelt großenteils »egozentrisch« (Piaget 1972, 43 ff.). Erst die Weiterentwicklung der symbolischen Repräsentation und der Sprachverwendung in immer komplexer werdenden Interaktions- und Handlungszusammenhängen führt zu einer Ablösung vom ontologisierenden Zeichenkonzept, in dem »Wort und Ding« fest miteinander verknüpft sind, zu der Einsicht in die Zufälligkeit der *signifiant/signifié*-Beziehung, die die Fähigkeit zum formal operationalen Denken einleitet. Damit geht eine Sozialisierung des Denkens einher, in der die Dezentrierung des Weltbilds, das Denken in objektiven, d. h. in intersubjektiv geltenden und von aktuellen Handlungssituationen losgelösten Begriffen und schließlich das rationale Handeln möglich werden (Piaget 1969, 361 ff.).

Damit das Endstadium der Ontogenese im Sinne der sprachgeleiteten kognitiven Kompetenz erreicht werden kann, müssen nach Piaget zwei sprachlich gestützte Prozesse ablaufen. Erstens bewirkt die Sprachaneignung und -anwendung eine beträchtliche Erweiterung des Handlungs- und Kognitionsfelds über die sensumotorische Weltgestalt hinaus. Die durch die Sprachverwendung mögliche Entwicklung des räumlichen, zeitlichen und sozialen Feldes stellt eine enorme Steigerung der Handlungs- und Umweltkomplexität dar und erfordert die Umformung der bisher entwickelten Kognitions- und Handlungsschemata mit Hilfe des neuen Mediums der Sprache. Die Entwicklung der symbolischen und später der begrifflichen Repräsentation der kognitiven Schemata bedeutet also eine Überführung bzw. eine Übersetzung des vom Kind bisher erreichten Wissensvorrats in sprachlich operationalisierter Form (Piaget 1969, 354 f.). Darin sieht Piaget den Grund für den zeitlichen Abstand zwischen der Aneignung der Sprache und der Erlangung der vollen kommunikativen Kompetenz. Das Instrument der Sprache muss zuerst als Mittel der Adaptation praktiziert und erprobt werden, bevor durch die Neukoordinierung der akkomodierenden und assimilierenden Funktionen ein neues Gleichgewicht der kognitiven Schemata erreicht und eine nun sprachgeleitete, rationale Denk- und Handlungspraxis möglich wird.

Was lässt sich also anhand des Dargestellten über die Gestalt des HDS-Zusammenhangs in Piagets Sicht aussagen? In der Diachronperspektive ist es offensichtlich, dass er den Konstitutionsprozess des menschlichen Weltzugangs mit einer Gleichursprünglichkeit des Handelns und Denkens beginnen lässt, die in der Anfangsphase der sensumotorischen Adaptation untrennbar miteinander verbunden sind. Zugleich muss jedoch festgehalten werden, dass Piaget, obwohl er eigentlich die Selbstkonstruktion der menschlichen Kognition aufzeigen will, ebenso wie Mead und Schütz Annahmen über Mechanismen machen muss, die diesem Prozess vorgängig sind, und die für die Plastizität des menschlichen Bewusstseins stehen. Dazu gehört eben die »biologische« Ausstattung des Menschen, d. h. die Mechanismen der Adaptation sowie die auf Reflexionsmechanismen basierende Symbolfunktion selbst. Diese Mechanismen sind für Piaget offensichtlich vor dem Auftreten der Sprache ausreichend, um eine Konstitution der Wirklichkeit einzuleiten, die an Handeln und Denken gestützt, ein »sinnvolles« Handeln in der Welt ermöglicht. Die Objektkonstitution, die Zeit- und Raumstruktur des Handlungsfeldes sowie die primären Appräsentationsbeziehungen (Anzeichen innerhalb der Nachahmungsfunktion) erfolgen bereits hier und werden erst durch die Sprachaneignung sozialisiert.

So anregend die Piaget'schen Ausführungen über das langsame Fortschreiten der sprachgeleiteten Sozialisierung des Wissens und Handelns sind, so vorsichtig müssen wir jedoch mit seinem Befund der erst spät einsetzenden sozialen Genese des Wissens umgehen. Es ist nicht ganz einsichtig, wieso Nachahmungsprozesse (und dazu würde auch die Übernahme von Sprachlauten gehören), die bereits in ihrer frühesten Phase auch auf Interaktion mit anderen zurückgehen, nicht als sozial basiert gelten sollen. Gleiches muss wohl auch für die spielerische Übernahme und für das Ausagieren von Handlungsmustern und Rollenbildern gelten, sowie, wie Wygotski (1972) zeigte, auch für die sprachgestützte Objektivierung der Denk- und Handlungsabläufe mit Hilfe des von Piaget sogenannten »egozentrischen Sprechens« (Piaget 1972, 70 ff.). Es gibt also Grund zu der Annahme, dass sozial-interaktive und sprachgestützte Momente in die Genese des HDS-Zusammenhangs früher eingreifen, als Piaget es zulassen will. Sehen wir jedoch von den Differenzen bezüglich des zeitlichen Einsetzens der Sozialisierung des Denkens und Handelns ab, lässt sich jedoch feststellen, dass sich Piagets Darstellung der Genese des sprachlichen Moments und seiner Funktion innerhalb des HDS-Zusammenhangs mit den Befunden Schütz' und Meads im wesentlichen decken: Die Sprachaneignung ist ein interaktiver Prozess, der auf der Verzahnung von Handlungs- und Bewusstseinsakten beruht, wobei allerdings eine auffällige Affinität zwischen Piaget und Mead nicht zu übersehen ist: Bei beiden entsteht das Ich-Bewusstsein im Sinne einer subjektiven Identität erst mit der Sprache.

Die Konvergenz der Perspektiven wird auch in der synchronen Betrachtung deutlich. Bei allen drei betrachteten Autoren bedeutet die »Versprachlichung« des Wissensvorrats seine intersubjektive Objektivierung, wobei wiederum für Piaget und Mead eine derartige sprachliche Sozialisierung der Kognition die Voraussetzung für ein korrektes, objektives und folgerichtiges Denken schlechthin darstellt. Erst damit setzt die Fähigkeit einer adäquaten Klassifizierung, Analyse und Konstruktion der Realität ein.

Diachron betonen alle drei Autoren die pragmatisch-handlungsgebundene Genese der Sprache, wobei allerdings Piaget auf die unterschiedlichen Schichten in der Handlungsnähe des Sprechens hinweist, indem er zwischen der noch handlungsnahen, in Bildern denkenden symbolischen Repräsentation und der handlungsfernen, abstrakt nur mit Hilfe der Sprache selbst formulierenden begrifflichen Repräsentation und der handlungsfernen abstrakt nur mit Hilfe der Sprache selbst formulierenden begrifflichen Repräsentation unterscheidet, und ausführt, dass sich erst in der letzten Form der Sprachverwendung das kontextfreie Sprechen sowie die voll entwickelte Sprachgeleitetheit des Denkens anzeigen. Diese Unterscheidung wird an einigen Schnittstellen des transdisziplinären Diskurses über den HDS-Zusammenhang relevant, wie noch deutlich wird.

Um die weiteren Schritte des hier verfolgten Arguments vorzubereiten, fasse ich das Resultat der Betrachtung der Konstitution des HDS-Zusammenhangs bei den drei untersuchten Autoren kurz zusammen: Sie alle stimmen überein bezüglich der Verankerung des menschlichen Weltzugangs im Bereich des Handelns. Schütz und Piaget sehen die primäre pragmatische Weltaneignung eng verzahnt mit der Genese der Kognition und betrachten die Momente des Handelns und des Denkens als gleichursprünglich. Für Schütz tragen allerdings Handlungsakte als Wirkakte immer einen Zeichencharakter und können so immer auch als kommunikative Akte auftreten. Damit sind Sozialität und Kommunikation als Mitbedingungen für die Plastizität der Kognition von Anfang präsent. Wenn auch »theoretisch« eine egozentrische Konstitution der Wirklichkeit möglich bleibt, ist das Schütz'sche Modell auf der Parallelität der Wirkung aller drei Momente aufgebaut (Radlanski 1995; Srubar 2001[3]). Für Piaget ist die Vorgängigkeit der auf Handeln und Denken aufbauenden Kognition vor der Sprachsozialisierung ein fester Bestandteil seines Phasenschemas, aber auch er betont die pragmatische Genese und Verankerung der symbolischen Schemata und Sprache. Bei Mead hingegen geht die pragmatisch/interaktive Genese der Sprache der Formung des Denkens vor, wenn auch Mead offensichtlich parallel dazu Prozesse vorsprachlicher pragmatischer Konstitution des Gegenstandes und der Struktur des Handlungsfelds unterscheidet, die auch in die Konstitution »sozialer Objekte« eingehen.

Wenn auch die drei Konzeptionen in der Diachronperspektive die Reihenfolge der Relevanz in der drei Momente in der Genese des HDS-Zusammenhangs unterschiedlich bewerten, stimmen sie offensichtlich im Folgenden überein: Die Genese der Sprache sowohl als eines kollektiven Zeichensystems als auch als individueller Sprachaneignung ist in vorgängige oder parallel verlaufende Handlungsprozesse eingebettet und baut auf ihnen auf.[4] Insofern wird die

---

[3] Dieser Aufsatz findet sich jetzt in diesem Band S. 91 ff.

[4] Es sei hier der Sorgfalt halber angemerkt, dass die Vorgängigkeit der Handlungs- und Denkform auch von phylogenetischen Untersuchungen zur Sprachgenese nahegelegt wird. Sie

Sprachform von der Handlungsform und der mit ihr verbundenen Denkform mitgeprägt. Ist allerdings die Sprachform etwa als Struktur des Wissensvorrats einmal etabliert, wird sie selbst für die Handlungs- und Denkform prägend. Am radikalsten wird es formuliert in dem Mead'schen Konzept des Geistes (*mind*) und in der Piaget'schen Darstellung der Überführung/Übersetzung der handlungsgenerierten kognitiven Schemata in die Sprachform nach Erlangung der sprachlichen und kommunikativen Kompetenz.

Angesichts dieser Befunde müssen wir uns folgende Fragen stellen:

1. Wo lassen sich Spuren der Übersetzungsprozesse der in der Handlungsform generierten Schemata in die Sprachform finden?

2. Welche Spuren hinterlässt die Handlungsform in der Sprachform?

3. Wie macht sich die Prägung der Handlungs- und der Denkform durch die Sprachform bemerkbar?

III. Schnittstellen zwischen der Handlungs-, Sprach- und Denkform

Den wichtigsten Befund der bisherigen Untersuchung kann man nun wie folgt summieren: Mit der Entwicklung der Sprachform vollzieht sich offensichtlich eine »Inversion« der Fundierungsverhältnisse in den auf dem HDS-Zusammenhang beruhenden Weltzugang. In die enge Verzahnung der Handlungs- und Denkform tritt das Sprachmoment ein; die Sprache wird als Medium, Struktur und konstitutives Moment des Wissensvorrats denk- und dadurch handlungsleitend. Dies bedeutet natürlich nicht, dass etwa im Sinne eines Sprachholismus oder eines Sprachdeterminismus der Sprachform eine derart dominierende Rolle zukommt, dass der Zusammenhang der Handlungs-, Denk- und Sprachform seine für den Weltzugang fundierende Rolle verliert.

---

wird nicht nur anhand der Primatenforschung behauptet, sondern auch mit dem Hinweis auf die koordinierung-erheischende hohe soziale Organisation des homo sapiens und das späte Auftreten der rein phonemischen Zeichensysteme bekräftigt. Zugleich sprechen Untersuchungen der Zeichensprachen der Gegenwart für die Vermutung, dass die Entwicklung gestischer »Sprachen« ähnliche Folgen für die Entwicklung der Kognition hat wie die Entstehung von Sprachkompetenz (Deuchar 1999; Hewes 1999: Hildebrand-Nilshon 1980).

Im Gegenteil, die festgestellte Inversion der Fundierungsverhältnisse verschiebt zwar die Gewichte innerhalb des HDS-Zusammenhangs, hebt ihn aber weder in seiner diachronen noch in seiner synchronen Gestalt auf. Dies wird deutlich, wenn wir uns den in der Sprache sichtbaren »Schnittstellen« zur Handlungs- und Denkform zuwenden.

Wir wollen nun entlang der oben gestellten drei Fragen einige dieser »Gelenkmechanismen« nachvollziehen, sofern sie sich an der Sprache und an ihrer Formen selbst nachvollziehen lassen. Zur Veranschaulichung dessen, wie die Übersetzungsprozesse der pragmatisch generierten Schemata der Handlungsform in die Sprachform vonstatten gehen mögen, kann uns Lakoffs und Johnsons (1980) Analyse der Genese von Metaphern als eines universal präsenten Bestandteils semantischer Repertoires dienen. Metaphern können in diesem Sinne als universelle Formen der symbolischen Funktion par excellence angesehen werden. Das metaphorische Repertoire der Sprache stellt für die Autoren ein grundlegendes Gerüst dar, durch welches Sprecher ihre Wirklichkeit gedanklich und praktisch konstituieren (Lakoff/Johnson 1980, 153). Dieses gilt nicht nur im alltäglichen Bereich; vielmehr stellt das metaphorische Gerüst der Sprache Klassifikationsschemata bereit, die explizit oder implizit auch in das alltagstranszendente, abstrakte – etwa wissenschaftliche – Denken eingehen (Lakoff/Johnson 1980,163 ff.). Obwohl metaphorische Repertoires in allen Sprachen vorfindlich sind und obwohl sich bestimmte Formen der Metaphern in den meisten Sprachen wiederholen (Bowermann 1996), sehen Lakoff und Johnson in der Metaphorik nicht ein rein sprachliches Phänomen, sondern betonen, dass sprachliche Metaphern eine sekundäre Ausdrucksform sind, deren Grundlage auf der Ebene des handlungsgeprägten Denkens entsteht (Lakoff/Johnson 1980, 253). Letzteres stellt für sie die Ebene eines unmittelbaren, leib-zentrierten und handlungsbezogenen Verstehens dar, dessen versprachlichte Deutungsmuster die Form von Metaphern annehmen und so dem »indirekten« sprachlichen Verstehen dienen. Die Autoren entwickeln eine umfangreiche Systematik der »Übersetzung« von handlungsgenerierten Schemata in die Sprachform der Metaphern, die ich hier nur knapp in ihren wesentlichen Zügen wiedergeben will.

Das primäre Verständnis der Welt – also der primäre Weltzugang entwickelt sich für die Autoren in unmittelbarer Auseinandersetzung der handelnden

Subjekte mit ihrer »physikalischen« Umgebung (Lakoff/Johnson 1980, 176 ff.). Hier werden Erfahrungsschemata entwickelt, deren wichtigste die Autoren wie folgt beschreiben:

1. Objektkonstitution (»interactional properties«): Objektschemata als Interaktionskonstrukte

2. Objekterfahrungen, zu denen es gehört, dass Akteure und Objekte abgegrenzte Einheiten sind, die miteinander in Kontakt treten und Widerstand erfahren.

3. Orientierungsschemata: räumliche Relationen, ausgehend von der Leibzentrierung der Situation (oben/unten etc.).

4. Funktionale Schemata (»experiential Gestalts«) – etwa Ganzes/Teile, Kraft/Wirkung/Folge, Mittel/Zweck etc.

5. Typik (»prototypes and backgrounds«)

6. Relevanz (»highlighting«): Erfahrungsschemata in ihrer Funktion als Selektoren

Während die Punkte 1, 5 und 6 auf allgemeine Charakteristika des alltäglichen Wissensvorrats und seiner Konstitution zielen (und eine beträchtliche Übereinstimmung mit dem Schütz'schen Konzept der Lebensweltstrukturen aufweisen), gehen die unter 2, 3 und 4 genannten Erfahrungsschemata in die Metaphernbildung spezifischer ein. Die Objekterfahrung wird durch den Typus der »ontologischen Metapher« übersetzt, in dem Abstrakta als konkrete Objekte mit physikalischen Eigenschaften behandelt werden (etwa: »einem Druck nachgeben«, »eine Menge Geduld haben«). Orientierungsschemata schlagen sich nieder in »Orientierungsmetaphern« (etwa »oben« und »unten« als hierarchisierende Metaphorik von Gefühlen, sozialen Positionen, Eigenschaften). Funktionale Schemata schliesslich werden in strukturelle Metaphern »übersetzt«, die den Ablauf komplexer Zusammenhänge etwa durch die Figur von Metonymie (*pars pro toto*) oder aber durch die Projektion eines anschaulichen Handlungszusammenhangs in ein komplexes Geschehen verdeutlichen (»Auto vergiftet die Umwelt«, Diskussion wird »ausgefochten« etc.).

Die semantischen Repertoires der Metaphorik übernehmen in der Sicht der Autoren wichtige Funktionen in der Konstruktion sozialer Wirklichkeit. Sie halten erstens den »Kontakt« der Sprache mit dem Handlungskontext und mit der pragmatisch konstituierten Wirklichkeit aufrecht. Damit machen sie es möglich, dass die Sprache ihren Realitätsbezug aufrecht erhält, d. h. im korrespondenztheoretischen Sinne als Trägerin objektiven Wissens fungiert. Zweitens sorgt jedoch der Handlungsbezug metaphorischer Klassifikationen auch für die Kohärenz der hier transportierten Erfahrungsschemata und somit auch für sprachlich getragene Evidenz der intersubjektiven Geltung objektbezogenen Wissens (Lakoff/Johnson 1980, 179 ff.).

Die von den Autoren aufgezeigte Konstitution und Funktion metaphorischen Repertoires bezeichnet so offensichtlich jene Schnittstelle des Übergangs und der Transformation von handlungsgenerierten in sprachgenerierte Orientierungsschemata der Denkform, auf die Piaget in seiner Figur des symbolischen bzw. vorbegrifflichen Denkens zielt. In dem semantischen Repertoire werden Schemata der Handlungsform sedimentiert; durch ihre sprachliche Umsetzung werden sie jedoch zugleich von dem Handlungskontext ihres Entstehens abgelöst und als ein nunmehr sprachlich universalisiertes Mittel der Wirklichkeitskonstruktion und -analyse zur Verfügung gestellt. Während diese Konzeption des gegenseitigen Verhältnisses der HDS-Formen ein den beiden Konzepten gemeinsames Resultat darstellt, liegen jedoch erhebliche Differenzen in der Gewichtung dieses Befunds vor. Für Lakoff/Johnson, und wohl auch für Schütz und Mead, liegen die Objektivität und die Intersubjektivität der Geltung des sprachlich strukturierten Wissens in der pragmatischen/interaktiven Konstitution der Sprachzeichen und -strukturen, d. h. in der Betonung ihrer Anbindung an die in ihnen mit transportierten Handlungsformen und Handlungsbezüge. Die Piaget'schen Anforderungen an Objektivität und intersubjektive Geltung gehen – wie wir sahen – in eine andere Richtung. Es gibt auch für ihn durchaus handlungsgenerierte Schemata der Objektkonstanz, der Zeit- und Raumstruktur, der Kausalität etc. Sie erfahren ihre Objektivierung durch die Versprachlichung einerseits, weil sie in intersubjektiv geltenden Termini formuliert werden, andererseits jedoch – und für den Piaget'schen szientistischen Stufenaufbau der Ontogenese viel wichtiger – weil sie den ihnen immanenten Charakter einer »Handlungslogik« abstreifen und zu rein formellen Denkschemata werden, die nicht nur von ihrer Handlungsgenese abgelöst sind, sondern auch inhaltlich von handlungsbezogenen Vorstellungsmodellen frei sind. Kausalität bzw. die Zeit-Raum-Struktur der Welt werden dann nicht mehr als von Handlung abgeleitet thematisiert, sondern stellen abstrakte, inhaltsleere Schemata der Denkform dar. Es ist gerade dieser Schritt von der noch an anschauliche Handlungsmodelle gebundenen konkret operationalen Logik zu der nur abstrakt verfahrenden formal operationalen Logik, die die Vollendung der sprachgeleiteten kognitiven Denkform kennzeichnet.[5] Nun weist Piaget sicher richtig auf den wichtigen Umstand hin, dass zwischen einem alltäglichen und einem außeralltäglichen Sprachgebrauch und Sprachstil zu unterscheiden ist, wobei als das Kriterium der zunehmenden Alltagsferne die zunehmende Abschwächung des »pragmatischen« Bezugs der Sprache dienen kann. Die Zuspitzung der Piaget'schen Darstellung der Ontogenese auf die Entstehung formal-operationaler Kompetenz, d. h. auf die Genese der Formen logischen Schließens und mathematischen Denkens als Grundlagen naturwissenschaftlicher Weltauffassung, verdeckt m. E. die Sicht auf den HDS-Zusammenhang und auf die Rolle der Sprache darin. Die Betonung der Sprache als Träger formalbegrifflicher Weltaneignung, -konstruktion und -beherrschung verdeckt z. T. die anderen konstituierenden Momente des sprachlichen Weltzugangs und der Kommunikation, die etwa in der kritischen Auseinandersetzung mit den Bestrebungen des Wiener Kreises, eine reine Formalsprache zu etablieren, deutlich wurden. Spätestens seit Wittgenstein (1971) wurde klar, dass die Sprache und die Sprachverwendung, wie formalisiert auch immer, von ihren pragmatischen Bezügen zu der Handlungsform nicht zu reinigen sind, und dass die intersubjektive Geltung der sprachgeleiteten Denkform gerade durch sie mitbedingt ist.

Sind aber die Spuren des Handelns aus der Sprache nicht zu tilgen, ja möglicherweise für das Funktionieren der Sprache als eines Zeichensystems mitkonstituierend – was zu zeigen Piaget ja ermöglicht – so stellt sich die Frage nach diesen. Welche Momente an der Sprache selbst verweisen auf ihre Einbindung in den HDS-Zusammenhang?

---

[5] Es ist auch diese Differenz, die etwa Dux (2000) mit seiner Unterscheidung von kulturbestimmenden »Ursprungs«- und »Prozessuallogiken« weiterführt.

Untersuchungen zur Phylogenese der Sprache (Hewes 1999; LeCron Foster 1999; Holloway 1999; Hildebrand-Nilshon 1980) betonen oft die handlungskoordinierende Verständigungsfunktion der humanen Zeichensysteme und stellen so die Sprache und ihre Struktur in einen breiten Handlungskontext. Dem scheint auch die Ausprägung einer Reihe von syntaktischen, morphologischen und phonemischen Sprachmerkmalen zu entsprechen. Greenbergs Bemühungen, Sprachuniversalien auszumachen (Greenberg 1966) belegen zumindest, dass Sprachen im Allgemeinen die Möglichkeit enthalten, Anzahl, Objekt, Eigenschaften, Handlung sowie ihre Lokalisierung in Zeit und Raum zu bezeichnen und diese typischen Differenzierungen der Handlungsform entweder in Gestalt von Substantiv, Adjektiv, Verb und Adverb oder durch äquivalente Konstruktionen markieren. Ebenso gibt die typische syntaktische Grundform von S(ubjekt), V(erb) und O(bjekt) die Handlungsstruktur wieder, wenn auch nicht immer in der genannten Reihenfolge. Nichtsdestoweniger kommt die Folge von SVO oder SOV in etwa 75 % der bekannten Sprachen vor (Crystal 1995, 98). Auch phonemische und morphemische Merkmale, abgesehen von ihrer generellen bedeutungsdifferenzierenden Funktion, sind Träger unmittelbar handlungsrelevanter Unterscheidungen wie z. B. von raumorientierenden Partikeln (etwa in/an) gezeigt werden kann (Holenstein 1985a; 1980; Bowermann 1996). Neuere Untersuchungen legen nahe, dass die Struktur des Handlungsfeldes über die Formen der Deixis eine Verbalisierung und zugleich auch eine Grammatikalisierung erfahren (Hanks 1966; Levinson 1996)

Auf der allgemeinen semantischen Ebene sind es zweifelsohne sprachliche Klassifikationen und Taxonomien sowie ihre ordnenden Merkmale, in denen sich der genetische Handlungsbezug der Sprache bemerkbar macht.[6] Dabei macht vor allem Whorf (1988) darauf aufmerksam, dass viele der taxonomischen und klassifikatorischen Schemata nicht unbedingt auf der phonemischen bzw. morphemischen Lautebene der Sprache markiert werden, sondern dass ein Sprachsystem verdeckte Klassifikationszuordnung mitführt, die entweder im Handlungskontext der Sprachaneignung gelernt werden müssen bzw. durch

---

[6] Die Handlungsrelevanz der Klassifikationen lässt sich selbstverständlich über die Leiblichkeit der Akteure bis in die organische Ausstattung des Nervensytems weiterverfolgen, wie etwa die Farbenforschung zeigt (Berlin/Kay 1969; Holenstein 1985).

die typische Sprachverwendung in einem aktuellen Handlungskontext deutlich werden. Ein solches verdecktes Klassifikationssystem haben wir bereits im Falle der metaphorischen Repertoires kennengelernt.

Der in der Sprache sichtbare Handlungsbezug kann also »mehrstufig« vorgestellt werden. Es werden offensichtlich nicht alle Relevanz- und Typikschemata der Handlungsform in sprachlichen Merkmalen ausgezeichnet. So wird etwa der Genus von »the sister« im Gegensatz zu »die Schwester« nicht sprachlich markiert; an der syntaktischen Position einer Nominalphrase braucht ihre Funktion als Subjekt nicht erkennbar zu sein. Andererseits werden die »fehlenden« Differenzierungen, die sprachlich nicht angezeigt werden, durch den pragmatischen Kontext der Sprachaneignung und -anwendung vollziehbar. Somit könnte man mit Bernstein argumentieren, dass die handlungsnahe Sprachverwendung universeller ist als das von der Sprachstruktur allein getragene »kontextfreie Sprechen« (Bernstein 1972, 267 ff.), obwohl wir gesehen haben, dass auch im letzteren ein Handlungsbezug der Sprachstruktur innewohnt.

Vor diesem Hintergrund liesse sich agumentieren, dass der HDS-Zusammenhang die allgemeine Grundlage für die Struktur der Sprache darstellt, aus der – aus welchen Gründen vorerst auch immer – bestimmte Merkmale sprachlich hervorgehoben und markiert werden, andere jedoch ihren »verdeckten« Status behalten. Mit Holenstein (1985, 147 ff.) könnte man dann vermuten, dass dieser Prozess die Differenz zwischen den Sprachen ausmacht, ohne jedoch ihre gemeinsame Basis, die in dem HDS-Zusammenhang auszumachen ist, aufzuheben. Hier zeichnen sich also systematische Gründe ab, die für die Allgemeinheit intralingualer Differenzierung zwischen handlungsnahen und handlungsfernen Sprachstilen einerseits sprechen, die andererseits jedoch eine Hypostasierung dieser Differenz im interligualen Sinne stark relativieren.

Die Spur des Handelns beschränkt sich auf der semantischen Ebene nicht auf die bereits angeführten allgemeinen Merkmale. Die Diversifizierung der semantischen Repertoires folgt – weit über die Klassifikationssysteme hinaus – der arbeitsteiligen Differenzierung von Handlungsschemata (Luckmann 1979; Meillet 1948). Die unterschiedlichen lokalen, sozialen und »beruflichen« Sprachstile werden über die semantische Ebene hinaus phonemisch und syntaktisch angezeigt (Labov 1980). Verallgemeinert bedeutet das, mit Alfred

Schütz zu sprechen, dass Sprache einerseits Relevanz- und Typikschemata ihrer Sprecher qua Akteure aufnimmt und transportiert und damit zugleich eine ebenso handlungsrelevante Identifikationsfunktion bezüglich ihrer sozialen Position und Handlungskompetenz erfüllt. Die enge Verbundenheit der Handlungs- und Sprachform kann schliesslich an der bedeutenden Rolle abgelesen werden, die die letztgenannten Momente im Prozess des historischen Sprachwandels spielen. Sowohl die durch die gesellschaftliche Differenzierung bedingte Entwicklung der semantischen Repertoires als auch die Verbreitung von Sprachstilen, deren Sprecher hohe soziale Stellung genießen, werden als wesentliche Mechanismen des Sprachwandels belegt (Labov 1980; Bourdieu 1990; Elias 1977; Meillet 1948).

Bei der Suche nach den Spuren der Handlung in der Sprache haben wir uns bisher sozusagen auf Repräsentationen der Handlungsform in der Struktur und in den Merkmalen Sprachform konzentriert, ohne auf die Handlungsmächtigkeit der Sprache selbst einzugehen. Wurde bei der Betrachtung der sprachlichen Repräsentationen der Handlungsform eher die Speicherfunktion des Mediums »Sprache« betont, so ist nunmehr auf jene »Schnittstellen« zwischen Sprachform und Handlungsform hinzuweisen, die für das kreative Handlungspotential der Sprache und des Sprechens stehen. Dieses Handlungspotential schlägt sich vor allem in der Normativität der Sprache, die – mit Durkheim (1970, 106) und Saussure (1967) zu sprechen – die semantischen und grammatikalischen Strukturen des sprachlichen Zeichensystems seinen Sprechern als einen sozialen Zwang auferlegt. In der Unmöglichkeit zu sprechen, ohne einer Regel zu folgen, ist, wie Habermas (1981, Bd. II, 30 ff.) im Anschluss an Mead betont, quasi ein Prototyp des sinnvoll geregelten Handelns angelegt. Hat also Handeln – wie wir bei Mead, Schütz und Piaget gesehen haben – seine Regeln in Gestalt interaktiv generierter Orientierungsmuster selbst produziert, wird dieser Mechanismus durch seine Überführung auf die semiotische Ebene der Sprachform in ungeahnter Weise potenziert, die in der Humboldt'schen Rede vom Sprechen als einem unendlichen Gebrauch von endlichen Mitteln veranschaulicht wird (Humboldt 1963, 223 f.). Die zwecks Verständigung und Handlungskoordinierung auferlegte Norm eines endlichen Zeichensystems, setzt gerade aufgrund dieser institutionalisierten Regelhaftigkeit eine Kreativität des Sprechens, Denkens und Handelns frei, die als Grundlage der jede Evolution einleitenden Variation von Systemelementen gelten muss.

Durch die normative Kraft der Sprache im Sinne eines Zeichensystems ist allerdings ihr Handlungspotential nicht ausgeschöpft. Dieser allgemeine Mechanismus der Verständigung würde seine kreative Variationswirkung nicht entfalten können, wenn die pragmatische Anwendung der Sprache in konkreten Situationen – d. h. die sprachliche Handlung selbst – nicht imstande wäre, eine normative Bindung der ablaufenden Kommunikation an die in ihr produzierten Erwartungen herzustellen. Diese illokutionäre Bindekraft der Sprache (Searle 1969; Habermas 1981, Bd. I, 385 ff.), die für die intersubjektive Geltung von kognitiven als auch von moralischen Erwartungsmustern mitkonstituierend ist, stellt sozusagen die pragmatische Rückübersetzung der allgemeinen Normativität der Sprachform in eine bestimmte Handlungssituation dar.

Es wurde offensichtlich, dass die Entwicklung der Sprachform eine enorme Extension der kollektiv-kulturellen aber auch der subjektiven kognitiven Kompetenz bedeutet. Empirische ethnolinguistische und sprachenthnographische Studien zeigen, dass der vor dem Hintergrund des Chomsky'schen tiefenstrukturellen Mentalismus häufig bezweifelte Einfluss natürlicher Sprachformen auf die Denkform durchaus als gegeben betrachtet werden kann. Es konnte etwa gezeigt werden, dass sich die Relevanzstrukturen nacherzählter Texte in Abhängigkeit von Formen der Pluralmarkierung in den Muttersprachen der Erzähler voneinander unterscheiden (Lucy 1996; 1992). Muttersprachliche Prägung von Relevanzsystemen konnte auch Slobin (1996) nachweisen. Die damit angezeigte Inversion in der Fundierung des menschlichen Weltzugangs wird greifbar an Leistungen, die nun von der Sprachform für die Denk- und Handlungsform erbracht werden. Da die meisten davon bereits im Verlauf der bisherigen Erörterung angesprochen wurden, kann ich es hier bei einer knappen Skizze belassen:

1. Die Sprachform erweitert den Wissensvorrat, indem sie sich kreativ an seiner Konstitution beteiligt, und damit seine Schemata über die Lokalität des unmittelbaren Handlungskontextes ausweitet und so das Handlungspotential ausdehnt.

2. Die Sprachform erweitert auch den Zugriff auf den Wissensvorrat, da sie die grundlegenden Klassifikationsformen, sowie die Relevanz - und Typiksysteme kontinuierlich und in einer institutionalisierten Form verfügbar hält. In der Entwicklung der Sprachform erfolgt eine explizite (Re-)Sozialisierung der subjektiven Wissensvorräte.

3. In der sprachlichen Kommunikation erlangen kognitive Schemata und Erwartungen intersubjektiver Geltung, Inhalte werden objektiviert und prüfbar. Eine sprachlich geleitete Identitätsbildung setzt ein. Die semiotische Struktur der Sprachform setzt Reflexionspotentiale frei, die die Einsicht in den appräsentativen, zeichenbestimmten Weltzugang erlauben und somit eine Beweglichkeit der kognitiven Schemata und ihre experimentelle Wandelbarkeit ermöglichen. Die Komplexität der Sprachform, die das Sprachhandeln leitet, verlangt und ermöglicht zeitlich ausgedehntes »Planungsverhalten«, dessen Abstraktionsgrad sich weit über die aktuellen Handlungsbezüge erheben kann.

IV. Die differenzierenden Faktoren im HDS-Zusammenhang

Wir haben den HDS-Zusammenhang und die Verschränkungen seiner Momente bisher als eine allgemeine Struktur beschrieben, mit der Absicht, den Grundlagen des menschlichen Weltzugangs näherzukommen. Damit, so könnte es scheinen, steuern wir direkt in die Strudel der Universalismus/Relativismus-Debatte hinein, die nicht nur den linguistischen bzw. den anthropologischen, sondern in der letzten Zeit auch den allgemein kulturwissenschaftlichen Diskurs beherrscht (Gumperz/Lewinson 1996; Fabian 1983; Matthes 1992; Mall 1995; Brocker/Nau 1997 etc.). Es ist u. a. die Absicht dieser Studie zu zeigen, dass diese Debatte beim näheren Hinsehen ein Scheinproblem behandelt. Denn in der bisherigen Untersuchung hat sich einerseits der HDS-Zusammenhang als ein allgemeiner Mechanismus des Weltzugangs erwiesen, dessen Gestalt keineswegs zufällig ist, sondern, geht man ihrer Darstellung in unterschiedlichen theoretischen Konzepten und empirischen Untersuchungen nach, durchaus eine verallgemeinbare Struktur aufweist. Anderseits jedoch wurde auch deutlich, dass diese allgemeine Struktur eine Reihe von konstitutiven Momenten enthält, die durch ihr Fungieren sozusagen als Anschlussstellen für die jeweils spezifische Ausgestaltung des HDS-Zusammenhangs dienen. Welches sind also die differenzierenden Faktoren des HDS-Zusammenhangs, die ihm seine konkrete soziohistorische Form verleihen und seine allgemeine Gestalt zu einer Lebensform bzw. zu einer Kulturform werden lassen?

Nach dem oben Ausgeführten ist es naheliegend, die für die unterschiedliche Ausprägung des HDS-Zusammenhangs ausschlaggebenden Momente zuerst in der Sprachform selbst zu suchen. Die diesbezüglichen Humboldt'schen Gedanken nahm bekanntlich am radikalsten die anthropologische Linguistik von Sapir und Whorf auf, mit der bekannten Konsequenz der Formulierung eines relativistischen Sprachdeterminismus. Es ist zu vermuten, dass die anschließende Debatte die eigentliche Funktionsweise des HDS-Zusammenhangs eher zu verdecken als zu erhellen vermochte. In seiner linguistischen Sicht denkt Whorf (1988) den HDS-Zusammenhang so, wie er sich nach seiner Inversion darstellt. Die Sprache als Trägerin von offenen und verdeckten Klassifikationen prägt die Kategorien des Denkens, die als Orientierungsschemata des Handelns fungieren. Da sich diese Klassifikationen in historischen Sprachen weder grammatikalisch noch semantisch decken, müsse man von einer Inkommensurabilität der jeweiligen sprachgeleiteten Weltbilder ausgehen. Die Thesen haben bekanntlich einen Schub von Gegenargumenten und Prüfungen ausgelöst, die auf den universalen Charakter bestimmter Klassifikationen (Berlin/Kay 1969), auf die Tatsache der Übersetzbarkeit von Sprachen, auf die allgemeinen organisch-kognitiven Grundlagen der Gattung (Holenstein 1985; 1985a) etc. verwiesen. Dabei allerdings wurde nicht in Frage gestellt, dass sprachlich transportierte Klassifizierungen als Schemata des Denkens und Handelns fungieren, noch dass unterschiedliche Klassifikationen differente Weltbilder nach sich ziehen können. Diskutiert wurde vielmehr das Problem der Genese und somit der Universalität von Klassifizierungen bzw. die Reichweite der Determinierung von Orientierungsschemata durch diese. Als Fazit wurde die potentiell differenzierende Rolle der sprachlichen Klassifikationen im HDS-Zusammenhang anerkannt (Crystal 1995, 15). Durch die Fixierung des Diskurses auf das Problem des universalen bzw. sprachrelativen Charakters der Klassifikation, wurde jedoch nur selten gesehen, mit welchen Mitteln Whorf eigentlich die von ihm trotz aller sprachdeterminierten Relativität der Weltbilder die Gleichberechtigung von Sprachen im Bezug auf ihre Ausdrucksfähigkeit verteidigt (Whorf 1988, 7 ff., 18, 44). Die von ihm behauptete »Zeitlosigkeit« der Hopi-Sprache und des Hopi-Weltbildes bedeutet für ihn keineswegs, dass es den Hopi an Möglichkeiten fehlte, die für die Denk- und Handlungsform notwendigen Zeitdifferenzierungen zu behandeln. Ausführlich zeigt er, dass, obwohl diese Differenzierungen sprachlich nicht markiert sind, trotzdem durch den sprachlich dargestellten bzw. mitgeführten Handlungskontext »repräsentiert« werden können (Whorf 1988, 7 ff., 84 ff.). Bei allen Differenzierungen der Denk- und Handlungsform durch die Klassifikationssysteme der Sprache ist es also offensichtlich die Einbettung der Sprachform in die Struktur des HDS-Zusammenhangs, die »Defizite« der jeweiligen Klassifizierungen auszugleichen vermag und somit die universale Ausdrucksfähigkeit von Sprachen aufrechterhält.

Ähnlich lassen sich Ergebnisse von Studien interpretieren, die den Zusammenhang zwischen grammatikalischer Sprachform und kognitiven Schemata ihrer Sprecher untersuchen. Betrachten wir etwa Blooms Untersuchung (1981) zu diesem Sachverhalt im Englischen und im Chinesischen, so stehen hier zuerst die Unterschiede zwischen der grammatikalischen Form der beiden Sprachen für die davon abzuleitenden Differenzen der kognitiven Schemata und Kompetenz. Auch Blooms Arbeit zog eine kritische Auseinandersetzung nach sich, die ihm vor allem mangelhafte methodische und sprachliche Sorgfalt vorwarf (Rötz 1992, 27 ff.; Lucy 1992). Bloom will nachweisen, dass das Chinesische aufgrund seiner grammatikalischen Eigenheiten (fehlende Konjunktiv- und Substantivierungsformen, einfache Syntax, fehlende Flexion etc.) seine natürlichen Sprecher nicht auf die Bildung hypothetischer Sätze sowie komplexer Sprachkonstruktionen hinleite und letztlich die Abstraktionsfähigkeit kognitiver Operation nicht fördere. Die Validität der Bloom'schen Experimente darf sicher nicht überbewertet werden. Bloom selbst ist auch vorsichtig genug, keine weitreichenden kulturtheoretischen Folgen aus seinen Befunden abzuleiten. Seine Tests scheinen jedoch zumindest zu zeigen, dass der Grad des spontanen Verständnisses von »hypothetischen«, kontrafaktischen Erzählungen bzw. komplexen Satzkonstruktionen bei chinesischen Lesern niedriger ist als bei englischen. Wenn wir auch einerseits dieser Untersuchung Hinweise auf die differenzierende Wirkung der Sprachform entnehmen können, so weist sie andererseits auf denselben Tatbestand hin, dem wir bereits bei Whorf begegneten: Auch Bloom stellt fest, dass es chinesischen Sprechern trotz der fehlenden grammatikalischen Formen nicht an Möglichkeiten fehlt, kontrafaktische Tatbestände auszudrücken. Es muss dazu allerdings der Handlungskontext entweder aktuell sichtbar oder sprachlich mitgeliefert werden (Bloom 1981, 21 ff.). Ähnlich stellt er reziprok für das Englische fest, dass dort im Gegensatz zum Chinesischen sprachliche Markierungen unterschiedlicher Grade in der Eindeutigkeit kausaler Relationen fehlen und nur anhand von mitangezeigten Handlungskontexten zu unterscheiden sind.

Auch hier also werden die Differenzen in der Sprachform einerseits als Momente der Differenz in der Denk- und Handlungsform ausgemacht, andererseits erweist sich auch hier die Einbindung der Sprachform in den HDS-Zusammenhang als die Grundlage der universalen sprachlichen Ausdrucksfähigkeit. Man kann also vermuten, dass es nicht nur die Unterschiede in den konkreten Klassifikationen und Taxonomien im jeweiligen Sprachsystem sind, die als differenzierende Faktoren für die soziohistorische Gestalt des HDS-Zusammenhangs fungieren. Vielmehr spielt hier offensichtlich auch ein den Unterschieden zwischen den Klassifikationssystemen zugrundeliegendes Relevanzschema eine wesentliche Rolle, nach dem bestimmte »kognitive Operationen« aus dem noch handlungsnah operierenden HDS-Zusammenhang hervorgehoben und sprachlich markiert werden, während andere unmarkiert bleiben. Da der HDS-Zusammenhang aufgrund seiner Struktur offenbar immer für sprachlich nicht markierte Schemata einen äquivalenten Ausdruck zu konstruieren erlaubt, scheint es dieses Relevanzschema, das wir als das Basisrelevanzmuster des HDS-Zusammenhangs bezeichnen wollen, zu sein, das die den unterschiedlichen Lebensformen zugrundeliegende Kulturdifferenz mitbildet.

Damit stoßen wir allerdings auf einen weiteren Differenzierungsmechanismus im HDS-Zusammenhang, nämlich darauf, was wir als seine Handlungsnähe bezeichnet haben. Hier ist zunächst zu unterscheiden zwischen zwei Modi der Handlungsnähe der Sprachform. Einmal handelt es sich – wie wir sahen – um die »Spuren« der Handlung innerhalb der Sprachform selbst – hier wollen wir von einer strukturellen Handlungsnähe sprechen. Davon ist die Handlungsnähe der Sprachform im Sinne ihrer unterschiedlichen Verzahnung mit der Handlungsform innerhalb des HDS-Zusammenhangs zu unterscheiden, wo diese Verzahnung eine Mitbedingung der Verständigung ist. In diesem Falle wollen wir von einer prozessualen Handlungsnähe der Sprachform reden. Die Unterscheidung zwischen handlungsnahen und handlungsfernen Sprachstilen in diesem letzteren, prozessualen Sinn wurde bereits von Malinowski (1927) klar ausgearbeitet. Er hat gezeigt, dass es sich nicht nur um eine interlinguale und interkulturelle Differenz handelt, sondern dass diese Unterscheidung auch intrakulturell und intralingual gilt. Malinowski plädiert mit dieser Unterscheidung bereits 1927 für eine »Ethnographie« des Sprechens und wendet sich gegen Untersuchungen der Sprache nur anhand ihrer Schriftform. Sprache in ihrer alltäglichen und somit auch in der in allen Gesellschaften universell anzutreffenden Form stellt für ihn ein »mode of action« dar, und bezieht wesentliche Momente ihrer Syntax und Semantik aus ihrer ursprünglichen Verankerung im Handlungskontext. Insofern entspricht also Malinowskis Sprachsicht in wesentlichen Zügen der hier dargestellten Struktur des HDS-Zusammenhangs. Die pragmatische Funktion der Sprache sieht Malinowski vor allem in der Handlungskoordinierung, in der Aufrechterhaltung sozialer Beziehungen sowie in der Reproduktion des Geschehens. Dieses »phatische Sprechen« ist gekennzeichnet durch einen hohen Anteil an prosodischen Mitteln und durch eine vorausgesetzte Kontextbezogenheit, in der die handlungsrelevanten Eigenschaften des Bezeichneten die Bedeutung der Worte ausmachen.

Damit sind auch die Merkmale benannt, die in handlungsferneren Sprachstilen (etwa in elaborierten Sprachcodes Bernsteins) zugunsten einer kontextfreien – d. h. vom Handlungskontext abgesetzten – Rede schwinden, wenn auch – wie wir gesehen haben – die Spuren des Handelns aus keiner Gestalt der Sprachform zu tilgen sind. So wurde gezeigt, dass die prozessuale Handlungsnähe auch in dem »gehobenen Sprachstilen« der oral kommunizierenden Gesellschaften erhalten bleibt (Ong 1987). Die »fokale« Speicherung der erzählten Inhalte von Mythen, Familiengenealogien und Epen im Medium der Sprache ist hier ist an die Einbettung der Ereignisse und Personen in formelhaft standardisierte Handlungskontexte gebunden, die zugleich der Überlieferung von Handlungsmustern und Herstellungstechniken dienen. Die damit verbundenen häufigen Redundanzen, additive und aggregative Ausdrucksfiguren, sowie starke Ritualisierungsschemata und eine Zirkularität des

Darstellungsflusses stellen Merkmale dar, die diesen Sprachstil kennzeichnen.

Die Handlungsnähe der Sprachform wird erst durch das Medium der Schrift relativ abgeschwächt, durch dessen Wirkung offensichtlich die Ausdifferenzierung von handlungsnahen und handlungsfernen Sprachstilen der damit verbundene Wandel der kognitiven Schemata gefördert wird. Die Verschriftlichung der Sprache macht es möglich, auf die formelhafte Redundanz der Darstellung zugunsten einer argumentativen Individualität von Einzelformulierungen zu verzichten. Sie macht die Zirkularität der Darstellung obsolet und ermöglicht lineares, auf sich selbst gestütztes und durch die Syntax der Sprachform geleitetes Argumentieren. Damit entsteht der Zwang, alle für das Verständnis der Rede nötigen Bedingungen und Umstände auf die sprachliche Ebene des Textes zu heben. So wird der Handlungskontext der Sprachform in die Sprachform selbst überführt und somit eine relative prozessuale Handlungsferne erreicht (Ong 1987). Eine wesentliche Rolle in diesem Differenzierungsprozess scheint auch die Art der Schrift zu spielen. Alphabetische Lautschriften erfordern offensichtlich andere Abstraktionsleistungen als ideographische bzw. hieroglyphische Schriften. Sie erfordern unterschiedliche Lerntechniken und wahrscheinlich auch unterschiedliche Auffassungen der semiotischen Funktion (Assmann 1998; Stetter 1999).

Durch den mit der Verschriftlichung der Kommunikation beschriebenen Wandel der Sprachform, durch den sich erst die Möglichkeit eines linearen, analytischen und kontextfreien Sprach- und Denkstils erschließt, werden wir auf zwei weitere Differenzierungsfaktoren des HDS-Zusammenhangs hingewiesen: Erstens spielt offensichtlich das Medium der Sprachform für ihre Entwicklung und somit auch für die Gestalt der sprachgeleiteten Denk- und Handlungsform eine wesentliche Rolle. Vor diesem Hintergrund wird auch ein weiteres, den Übergangsprozess von oralen zu schriftlichen Gesellschaften zugrundeliegendes Moment der Differenzierung des HDS-Zusammenhangs sichtbar, nämlich der Grad der Ausdifferenzierung von Handlungs- und Kommunikationsstrukturen.

Der Einfluss der Komplexität von Handlungsstrukturen und sozialen Beziehungen auf den HDS-Zusammenhang liegt selbstverständlich bereits in dem Konzept eines solchen Zusammenhangs beschlossen. Er materialisiert sich in der Sprach- und Denkform zuerst auf der Ebene der Semantik in Gestalt von Taxonomien und Operationsschemata, die die pragmatische Relevanz repräsentieren. Bereits Meillet (1948) hat die Bedeutung der Arbeitsteilung für den Sprachwandel betont und Studien für die Entwicklung von Taxonomiesystemen bestätigen immer wieder den Zusammenhang zwischen dem handlungspragmatischen Bezug und der sprachlichen Repräsentation von Gegebenheiten der Umwelt (Fischer 1966; Goodenough 1970; Berlin u. a. 1969; Berlin 1992). Folgte man der Farbforschung von Berlin und Kay (1969, 104), so formt diese soziale Prägung selbst die neurophysiologisch vorhandenen Möglichkeiten der Farbunterscheidung, nachdem in Gesellschaften mit komplexerer Praxis auch komplexere Farbtaxonomien vorkommen sollen. Es muss allerdings an dieser Stelle festgehalten werden, dass es offensichtlich einfacher ist, den Zusammenhang zwischen pragmatischer Relevanz und sprachlichen Taxonomien zu zeigen, der für die Herausbildung diverser kultureller und subkultureller Lebensformen steht, als zu jenen differenzierenden Mechanismen der basalen Relevanz zu gelangen, die die Diversifizierung von ganzen Sprachtypen bzw. Hochkulturen und Kulturkreisen zu bewirken scheint. Im Rahmen der »Cross cultural studies« wurde eine Reihe von Untersuchungen angestellt (etwa Kroeber 1960; Armstrong/Katz 1981; Fischer 1966), die die Komplexität sozialer Organisation mit der semantischen und grammatikalischen Gestalt der Sprachform in Bezug setzen und positiv bestätigen. Fischers Untersuchung legt gar einen Zusammenhang zwischen einfacher sozialer Organisation und einer »lockeren« Syntax nahe (Fischer 1966, 172 ff.), durch die die Eindeutigkeit der Rede vom Handlungszusammenhang abhängiger wird. Die Organisation des entsprechenden Sprachstils sei auf konkrete Inhalte bezogen und charakterisiert durch kurze Sätze, »fokales« Denken und eine Non-Linearität, während Sprechen in komplexen Gesellschaften über langfristigere Sprachplanung, lineare Denkweise sowie eine ausdifferenzierte, eindeutige Formulierungen ermöglichende Syntax verfüge. Wenn auch die weitreichenden kulturtheoretischen Konsequenzen, die manche der erwähnten Studien zogen, nicht geteilt zu werden brauchen, und ihre Ergebnisse im Detail eher als illustrative Belege gewertet werden können, so liefern sie andererseits Evidenz genug, um die differenzierende Rolle der Komplexität sozialer Organisation im HDS-Zusammenhang als belegt anzusehen. In unserem Zusammenhang ist es bemerkenswert, dass sich die differenzierenden Effekte wiederum auf der Achse handlungsnah/handlungsfern auswirken. Denn offensichtlich werden die Unterschiede im HDS-Zusammenhang, die auf die Ausdifferenzierung sozialer Struktur zurückgeführt werden, in Merkmalen beschrieben, die – wie wir sahen – auch jene der variierenden prozessualen Handlungsnähe der Sprachform sind.

Dabei wäre es natürlich ein Irrtum, diese Differenzen nur als interkulturelle und interlinguale Unterschiede anzusehen. Seit Bernsteins Untersuchungen (1972) wissen wir, dass handlungsnahe und handlungsferne Sprachstile auch intralingual vorhanden und intrakulturell anhand der Ausdifferenzierung sozialer Positionen auch erzeugbar sind. Es ist hier wiederum nicht der Ort, die kontroverse Diskussion der Bernstein'schen Ergebnisse auszuführen. Halten wir nur fest, dass diese Diskussion einerseits die Vermutung eines defizitären Charakters restringierter Codes relativierte und die Gründe für die negativen Konsequenzen, die die Verwendung dieses Sprachstils für seine Sprecher hat, aus diesem in seine soziale Bewertung verlegte (Labov 1980; Oevermann 1972). Andererseits haben Nachuntersuchungen die soziale Genese der Sprachstile innerhalb unterschiedlicher sozialer Kontexte und der damit verbundenen sozialisierenden Handlungszusammenhänge bestätigt (vgl. Dittmar 1973). In unserem Zusammenhang ist es vor allem von Bedeutung, dass selbst in den verschrifteten, ausdifferenzierten Gesellschaften, auf die sich die genannten Untersuchungen bezogen, sozial, d. h. handlungsabhängig immer ein Sprachstil generiert wird, dessen Merkmale jenen der prozessualen Handlungsnähe der Sprachform oraler bzw. einfacher Gesellschaften entsprechen. Es ist daher nur folgerichtig, wenn Bernstein seinen restringierten Code als partikulär, d. h. in seiner Verständigungsfunktion an ein durch Handlungskontexte mitgeliefertes Vorverständnis sowie an Prosodik gebunden, zugleich aber auch als einen universalen, d. h. in allen Gesellschaftstypen vorkommenden und von allen Gesellschaftsmitgliedern beherrschten Code bezeichnet. Die diesem Code entsprechende Sprachform kann jederzeit an jeder Stelle der sozialen Struktur generiert werden. Demgegenüber ist der handlungsferne, elaborierte Code der »formalen« Sprache zwar in der Generierung seiner Verständigungsfunktion universal, weil er den prozessualen handlungsnahen Kontext der Verständigung mit rein sprachlichen Mitteln in die Sprachform überführen kann, hinsichtlich seiner Verbreitung allerdings bleibt er partikulär, da er nicht überall generierbar ist, und nicht von allen kompetent beherrscht wird (Bernstein 1972, 157 ff.).

Wir sehen also, dass die variierende Komplexität des sozialen Handelns einerseits eine Differenzierung des HDS-Zusammenhangs bewirkt, und zwar sowohl auf der Ebene der repräsentierten Klassifikationen und Taxonomien als auch auf der Ebene der prozessualen Handlungsnähe/-ferne der Sprachform. Andererseits sehen wir jedoch auch, dass die Verschränkung von Handlungs-, Denk- und Sprachform nirgendwo durch diesen Ausdifferenzierungsprozess völlig aufgehoben wird, sondern dass wir vielmehr die relativ handlungsnahe Gestalt dieses Zusammenhangs, und vor allem der Sprachform in ihm, als seine »basale« bzw. soziohistorisch-kulturell universelle Form erkennen müssen. Etwas unerwartet, wenn auch von den Sprachphilosophen immer vermutet (Wittgenstein 1971; Quine 1980; Austin 1992; Davidson 1990), müssen wir also daraus schließen, dass es nicht die Handlungsferne der auf sich gestellten Sprachform ist, auf der die Universalität der Verständigung beruht. Im Gegenteil: Diese scheint vielmehr durch die nicht aufhebbare Einbettung der Sprache in die durch den HDS-Zusammenhang erzeugte Handlungsnähe gegeben zu sein. Die evolutionär überaus wichtige Universalität der Konstitution der Wirklichkeit durch sprachliche Repräsentation, die sich in der sprachgeleiteten Denk- und Handlungsform niederschlägt, stützt sich wohl in diesem ihren universalen Modus nicht auf die Ausschließlichkeit der sprachlichen Repräsentation sondern offensichtlich auch auf die prozessual handlungsnahen Formen des HDS-Zusammenhangs (vgl. im gleichen Sinne Hanks 1996).

V. Fazit

Summieren wir abschließend den Ertrag unserer Überlegungen: Im Fortgang unserer Untersuchung hat sich gezeigt, dass der Zusammenhang der Handlungs-, Denk- und Sprachform als ein allgemeiner sinnkonstituierender Mechanismus des menschlichen Weltzugangs gelten kann. Wir haben gesehen, dass es sowohl ontogenetische als auch phylogenetische Anhaltspunkte dafür gibt, dass die Konstitution des Weltzugangs sich zuerst in der Verschränkung der Handlungs- und Denkformen unter fortwährender Präsenz von Kommunikation und Interaktion vollzieht, dass jedoch durch die Aneigung der Sprachkompetenz eine Inversion dieses Verhältnisses stattfindet, und dass die Denk- und Handlungsform in ihrer Verzahnung nunmehr als sprachgeleitet angesehen werden müssen. Wir sind den unterschiedlichen Verlaufsformen und Gestalten des HDS-Zusammenhangs nachgegangen, und haben gesehen, dass selbst nach der sprachgeleiteten Inversion die handlungsgenerierten Strukturen in der Sprachform präsent bleiben und ihre strukturelle Handlungsnähe ausmachen, ebenso wie die Sprachform selbst bezüglich ihrer Verständigungsfunktion in prozessualer Handlungsnähe bleibt. Wir konnten also eine allgemeine sinngebende Struktur des HDS-Zusammenhanges ausmachen und diese auch auf die Konvergenz von einer Reihe theoretischer und empirischer Untersuchung stützen. Im letzten Abschnitt konnten wir auch sehen, dass es die konstitutiven Elemente dieser allgemeinen Struktur des HDS-Zusammenhanges sind, die die innere Dynamik des HDS-Zusammenhangs und somit auch seine soziohistorische Variationsfähigkeit und seine konkrete Ausprägung ermöglichen. Es wurde gezeigt, dass hier die Komplexität und die Ausdifferenzierung von Handlungsformen, sowie die prozessuale Handlungsnähe der Sprachform und die damit verbundenen Leitformen der sprachlichen Kreativität eine wesentliche Rolle spielen. Dabei wurde auch deutlich, dass die Mediengestalt der Sprachform (Oralität/Schriftlichkeit etc.) nicht nur als Indikator der sozialen Ausdifferenzierung des Handlungskontextes, sondern vielmehr als ein wichtiger Differenzierungsfaktor des HDS-Zusammenhanges selbst fungiert. Die aufgezeigte Struktur des HDS-Zusammenhangs ermöglicht also einerseits in ihrem pragmatischen Vollzug die Genese von unterschiedlichen kulturellen Lebenswelten und stellt andererseits zugleich die allgemeine Basis dieser Dynamik dar. In diesem Sinne gehört sie zweifelsohne den von Schütz gesuchten Strukturen der Lebenswelt an. In dieser Sicht wird der notwendigerweise pragmatische aber auch semiotische Charakter der Lebensweltkonstitution deutlich (hierzu bereits Luckmann 1980). Die Untersuchung des HDS-Zusammenhangs zeigt, dass die appräsentativen bzw. die »symbolischen« Funktionen neben der pragmatischen Relevanz zu den konstitutiven Momenten des menschlichen Handlungsfeldes gehören und somit eine gleichursprüngliche Rolle für die Analyse der Lebensweltstruktur spielen. Dies zwingt dazu, die Struktur der Lebenswelt nicht mehr als eine statische Matrix zu betrachten, sondern als ein Konzept der Selbstkonstitution sozialer Realität, der die Dynamik des Konstitutionsprozesses zu erfassen erlaubt.

Der hier zutage tretende ambivalente Charakter der Struktur des HDS-Zusammenhangs, die einerseits die Basis des Weltzuganges darstellt, andererseits auch der Grund seiner Variation ist, bestätigt allerdings nicht nur die Eigenart aller sozialer Selbstkonstitutionsprozesse, sondern hat auch eine spezifischere Gestalt, die unter anderem für die Auffassung der Intersubjektivität, des Fremdverstehens und schließlich des interkulturellen Vergleichs von einiger Bedeutung ist. Betrachten wir die unterschiedlichen kulturellen Lebenswelten und ihre Lebensformen als sozial-historische Variationen des HDS-Zusammenhangs, so stellt sich natürlich die Frage nach einer Ebene, auf der sich die unterschiedlichen Kulturformen berühren würden und von woher ein interkulturelles Verstehen von »Lebenswelten« seinen Anfang nehmen könnte. Unsere Untersuchung des HDS-Zusammenhangs gibt den klaren Hinweis darauf, dass diese Ebene in jener seiner Gestalt zu suchen ist, in der die prozessuale Handlungsnähe der Sprachform relativ hoch ist. Wir haben gesehen, dass der handlungsnahe Modus der Sprachform die universale Ebene der Kommunikation darstellt, und vor allem – im Gegensatz zu der ausdifferenzierungsabhängigen formalen Sprachform – an jeder Stelle der kommunikativen Wirkensbeziehung hergestellt werden kann. Dies hat eine Reihe von praktischen und theoretischen Konsequenzen. Erstens wird anhand dieses Befundes deutlich, dass Prozesse der Variation von Kulturen zugleich auch Momente einer universalen Struktur sind, die Verständigung möglich macht. Damit wird die klassische Regel der humanistischen Hermeneutik (Gadamer 1990) auf einer aussagekräftigen Ebene bestätigt. Zweitens wird hier deutlich, dass interkulturelles Verstehen an einer Suboptimalität der intersubjektiven Reziprozität nicht scheitert, sondern vielmehr in derselben begründet wird. Denn das, was für das Fremdverstehen notwendig ist, nämlich die alltägliche Annahme von Reziprozität von Perspektiven, ist, wenn unsere Erweiterung der Lebensweltstruktur zutrifft, auf der Annahme der Reziprozität des HDS-Zusammenhangs aufgebaut. Somit ist die prozessuale Handlungsnähe der Kommunikation eine der Bedingungen der »Sichtbarkeit« des HDS-Zusammenhangs als eines Rahmens, in dem sich das alltägliche interkulturelle, aber auch intrakulturelle Übersetzen vollzieht. In der alltäglichen intrakulturellen Kommunikation sowie in Situationen des Übersetzens im Allgemeinen (Srubar

2002)[7] ist also die Möglichkeit einer »Triangulierung« der Sinndeutung im Rahmen des HDS-Zusammenhangs eine der Grundbedingungen der Verständigung. In diesem Sinne könnte man auch der Idee folgen, wonach die Handlung-, Denk- und Sprachform je ein »Register« des alltäglichen Übersetzens darstellt, wobei im Falle der Übersetzungsunsicherheit in einem Register die anderen als ein tertium comparationis dienen können (Renn 2006).

Theoretisch hieße das in der phänomenologischen, dem Postulat der Adäquanz wissenschaftlicher Konstrukte folgenden Perspektive, dass wir hier Anhaltspunkte gewinnen, die uns nicht nur die pragmatische, sondern auch die semiotische Gliederung der Lebensweltstruktur in der relativ natürlichen Einstellung nahebringen. Zugleich gewinnen wir einmal mehr einen Nachweis dafür, dass die Lebensweltstruktur in dieser Gestalt als ein mögliches tertium comparationis interkulturellen Vergleichs kein Produkt nostrifizierender Spekulation ist, sondern »am Gegenstand« der Genese des menschlichen Weltzugangs selbst aufgezeigt werden kann. Der ambivalente Charakter dieser Struktur zeigt schließlich, dass es einen Weg gibt, auf dem die behindernde Opposition zwischen kulturuniversalistischen und kulturrelativistischen Positionen als ein Scheingefecht beleuchtet und produktiv umgegangen werden kann. Diese Produktivität allerdings muss sich nicht nur in der Formulierung theoretischer Ausgangsposition erweisen, sondern vielmehr in weiteren systematischen Untersuchungen des HDS-Zusammenhangs selbst.

Literatur:

Armstrong, David F./Solomon H. Katz (1981), »Brain Laterality in Signed and Spoken Languages. A Synthetic Theory of Language Use«, in: *Sign Language Studies* 33(1981), S. 319-350.

Assman, Jan (1998), *Moses, der Ägypter*, München: Hanser.

Austin, John L. (1992), *How to do Things with Words*, London: Oxford Univ. Pr.

Berlin, Brent/Paul Kay (1969): *Basic Color Terms. Their Universality and Evolution*, Berkeley: Univ. of California Pr.

---

[7] Vgl. in diesem Band S.155 ff.

Berlin, Brent/Dennis E. Breedlove/Peter H. Raven (1969): »Folk Taxonomies and Biological Classification«, in: Stephen A. Tyler (ed.): *Cognitive Anthropology*, New York: Holt, Rinehart and Winston .

Berlin, Brent (1992): *Ethnobiological Classifications, Principles of categorization of Plants and Anomals in Traditional Societies*, Princeton: Princeton Univ. Pr.

Bernstein, Basil (1972): *Studien zur sprachlichen Sozialisation*, Düsseldorf: Schwann.

Bloom, Alfred (1981): *The Linguistic Shaping of Thought. A Study in the Impact of Language on Thinking in China and the West*, Hillsdale, NJ: Erlbaum.

Bourdieu, Pierre (1990): *Was heißt sprechen? Die Ökonomie des sprachlichen Tausches*, Wien: Braumüller.

Bowerman, Melissa (1996): »The Origins of Childrens Spatial Semantic Categories. Cognitive Versus Linguistic Determinants«, in: Gumperz/Lewinson 1996, S. 145-176.

Brocker, Manfred/Heino Nau (Hrsg.) (1997): *Ethnozentrismus. Möglichkeiten und Grenzen interkulturellen Dialogs*, Darmstadt: Primus.

Chomsky, Noam (1965): *Aspects of the Theory of Syntax*, Cambridge/Mass.: Mouton.

Chomsky, Noam (1973): *Sprache und Geist*, Frankfurt/M.: Suhrkamp.

Crystal, David (1995): *Die Cambridge Enzyklopädie der Sprache*, Frankfurt/M.: Campus.

Davidson, Donald (1990): *Wahrheit und Interpretation*, Frankfurt/M.: Suhrkamp.

Deuchar, Margaret (1999): *Spoken Language and Sign Language*, in. Lock/Peters 1999, S. 553-570.

Dittmar, Norbert (1972): *Soziolinguistik*, Frankfurt/M.: Athenaeum.

Durkheim, Emile (1970): *Regeln der soziologischen Methode*, Neuwied: Luchterhand.

Dux, Günter (2000): *Historisch-genetische Theorie der Kultur*, Weilerswist: Velbrück.

Elias, Norbert (1977): *Über den Prozess der Zivilisation*, Bd. II, Frankfurt/M.: Suhrkamp.

Fabian, Johannes (1983): *Time and the Other: How Anthropology Makes its Objects*, New York: Columbia Univ. Pr.

Fisher, John L. (1964): »Syntax and Social Structure: Truk und Ponape«, in: William Bright (ed.): *Sociolinguistics. Proceedings of the UCLA Sociolinguistic Conference 1964*, The Hague/Paris: Mouton, S. 168-182.

Fodor, Jerry A. (1983): *The Modularity of Mind*, Cambridge/London: The MIT Press.

Fodor, Jerry A. (1975): *The Language of Thought*, New York: Crowell Company.

Gadamer, Hans-Georg (1990): *Wahrheit und Methode*, Tübingen: Mohr.

Goodenough, Ward H. (1980): *Description and Comparison in Cultural Anthropology*, Cambridge/Mass.: Cambridge Univ. Pr.

Greenberg, Joseph H. (ed.) (1966): *Universals of Language*, Cambridge/Mass.: The MIT Press.

Gumperz, John J./Stephen C. Lewinson (eds.) (1996): *Rethinking Linguistic Relativity*, Cambridge/Mass.: Cambridge Univ. Pr.

Gumperz, John J./Dell Hymes (eds.) (1972): *Directions in Sociolinguistics: the Ethnography of Communication*, New York: Holt, Rinehart and Winston 1972.

Gumperz, John J. (1996): »The Linguistic and Cultural Relativity of conversational Inference«, in: Gumperz/Levinson 1996, S. 374-407.

Habermas, Jürgen (1981): *Theorie des kommunikativen Handelns* 2 Bde., Frankfurt/M.: Suhrkamp.

Hanks, William F. (1996): *Language Form and Communicative Practices*, in: Gumperz/Levinson 1996, S. 232-271.

Herder, Johann Gottfried (1887): *Ideen zur Philosophie der Geschichte der*

Menschheit, Herders sämtliche Werke, Bd. 13, Berlin: Weidmannsche Buchhandlung.

Hewes, Gordon W. (1999): »A History of the Study of Language Origins«, in: Lock/Peters 1999, S. 571-595.

Hildebrand-Nilshon, Martin (1980): *Die Entwicklung der Sprache. Phylogenese und Ontogenese*, Frankfurt/M.: Campus.

Holenstein, Elmar (1980): *Von der Hintergehbarkeit der Sprache. Kognitive Unterlagen der Sprache*, Frankfurt/M.: Suhrkamp.

Holenstein, Elmar (1985a): *Sprachliche Universalien. Eine Untersuchung zur Natur des menschlichen Geistes*, Bochum: Studienverlag Brockmeyer.

Holenstein, Elmar (1985): *Menschliches Selbstverständnis. Ichbewußtsein, intersubjektive Verantwortung, interkulturelle Verständigung*, Frankfurt/M.: Suhrkamp.

Holloway, Ralph (1999): »Evolution of the Human Brain«, in: Lock/Peters 1999, S. 74-125.

Humboldt, Wilhelm von (1963): *Schriften zur Sprachphilosophie*, Werke, Bd. III, Darmstadt: Wissenschaftliche Buchgesellschaft.

Hymes, Dell (1979): »Ethnographie des Sprechens«, in: ders.: *Soziolinguistik*, Frankfurt/M.: Suhrkamp, S. 29-97.

Joas, Hans (1980): *Praktische Intersubjektivität. Die Entwicklung des Werkes von George Herbert Mead*, Frankfurt/M.: Suhrkamp.

Kauffmann, Clemens (1993): *Ontologie und Handlung. Untersuchungen zu Platons Handlungstheorie*, Freiburg i. B.: Alber.

Kroeber, Albert L. (1960): »On typological Indices: Ranking of Languages«, in: *International Journal of American Linguistics* 26(1960), S. 171-177.

Labov, William (1980): *Sprache im sozialen Kontext. Eine Auswahl von Aufsätzen*, Königstein/Ts.: Athenaeum.

Lakoff, George/Mark Johnson (1980): *Metaphors We Live By*, London/Chicago: Chicago Univ. Pr.

LeCron Foster, Mary (1999): »The Reconstruction of the Evolution of Human Spoken Languages«, in: Lock/Peters 1999, S. 747-775.

Levinson, Stephen C. (1996): »Relativity in Spatial Conception and Description«, in: Gumperz/Levinson 1996, S. 203-225.

Lock, Andrew/Kim Symes (1999): »Social Relations, Communication, and Cognition«, in: Lock/Peters 1999, S. 204-235.

Lock, Andrew/Charles R. Peters (eds.) (1999): *Handbook of Human Symbolic Evolution*, Oxford: Blackwell.

Luckmann, Thomas (1979): »Soziologie der Sprache«, in: René König (Hrsg.): *Handbuch der empirischen Sozialforschung*, Bd. 13, Stuttgart: Enke, S. 1-116.

Luckmann, Thomas (1980): »Aspekte einer Theorie der Sozialkommunikation«, in: ders.: *Lebenswelt und Gesellschaft*, Paderborn: Schöningh, S. 93-122.

Luckmann, Thomas (1992): Theorie des sozialen Handelns, Berlin: de Gruyter.

Lucy, John A. (1992): *Language Diversity and Thought: A Reformulation of The Linguistic Relativity Hypothesis*, Cambridge: Univ. Pr.

Lucy, John A. (1996): »The Scope of Linguistic Relativity: An Analysis and Review of Empirical Research«, in: Gumperz/Levinson 1996, S. 37-70.

Malinowski, Bronislaw (1927): »The Problem of Meaning in Primitive Languages«, in: Ogden, Charles K. K./Ivor A. Richards (eds.): *The Meaning of Meaning. A Study of Influence Upon Thought and of the Science of Symbolism*, New York: Harcourt.

Mall, Ram Adhar (1995): *Philosophie im Vergleich der Kulturen. Interkulturelle Philosophie – eine neue Orientierung*, Darmstadt: Wissenschaftliche Buchgesellschaft.

Matthes, Joachim (Hg.) (1992): *Zwischen den Kulturen? Die Sozialwissenschaften vor dem Problem des Kulturvergleichs*, *Soziale Welt* Sonderband 8, Göttingen: Schwartz.

Mead, George H. (1972): *Philosophy of the Act*, Chicago: Chicago Univ. Pr.

Mead, George H. (1973): *Geist, Identität und Gesellschaft aus der Sicht des Sozialbehaviorismus*, Frankfurt/M.: Suhrkamp.

Mead, George H. (1969): *Philosophie der Sozialität*, Frankfurt/M.: Suhrkamp.

Meillet, Antoine (1948): *Linguistique historique et linguistique générale*, Bd. I, Paris: Champion.

Oevermann, Ulrich (1972): *Sprache und soziale Herkunft. Ein Beitrag zur Analyse schichtenspezifischer Sozialisationsprozesse und ihrer Bedeutung für den Schulerfolg*, Frankfurt/M.: Suhrkamp.

Ong, Walter J. (1987): *Oralität und Literalität. Die Technologisierung des Wortes*, Opladen: Westdeutscher Verlag.

Piaget, Jean (1972): *Sprechen und Denken des Kindes*, Düsseldorf: Schwann.

Piaget, Jean (1969): *Nachahmung, Spiel und Traum. Die Entwicklung der Symbolfunktion beim Kinde*, Stuttgart: Klett.

Piattelli-Palmarini, Massimo (1980): *Language and Learning. The Debate between Jean Piaget and Noam Chomsky*, London: Routledge & Kegan Paul.

Platon (1991): *Sophistes*, in: *Sämtliche Werke in 10 Bänden* Bd. 7, Frankfurt/M.: Insel.

Quine, Willard van Orman (1980): *Wort und Gegenstand*, Stuttgart: Reclam.

Radlanski, Heide (1995): *Denken, Sprechen, Handeln. Überlegungen zu einer anthropologischen Fundierung der Kommunikationstheorie im Anschluss an Alfred Schütz*, Münster: Nodus.

Renn, Joachim (2006): *Übersetzungsverhältnisse. Perspektiven einer pragmatischen Gesellschaftstheorie*, Weilerswist: Velbrück.

Rolfe, Leonard (1999): »Theoretical Stages in the Prehistory of Grammar«, in: Locke/Peters 1999, S. 776-793.

Rötz, Heiner (1992): *Die chinesische Ethik der Achsenzeit. Eine Rekonstruktion unter dem Aspekt des Durchbruchs zum postkonventionellen Denken*, Frankfurt/M.: Suhrkamp.

Sapir, Edward (1972): *Die Sprache. Eine Einführung in das Wesen der Sprache*, München: Hueber.

Saussure, Ferdinand de (^{2}1967): *Grundlagen der allgemeinen Sprachwissenschaft*, Berlin: de Gruyter.

Scheler, Max (^{3}1980): »Erkenntnis und Arbeit«, in: ders.: *Die Wissensformen und die Gesellschaft*, Bern: Francke, S. 191-378.

Schütz, Alfred (2004): *Der sinnhafte Aufbau der Sozialen Welt. Eine Einleitung in die verstehende Soziologie, Alfred Schütz-Werkausgabe* Bd. II., Konstanz: UVK.

Schütz, Alfred (2003): »Symbol, Wirklichkeit und Gesellschaft«, in: *Alfred Schütz-Werkausgabe* Bd. V.2, Konstanz: UVK, S. 117-220.

Schütz, Alfred/Thomas Luckmann (1979): *Strukturen der Lebenswelt* Bd. 1, Frankfurt/M.: Suhrkamp.

Searle, John R. (1969): *Speech Acts. An Essay in the Philosophy of Language*, London: Cambridge Univ. Pr.

Slobin, Dan I. (1996): »From ›Thought and Language‹ to ›Thinking for Speaking‹«, in: Gumperz/Levinson 1996, S. 70-96.

Srubar, Ilja (2001): »Unterwegs zu einer Lebensformforschung: Die pragmatische Lebenswelttheorie als Grundlage interkulturellen Vergleichs« (MS 2001) (jetzt in diesem Band S. 91 ff.).

Srubar, Ilja (2002): »Strukturen des Übersetzens und interkultureller Vergleich«, in: Renn, Joachim/Jürgen Straub: *Übersetzen als Medium des Kulturverstehens und sozialer Integration*, Frankfurt/M.: Campus S. 323-345 (jetzt in diesem Band S. 155 ff.).

Stetter, Christian (1999): *Schrift und Sprache*, Frankfurt/M.: Suhrkamp.

Whorf, Bejamin L. (1988): *Sprache, Denken, Wirklichkeit. Beiträge zur Metalinguistik und Sprachphilosophie*, Reinbek: Rowohlt.

Wittgenstein, Ludwig (1971): *Philosophische Untersuchungen*, Frankfurt/M.: Suhrkamp.

Wygotski, Lev Semjonovitsch (1972): *Denken und Sprechen*, Frankfurt/M.: Fischer.

Die pragmatische Lebenswelttheorie als Grundlage interkulturellen Vergleichs

I. Exposition des Problems

Ich möchte mit einigen Grundüberlegungen beginnen. Wir suchen nach theoretischen Grundlagen interkulturellen Vergleichs. Den theoretischen Rahmen dafür stellen Konstitutionstheorien dar, also Theorien die auf die Prozesse der Selbstkonstitution sozialer Ordnung zielen. Kultur interessiert in diesem Kontext aufgrund der ihr eigenen Variationsfähigkeit und Selektivität bezüglich des Denkens, Handelns und Fühlens der Akteure. Durch den Kulturvergleich hoffen wir also Mechanismen der Selbstkonstitution sozialer Realität zu entdecken. Indem wir jedoch der »Kultur« eine Rolle in diesem Prozess zuweisen, gehen wir bereits von einer Annahme aus, die auf bestimmten Vorstellungen über die Konstitution von Gesellschaften beruht. Unsere Suche ist also zirkulär. Dies ist weder verwunderlich noch verwerflich. Der hermeneutische Zirkel ist nicht aufzuheben und alle philosophisch logischen Versuche dies zu tun, bleiben als das Denken des Denkens in ihm verhaftet.

Im Bereich des Kulturvergleichs nimmt die Wahrnehmung dieser nichtaufhebbaren Zirkularität häufig die Gestalt des Vorwurfs einer Nostrifizierung (Matthes 1992) des Fremden an, d. h. einer Überführung des Unvertrauten ins Vertraute, durch die die Authentizität des Fremden verschwindet und durch Eigenkonstrukte ersetzt wird. In seiner Konsequenz mündet dieser Vorwurf in einen radikalen Relativismus ein, der eine sinnvolle theoretische Möglichkeit eines Kulturvergleichs negieren möchte. Will man jedoch aus nachvollziehbaren Gründen auf Kulturvergleiche trotzdem nicht verzichten, muss man versuchen, die aufgezeigte Zirkularität zu unterbrechen. Nicht indem man sich der Illusion hingibt, sie aufzuheben, sondern indem man, um mit Luhmann (1990, 79 ff.) zu sprechen, in den Zirkel des Vergleichens Unterscheidungen einführt, die es möglich machen, sein Prozessieren zu beobachten. Angesichts der uns nun bekannten Gefahr der Nostrifizierung müssen diese Unterscheidungen behutsam aufgesucht werden. Es gibt sicher mehrere wohlbegründete Möglichkeiten derartige Unterscheidungen einzuführen. Ich möchte hier einen Weg vorstellen, den ich für aussichtsreich halte, weil er die Ebene theoretischen Beobachtens mit Implikationen des zu beobachtenden Gegenstands verbindet und sich daher zur Reflexion des Zirkelgeschehens gut eignet.

Eingangs soll die methodologische Besonderheit des phänomenologischen Zugangs festgehalten werden. Die Unterscheidungen und Kategorien der Wirklichkeitsbeschreibung, die der phänomenologische Ansatz verwendet, sind keine rein »theoretischen«. Um sie zu gewinnen, bedarf es natürlich einer theoretischen Distanz zum Gegenstand und einer Reflexion, die eine Beobachtung zweiten Grades erst ermöglichen. Dies war auch der Sinn der Husserlschen »epoché« – d. h. einer theoretischen Einstellung, die es möglich macht, zu beobachten, durch welche Akte des Bewusstseins in der vortheoretischen, »natürlichen« Einstellung des Menschen die »Welt« als eine selbstverständlich geltende sinnvolle Möglichkeit konstituiert wird. Diese Akte stellen aber keine »wissenschaftliche«, theoretisch generierte Struktur und auch kein theoretisches System dar, sondern sind vor jeder Theorie und Wissenschaft die Grundlage sinnvollen menschlichen Weltzugangs, durch den die Gegebenheit der humanen Realität konstituiert wird. Natürlich ist es für eine phänomenologisch orientierte Kulturtheorie und -erforschung nicht notwendig, das Bewusstsein einzelner Personen zu untersuchen. Nichtsdestoweniger zeigt bereits die phänomenologische Bewusstseinsanalyse an, entlang welcher zentraler Dimensionen die Wirklichkeitskonstitution erfolgt, und zwar sowohl im individuellen als auch im sozialen Bereich. Der Kern des phänomenologisch orientierten Verfahrens ist es also, die Mechanismen zu beschreiben, durch die menschliche Realität ausgehend von der »natürlichen Einstellung« des Menschen konstituiert und konstruiert wird. Das Resultat derartiger Konstitutionsprozesse ist »die Lebenswelt«, d. h. jenes »Reich ursprünglicher Evidenz« (Husserl 1962, 130), in dem die Realität dem Menschen schon immer als sinnvoll begegnet. Die Konstitution von »Lebenswelt« kann nun in zwei Richtungen untersucht werden:

Man kann die formalen Strukturen der sinngenerierenden Mechanismen untersuchen, die es möglich machen, dass die lebensweltliche Realität überhaupt mit Bedeutung besetzt ist. Hier geht also die Untersuchung auf die

Konstitutionsprozesse aus, deren Selektivitäts- und Variationsvermögen (Plastizität) Sinn und somit auch sinnhafte Wirklichkeit als solche hervorbringen. Der sinngenerierende Zusammenhang, der sich aus diesen Prozessen ergibt, stellt also eine »formale« Konstitutionsmatrix der sinnvollen Realität dar, die als die konstitutive Struktur der Lebenswelt gelten kann. Da die Lebenswelt schon immer ein Produkt des konkreten Vollzugs derartiger Mechanismen ist, indem die diesen Mechanismen eigene Selektivität und Plastizität je eine historische Form angenommen hat, ist sie – die Lebenswelt – natürlich empirisch nur in Form konkreter Kulturwelten und ihrer unterschiedlichen Kulturformen anzutreffen. In dieser Perspektive kann die konkrete sozio-historische Gestalt der Konstitutionsprozesse untersucht werden, wobei die »Lebensweltstruktur« als der konstitutive Leitfaden der Untersuchung dient. Hier lassen sich die konkreten Deutungsschemata, Semantiken, Diskurse etc., d. h. die historische Gestalt einer Kulturwelt nachvollziehen.

Um einen theoretischen Rahmen für den interkulturellen Vergleich zu erarbeiten, ist es sinnvoll, der ersten Untersuchungsrichtung zu folgen, da die »Lebensweltstruktur« im angezeigten Sinne geeignet ist, als ein *tertium comparationis* zu fungieren. Der erste Annäherungsschritt müsste nun sein, die Gestalt von »Kultur« näher zu bestimmen.

Das erste Gebot der Phänomenologie seit Husserl heißt bekanntlich »zu den Sachen selbst«. Als methodologische Anweisung bedeutet das, vom Phänomen aus zu denken, also jene Charakteristika eines Phänomens zu erfassen, die dafür konstitutiv sind, d. h. ohne welche es seine typische Gestalt gar nicht aufweisen könnte (Husserl 1973, 44 ff.). Ich will nun vorab einige der Charakteristika des Phänomens »Kultur« anführen, deren konstitutive Berechtigung sich im Folgenden erschließen soll.

1. Als Variation bzw. Selektion von Denken, Handeln und Fühlen kann Kultur nur bestehen, wenn sie als Wissen präsent ist. Sie stellt also einen Wissensvorrat und zwar wohl einen kollektiven Wissensvorrat dar.

2. Wissen generiert sich in Prozessen der Interaktion und Kommunikation mit Objekten und anderen, d. h. pragmatisch und diskursiv.

3. Die kollektive Herkunft und die intersubjektive Präsenz des Wissensvorrats setzen seine Objektivierung in Zeichensystemen voraus, deren Kommunizierbarkeit wiederum Medien voraussetzt.

Definiert man »Kultur« als einen kollektiven, semiotisch objektivierten, pragmatisch materialisierten und medial präsent gehaltenen Wissensvorrat, dann wird deutlich, dass die generativen Mechanismen eines solchen Wissens nicht rein sprachlich sein können. Ebenso lassen sich derart komplexe Konstitutionsprozesse selbstverständlich nicht auf Bewusstseinsakte reduzieren; die Konstitution der Lebenswelt qua Kulturwelt kann also nicht nur auf der Bewusstseinsebene abgehandelt werden. Die konstitutiven Mechanismen der Lebensweltstruktur müssen auf mehreren Ebenen aufgesucht werden, die in einem sinngenerativen Zusammenhang miteinander stehen.

Ich möchte nun kurz skizzieren, wie sich die Struktur der Lebenswelt aus dem Zusammenhang der Bewusstsein-, Handlungs- und Kommunikationsakte generiert. Im Anschluss an Schütz werde ich zu zeigen versuchen, dass sich die formale Struktur der Lebenswelt auf konstitutive Mechanismen zurück führen lassen, die unterschiedlichen Ebenen angehören:

1. Es ist zuerst die Ebene subjektiven Sinnkonstitution, d. h. der wirklichkeitskonstituierenden Bewusstseinsakte (Zeitbewusstsein, Intentionalität etc.) und der Leiblichkeit.

2. Zweitens haben wir es mit der zeitlichen, räumlichen und sozialen Struktur des Handlungsfelds zu tun, mit ihren pragmatischen Variationen sowie mit ihrer Aufgliederung in mannigfaltige Sinnschichten/Wirklichkeiten.

3. Drittens handelt es sich um die Ebene der Zeichensysteme, ihrer Struktur und ihrer Realisierung in unterschiedlichen Semantiken und Medien.

4. Letztlich ist es die Ebene der kommunikativen Interaktion und der Diskurse.

Befürworter phänomenologischer Orthodoxie – und seltsamerweise auch Kritiker des phänomenologischen Ansatzes – würden an dieser Stelle wohl einwenden, dass die Aussagen über die auf diesen vier Ebenen wirksamen Mechanismen auch methodologisch auf völlig unterschiedlichen Zugängen beruhen. Man wird einwenden wollen (vgl. etwa Welz 1996), dass die Aussagen auf der Bewusstseinsebene sich auf die transzendentale Evidenz stützen können, also vor jeder Erfahrung gelten müssen, während die Aussagen bezüglich der übrigen Ebenen empirischen Charakters sind. Dazu ist folgendes festzuhalten: Das leitende Prinzip der phänomenologischen Analyse besteht darin, jene konstitutiven Akte eines Phänomens zu beschreiben, ohne welche es in der gegebenen Gestalt nicht erscheinen könnte, d. h. diese Gestalt entweder gar nicht erreichte oder verlieren würde. Den für das Zustandekommen der Gestalt eines Phänomens notwendigen Zusammenhang seiner konstitutiven Akte möchte ich hier – im Anschluss an Husserls Begriff der polythetischen Akte (Husserl 1952, § 118 f.) – seinen »sinngenerativen« Zusammenhang nennen. Der sinngenerative Zusammenhang dessen, was wir als »Kultur« bezeichnen, vollzieht sich nun im Zusammenhang der vier genannten Ebenen, die in der phänomenologischen Perspektive sichtbar werden.

In der phänomenologischen Tradition wurden die einzelnen Komponenten des sinngenerativen Zusammenhangs von Lebenswelt qua Kulturwelt häufig dargestellt (Husserl 1962; Schütz 2004; Berger/Luckmann 1970; Schütz/Luckmann 1975, 1984; Merleau-Ponty 1966), sodass wir sie hier nur noch zusammenzufügen brauchen. Bevor ich auf seine einzelnen Ebenen näher eingehe, möchte ich zur Orientierung des Lesers eine kurze Synopse vorausgehen lassen. Die Intentionalität des Erlebnisstroms und der ihn tragenden Bewusstseinsakte, durch die wir die Welt wahrnehmen, wäre sozusagen ortlos, wenn Bewusstseinsprozesse nicht per Leib und Leiblichkeit in der Welt verankert wären. Die leiborientierte Erfahrung der Welt geht jedoch auf das Wirken des Leibes in dieser – also auf das Handeln – zurück. Der Anteil des Pragmas – d. h. der Handlungsakte an der Konstitution der Wirklichkeit ist ebenso bedeutungtragend wie jener des Bewusstseins selbst. Wirken in der Welt bedeutet eine Interaktion mit Objekten und mit anderen, wobei letzteres als Kommunikation begriffen werden muss. Handlungen erhalten hiermit nicht nur einen realitätsgenerativen Charakter, sondern auch einen Zeichencharakter, der eine komplexe semiotische Ordnung der nunmehr sozialen Realität nach sich zieht, die sich auf Zeichensysteme und deren mediale Präsenz stützt. Das pragmatisch generierte Wissen, das in Zeichensystemen objektiviert wird, ist anhand seiner Genese immer perspektivisch, da die pragmatischen Relevanzen individueller und kollektiver Akteure unterschiedliche

Gestalt annehmen. Das Resultat davon ist nicht nur eine Vielfalt von Kulturformen, sondern auch eine Form von Wissensproduktion, in der einerseits das Wissen auf Dauer gestellt, andererseits legitimes vom illegitimen Wissen geschieden wird. Die (Macht-)Diskurse, in denen dies geschieht, stellen daher ebenso einen formalen Mechanismus der Lebensweltstruktur dar, in dem die empirische Gestalt einer Kulturwelt generiert wird. Man könnte auch sagen, dass auf dieser Konstitutionsebene die pragmatischen und die semiotischen Mechanismen der Wirklichkeitskonstitution ineinander einrasten. In dieser kurzen Skizze wird die wesentliche Bedeutung des pragmatischen Moments in der lebenswirklichen Realitätskonstruktion deutlich.

Wir können also die Sedimentierung der menschlichen Aktivität im Wissen und die Art der Wissensobjektivierung als die konstitutive Grundlage jeglicher Kulturform betrachten, wobei die häufig bevorzugte sprachliche Objektivierung nur eine der zu betrachtenden Möglichkeiten darstellt. Die Identität als auch die Differenz von Kulturformen resultiert dann aus jenen Mechanismen, die den unterschiedlichen Erlebens- und Handlungsarten, den Interaktionen der Subjekte sowie den unterschiedlichen Praktiken und Medien des Diskurses zugrunde liegen. Wir stoßen also auf eine universalisierbare Charakteristik von Kulturformen und ihres gegenseitigen Verhältnisses, die für den hier vorgestellten Ansatz zum Kulturvergleich von zentraler Bedeutung ist: Die gleichen Mechanismen, durch die alle Kulturformen hervorgebracht werden (Identität), bewirken auch ihre Andersartigkeit (Differenz). Verbinden wir nun diese These mit einer weiteren, die in der Schütz-Nachfolge durch die ethnomethodologgischen Studien Garfinkels auch empirisch belegt wurde (Garfinkel 1967, 33 f.). Sie lautet: Die Praktiken, mit deren Hilfe Menschen eine Situation, ein Sprachspiel hervorbringen und diejenigen, durch welche sie diese Situation/das Sprachspiel verstehen, sind die gleichen. In ihrer Verbindung besagen also die beiden Thesen, dass die menschliche Aktivität, in der die Produktion und die Ausdifferenzierung von Kulturformen verankert sind, auch immer objektivierte Praktiken mitführt, die den Kulturformen einerseits Sinn verleihen und sie andererseits auch gegenseitig verstehbar machen.

Die Frage ist nun, wie die Struktur der Kulturformen, die ihre Identität und Differenz sowie ihre Sinnobjektivierung und ihr Verstehen ermöglicht, beschaffen ist. Formuliert man das Problem konstitutionstheoretisch, so lautet die Frage: Lassen sich konstitutive Mechanismen aufweisen, auf die sowohl die Genese als auch die Ausdifferenzierung von Kulturformen zurückzuführen wären und deren Beschreibung zugleich eine Struktur erkennen ließe, die eine Vergleichsbasis und somit also auch eine Beschreibungssprache für die einzelnen Vergleichsfälle anbieten würde? Ich möchte nun zeigen, dass man für einen solchen konstitutions-theoretischen Zugang die pragmatische Lebenswelttheorie in Anschluss auf Alfred Schütz mit Gewinn heranziehen und weiterentwickeln kann. Ein solcher Vorschlag muss allerdings einigen in der gegenwärtigen Diskussion angeführten Einwänden begegnen. Vier davon scheinen mir die schwerwiegendsten zu sein:

1. Schütz' Ansatz sei im Prinzip bewusstseinsphilosophisch und erreicht die pragmatisch-kommunikative Ebene der Konstitution der sozialen Wirklichkeit nicht (Habermas 1981, II 189 ff.).

2. Dem Konzept der Lebenswelt läge die Vorstellung einer durch Homogenität, Identität und Integration geprägten Kulturwelt zugrunde, in der die Differenz von Kulturformen nicht fassbar ist (Habermas 1981, II 189 ff; Straub 2000, 71 ff.).

3. Der phänomenologische Ansatz nötige dazu, die über die Struktur der Lebenswelt gemachten Aussagen auf der Ebene einer Protosoziologie qua Protowissenschaft zu halten und biete keinen Anschluss für die Resultate empirischer Wissenschaften (vgl. diesbezügliche Warnungen von Luckmann 1979; 1999).

4. Die Struktur der Lebenswelt könne keinen Anspruch auf eine allgemeine Geltung erheben, da es sich um eine ethnozentrische Konstruktion handelt, die keine adäquate Konstitution des Fremden erlaubt (Straub/Shimada 1999; Matthes 1992, 1999).

Um diese Einwände zu entkräften, wird insbesondere Folgendes zu zeigen sein:

1. Die Analyse der Strukturen der Lebenswelt enthüllt Mechanismen, die sowohl die Generierung als auch die Differenzierung einzelner Kulturformen zeitigen. Kulturformen können in diesem Sinne als Fälle der Lebensweltstruktur gelten.

2. Es sind diese Mechanismen, die eine adäquate Rekonstruktion der Fremdheit Andersartigkeit von Kulturformen und somit auch ihr Verstehen ermöglichen.

3. Die formale Struktur der Lebenswelt eignet sich dazu, eine Beschreibungssprache für den Kulturvergleich im Sinne eines nicht nostrifizierenden *tertium comparationis* abzugeben.

4. Diese Konzeption ist anschlussfähig an die Ergebnisse empirischer Wissenschaften.

II. Grundzüge der pragmatischen Lebenswelttheorie

Die pragmatische Konstitutionstheorie der Lebenswelt verfolgt zwei miteinander verzahnte Ziele. Sie will erstens handlungstheoretisch zeigen, wie die Konstitution sozialer Wirklichkeit mit ihrer intersubjektiven, durch Typik und Relevanz strukturierten Sinnstruktur in Bewusstseins-, Handlungs- und Kommunikationsakten erfolgt. Zweitens will sie die Struktur und die mannigfaltige Aufschichtung der Lebenswelt beschreiben, die aus den erfassten Konstitutionsprozessen resultieren. Durch diese Ziele fasst sie also das Problem der Einheit der Lebenswelt und der Differenz von Kulturformen ins Auge und macht es behandelbar.

Ich möchte nun auf die einzelnen Momente des sinngenerativen Zusammenhangs näher eingehen, die wir bereits als die konstitutiven Ebenen der Lebenswelt als Kulturwelt ausgemacht haben. Dabei wird zu zeigen sein, dass unsere zentrale These, nach der die allgemeinen Mechanismen der Kulturkonstitution auch die Varietät der Kulturformen hervorbringen, für alle der diskutierten Ebenen zutrifft.

1. Bewusstsein und Leiblichkeit

Der humane Weltzugang, dessen Resultat »Kultur« als semantisch objektiviertes und pragmatisch materialisiertes Wissen ist, setzt Bewusstsein in seiner Dynamik und Plastizität voraus. Die interaktive und kommunikative Prägung des Bewusstseins und seiner Akte, auf der die Mannigfaltigkeit von Kulturformen beruht, wäre nicht möglich, ohne seine beschreibbare Grundstruktur, auf die die Phänomenologie Husserls zielte. Selbst wenn wir also ein soziales, kollektives Phänomen wie »Kultur« im Auge haben, dürfen wir die sinngebenden Prozesse des Bewusstseins nicht ignorieren. Im Anschluss an Husserls Analysen (1973, 1962, 1952, 1966) lassen sich folgende sinn- und wirklichkeitskonstituierende Mechanismen des Bewusstseins ausmachen, die für die Lebensweltstruktur in unserem Sinne ausschlaggebend sind:

Es ist in erster Linie die Temporalität der intentionalen Akte, in welchen das Bewusstsein unsere »Realität« konstituiert, auf welche die Plastizität des Bewusstseins und der Konstruktionscharakter seiner Korrelate zurückgehen. Objekte des Bewusstseins, deren einzelne wahrgenommene Momente in der Zeit durch die Bewusstseinsakte zu einer Synthesis – zu einem Objekterlebnis – gebracht werden, sind Zeitobjekte, deren Sinn bereits aus diesem Grunde wandelbar ist. Als Erlebnisse haben Bewusstseinsgehalte immer schon eine noetisch/noematische Doppelstruktur, d. h. sie enthalten ein inhaltliches Korrelat und darüber hinaus die spezifische Art und Weise, in der sich der intentionale Bewusstseinsakt diesem Korrelat zuwendet. In Verbindung mit der Temporalität des Bewusstseinsstromes ergibt dies eine Plastizität und Dynamik des Sinnkonstitutionsprozesses, aufgrund welcher sich die sinngebenden Erfahrungsstrukturen nicht nur an Hand der Eigentemporalität des Bewusstseinsstroms, sondern auch durch die Interaktions- und Kommunikationsprozesse, in die sie eingebettet sind, wandeln können. Der Grad der Reflexivität einer solchen Erfahrungsbildung ist dann auf einer »Skala« ablesbar, die von der Spontaneität synthetische Akte bis zu Formen »strategischer Interaktion« reichen kann.

Eine weitere Form sinnbildender Intentionalität der Bewusstseinsakte, die in unserem Kontext von eminenter Bedeutung ist, stellt die Appräsentation dar, d. h. das Vermögen, Präsentes mit Abwesendem bzw. nicht unmittelbar Wahrnehmbarem zu einer typischen Erfahrungsstruktur zu verbinden. Auf einfachster Ebene ermöglicht die Appräsentation etwa die sinnvolle Konstitution dreidimensionaler Objekte in der Wahrnehmung der Außenwelt. Sie stellt jedoch auch die Voraussetzung für die »symbolische Funktion« des Bewusstsein, d. h. für die Semiosis als den Prozess der Realitätskonstitution durch Bildung und Verwendung von Zeichen.

Die dem Subjekt zufallenden sinnkonstituierenden Akte sind nicht nur auf Bewusstseinsakte beschränkt. Die Lebenswelt als Korrelat dieser Akte ist nicht nur die eines bewussten, sondern auch die eines leiblichen Subjekts. Der Leib und der leibliche Weltzugang spielen in dem Sinnkonstitutionsprozess eine ebenso wesentliche Rolle, wie das Bewusstsein selbst. Die Leiblichkeit vermittelt zwischen der Innen- und Außenwelt des Subjekts und trägt so ein »Moment der Wirklichkeitsgarantie« in sich. Der Leib ist auch das Zentrum des Raumerlebens, er ist der ultimative Ort des je Eigenen, das sich im evidenten Erleben vom außerweltlich Fremden abhebt. Man kann vielleicht annehmen, die Gedanken des Anderen mitdenken zu können. Man kann aber nicht die Berührung fremden Körpers mit der reflexiven Kinästhese der Selbstberührung verwechseln.

Die in der phänomenologischen Tradition herausgearbeitete realitäts- und identitätsbildende Funktion der Leiblichkeit (Merleau-Ponty 1966) hat eine Reihe kulturbildender Implikationen: Der Leib als sinnbildende Schnittstelle des Subjekts zur Außenwelt ist sowohl das Medium des Wirkens in der Welt, als auch jenes, durch welche »Welt« auf das Subjekt einwirkt. Phänomene der Macht (Foucault 1977), sowie der Interaktion und Kommunikation generell, sind an die Leiblichkeit des Subjekts gebunden und stellen zugleich die kulturellen Prozesse der Formbarkeit des Leibes dar. Die Materialität des Leibes bestimmt dabei die Struktur des Handlungsfeldes, der Semiosis und des Relevanzsystems mit. In diesem Sinne gehört der Leib zu einem der prägenden Momente der Lebensweltstruktur.

So wie es im Falle der Bewusstseinsakte möglich war, den Grad ihrer Reflexivität zu unterscheiden, lassen sich im Falle der Leiblichkeit Stufen der Ablösung der ursprünglich leibgebundenen sinngebenden Funktionen von dem »Medium« Leib unterscheiden, die mit der Herausbildung funktional äquivalenter medialer Träger (etwa der Schrift) einhergehen. In diesem Prozess wird die identitäts- und wirklichkeitsbildende Funktion des Leibes zu einer unter vielen anderen.

Wir sehen also, dass die phänomenologische Analyse der sinnkonstituierenden Akte des Subjekts im Kontext einer Theorie des Kulturvergleichs kein Selbstzweck ist. Zum einen lassen sich bereits hier Dimensionen der Wirklichkeitskonstruktion ausmachen, die für den sinngenerativen Zusammenhang der Lebensweltstruktur prägend sind. Zeitlichkeit, Räumlichkeit und die Zeichenfähigkeit des menschlichen Weltzugangs sind bereits hier verankert. Zum anderen sind diese Analysen von eminenter Bedeutung, denn sie führen direkt zum Thema von Identität und Differenz. Auf der einen Seite können die phänomenologisch aufgewiesenen sinnkonstituierten Bewusstseinsakte als Grundlage des menschlichen Weltzugangs schlechthin gelten: Intentionalität des Erlebens sowie ihre appräsentative d. h. symbolische Funktion, Temporalität des Bewusstseins und die sinngebende Rolle der Leiblichkeit sind Merkmale, deren Beschreibung Husserl und im Anschluss an ihn auch Schütz möglicherweise in einem eurozentrischen Sprachspiel vornehmen; als Bewusstseinsakte, die der Realitätsgeltung zu Grunde liegen, werden sie jedoch schwerlich auszuschalten sein. Andererseits sind es jedoch gerade diese Akte, die die Konstruiertheit der Realität und somit die Differenzen der Weltsicht mitbedingen. Die Plastizität und Reflexivität des Bewusstseins, auf die die Varietät der Kulturformen mit zurückgeht, liegen je in diesen Akten begründet.

2. Handlung, Materialität des Gegenstands, Kommunikation

Um allerdings die Konstitutions- und Differenzierungsmechanismen der Lebenswelt zu klären, reicht es nicht aus, die Ebene des Bewusstseins und der Leiblichkeit zu betrachten. Schütz (2004, 337 ff.) überschreitet diese Grenze, indem er der Analyse der Bewusstseinsakte die Untersuchung der Konstitution von Realität in den Akten des Wirkens hinzufügt, unter dem er das objektgerichtete sowie soziale Handeln, d. h. die Interaktion und Kommunikation versteht. Im Be-handeln der Objekte sowie in der Kommunikation mit Anderen konstituiert sich das Wissen des Wissensvorrats. Zugleich werden diese Prozesse als Interaktionen leiblicher Subjekte verstanden, in welchen sich die Struktur des alltäglichen Handlungsfeldes herausbildet. Die Notwendigkeit der zeitlichen, räumlichen und sozialen Koordinierung des Handelns verleiht dieser Struktur ihre prägenden drei Dimensionen.

In der Analyse der kommunikativen Akte liegt auch die Lösung des Intersubjektivitätsproblems, d. h. der Frage nach dem Fremdverstehen. Schütz geht davon aus, dass eine intersubjektive Koordinierung von zwei Erlebnisströmen dialogisch in den Akten der Wirkensbeziehung möglich ist. Darunter versteht er eine soziale Beziehung, in der der Sinn einer Handlung darin besteht, eine

Reaktion des anderen hervorzurufen (Schütz 2004, 291 ff.). Handlungen erhalten also hier einen Zeichencharakter, der allerdings nicht unmittelbar die Bewusstseinszustände des anderen indiziert, sondern vielmehr auf den Kontext der zeitlich situativen Realisierung des Handelns verweist. Dazu gehört, dass der subjektive Handlungssinn seine Modifikation durch die Reaktion des anderen erfährt. Auf diese Weise entstehen kommunikative Modifikationen des subjektiven Bewusstseins und seiner Erfahrungsschemata, die von der Plastizität der Bewusstseinsakte prinzipiell ermöglicht werden. Damit klärt sich also das Paradox, das dem Fremdverstehen anhaftet: Wie soll die Auslegung des Fremden adäquat sein, wenn es doch in der Selbstauslegung im Rückgriff auf das Eigene erfolgt? Mit Schütz lässt sich zeigen, dass die Plastizität des Bewusstseins und kommunikative Konstruktion intersubjektiven Wissens dazu führen, dass die Selbstauslegung auf soziale Konstrukte zurückgreift.

Die Handlungsabhängigkeit der subjektiven sowie der kollektiven Wissensvorräte führt zu der Annahme, dass es die pragmatische Relevanz d. h. die handlungsgeleitete Zuwendung zur Wirklichkeit ist (Schütz 2003, 135 f., 182 ff.; Srubar 1988, 132 ff.), die einerseits die allgemeine Form der Lebensweltstruktur bestimmt, andererseits jedoch die Typik- und Relevanzstrukturen der jeweiligen Kulturformen prägt und auch differenziert. In der pragmatischen Relevanz begegnet uns also ein konstitutiver Mechanismus der Lebenswelt, der einerseits als für alle alltäglichen Kulturformen identisch angesetzt werden kann, der jedoch in seinem Vollzug immer zu andersartigen, d. h. zu zeit-, raum- und gruppenbezogenen Realitätskonstruktionen führt. Da uns die Lebenswelt immer nur im Vollzug der sie realisierenden Praxis begegnet, begegnet sie uns auch immer in Form von mannigfaltigen Kulturformen. Aufgrund der pragmatischen Relevanz ist also die Lebenswelt als Kulturwelt immer in eine Vielfalt heterogener Wirklichkeiten gegliedert, die sich gegenseitig transzendieren und gegenseitig »unvertraut« sein können.

Damit kommen wir zu der Frage, ob die Lebenswelt letztendlich doch nicht als ein homogener Kulturraum begriffen wird, innerhalb dessen das kommunikativ sozialisierte Ego auf ein einheitlich intersubjektiv geteiltes Wissen zurückgreift. Ist nicht in einem so konzipierten Modell das Fremde in der Vertrautheit des kollektiven Wissensvorrats prinzipiell aufgehoben, so dass der Ansatz für die Klärung des Verhältnisses zwischen eigenen und fremden Kulturformen wenig taugt? Geht man nunmehr von der pragmatischen Genese der lebensweltlichen Realität aus, dann kann gezeigt werden, dass »Fremdheit« zu den ureigensten lebensweltlichen Erfahrungen gehört. Diese ist in der pragmatisch bedingten Perspektivität des Wirklichkeitszugangs verankert, durch die die Lebenswelt immer in mehrere Realitätsbereiche aufgegliedert ist, die im Verhältnis einer zeitlichen, räumlichen bzw. sozialen Transzendenz sowie der Vertrautheit/Unvertrautheit zueinander stehen. Dabei handelt es sich nicht nur um die Transzendenz von Außeralltäglichem dem Alltagsbereich gegenüber, auch der Alltagskern der Lebenswelt ist von Transzendenzverhältnissen umfassend geprägt (Schütz/Luckmann 1984, 139 ff.). Bereits das Erleben der Differenz zwischen Bewusstsein und der Außenwelt bzw. der Temporalität meines Wissens, meiner Biographie sowie meiner Welt, das Wissen darum, dass mein Wissensvorrat sich auf Typen stützt, die als Konstrukte nicht »wirklich« zuzutreffen brauchen, lassen die Transzendenzerfahrung und die damit verbundene Evidenz der innerhalb der Lebenswelt anwesenden Fremdheit allgegenwärtig aufkommen. Die Transzendenz des Anderen und seine prinzipielle Unerreichbarkeit, sowie die schon erwähnte Transzendenz des Außeralltäglichen, die auch den Alltag anderer einschließt, stellen weitere in die Lebensweltstruktur eingelassene allgegenwärtige Quellen der Unvertrautheit/Fremdheit dar. Es wird also deutlich, dass diese mannigfaltigen Realitätsbereiche einer Lebenswelt keineswegs harmonisch homogen und widerspruchsfrei miteinander verbunden sind, sondern dass die Erfahrung ihrer Differenz und gegenseitiger Fremdheit der relativ natürlichen Einstellung des Menschen wesentlich angehört. Das existential Fremde, dessen Evidenz mit der Transzendenzerfahrung einhergeht, lässt sich aus der Struktur der Lebenswelt nicht tilgen. Wir können dieses Moment des Fremden und des Nichtidentischen zwar durch die Anstrengungen des pragmatischen Handelns für einen Moment bannen, aus unserem lebensweltlichen Erfahrungshorizont löschen können wir es aber nicht (Schütz 2003, 205; Schütz/Luckmann 1984, 173 ff.; Srubar 2003a[8]).

Als Fazit unserer Betrachtung der Handlungsebene des sinngenerativen Zusammenhangs der Lebenswelt können wir also festhalten: Der aus der pragmatischen Konstitution der Lebenswelt resultierende Mechanismus der

---

[8] In diesem Band S. 91 ff.

pragmatischen Relevanz stellt einerseits eine allgemeine sinnkonstituierende Struktur dar, auf der anderen Seite bringt er durch seinen Vollzug eine Ausdifferenzierung der Lebenswelt in unterschiedliche, sich gegenseitig transzendierende Lebensweltbereiche hervor.

3. Zeichensysteme, Sprache, Semantiken, Medien

Welche konstitutive Rolle spielt nun die Transzendenzerfahrung als Fremdheitserfahrung für die Struktur der Lebenswelt? Aus der Anlage der pragmatischen Konstitutionstheorie der Lebenswelt wurde bereits deutlich, dass die Betrachtung des sinngenerativen Mechanismus der Lebenswelt nicht erst auf der Ebene der Semiosis ansetzen kann, sondern von den tieferliegenden Ebenen des Bewusstseins, der Leiblichkeit und des Handelns ausgehen muss. Daraus resultiert, dass im Rahmen eines mit der pragmatischen Lebenswelttheorie kompatiblen Kulturkonzepts »Kultur« nicht rein semiotisch, d. h. nicht nur als Text begriffen werden kann. Vielmehr wird klar, dass bereits durch die sinnkonstituierenden Akte des Bewusstsein, des Leibes und des Handelns sinnhafte Erfahrungsstrukturen entstehen, die auf nichtsprachliche bzw. asemiotische Konstitutionsmechanismen zurückgehen. Man könnte hier gar von einer »asemiotischen« Kommunikation sprechen, wenn man Phänomene unmittelbaren leiblichen Kontakts wie Gewalt, Pflege, Sexualität etc. bedenkt. Dies führt in der phänomenologischen Tradition (Luckmann 1999; Husserl 1962) zu der Entscheidung, den Sinnkonstitutionsprozess in eine »transzendentale« primäre Sphäre der bewusstseins- und leibgestützten Sinnkonstitution und in eine »empirische« Sphäre der sozial-kommunikativen Konstruktion einzuteilen. Von der semiotischen Seite der Betrachtung wurde dagegen argumentiert (Lévi-Strauss 1949, 1967), dass die bewusstseinsmäßigen, leiblichen, pragmatischen Handlungs- und Erfahrungsschemata erst dann als »kulturell« gelten können, wenn sie die Qualität des Zeichens erreichen. In der Sicht der hier angebotenen pragmatischen Lebensweltheorie wurde deutlich, dass es zweifelsohne eine vorsprachliche – d. h. kognitive und pragmatische – Sinn- und Wissenskonstitution seitens des Subjekts gibt, dass jedoch andererseits bereits diese sinnkonstitutiven Ebenen Momente und Voraussetzungen semiotischer Sinnkonstitution enthalten. Dazu gehören vor allen Dingen die appräsentativen Akte des Bewusstseins sowie die pragmatisch erzeugte Transzendenzerfahrung. Letztere ist mit einer humanen Praxis verbunden, die offensichtlich kulturübergreifend zur Überwindung der zeitlichen, räumlichen und sozialen Transzendenzen verwendet wird – nämlich mit der Kommunikation und der Entwicklung von Zeichensystemen. Wir haben gesehen, dass die Möglichkeit der Zeichenbildung einerseits an die appräsentative Funktion des Bewusstseins gebunden ist, andererseits jedoch an pragmatische, das Wissen objektivierende, koordinierend-kommunikative Prozesse. Zeichensysteme sind so nicht nur als semiotische und semantische Systeme zu denken, sondern sie sind immer auch mit ihrer medialen Verwirklichung (Schriftarten, Kunst, Musik, Architektur etc.) verbunden.

Die für diesen Zweck von Schütz entworfene Zeichentheorie versucht dieser Mehrschichtigkeit der Zeichenfunktion Rechnung zu tragen. Schütz' Ansatz geht über die traditionelle Saussure'sche Zeichenstruktur von *signifiant/signifié* (Saussure 1967), indem er zwei weitere Momente hinzufügt, die für die sinnbildende Funktion von Zeichensystem unverzichtbar sind. Zu einem Zeichensystem gehört für Schütz immer auch eine »materiale Ebene«, die er mit dem Begriff des Apperzeptionsschema belegt. Dies ist die Ebene der materialen Träger der Zeichensysteme, d. h. der Artefakte, die als Zeichen in Frage kommen, bzw. diese transportieren. Für die sinnbildende Funktion von Zeichensystemen ist somit immer auch die materiale Ebene des Mediums mitbestimmend, durch welches die Zeichenbedeutung verwirklicht bzw. »transportiert« wird. Ist einerseits die Materialität von Zeichen eine allgemeine Bedingung der Semiosis, so stellen die Unterschiede in medialer Verwirklichung von Zeichensystemen auch Unterschiede zwischen Kulturformen dar. Eine weitere wesentliche Schütz'sche Erweiterung der sinngebenden Zeichenstruktur besteht in der Erkenntnis, dass es einer Instanz bedarf, durch die die semantischen Werte eines Zeichensystems (also die inhaltlichen Zuordnungen von *signifiant/signifié*) relativ konstant gehalten werden. Diese Konstanz wohnt nicht dem semantischen Wert des Zeichens selbst inne, sondern stellt eine selbständige Ebene des Zeichensystems dar, die Schütz mit »allgemeinem Deutungsschema« bezeichnet. Dieses hat etwa die pragmatische Funktion des »Interpretanten« (Peirce 1986), durch die der sinngebende Zeichenkontext festgelegt und (relativ) auf Dauer gestellt wird.

Nun könnte es scheinen, als sei diese Konstruktion zu statisch. Bedeutet sie nicht, dass Zeichensysteme als Sinnklammer der Lebenswelt doch die pragmatisch generierte Heterogenität der Wirklichkeit einer Kulturwelt homogenisieren – wie sich das etwa Lévi-Strauss vorstellte? Dieser Tendenz wirkt die von der ursprünglichen Schütz'schen Zeichentheorie abzuleitende Kreativität der semiotischen Sinnkonstitution entgegen. Exemplarisch lässt sie sich im Rahmen des von uns verfolgten sinngenerativen Zusammenhangs auf der Ebene der Sprache sowie auf der Ebene der symbolischen Zeichenverwendung darstellen. Das Zeichensystem der Sprache spielt natürlich eine prominente Rolle im Prozess der kulturellen Sinnbildung, und zwar sowohl im Sinne von »la langue« als auch im Sinne von »la parole«. Da nun Sprache pragmatisch gebraucht wird, folgt ihre semantische Gliederung der Handlungsperspektivität ihrer Anwender/Erzeuger. Insofern reproduzieren sie die pragmatisch ausdifferenzierte Aufgliederung der Lebenswelt in ihrer zeitlichen räumlichen und sozialen Dimension, die somit auch ein konstitutiver Bestandteil der Sprache und der von ihr getragenen Semantiken wird (Srubar 2003b)[9]. Der semiotische Charakter der Lebensweltstruktur verweist neben dem diskursiven auch auf den pragmatischen Ursprung ihrer Inhalte. Das erste Moment der Heterogenisierung der Sprache und der Zeichensysteme im allgemeinen besteht so in ihrer pragmatischen Herkunft.

Neben der pragmatischen Dimension der kreativen Sinnbildung durch Zeichensysteme lässt die Schütz'sche Zeichentheorie allerdings auch kreative Mechanismen erkennen, die in der Struktur des Zeichensystems selbst verankert sind. In seiner Analyse des symbolischen Zeichengebrauchs zeigt Schütz den Prozess der Sinnverschiebung/-bildung durch außeralltäglichen Gebrauch alltäglicher Zeichensysteme, etwa der Sprache. Durch diese Verschiebung erhält das alltägliche Zeichen die Position des Signifikanten, während die des Signifikats sich ändert und auf eine außeralltägliche religiöse, künstlerische, wissenschaftliche oder sonst eine alltagstranszendente Wirklichkeit verweist. Selbstverständlich können derartige Verschiebungsprozesse auch innerhalb des alltäglichen Zeichengebrauchs erfolgen. Die hier aufscheinenden Mechanismen der kreativen Verfremdung und Sinnverschiebung von Zeichen erlauben es, die Dynamik der semiotischen Sinnkonstitution nachzuverfolgen und nehmen

---

[9] Jetzt in diesem Band S. 11 ff.

die berühmte Barthes'sche Analyse der Bildung von Alltagsmythen (Barthes 2001) vorweg.

Die Schütz'sche Zeichentheorie ist also differenziert und dynamisch genug, um die Genese und den gegenseitigen Bezug heterogener Sinnbereiche zu erfassen. In ihrer erweiternden Sicht erscheinen Zeichensysteme einerseits als eine Sinnklammer der mannigfaltigen Realitätsschichten der Lebenswelt. Andererseits aber sind sie es auch, die die Ausdifferenzierung der lebensweltlichen Sinnbereiche tragen.

Auch auf der semiotischen Ebene des sinngenerativen Zusammenhangs der Lebensweltstruktur lässt sich also einerseits in Gestalt der appräsentativen Struktur von Zeichensystemen ein allgemeiner Mechanismus aufzeigen, der als Voraussetzung für die Sinnbildung durch Semiosis gelten kann. Die Verzahnung der semiotischen Ebene mit der kognitiv-leiblichen und der pragmatischen Sinnkonstitution bewirkt und begründet, dass wir sowohl in der formalen Struktur der Zeichensysteme als auch in der von ihnen getragenen semantischen Sinnstruktur der Lebenswelt auf allgemeine Charakteristika stoßen (Srubar 2003b). So lassen sich anhand der pragmatischen Relevanz der Sinnkonstitution auf der semantischen Ebene der Lebenswelt taxonomische Benennungssysteme erwarten, ebenso wie wir in allen Kulturformen Sozialsemantiken der Inklusion und Exklusion sowie Zeit- und Raumsemantiken zu erwarten haben. Andererseits setzt die in der Selektivität und im Konstruktionscharakter »eingebaute« Kreativität der Zeichensysteme im Zusammenhang mit ihrem pragmatischen Gebrauch eine Dynamik frei, auf die die Vielfalt der semantischen Selbstbeschreibungen zurückgehen, durch die unterschiedliche Kulturformen gekennzeichnet werden. Auch hier lassen sich also mit Hilfe der pragmatischen Lebenstheorie allgemeine Strukturen von Kulturformen aufzeigen, ohne dass ihre Heterogenität und der transzendente Fremdheitscharakter ihrer Semantiken verwischt würde.

4. Diskurse

Folgt man der Schütz'schen Zeichentheorie, so ist die Bedeutung eines Zeichens von Kontexten abhängig, die als das allgemeine Deutungsschema eines Zeichensystems die semantischen Werte seiner Elemente relativ konstant halten. Aufgrund der pragmatischen Ausdifferenzierung der lebensweltlichen Wirklichkeiten und ihrer entsprechenden Wissenssysteme (Sinnprovinzen), gehört es zur Struktur der Lebenswelt, dass mehrere solche allgemeine Deutungsschemata nebeneinander bestehen. Sie können parallel zueinander gelten, häufig treten sie jedoch miteinander in Konkurrenz bzw. in Konflikt (Berger/Luckmann 1970, 112 ff.). Soziale Prozesse, die aus dieser Dynamik resultieren und in welchen eine selektive Unterscheidung etwa zwischen legitimem und illegitimem Wissen, bzw. zwischen Ortho- und Heterodoxie erfolgt, gehören dann ebenso zu sinngenerativen Zusammenhängen der Lebenswelt, denn sie resultieren aus dem pragmatischen und semiotischen Charakter dieser Struktur. Sie machen die diskursive Ebene des sinngenerativen Zusammenhangs der Lebensweltstruktur aus. Die soziale Formbarkeit der kognitiven Sinnbildung und ihre leibliche Verankerung statten diese diskursiven Prozesse mit einem Moment der Macht aus, der an unterschiedlichen Ebenen und Knotenpunkten des sinngenerativen Zusammenhangs ansetzen und etwa als normativer Zwang, Gewalt, Herrschaft, mediale Wirklichkeitsdefinition etc. auftreten kann. In diesem Sinn, wie Berger/Luckmann Jahre vor Foucault festhalten, kann die Polizei zur wesentlichen Stütze von Philosophie werden.

Man kann also argumentieren, dass auch die sinngenerativen Mechanismen dieser Ebene unsere Hauptthese stützen: Der allgemein feststellbare diskursive Charakter der lebensweltlichen Wirklichkeitskonstruktion ist zugleich die Quelle der Mannigfaltigkeit der Realisierung der Lebenswelt als Kulturwelt. Zugleich erlaubt es die Betrachtung der diskursiven Dimension des sinngenerativen Zusammenhangs »Kulturformen« nach dem Reflexionsgrad zu unterscheiden, da die Semantiken der Selbstbeschreibung, die einer Kulturform innewohnen, den Grad der gesellschaftlichen Einsicht in den diskursiven Charakter von Wissensbildung deutlich machen. Man kann dann untersuchen, inwiefern Gesellschaften »erkennen«, dass sie Wissenskonstrukte sind und wie sie versuchen, dieses Wissen zu nutzen und zu instrumetalisieren.

Wir haben bisher die grundlegenden Ebenen des sinngenerativen Zusammenhangs der Lebensweltstruktur dargestellt und haben nun seine allgemeine Gestalt vor Augen. Wir können ihn daher als den Zusammenhang der Bewusstseins-, Handlungs- und kommunikativen Akte bestimmen, der den menschlichen Weltzugang kennzeichnet, und in dessen konkreten Vollzug die Autogenese sinnstrukturierter sozialer Wirklichkeit erfolgt – einer Kulturwelt eben.

III. Bedeutung der pragmatischen Lebenswelttheorie für die Praxis des Kulturvergleichs

Vor dem Hintergrund des oben skizzierten sinngenerativen Zusammenhangs der Lebenswelt können wir in unserer Untersuchung einen Schritt weiter gehen und fragen, welche Mittel uns der dargestellte Ansatz für die Rekonstruktion von Kulturformen, zumal von fremden, an die Hand gibt. Die entscheidende Frage ist hier, ob die begrifflichen Mittel des fraglichen Ansatzes es erlauben, das »Fremde« einer Kulturform adäquat zu rekonstruieren, um sie zum Gegenstand eines Vergleichs zu machen. Um eine solche Adäquanz zu erreichen, ist zuerst der Nachweis zu führen, dass die Rekonstruktion nicht ethnozentrisch ist, d. h. nicht die Ordnung und die Normalität der eigenen Kulturform dem Fremden überstülpt. Diese Forderung ist homolog mit dem bereits klassischen Postulat der Adäquanz, die Schütz und mit ihm die interpretative Soziologie für die Methodologie der Sozialwissenschaften aufstellten. Adäquat sind wissenschaftliche Typisierungen gemäß dieser Forderung dann, wenn die durch sie aufgestellten Konstrukte auch für den darin angenommenen alltäglich Handelnden nachvollziehbar und verständlich wären. Auf die Ebene der Kulturformen übertragen hieße das, dass sie dann adäquat rekonstruiert sind, wenn ein innerhalb der betroffenen kulturellen Lebensform kompetent Handelnder diese Rekonstruktion auch verstehen könnte (Schütz 1971, 51).

Das alltägliche Verstehen ist seitens der Akteure an die Struktur des alltäglichen Handlungsfeldes und die damit verbundenen konstitutiven Akte und Annahmen gebunden, die wir als die Struktur der Lebenswelt beschreiben. Dies zu zeigen ist ja der Sinn der pragmatischen Lebenswelttheorie. Diesen Annahmen folgend, geht der Handelnde in der relativ natürlichen Einstellung in bezug auf fremde Wissenssysteme davon aus, dass diese von Menschen in einer pragmatischen Absicht erzeugt wurden innerhalb einer zeitlich, räumlich und sozial strukturierten Situation, dass sie also dem pragmatischen Relevanzprinzip folgten, aufgrund dessen allerdings auch erwartbar ist, dass die Sicht des Partners von der des Beobachters immer abweicht. In Bezug auf den Anderen gilt so auf Abruf die Annahme einer teilweisen Deckung der Relevanzsysteme. Hier ist allerdings zu unterscheiden zwischen verschiedenen Stufen dieser Deckung bzw. zwischen den Graden der zu erwartenden Erfüllung dieser alltäglichen Annahme. Die allgemeinste Gestalt dieser Erwartung, die ich die

»anthropologische Intersubjektivität« nennen möchte, enthält die Zuordnung des Gegenüber zu dem Typus »Mitmensch«. Sie schlägt sich nieder in den Annahmen, die mit der Vertauschbarkeit der Standorte verbunden sind und die von einer vergleichbaren humanen Sinnes-, Sprach- und Handlungsausstattung ausgehen. Die zweite Stufe der Reziprozitätserwartung, deren Erfüllung bereits eine interaktive Beziehung voraussetzt, stellt die »soziale Intersubjektivität« dar, also ein typisches Wissen, das mich soziale Beziehungen und Handlungen in ihrer einfachen Form erkennen/erwarten lässt (Kommunikationsabsicht, materialer Austausch, die Deixis der Geste, Über- und Unterordnung etc.), die in der face-to-face-Beziehung manifest werden. Die dritte Stufe stellt die »kulturelle Intersubjektivität« dar, also der Bezug auf die je spezifischen, tief liegenden Deutungsschemata, die die je unterschiedlich geprägte, pragmatisch generierte Typik und die Relevanzstruktur von Kulturformen enthalten. Die Deckung dieser drei Dimensionen kann nur bei Mitgliedern einer »in-group« gegenseitig erwartet werden – und auch hier wird diese Erwartung durch die alltäglichen Transzendenzen und Fremdheitserfahrungen durchbrochen. Angesichts der pragmatischen Ausdifferenzierung kollektiver Wissensvorräte muss man also davon ausgehen, dass sowohl die inter- als auch die intrakulturellen Verständigungssituationen suboptimal sind, d. h. dass die maximale reziproke Deckung der drei Intersubjektivitätsebenen fast nie erreicht wird.

Welche konkreten Konsequenzen für die wissenschaftliche Praxis des Kulturvergleichs können also aus dem Gesagten gezogen werden? Folgt man dem Postulat der Adäquanz, sind drei Punkte hervorzuheben:

1. Auch der Wissenschaftler beginnt seine Auseinandersetzung mit anderen Kulturen von einem suboptimalen Standpunkt aus. Die Forderung, dass vor jedem Vergleich eine »optimale« Annäherung an die fremde Kultur zu erfolgen hat, da dies die Voraussetzung für einen nicht ethnozentrischen Zugang sei, ist nur nicht realistisch, sie ist auch nicht notwendig.

2. Die Adäquanz wissenschaftlicher Typenbildung kann schon dadurch erreicht werden, dass der sinngenerative Zusammenhang der Struktur der Lebenswelt berücksichtigt wird, der einerseits den gemeinsamen Rahmen von Kulturformen darstellt, andererseits jedoch auch die Mechanismen ihrer Ausdifferenzierung fassbar macht.

3. Darüber hinaus stellen diese Mechanismen eine konstitutionsanalytisch gewonnene Deskriptionssprache zur Verfügung, in der die unterschiedlichen Kulturformen beschrieben werden können, und zwar in einer Weise, die sowohl ihre Andersartigkeit darstellbar macht, als auch die Chance ihres vergleichenden Aufeinanderbeziehens offen hält, also ihre Differenz und Ähnlichkeit transparent macht.

Selbstverständlich kann eingewendet werden, dass auch dieser Ansatz das Resultat einer Kultur ist, so dass seine Übertragung auf Fremdkulturelles doch einer ethnozentrischen Nostrifizierung gleichkommt. Dem kann entgegengehalten werden, dass das hier vorgestellte Lebensweltkonzept soweit wie möglich – und dass eine Totalaufhebung der Selbstauslegung nicht möglich ist, wurde ja gezeigt – dieser Gefahr aus dem Wege geht, indem es keine inhaltlichen Erwartungen an das Fremde stellt, sondern lediglich die konstitutionsanalytisch gewonnenen Mechanismen auf einer phänomenologisch formalen, philosophisch-anthropologischen Ebene formuliert (Luckmann 1999; Srubar 1998). Um ein Beispiel zu geben: Der Aufweis, dass zur Konstitution sinnhafter Realität die Temporalität der Bewusstseins-, Handlungs- und kommunikativen Akte gehört, postuliert zwar Temporalität als eine Dimension der Lebensweltstruktur, die zugleich eine Bedingung der Dynamik der sozialen Realität darstellt und somit auch eine Dimension einer jeden Kulturform ist, nimmt aber keineswegs eine inhaltlich semantische Ausgestaltung dieser Dimension vorweg, noch führt er zu einer Wertung von unterschiedlichen Zeitsemantiken. Die Struktur der Lebenswelt kann so einerseits als eine »formal« deskriptive Sprache verwendet werden, andererseits jedoch gibt sie konstitutive Zusammenhänge an, die als selbstkonstitutive Mechanismen sozialer Realität begriffen werden müssen, also quasi die Autogenese der Lebenswelt darstellen.

In dieser materialen Bindung des Lebensweltkonzepts liegt es auch beschlossen, dass es durch seinen protowissenschaftlichen Charakter von der Empirie der Wirklichkeitswissenschaften keineswegs getrennt ist. Im Gegenteil – wendet man das Konzept der Lebenswelt als den Rahmen an, der die Humanwissenschaften an die Struktur ihres Gegenstandes bindet, so zeigt es sich, dass selbst die »positivistisch« inadäquat verfahrenden Ansätze sich den Implikationen ihres lebensweltlichen Gegenstandes nicht gänzlich entziehen können, sondern vielmehr seiner Struktur folgen. Diese Einsicht erlaubt es, eine interdisziplinäre Vielfalt von Ansätzen zuzulassen und ihre Resultate in ihrer »lebensweltlichen Konvergenz« zu betrachten, statt sie nach den Grundsätzen einer bevorzugten reinen Lehre zu bewerten.

Welche Schnittstellen des Lebensweltkonzepts sind es nun, die einen Brückenschlag zu empirischer Forschung nicht nur ermöglichen sondern erfordern? Eine fast uneingeschränkte Anbindung an das Feld der Wirklichkeitswissenschaften stellt die dem Lebensweltkonzept zugrundeliegende Annahme des Zusammenhangs von Bewusstseins-, Handlungs- und Kommunikationsakten, die es in Form der Annahme über einen Zusammenhang der Handlungs-, Denk- und Sprachform mit einer Reihe sozial- und kulturwissenschaftlicher Ansätze teilt (Srubar 2003b). Auf der sprachlichen Ebene von Kulturformen können dann die diesen Zusammenhang objektivierenden Semantiken aufgesucht werden, wobei das Konzept der Vielschichtigkeit der Lebenswelt es nahelegt, hier auch immer von einer Vielzahl heterogener Semantiken auszugehen. Semantiken in diesem Sinne stellen dann jene objektivierte Selektion von Handlungs- und Deutungsschemata dar, die als eine kulturelle »Konditionierung« von Kommunikation, Interaktion und Kognition begriffen werden kann. Für den Kulturformenvergleich bieten sie den Vorteil, dass ihre Untersuchung Annahmen über Handlungs- und Denkform erlaubt, selbst wenn die Handlungsebene nicht oder nicht mehr beobachtbar ist.

Eine wichtige Rolle spielt in diesem Kontext auch die Untersuchung der Bedeutung der medialen Realisierung von Semantiken die möglicherweise einen Anschluss an die empirische Erforschung der Evolution des Zusammenhangs der Denk-, Handlungs- und Kommunikationsform und somit auch der Evolution von Kulturformen erlaubt. Hier wäre insbesondere an die Untersuchung der einzelnen Dimensionen der Lebensweltstruktur zu denken, namentlich der Zeit- und Raumdimension und ihrer Semantik in unterschiedlichen Kulturformen. Wir haben bereits gesehen, dass diese Strukturen in enger Verbindung mit der Gestalt von Handlungs-, Denk- und Sprachformen stehen und für die häufig auch konstitutiv sind. Es darf also angenommen werden, dass die vergleichende Untersuchung von Zeit- und Raumsemantiken einen prominenten Zugang zum Verstehen fremder Kulturformen ermöglicht.

Auch die Ebene der (Macht-)Diskurse, die einen entscheidenden selektiven Mechanismus im Prozess der Semantikbildung darstellt, bietet einen prominenten Zugang zur Untersuchung von Kulturformen und ihrer historischen Genese, der natürlich nicht phänomenologisch monopolisiert werden soll. Hier können etwa die »traditionellen« wissenssoziologischen Analysen ansetzen, die auf kulturspezifische Konfiguration von Trägergruppen und -ideen zielen, aber auch Kulturgutwanderungen und -diffusion über Kulturgrenzen hinaus verfolgen.

Vor diesem Hintergrund dürften nun die Möglichkeiten deutlich hervortreten, die das Konzept der pragmatischen Lebenswelttheorie als eine Konstitutionstheorie sozialer Realität für den Kulturvergleich bietet. Die lebensweltliche Perspektive ermöglicht es, die notwendige inter- und intrakulturelle Vielfalt von Lebensformen zu erfassen, ohne dass dadurch die mit Recht kritisierte Hypostasierung einer Kulturform zu einem universellen Deutungsschema erfolgt. Dabei ist diese Konzeption offen genug, um die interdisziplinären Erkenntnisse über die Bedingungen der Konstitution sozialer Realität in ihren theoretischen Rahmen kritisch einzubeziehen. Ihr Angebot, die Konstitutionsmechanismen der Lebenswelt zugleich auch als Mechanismen ihrer Ausdifferenzierung zu sehen, macht sie auch im Hinblick auf die Sinn- und Semantikebene für die kulturelle Dynamik und Evolution der Gesellschaften sensibel, ohne dass das Konzept der Lebenswelt dazu zwingen würde, bereits ein »Zielfeld« dieser Dynamik zu formulieren, um die gesuchten Entwicklungsmechanismen zu bestimmen, wie es etwa in den Modernisierungstheorien der Fall ist.

In diesem wohlverstandenen Sinne kann uns die pragmatische Lebenswelttheorie als die Grundlage eines auf die Struktur der Lebenswelt und auf den Zusammenhang von Handlungs-, Denk- und Sprachform gestützten Vergleichs von Lebens- und Kulturformen dienen.

Literatur:

Barthes, Roland (2001): *Mythen des Alltags*, Frankfurt/M.: Suhrkamp.

Berger, Peter/Thomas Luckmann (1971): *Die gesellschaftliche Konstruktion der Wirklichkeit*, Frankfurt/M.: Fischer.

Foucault, Michel (1977): *Überwachen und Strafen. Die Geburt des Gefängnisses*, Frankfurt/M.: Suhrkamp.

Habermas, Jürgen (1981): *Theorie des kommunikativen Handelns* 2 Bde., Frankfurt/M.: Suhrkamp.

Husserl, Edmund (1952): *Ideen zu einer Phänomenologie und phänomenologischen Philosophie. Zweites Buch: Phänomenologische Untersuchungen zur Konstitution, Husserliana* Bd. IV, hg. v. Marly Biemel, Den Haag: Nijhoff.

Husserl, Edmund (^{2}1962): *Die Krisis der europäischen Wissenschaften und die transzendentale Phänomenologie.Eine Einleitung in die Phänomenologische Philosophie, Husserliana* Bd. VI, hg. v. Walter Biemel, Den Haag: Nijhoff.

Husserl, Edmund (1966): *Zur Phänomenologie des inneren Zeitbewusstseins, Husserliana* Bd. X, hg. v. Rudolf Boehm, Den Haag: Nijhoff.

Husserl, Edmund (1973): *Die Idee der Phänomenologie, Husserliana* Bd. II, hg. v. Walter Biemel, Den Haag: Nijhoff.

Lévi-Strauss, Claude (1949): *Les structures élémentaires de la parenté*, Paris: PUF.

Lévi-Strauss, Claude (1967): *Strukturale Anthropologie*, Frankfurt/M.: Suhrkamp.

Luckmann, Thomas (1979): »Phänomenologie und Soziologie«, in: Walter Sprondel/Richard Grathoff: *Alfred Schütz und die Idee des Alltags*, Stuttgart: Klett, S. 196-207.

Luckmann, Thomas (1999): »Eine phänomenologische Begründung der Sozialwissenschaften?«, in: Reckwitz, Andreas/Holger Sievert (Hg.): *Interpretation, Konstruktion, Kultur. Ein Paradigmenwechsel in den Sozialwissenschaften*, Opladen: Westdeutscher Verlag, S. 194-202.

Luhmann, Niklas (1990): *Die Wissenschaft der Gesellschaft*, Frankfurt/M.: Suhrkamp.

Matthes, Joachim (1992): »The Operation Called ›Vergleichen‹«, in: ders. (Hg.): *Zwischen den Kulturen? Die Sozialwissenschaften vor dem Problem des Kulturvergleichs, Soziale Welt* Sonderband 8, Göttingen: Schwartz, S. 75-102.

Matthes, Joachim (1999): »Interkulturelle Kompetenz. Ein Konzept, sein Kontext und sein Potential«, in: *Zeitschrift für Philosophie* 47(1999), S. 411-426.

Merleau-Ponty, Maurice (1966): *Phänomenologie der Wahrnehmung*, Berlin: de Gruyter.

Peirce, Charles S. (1986): *Semiotische Schriften*, Frankfurt/M.: Suhrkamp.

Saussure, Ferdinand de (1967): *Grundlagen der allgemeinen Sprachwissenschaft*, Berlin: de Gruyter.

Schütz, Alfred (2004): *Der sinnhafte Aufbau der Sozialen Welt. Eine Einleitung in die verstehende Soziologie, Alfred Schütz-Werkausgabe* Bd. II., Konstanz: UVK.

Schütz, Alfred (1971): *Gesammelte Aufsätze*, Bd. 1, Den Haag: Nijhoff.

Schütz, Alfred (2003): *Theorie der Lebenswelt 1: Die pragmatische Schichtung der Lebenswelt, Alfred Schütz Werkausgabe* Bd. V.1, Konstanz: UVK.

Schütz, Alfred/Thomas Luckmann (1975/1984): *Strukturen der Lebenswelt*, Bd 1: Neuwied: Luchterhand 1975, Bd. 2: Frankfurt/M.: Suhrkamp 1984.

Srubar, Ilja (1988): *Kosmion. Die Genese der pragmatischen Lebenswelttheorie von Alfred Schütz und ihr anthropologischer Hintergrund*, Frankfurt/M.: Suhrkamp.

Srubar, Ilja (1998): »Phenomenological Analysis and its Contemporary Significance. Alfred Schütz Memorial Lecture«, in: *Human Studies* 21(1998), S. 121-139.

Srubar, Ilja (2003a): »Unterwegs zu einer vergleichenden Lebensformforschung«, in: Liebsch, Burkhardt/ Jürgen Straub (Hg.), *Lebensformen in Widerstreit. Integrations- und Identitätskonflikte in pluralen Gesellschaften*, Frankfurt/M.: Campus, S. 105-135 (jetzt in diesem Band S. 91 ff.).

Srubar, Ilja (2003b): »Handeln, Denken, Sprechen. Der Zusammenhang ihrer Form als genetischer Mechanismus der Lebenswelt«, in: Wenzel, Ulrich/ Bettina Bretzinger/Klaus Holz (Hg.): Subjekte und Gesellschaft, Weilerswist: Velbrück, S. 70-116 (jetzt in diesem Band S. 11 ff.).

Straub, Jürgen/Shingo Shimada (1999): »Relationale Hermeneutik im Kontext interkulturellen Verstehens«, in: *Deutsche Zeitschrift für Philosophie*, 47(1999), S. 449-477.

Straub, Jürgen (2000): *Verstehen, Kritik, Anerkennung*, Essen: Wallstein 2000.

Welz, Frank (1996): *Kritik der Lebenswelt. Eine soziologische Auseinandersetzung mit Edmund Husserl und Alfred Schütz*, Opladen: Westdeutscher Verlag.

Unterwegs zu einer vergleichenden Lebensform-Forschung

I. Zur Genese und Bestimmung des Lebensformbegriffs

Die Multikulturalität der Welt, die durch die gegenwärtig als »Globalisierung« bezeichnete Steigerung der Mobilitäts-, Migrations- und Informationschancen plastisch vor Augen tritt, erfordert eine verstärkte Beschäftigung mit den Problemen des interkulturellen Verstehens und des interkulturellen Vergleichs. Die Thematisierung von »Lebensformen im Widerstreit« verfolgt offensichtlich das Ziel, mögliche Zugänge zu diesen Problemen zu untersuchen. Im Folgenden will ich daher von der phänomenologischen Sicht aus prüfen, inwiefern die theoretischen Konzepte der Lebensformen und der Lebenswelt zur Klärung dieser Problematik beitragen können.

Geht man von der klassischen hermeneutischen Formel aus, nach der der Sinn von etwas sich aus dem ergibt, worauf dieses »etwas« verweist (radikal: Heidegger 1967, 35; zur Genese: Gadamer 1990), so verweist die Rede von Lebensformen im Widerstreit offensichtlich zuerst auf Folgendes: Man geht von einer Pluralität solcher Formen aus, die in ihrer Andersartigkeit in Konflikt geraten können. Was in diesen Formen Gestalt annehmen soll und worauf deren Andersartigkeit sich gründet, bleibt nun lediglich mit dem Begriff »Leben« angedeutet und erfordert daher nähere Bestimmung. Der hier angesprochene Lebensformbegriff entspringt dem Diskurs der Lebensphilosophie, wie er sich am Anfang des zwanzigsten Jahrhunderts entwickelt. Diltheys Schüler Eduard Spranger (1966 [1914]) bezeichnete damit typische Formen des menschlichen Seelenlebens, für Theodor Litt (1919) existierte das Ich in einer Vielfalt von Lebensformen und auch Alfred Schütz' (2006 [1925]) erster Versuch, Sinnschichten menschlichen Wirklichkeitszugangs zu analysieren, trägt den Titel »Lebensformen und Sinnstruktur«. In seiner ursprünglichen Form bezieht sich also der Begriff auf Formen sinnhafter Deutung menschlicher Realität, in deren Pluralität Subjekte die Welt erleben, deren Synthese einerseits die

Identität des Individuums und andererseits seine Lebenswirklichkeit bildet. Der Begriff wendet sich also an das sinnhafte Er-Leben der Realität durch den Menschen, wie es vor dem Zugriff der Wissenschaft existiert und folgt damit dem »radikalen Empirismus« (Eddie 1969) der innovativen philosophischen Strömungen jener Zeit – der Lebensphilosophie, der Phänomenologie und des Pragmatismus (Eddie 1969; Srubar 1988).

Selbstverständlich stellen die Formen des Erlebens nicht lediglich bewusstseinsimmanente Zustände dar, sondern werden auch durch Handeln und Interaktion generiert. So unterscheidet Spranger etwa theoretische, ästhetische, soziale und politische Formen des Lebens. Der junge Schütz (2006 [1925]) sieht bereits früh den Zusammenhang von Denk-, Handlungs- und Sprachform und so kommt in seiner Theorie der Lebensformen neben dem Bewusstseinsstrom auch der Lebensform des handelnden, des Du-Bezogenen und des sprechenden Ichs von Anfang an eine wirklichkeitskonstituierende Rolle zu. Handeln, Sozialität und Sprache sind so immer präsent als konstitutive Bestandteile des in den Lebensformen existierenden Subjekts. Allerdings: Das, was in den Lebensformen in diesem Sinne Gestalt annimmt, ist das erlebende Subjekt, wobei die Andersartigkeit der Er-Lebensformen, d. h. ihre Heterogenität bzw. auch ihr Widerstreit, für die Identität des Ego und seiner Welt konstitutiv sind. Wenn auch Sprache und Sozialität für eine Vergesellschaftung/Vergemeinschaftung des Lebens und daher auch für eine kollektive Regelbarkeit der Lebensformen des Subjekts stehen, ist hier die vom Subjekt gelebte Wirklichkeit nicht das Resultat der Regelhaftigkeit von Sprachspielen oder Interaktion, sondern dasjenige der Heterogenität seiner Lebensformen. Abgesehen von ihrem Bezug auf das Erleben des Subjekts verweisen also die so aufgefassten Lebensformen auf kein Gemeinsames mehr, dessen differenzierende bzw. konstitutive Modi sie darstellte.

Auch Wittgensteins (1971) Gebrauch des Konzepts der Lebensform ist nicht präziser. Der semantischen lebensphilosophischen Aufladung des Begriffs folgend, gebraucht er ihn, um die Sprache als den seinerseits präferierten Wirklichkeitszugang in einen auf individuelle Tätigkeit bezogenen und zugleich auch regelgeleiteten sozialen Kontext der alltäglichen Praxis zu stellen. Das »Sprechen der Sprache« als ein Sprachspiel ist für Wittgenstein (1971) ein Teil einer Tätigkeit, oder eine Lebensform (23)[1]. Wittgenstein zieht also den Lebensformbegriff heran, um die außersprachlichen Komponenten des Sprachspiels in sein Konzept zu integrieren, muss diese allerdings letztendlich unbestimmt lassen, da sie sich einer Behandlung im Rahmen seines »sprach-holistischen« Zugangs entziehen (Reckwitz 1999). Nicht zufällig kreist sein Denken in den »Philosophischen Untersuchungen« um das Problem, wie alltäg-liche Sprachspiele in Satzordnungen theoretischer Art zu fassen sind, ohne dass jenes konstitutive »Außersprachliche« dadurch unfassbar wird. Eine der Strate-gien Wittgensteins, mit diesem Problem umzugehen, liegt in der Betonung der Mannigfaltigkeit von Sprachspielen und der offenen Struktur ihrer Regeln, aus der die Mannigfaltigkeit von Lebensformen und ihrer Praxis resultiert. Die Frage nach der Vergleichbarkeit bzw. Ähnlichkeit von Sprachspielen beant-wortet Wittgenstein bekanntlich mit dem Begriff der »Familienähnlichkeiten«, die keine kontinuierliche durch sämtliche Sprachspiele hindurch gehende Ge-meinsamkeit kennt, sondern lediglich mit dem Bild eines Strangs bestehend aus lückenlos übergreifenden aber unterschiedlichen Fasern zu beschreiben ist (66, 67). Das Verhältnis der Lebensformen bzw. der Sprachspiele zueinander ist für ihn also jenes der Ähnlichkeit und Differenz, die ihrerseits nur durch die jeweilige Festsetzung der Sprachspielregeln anhand der Beobachtung der jeweiligen Spielpraxis zu ermitteln sind (54, 130). Allgemeineres über das Verhältnis der Lebensformen zueinander kann so nur durch den Vergleich der Sprachspiele gefunden werden, wobei das eine Spiel nie zum Vergleichmaß der anderen werden dürfe (131). Das Problem, aus dem die Unschärfe des Wittgenstein'schen Lebensformkonzepts resultiert, wird nun deutlich: Validen Wirklichkeitszugang gibt es nur durch die Sprache. Die Sichtbarkeit der Regel von Sprachspielen ist jedoch von dem sozial-pragmatischen Kontext ihrer Reali-sierung abhängig. Dieser Kontext ist zwar nur sprachlich darstellbar, ist jedoch zugleich in der sprachlichen Darstellung nicht vollständig generierbar und somit bleibt auch die Lebensform als Brückenschlag zwischen sprachlichen und außersprachlichen Elementen des Sprachspiels unterbestimmt.

Wenn auch Wittgensteins Gebrauch des Lebensformkonzepts von den Formen subjektiven Erlebens weg- und zu der, beobachtbaren, sozio-prag-

---

[1] Die Zahlen in Klammern im folgenden Text geben die Paragraphennummer in Wittgenstein (1971) an.

matischen Bedingtheit von Sprachspielen hinführt, wird auch hier weder hinreichend klar, was die Lebensformen eigentlich »formen« bzw. woraus sie geformt werden, noch wird deutlich, worin die Momente ihrer Andersartigkeit bzw. Ähnlichkeit liegen. Erkennbar wird, dass Wittgenstein dazu unterwegs ist, durch den Vergleich von Sprachspielen Aussagen über den Gebrauch der Sprache zu ermöglichen, die unser Wissen davon in eine (also nicht die) Ordnung zu bringen vermöchten (105, 132). So bemerkenswert dieser Ansatz ist, bringt er allerdings auch gewisse Konsequenzen mit sich: Zu der Unschärfe des Lebensformkonzepts gesellt sich auf diese Art und Weise auch noch das Problem des Vergleichs: Denn die gesuchte Ordnung müsste, streng genommen, selbst im »vagsten Satze stecken« (98). Allerdings kann diese Ordnung als solche wiederum auch nur ein Sprachspiel sein, auf welches sich die ambivalente Beschreibung der Lebensform bezieht, zugleich aber soll sie doch von einem höheren Wissensgrad sein als ihre Vergleichsobjekte. Das Mittel des Vergleichs besteht offensichtlich in logischer Sprachanalyse einerseits sowie in der Beobachtung des pragmatischen Kontextes andererseits; es ist also letztendlich auf eine Entdeckung der pragmatischen Regeln ausgerichtet, nach denen ein Spiel produziert wird und die das Verstehen des Spiels ermöglichen.

Die hermeneutische Offenheit des Wittgenstein'schen Lebensformbegriffs, die vorerst einen pragmatisch-undogmatischen Zugang zum Sprachgebrauch und seiner sozial-praktischen Rahmung anbietet, wird so notwendigerweise doch zu einer Regelsuche qua Beobachtung verengt. Damit entgeht auch Wittgenstein dem Dilemma allen Vergleichens nicht: Der Vergleich kann zwar für ihn nicht in der Übertragung der Struktur des einen Vergleichfalls auf den anderen bestehen, er bedarf jedoch trotzdem einer Struktur, die als Vergleichsbasis dienen kann. Das *tertium comparationis* wird also auch bei Wittgenstein nicht obsolet, wobei offen bleibt, wie dieses gewonnen werden sollte.

Fassen wir zusammen: Um mit dem Lebensformbegriff arbeiten zu können, sollten wir wissen, worin das Formbare der Lebensform besteht (Identität) und was die Differenzierungsmechanismen sind, die Lebensformen diversifizieren (Differenz). Dazu benötigen wir einen Vergleich von Lebensformen sowie Mittel und Verfahren, diesen durchzuführen. Macht man die Identität der Lebensform etwa am Erleben des Subjekts oder an der Tatsache des praktischen Sprachgebrauchs fest, so zeigt die dadurch erzeugte Unschärfe und Ergänzungsbedürftigkeit des Lebensformbegriffs, dass diese Basis jeweils zu eng ist. Erst in ihrer vergleichenden Synthese ergeben die beiden Momente einen Hinweis darauf, was wohl als einer der grundlegenden Züge jeglicher Lebensform zu betrachten ist – nämlich die menschliche Aktivität und die Art ihrer Objektivierung, wobei allerdings die angesprochene sprachliche Objektivierung nur eine der zu betrachtenden Möglichkeiten darstellt. Die Differenz von Lebensformen resultiert dann in beiden oben genannten Fällen aus den sie konstituierenden Mechanismen, d. h. aus den unterschiedlichen Erlebens- und Handlungsarten sowie Interaktionen der Subjekte oder aus den unterschiedlichen Praktiken des Sprachspiels. Auch hier kann also als der gemeinsame Mechanismus der Ausdifferenzierung von Lebensformen zuerst die menschliche Aktivität und ihre Objektivierung ausgemacht werden. Durch das Ergebnis eines einfachen Vergleichs, der sein *tertium comparationis* recht wenig anspruchsvoll aus der Induktion gewinnt, indem er nach dem gemeinsamen Nenner von zwei Arten der Begriffbestimmung fragt, stoßen wir allerdings bereits auf eine weniger harmlose, weil universalisierbare Charakteristik von Lebensformen und ihres gegenseitigen Verhältnisses: *Die gleichen Mechanismen, die Lebensformen hervorbringen (Identität), bewirken auch ihre Andersartigkeit (Differenz).* Verbinden wir nun diese These mit einer weiteren, die sich ebenso auf das Verhältnis von Lebensweltformen qua Formen des Realitätszugangs bezieht und die sowohl Wittgenstein als auch in der Schütz-Nachfolge den Ethnomethodologen vertraut war (Garfinkel 1967, 33 f.). Die These lautet: *Die Praktiken, mit deren Hilfe Menschen eine Situation/ein Sprachspiel hervorbringen, und diejenigen, durch welche sie diese Situation/das Sprachspiel verstehen, sind die gleichen.* In Verbindung gesetzt besagen also die beiden Thesen, dass *die menschliche Aktivität, in der Lebensweltformen hervorgebracht werden, auch immer objektivierende »Praktiken« mitführt, die den Lebensformen einerseits Sinn verleihen und sie andererseits auch verstehbar machen.*

II. Die Strukturen der Lebenswelt und die Konstitution von Lebensformen

Die Frage ist nun, wie die Struktur der Lebensformen, die Identität und Differenz sowie Sinnobjektivierung und Verstehen ermöglicht, beschaffen ist. Eine mögliche Antwort besteht darin, sie als eine Regelstruktur zu begreifen, in der einige Regeln umfassender, einige spezifischer Art sind, so dass der ambivalente Effekt der »Familienähnlichkeit« Wittgensteins auftritt, der einerseits keine völlige Identität aber andererseits auch keine totale Differenz zulässt. Wenn auch diese Figur einerseits hermeneutisch produktiv ist, weil sie es möglich macht, Gemeinsamkeiten und Unterschiede innerhalb einer Phänomenklasse zu denken, ohne sie schematisch festzulegen, macht sie andererseits bezüglich des gegenseitigen Verhältnisses von Lebensformen nur eine Aussage möglich: Die einzige Gemeinsamkeit von Lebensformen besteht in der formellen Annahme, dass es sich um Regelstrukturen handelt, während die Differenz sich aus den inhaltlichen Unterschieden des Regelinhalts generiert sowie aus den pragmatischen Unterschieden des Regelgebrauchs. So merkwürdig es auch klingen mag: Das auf die kommunikative Praxis des Sprachgebrauchs zielende Konzept eines regelgeleiteten Sprachspiels qua Lebensform setzt an der Stelle, an der es zu klären wäre, wie sich Regelstrukturen generieren und warum die Annahme zwingend ist, das beobachtete Geschehen sei ein »Spiel«, das Regeln folgt, wiederum nur eine formale Regel – »dem sei so« – ein.

Die zweite Möglichkeit, sich den die Lebensformen produzierenden und sie differenzierenden Strukturen zu nähern, besteht in dem Versuch, auf die zwei oben zuletzt gestellten Fragen zu antworten, also einen konstitutionstheoretischen Zugang zu dem Problem zu wählen. Formuliert man das Problem konstitutionstheoretisch, so lautet die Frage: Lassen sich konstitutive Mechanismen aufweisen, auf die sowohl die Genese als auch die Ausdifferenzierung von »Lebensformen« zurückzuführen wäre und deren Beschreibung zugleich eine Lebensformstruktur erkennen ließe, die im Sinne einer »Metaordnung« eine Vergleichsbasis und somit also auch eine Beschreibungssprache für die einzelnen Vergleichsfälle anbieten würde? Ich möchte nun zeigen, dass man für einen solchen konstitutionstheoretischen Zugang die pragmatische Lebensweltheorie von Alfred Schütz mit Gewinn heranziehen und weiter entwickeln kann.

Folgendes ist dabei zu zeigen: Die Analyse der Strukturen der Lebenswelt enthüllt Mechanismen, die sowohl die Generierung als auch die Differenzierung einzelner Lebensformen zeitigen. Die formale Struktur der Lebenswelt gibt eine Beschreibungssprache für den Lebensformen/Kulturvergleich im Sinne eines nicht »nostrifizierenden« *tertium comparationis* ab. Sie wird von den Ergebnissen empirischer Wissenschaften gestützt und eignet sich als Leitfaden empirischer Forschung.

Es ist hier nicht der Ort, Schütz-Philologie zu betreiben. Die auf die Textanalyse und auf die Werkgenese gestützte Rekonstruktion seiner pragmatischen, also vom Handeln und Kommunikation ausgehenden Konzeption der Lebenswelt liegt längst vor (Srubar 1988; Embree 1988). Hier soll, davon ausgehend, der konstitutionstheoretische Kern des Ansatzes skizziert werden.

Die Schütz'sche Konstitutiontheorie der Lebenswelt verfolgt zwei miteinander verzahnte Ziele: 1) Sie will handlungstheoretisch zeigen, wie die Konstitution sozialer Wirklichkeit mit ihrer intersubjektiven, durch Typik und Relevanz strukturierten Sinnstruktur in Bewusstseins-, Handlungs- und Kommunikationsakten erfolgt. 2) Sie will die Struktur und die mannigfaltige Aufschichtung der Lebenswelt beschreiben, die aus dem unter 1) gefassten Konstitutionsprozessen resultieren. Durch diese Ziele fasst sie also das Problem der Einheit der Lebenswelt und der Differenz von Lebensform ins Auge und macht es behandelbar.

Handlungstheoretisch geht Schütz in drei Schritten vor, die auf die Fragen zielen, auf die jede Theorie antworten muss, die die Konstitution sozialer Realität thematisiert:

1. Wie entsteht eine sinnhafte Orientierung des Handelns?

2. Wie ist Fremdverstehen möglich?

3. Wie entsteht gemeinsames Wissen, d. h. wie konstituiert sich ein intersubjektiver und übersubjektiv geltender Wissensvorrat?

Ausgehend vom methodologischen Individualismus beginnt Schütz bekanntlich mit der Frage nach dem subjektiv konstituierten Sinn der Handlung (Schütz 2004 [1932]). Hier schließt er an Husserls und Bergsons Analysen des Bewusstseinsstroms an, ein Umstand, dem sich auch der »bewusstseinsphilosophische« Einwand verdankt. Übersehen wird dabei, dass die hier durchgeführten Analysen im Zusammenhang mit den zwei weiteren oben genannten Schritten stehen, wodurch der bewusstseinsphilosophische Bereich notwendigerweise transzendiert wird. Nichtsdestotrotz sind die von Schütz beschriebenen sinnkonstituierten Bewusstseinsakte in unserem Kontext von eminenter Bedeutung. Denn sie führen direkt zum Thema von »Identität und Differenz«: Auf der einen Seite können die phänomenologisch aufgewiesenen sinnkonstituierten Bewusstseinsakte als Grundlage des menschlichen Weltzugangs schlechthin gelten: Intentionalität des Erlebens, Temporalität des Bewusstseins und Leiblichkeit sind Merkmale, deren Beschreibung Husserl und im Anschluss an ihn auch Schütz möglicherweise in einem eurozentrischen Sprachspiel vornehmen, als Bewusstseinsakte, die der Realitätsgeltung zu Grunde liegen, werden sie jedoch schwerlich auszuschalten sein. Andererseits sind es jedoch gerade diese Akte, die die Differenz der »Weltsicht« mit bedingen. Die Plastizität und Reflexivität des Bewusstseins, auf die die Varietät der Lebensform mit zurückgeht, liegen in diesen Akten begründet. Die Abwandlungen der intentionalen Zuwendung zum Erlebten, die in der noetischen-noematischen Struktur des Erlebens verankert sind, können als die Grundlage der »Perspektivität« der Weltwahrnehmung angesehen werden (Husserl 1952, 87 ff.; Schütz 2004, 172 ff.). Indem Erlebnisakte einen noematischen Kern und einen noetische Zuwendung zu diesem enthalten, verleihen sie der Bewusstseinsaktivität Identität und Differenz in Gestalt von Perspektivität, Flexibilität und Interpretationsfähigkeit zugleich. Gleiches gilt für die Temporalität: Bewusstseinsobjekte sind als Zeitsynthesen von Erlebnissen immer Zeitobjekte, sie sind daher transitorisch und – abhängig von ihrer zeitlichen Situierung im Bewusstsein – wandelbar. Schließlich ist die Reflexivität und die Plastizität des Bewusstseins mit Leiblichkeit als dem Erleben meines Handelns als inneren und zugleich auch äußeren Vorgangs verbunden. Anhand dieser Erfahrung kann das Subjekt eine »exzentrische« Position (Plessner 1975, 288 ff.) zu seinem Erleben beziehen – also die Erfahrung machen, in unterschiedlichen Zuständen zugleich existieren zu können. Die Leiblichkeit fungiert also nicht nur als Träger der Erfahrung des Handelns, sondern ebenso als der Träger der Reflexivität, Dynamik und Plastizität des Bewusstseins, die für die Ausdifferenzierung individueller sowie kollektiver Lebensformen unentbehrlich sind.

Um allerdings die Konstitutions- und Differenzierungsmechanismen der Lebenswelt zu klären, reicht es nicht aus, die Bewusstseinsebene zu betrachten. Schütz (2004, 291 ff.) überschreitet diese Grenze, indem er der Analyse der

Bewusstseinsakte die Untersuchung der Konstitution von Realität in den Akten sozialen Handelns, d. h. in der Interaktion und Kommunikation hinzufügt. In diesen Analysen liegt auch seine Lösung des Intersubjektivitätsproblems, d. h. der Frage nach dem Fremdverstehen. Er geht davon aus, dass eine intersubjektive Koordinierung von zwei Erlebnisströmen – dialogisch – in den Akten der Wirkensbeziehung möglich ist. Darunter versteht er eine soziale Beziehung, in der der Sinn einer Handlung darin besteht, eine Reaktion des anderen hervor zu rufen (Schütz 2004, 245 ff.). Handlungen haben also hier einen Zeichencharakter, der allerdings nicht unmittelbar die Bewusstseinszustände des anderen indiziert, sondern vielmehr auf den Kontext der zeitlich situativen Realisierung des Handelns verweist. Dazu gehört, dass der subjektive Handlungssinn seine Modifikation durch die Reaktion des anderen erfährt. Auf diese Weise entstehen – sozial interaktiv – Modifikationen des subjektiven Bewusstseins und seiner Erfahrungsschemata, Modifikationen – oder Differenzierungen –, die von der Plastizität der Bewusstseinsakte prinzipiell ermöglicht werden.

Damit klärt sich also das Paradox, das dem Fremdverstehen anhaftet: nämlich – wie soll die Auslegung des Fremden adäquat sein, wenn es doch in der Selbstauslegung im Rückgriff auf das Eigene erfolgt? Mit Schütz lässt sich zeigen, dass die Plastizität des Bewusstseins und kommunikative Konstruktion intersubjektiven Wissens dazu führen, dass die Selbstauslegung auf soziale Konstrukte zurückgreift. Der Nachweis, dass Selbstauslegung aufgrund sozial, d. h. kommunikativ generierter Geltungsschemata erfolgt, bedeutet allerdings auch umgekehrt, dass selbst das kommunikativ-dialogisch erreichte Wissen nur in Selbstauslegung verstehend angewandt werden kann. Dies hat Konsequenzen für die Vorstellung (Straub/Shimada 1999), man könne durch einen Dialog mit Angehörigen anderer Lebensformen/Kulturen den Selbstauslegungszwang überspringen. Dieses Problem, das für die Adäquatheit der Konstruktion des Fremden wesentlich ist, wird uns auch noch später beschäftigen.

Die Handlungsabhängigkeit der subjektiven sowie kollektiven Erfahrungsvorräte führt Schütz zu der Annahme, dass es die pragmatische Relevanz, d. h. die handlungsgeleitete Zuwendung zur Wirklichkeit, ist (Srubar 1988, 132 ff.), die Typik und Relevanzstrukturen des alltäglichen Lebensweltkerns prägt und auch differenziert. In der pragmatischen Relevanz begegnet uns also wiederum ein konstitutiver Mechanismus der Lebenswelt, der einerseits als für alle alltäglichen Lebensformen identisch angesetzt werden kann, der jedoch in seinem Vollzug immer zu andersartigen – d. h. zu zeit- und gruppenbezogenen Realitätskonstruktionen führt. Da uns die Lebenswelt immer nur im Vollzug der sie realisierenden Praxis begegnet, begegnet sie uns auch immer in Form von mannigfaltigen Lebensformen. Dies muss jedoch nicht bedeuten, und das lässt sich eben mit Schütz zeigen, dass dieser Varietät keine gemeinsamen Konstitutionsmechanismen zugrunde lägen. Im Gegenteil – die Konstruktivität, Geschichtlichkeit und somit auch die Wandelbarkeit der Lebensformen liegt in diesen gemeinsamen Mechanismen begründet. Die Intentionalität, die nunmehr als pragmatische Relevanz an das Handeln gebunden ist, die Temporalität, der aus der Leiblichkeit hervorgehende Raumbezug des Weltzugangs sowie die auf Kommunikation zurückgehende intersubjektive Sozialität stellen die Konstitutionsdimensionen dar, auf die nun die pragmatische, zeitliche, räumliche und soziale Struktur der Lebenswelt sowie die Chance ihrer kulturellen Ausdifferenzierung zurückgehen.

Ist damit aber nicht der Geltungsboden der Phänomenologie bereits verlassen, den Husserl transzendental absichert, indem er die Bewusstseinsakte des transzendentalen Egos nicht psychologisch, sondern als Bedingungen der Möglichkeit der Konstitution von Weltgeltung betrachtet? Woran sollen wir nun die Geltung der phänomenologischen Aussagen messen, wenn der Boden der bewusstseinsimmanenten Evidenz verlassen wurde (Welz 1996)? Sofern die Geltung einer phänomenologischen Aussage aus dem in ihr enthaltenen Aufweis eines Aktes resultiert, dessen Vollzug für die Konstitution der Geltung eines Phänomens im strengen Sinne notwendig ist (Husserl 1962, 38 ff.), so hat Schütz durch seinen Nachweis der Unabdingbarkeit von Handlungsakten für den sinnhaften Aufbau der Lebenswelt diesen Boden nie verlassen, seinen Umfang jedoch wesentlich erweitert und so auch die Resultate der phänomenologischen Analyse für die Zwecke sozial- und kulturwissenschaftlicher Untersuchungen anschlussfähiger gemacht. So zeigt es sich auch in unserem Kontext, dass seine Konzeption einer pragmatischen, auf Interaktion und Kommunikation gestützten Konstitution der Lebenswelt dazu geeignet ist, uns an Mechanismen heranzuführen, die sowohl die Identität von Lebensformen als auch ihre Differenz zu beschreiben erlauben. Auch seine Lösung des

Fremdverstehensproblems verlässt den durch Solipsismus gefährdeten Bereich der Wahrnehmungsphänomenologie und löst im Ansatz den Widerspruch des Fremdverstehens per Selbstauslegung auf.

Man könnte allerdings fragen, ob diese Auflösung nicht dadurch bedingt ist, dass Schütz die Lebenswelt letztendlich doch als einen homogenen Kulturraum begreift, innerhalb dessen das kommunikativ sozialisierte Ego auf ein einheitlich intersubjektiv geteiltes Wissen zurückgreift? Ist nicht in einem so konzipierten Modell das Fremde in der Vertrautheit des kollektiven Wissensvorrats prinzipiell aufgehoben, so dass der Ansatz für die Klärung des Verhältnisses zwischen eigenen und fremden oder gar zwischen fremden Lebensformen wenig taugt?

In der Tat ist es für Schütz (und für Husserl 1962, 34) die Achse von vertraut/unvertraut, entlang welcher sich die zeitliche, räumliche und soziale Dimension der Lebensweltstruktur in Bereiche des distinkten und weniger distinkten Wissens gliedert. Auch legt Schütz (1972) nahe, dass Vertrautheit ein Merkmal des gruppeneigenen Wissensvorrats ist. Diese gruppensoziologische »Anwendung« des Lebensweltkonzepts sollte jedoch nicht die Differenziertheit des Lebensweltbegriffs verdecken, die bereits mit der Unterscheidung vertraut/unvertraut, die ja eine intralebensweltliche ist, angesprochen wird. Da diese Unterscheidung die gesamte Struktur der Lebenswelt durchzieht, kann die Lebenswelt nicht als ein harmloser, heimischer Ort vorgestellt werden (eine Interpretation, die offensichtlich Habermas 1981 vorschwebt, vgl. auch Srubar 2007), der sich durch Konsens sowie durch Homogenität und Widerspruchsfreiheit seiner Wissensbestände gegen das Fremde/Unvertraute abhebt. Im Gegenteil, es kann gezeigt werden, dass »Fremdheit« zu den ureigensten lebensweltlichen Erfahrungen gehört. Es sind zwei Momente, die in den bereits erörterten Konstitutionsmechanismen der Lebenswelt verankert sind, auf die die Aufschichtung und Differenzierung der mannigfaltigen Wirklichkeiten und Sinnprovinzen innerhalb der Lebenswelt zurückgehen. Einerseits ist es die reflexive Plastizität des Bewusstseins, die den pragmatisch konstituierten Alltagskern der Lebenswelt modifizieren und ihm die Gestalt von außeralltäglichen Spiel-, Phantasie- bzw. Theoriewelten verleihen kann, die, abgeschattet durch unterschiedliche Grade von Reflexion, durchaus als subjektive Lebensformen des Ego auftreten. Zum zweiten ist es die pragmatische Relevanz des

Weltbezugs und die interaktiv/kommunikative Genese von Deutungsschemata, die unterschiedliche Alltagswelten und somit auch unterschiedliche »Basen« für deren reflexive Modifikationen generiert. Diese Mechanismen der subjektiven und der sozialen Modifizierung des lebensweltlichen Alltagskern stehen somit für die notwendige Aufschichtung oder genauer für die notwendige Verwirklichung der Lebensweltstruktur in mannigfaltigen Lebensformen. Dass diese mannigfaltigen Lebensformen keineswegs »harmonisch« miteinander verbunden sind, sondern dass die Erfahrung ihrer Differenz und gegenseitiger Fremdheit zu der relativ natürlichen Einstellung des Menschen gehört, wird aus dem folgenden deutlich.[2]

Die Perspektivität des Wirklichkeitszugangs ist unzertrennlich an die konstitutiven Mechanismen der Lebenswelt gebunden, aus deren Vollzug sie hervorgeht. Die Lebenswelt ist so immer in mehrere Realitätsbereiche aufgegliedert, die im Verhältnis der Transzendenz zueinander stehen. Dabei handelt es sich nicht nur um die Transzendenz von Außeralltäglichem dem Alltagsbereich gegenüber, auch der Alltagskern der Lebenswelt ist von Transzendenzverhältnissen umfassend geprägt (Schütz/Luckmann 1984, 139 ff.). Bereits das Erleben der Differenz zwischen Bewusstsein und der Außenwelt sowie das Wissen darum, dass mein Wissensvorrat sich auf Typen und nicht auf singuläre Erfahrungen stützt, lassen die Transzendenzerfahrung und die damit verbundene Evidenz der innerhalb der Lebenswelt anwesenden Fremdheit allgegenwärtig aufkommen. Die Transzendenz des Anderen und seine prinzipielle Unerreichbarkeit sowie die schon erwähnte Transzendenz des Außeralltäglichen, die auch den Alltag anderer einschließt, stellen weitere in die Lebensweltstruktur eingelassene allgegenwärtige Quellen der Unvertrautheit/Fremdheit dar.

Bedeutet dies aber nicht einfach, dass das Fremde uns im Rahmen der Lebenswelt als das Eigene begegnet, d. h. nicht »eigentlich« fremd ist, sondern immer bereits »nostrifiziert« (Matthes 1992)? Das dargestellte Lebensweltkonzept erlaubt es zu unterscheiden zwischen dem, was ich »die komparative Fremdheit« nennen möchte, und der »existentialen Fremdheit«, die auch Wal-

---

[2] Es ist im Sinne von Husserl und Schütz zwischen Reflexivität des Bewusstseins im Sinne einer prinzipiellen Selbstbezüglichkeit und der Reflexion im Sinne eines intendierten Bewusstseinsaktes, der darauf aufbaut, zu unterscheiden (Husserl 1952; Schütz 2004; Srubar 1988).

denfels (1997) im Sinne hat, wenn er vom »Anspruch des Fremden« spricht. Unter »komparativer Fremdheit« können wir das Resultat des durchaus »relational« diskursiv möglichen Abgleichens zwischen dem vertrauten Wissensvorrat und einem anderen, uns nicht geläufigen, verstehen. Diese Fremdheit kann eine Reihe von Schattierungen und Abstufungen aufweisen, die, wie Schütz (1971, 12) zeigt, von dem Grad der Erfüllung der Annahme der Reziprozität von Perspektiven abhängen, mit der der alltäglich Handelnde anderem und anderen begegnet. In der jeder Fremdbeziehung zugrundeliegenden Annahme der Reziprozität von Perspektiven vollzieht sich lebensweltlich das, was der heutige Diskurs als das »Gebot der Anerkennung« bezeichnet (Taylor 1993; Waldenfels 1997; Straub 2000). Als ein Moment der Lebensweltstruktur hat diese Reziprozität allerdings nicht nur normativ wertende Implikationen, nach denen der gegenwärige Diskurs verlangt, sondern konsequenterweise auch sachlich-strukturelle. Dieser Annahme folgend, geht der Handelnde in der relativ natürlichen Einstellung in bezug auf fremde Wissenssysteme davon aus, dass diese von Menschen in einer pragmatischen Absicht erzeugt wurden innerhalb einer zeitlich, räumlich und sozial strukturierten Situation, dass sie also dem pragmatischen Relevanzprinzip folgten, von dem allerdings erwartbar ist, dass es von dem des Beobachters abweicht. In Bezug auf den Anderen gilt die Annahme der Austauschbarkeit der Standorte (Du würdest sehen, was ich sehe, wenn Du an meiner Position wärst) sowie, bis auf Abruf, die Annahme der teilweisen Deckung der Relevanzsysteme. Hier ist allerdings zu unterscheiden zwischen unterschiedlichen Stufen dieser Deckung, bzw. zwischen den Graden der zu erwartenden Erfüllung dieser alltäglichen Annahme. Die allgemeinste Gestalt dieser Erwartung, die ich die »anthropologische Intersubjektivität« nennen möchte, enthält die Zuordnung des Gegenüber zu dem Typus »Mitmensch«. Sie schlägt sich nieder in den Annahmen, die mit der Vertauschbarkeit der Standorte verbunden sind und die von einer vergleichbaren humanen Sinnes-, Sprach- und Handlungsausstattung ausgehen. Die zweite Stufe der Reziprozitätserwartung, deren Erfüllung bereits eine interaktive Beziehung voraussetzt, stellt die »soziale Intersubjektivität« dar, also ein typisches Wissen, das mich soziale Beziehungen und Handlungen in ihrer einfachen Form erkennen/erwarten läßt (Kommunikationsabsicht, materialer Austausch, die Deixis der Geste, Über- und Unterordnung etc.), die in der *face-to-face*-Beziehung manifest werden. Die dritte Stufe stellt die »kulturelle Intersubjektivität« dar, also das je spezifische tiefliegende Deutungsschema, die die Typik und die Relevanzstruktur mit ihren thematischen, interpretativen und pragmatischen Dimensionen enthält. Die Deckung dieser drei Dimensionen kann bei Mitgliedern einer *in group* nur idealtypisch erwartet werden – sie wird in Wirklichkeit durch die alltäglichen Transzendenzen durchbrochen. Jenseits davon setzen die lebenswelt-immanenten Differenzierungen ein, die »das Dickicht der Lebenswelt« – um einen Begriff von Ulf Matthiesen (1983) zu gebrauchen – ausmachen. Dieses Dickicht kann zwar durch pragmatische bzw. kommunikative Einschränkungen gelichtet werden, durch die seine Unvertrautheit in den Bereich des Vertrauten überführt wird. Es enthält aber auch immer das Moment der Fremdheit, die ich »existential« nannte. Das existential Fremde, dessen Evidenz mit der Transzendenzerfahrung einhergeht, lässt sich durch Anstrengungen nicht tilgen, obwohl Anstrengungen im Sinne von Zeichensetzung und Kommunikation zu der lebensweltlichen Praxis des Umgangs auch mit dieser Fremdheitserfahrung gehört. Auf Heidegger (1967) zurückgreifend, sieht Schütz seine Quelle in der »Fundamentalangst«, die in uns durch die Erfahrung der Transzendenz der Welt generell ausgelöst werden kann. Wir können dieses Moment des Fremden und des Nichtidentischen zwar durch die Anstrengungen des pragmatischen Handelns für einen Moment bannen, aus unserem lebensweltlichen Erfahrungshorizont löschen können wir es aber nicht (Schütz 2003, 204 ff.; Srubar 1988).

Welche konstitutive Rolle spielt nun die Transzendenzerfahrung als Fremdheitserfahrung für die Struktur der Lebenswelt? Es mag dahingestellt bleiben, ob sie ein ausschlaggebendes Motiv für das innerweltliche Handeln darstellt oder ob wir es hierbei mit einem Topos einer kulturspezifischen Weltbeschreibungssemantik zu tun haben. Ausschlaggebend in unserem Kontext ist es, dass die Transzendenzerfahrung im Kontext des Lebensweltkonzepts mit einer human-sozialen Praxis verbunden wird, die kulturübergreifend zur Überwindung der genannten Transzendenzen verwendet wird – nämlich mit der Kommunikation und der Entwicklung von Zeichensystemen. Schematisch gesprochen, bedeutet Kommunikation die Überbrückung der Transzendenz von Ego und Alter durch die Koordinierung von zwei Bewusstseinsströmen mittels der Konstitution eines gemeinsamen Zeichensystems. Auch dieses hat seine phänomenologisch beschreibbaren Konstitutionsbedingungen in den Strukturen der Lebenswelt und ihrer Fundierung in dem menschlichen Weltzugang. Es ist wiederum einerseits die Temporalität des Bewusstseins und seiner durch diese zur Synthese zu bringenden polythetischen Akte, die die Synthesis der Appräsentation ermöglichen, und so auch die grundlegende Funktion der Zeichenbildung, nämlich die Verbindung von Signifikant und Signifikat darstellen. Andererseits sind appräsentative Strukturen der sozialen Modifikation der Kommunikation und Interaktion unterworfen. Das Resultat stellen in der Schütz'schen Sicht übersubjektive objektivierte Zeichensysteme dar – vor allen Dingen die sprachlichen. Nun stehen Sprachen ihrerseits im pragmatischen Gebrauch und ihre semantische Gliederung entspringt der Handlungsperspektivität ihrer Anwender/Erzeuger. Insofern reproduzieren sie quasi die differenzierte Aufgliederung der Lebenswelt und ihrer Strukturen in Form von diversen semantischen Bereichen und Diskursen, was der Wittgenstein'schen Vorstellung einer Lebensform recht nahe kommt. Die pragmatische, zeitliche, räumliche und soziale Dimension der Lebensweltstruktur sind somit auch ein konstitutiver Bestandteil der Sprache und der von ihr getragenen Semantiken.

Wir haben also gesehen, dass Transzendenz/Fremdheit und ihre pragmatische sowie ihre kommunikative Überbrückung wesentlich zu den Strukturen der Lebenwelt gehören. Wir sahen aber auch, dass diese kommunikative Überbrückung zwar gegenseitig Transzendentes semantisch zu verbinden oder Unvertrautes ins Vertraute prozessual zu überführen vermag, dass sie jedoch dadurch das Moment des existential Fremden aus dem Kontext der Lebenswelt nicht tilgt. Mit anderen Worten: das Konzept der Lebenswelt ebnet »das Fremde« nicht notwendigerweise »nostrifizierend« durch seine Überführung auf das Vertraute ein. Es macht es zwar einerseits möglich, zu sehen, dass selbst die kommunikativ-dialogischen Brückenschläge zum Fremden die Gefahr laufen, nostrifizierend zu wirken (angesichts des notwendigen Selbstauslegungszwangs) bzw. dass sie bestenfalls ein Drittes schaffen, d. h. ein gemeinsames Repräsentationssystem, das sich von der interagierenden Ausgangsformen unterscheidet und daher diese keineswegs »authentisch« abbildet. Andererseits zeigt es auch, dass all dies von der Erfahrung der Fremdheit als eines Konstituens des Anderen begleitet wird.

III. Rekonstruktion von Lebensformen als Mittel interkulturellen Vergleichs

Vor diesem Hintergrund können wir in unserer Untersuchung einen Schritt weiter gehen und fragen, welche Mittel uns der dargestellte Ansatz für die Rekonstruktion von Lebensformen, zumal von fremden, an die Hand gibt. Zuerst sehen wir, dass wir in diesem Rahmen den Fragestellungen des aktuellen Diskurses recht nahe kommen. Die Lebenswelt erwies sich keineswegs als eine homogene, gruppenzentrierte Kulturwelt, sondern als eine aufgrund ihrer Konstitutionsmechanismen differenzierte, in der Vielfalt ihrer Sinnprovinzen durchaus Heterogenität und Widerspruch generierende und auch ertragende formale Struktur. Es wurde auch die Promblemnähe zu den »dialogischen« Ansätzen (Fremdes im Dialog adäquat rekonstruieren) sowie die Sensibilität/Sensibilisierbarkeit gegenüber dem Problem der Nostrifizierung deutlich. Die den Diskurs um die Möglichkeit interkulturellen Vergleichs bewegende Frage ist jedoch nicht nur, ob ein Ansatz sensibel genug ist, Fremdes in seiner Andersartigkeit zuzulassen, sondern vielmehr auch, ob die begrifflichen Mittel des fraglichen Ansatzes es erlauben, das »Fremde« einer Lebensform »adäquat« zu rekonstruieren, um sie zum Gegenstand eines Vergleichs zu machen.

Um eine solche Adäquanz zu erreichen, ist zuerst der Nachweis zu führen, dass die Rekonstruktion nicht »ethnozentrisch« ist, d. h. nicht die eigene Lebensformordnung und die eigene Normalität dem Fremden aufzwingt. Dieser Forderung kann mit dem »Postulat de Adäquanz« entsprochen werden, das Schütz und mit ihm die interpretative Soziologie für die Methodologie der Sozialwissenschaften aufstellten, um das Verhältnis der wissenschaftlichen Typenbildung zu der alltäglichen Typikstruktur des zu erforschenden Gegenstandes zu bestimmen. Adäquat sind wissenschaftliche Typisierungen gemäß dieser Forderung dann, wenn die in ihnen verwendeten Konstrukte auch für den darin alltäglich Handelnden nachvollziehbar wären. Auf die Untersuchung von Lebensformen übertragen, hieße das, dass sie dann adäquat rekonstruiert sind, wenn ein innerhalb der betroffenen kulturellen Lebensform kompetent Handelnder diese Rekonstruktion auch verstehen könnte (Schütz 1971, 51).

Die Berücksichtigung des Schütz'schen Adäquanzpostulates dürfte die methodologische Sensibilität für die Gefahr einer ethnozentrischen wissenschaftlichen »Nostrifizierung« zumindest befördern. Praktisch kann in unserem

Kontext dem Postulat der Adäquanz in dreifacher Weise entsprochen werden. Die erste Möglichkeit besteht im Versuch des »going native«, wie er etwas von Kurt Wolf (1976) in seinem »Surrender and Catch« beschrieben wird. Hier handelt es sich um möglichst intensives teilnehmendes Eintauchen in eine fremde Lebensform, wenn auch klar ist, dass eine völlige Identifizierung nicht erreichbar ist. Die zweite Möglichkeit besteht im Versuch einer dialogischen Einbeziehung der Erforschten in die Auswertung, Bewertung und Formulierung der Ergebnisse, so wie es etwa der Ansatz der »partizipatorischen« Forschung vorsieht (Eckerle 1987). Wenn auch diese Ansätze eine intensive Annäherung zu den Alltagstypisierungen und somit zu den intrinsischen Verständnis der zu erforschenden Lebensform aufweisen, heben sie allein durch diese Nähe das Problem der unausweichlichen Differenz zwischen dem aufgrund von Interaktion und Kommunikation erreichten Verständnis einer fremden Lebensform und der notwendigen Beschreibung dieser »Daten« in einer den Vergleich ermöglichenden Metasprache nicht auf. Denn selbst dann, wenn wir kontrafaktisch annähmen, dass keine Elemente unseres alltäglichen und vor allem wissenschaftlichen Eigenwissens in das Verständnis der fremden Lebensform eingeschlichen sind, wird das Problem der Differenz zwischen der emischen und etischen Verarbeitung (Pike1967, Goodenough 1970) der fremden Wirklichkeit spätestens dann virulent, wenn wir die rekonstruierte fremde Realität in Bezug mit anderen Lebensformen setzen möchten, um sie zu vergleichen. Man könnte vielleicht dieses Problem dadurch umgehen, dass man auf Vergleiche verzichtet, indem man sich auf eine radikal kulturalistisch-relativistische Position zurückzieht (z. B. dadurch dass man Wittgenstein mit Lyotard (1994) liest). Selbst dies jedoch würde die Vergleichsproblematik nicht aus der Welt schaffen, denn die »operation called vergleichen« (Matthes 1992) ist als ein In-Bezug-setzen von Fremdem und Eigenem bereits in die beiden geschilderten Verfahren eingelassen. Selbst dann also, wenn man interkulturelle Vergleiche aus theoretischen Gründen für nicht möglich hält, wird man von der Notwendigkeit eines kontrollierten Vergleichens methodologisch nicht entbunden. Der Bedarf nach einer nichtintrinsischen Metasprache bleibt also in beiden Fällen bestehen.

Hier erweist sich die dritte Möglichkeit, dem Postulat der Adäquanz zu entsprechen als hilfreich: Die Adäquanz kann auch dadurch erreicht werden, dass die wissenschaftlichen Typisierungen die konstitutiven Mechanismen der Lebenswelt berücksichtigen, die einerseits den gemeinsamen Rahmen von Lebensformen darstellen, andererseits jedoch auch die Linien ihrer Ausdifferenzierung entlang der Lebensweltstruktur fassbar machen. Nachdem dies die Mechanismen sind, die den Weltzugang in der relativ natürlichen Einstellung prägen und somit dem alltäglich innerweltlichen Verstehen und der Verständigung zugrunde liegen, wird damit auch die Bedingung der Alltagsbindung der wissenschaftlichen Typisierung erfüllt. Darüber hinaus stellen diese Mechanismen eine konstitutionsanalytisch gewonnene Deskriptionssprache zur Verfügung, in der die unterschiedlichen Lebensformen beschrieben werden können, und zwar in einer Weise, die sowohl ihre Andersartigkeit darstellbar macht als auch die Chance ihres vergleichenden Aufeinanderbeziehens offen hält, also Differenz und Ähnlichkeit transparent macht. Um im kulturanthropologischen Sprachgebrauch zu bleiben, stellt uns die Begrifflichkeit der Lebensweltstruktur eine etische Sprache zur Verfügung, die aber formal emisch ist.

Auch dieser Ansatz kann als das Resultat einer Kultur betrachtet werden, so dass seine Übertragung auf Fremdkulturelles als eine ethnozentrische Nostrifizierung angesehen werden könnte. Dieser Gefahr begegnet das Lebensweltkonzept, indem es keine inhaltlichen Aussagen über das Fremde macht, sondern lediglich die konstitutionsanalytisch gewonnenen Mechanismen des Aufbaus sozialer Realität formuliert. Im Klartext: Indem Temporalität als eine Dimension der Lebensweltstruktur aufgewiesen wird, wird keineswegs eine inhaltlich/semantische Ausgestaltung dieser Dimension, noch eine Wertung von unterschiedlichen Zeitsemantiken vorweggenommen. Als ethnozentrisch könnte daher lediglich die Behauptung angesehen werden, die soziale Realität qua Lebenswelt weise immer eine Zeitdimension auf, in der prinzipiell und potentialiter die Geschichtlichkeit und somit das Vermögen von Wandel angelegt ist. Eine derart gefaßte Zeitdimension in fremden Lebensformen negieren zu wollen, hieße allerdings, die prinzipielle Konstruiertheit und somit auch potentielle Entwicklungsfähigkeit sozialer Systeme abzulehnen, und zugleich den subjektiven Akteuren in solchen Systemen eine Realitätskonstruktion zuzuweisen, die ihnen Lernen und innerweltliche Transzendenz prinzipiell unmöglich machte.

Was sind nun die Elemente der Beschreibungssprache, die das dargestellte Konzept der Lebenswelt bietet? Den wesentlichen Teil dieser Elemente haben wir ja bereits während der vorhergehenden Erörterung der Lebensweltstruktur und ihrer Genese in den Bewusstseins- und Handlungsakten des in der relativ natürlichen Einstellung lebenden Menschen dargestellt. Es handelt sich hier also um eine »Matrix« der Lebensweltstruktur, wie sie bereits von Luckmann vorgeschlagen wurde (Luckmann 1979, 1990). Sie generiert sich aus der Intentionalität, Temporalität, Leiblichkeit und Intersubjektivität des menschlichen Weltzugangs und kann mit der pragmatischen, temporalen, räumlichen und sozialen Dimension der Lebensweltstruktur umrissen werden, wie sie in den Strukturen der Lebenswelt »ausformuliert« sind (Schütz/Luckmann 1979, 1984). Im Unterschied zu Luckmanns Konzept, wird diese Matrix hier jedoch nicht als eine statische aufgefaßt, sondern die sie konstituierenden Mechanismen werden zugleich als die – zumindest potentiellen – Generatoren der lebensweltlichen Dynamik, Geschichtlichkeit und Ausdifferenzierung betrachtet (Srubar 1998). Nur so kann die Aufschichtung der Lebenswelt in mannigfaltige Lebensweltbereiche und Sinnprovinzen derart systematisch gefaßt werden, dass die gegenseitige Transzendenz einzelner Lebensweltschichten und die Überbrückung dieser Transzendenz durch appräsentative Zeichensysteme und Kommunikation als gleichursprüngliche Konstitutionsmechanismen lebensweltlicher Realität begriffen werden.

So wird der Blick dafür frei, dass die Strukturen der Lebenswelt einerseits als eine »formal« deskriptive Sprache verwendet werden können, andererseits sich jedoch aus Mechanismen generieren, die als selbstkonstitutive Mechanismen sozialer Realität begriffen werden müssen, also quasi die »Autopoesis« der Lebenswelt darstellen. Die Einbettung von Sprache und Kommunikation in diese Mechanismen, durch die sich kommunikative Akte zu Bewusstseins- und Handlungsakten als lebenswelt-konstituierenden Aktivitäten gesellen, bedeutet nun auch eine Erweiterung der Fundierung der formalen Matrix der Lebensweltstruktur. Diese schließt nunmehr auch den Zusammenhang von Denkform, Sprachform und Handlungsform ein, der, unbeschadet seiner je unterschiedlichen kulturellen Verwirklichung, als ein allgemeiner, die menschliche Wirklichkeit generierender Mechanismus dem Lebesweltkonzept immanent ist. Lebensformen können dann auch als die im praktischen Vollzug der drei Formen entstehenden Variationen dieses Zusammenhangs begriffen werden.

Welche Annahmen ergeben sich nun »forschungspragmatisch« in Bezug auf interkulturelle Vergleiche und auf das interkulturelle Verstehen daraus, wenn wir den oben präsentierten Vorschlägen folgen? Da ist erstens die zuerst nicht überraschende Feststellung, dass Fremdheit nur durch den Vergleich als »komparative Fremdheit« ausgemacht werden kann, dass allerdings die in dem Selbstauslegungsmoment der Interpretation enthaltenen »Nostrifizierungstendenzen« des Vergleichs zugleich durch die lebensweltliche Evidenz der »existentialen Fremdheit« unterlaufen werden. Zweitens wird voraussetzbar, dass uns fremde Lebensformen nicht als homogene Deutungssysteme begegnen, sondern eine Vielfalt von heterogenen, zugleich inkommensurablen Wirklichkeitsbereichen und Sinnprovinzen enthalten können, die im Verhältnis gegenseitiger Transzendenz zueinander stehen. Weiterhin kann angenommen werden, dass diese Transzendenz kommunikativ überbrückbar ist und auch überbrückt wird, wobei allerdings auf die Abschattungen bzw. die Stufen der Fremdheit in den der Kommunikation zugrunde liegenden Reziprozitätsannahmen geachtet werden muss. Darüber hinaus gilt die Annahme, dass Lebensformen als Zusammenhänge von Denk-, Sprach- und Handlungsformen gemäß der Lebensweltstruktur-Matrix gegliedert sind. Würde man nun zur Veranschaulichung der »Operationalisierbarkeit« dieser Annahmen auf die angesprochenen Abstufungen der Fremdheit zurückgreifen wollen, so wären sie auf der Ebene der »anthropologischen« Intersubjektivität anzusiedeln. Sie müssten durch weitere empirische, vornehmlich diskursive Verfahren verdichtet werden, um die Stufen der »sozialen« und »kulturellen« Intersubjektivität inhaltlich zu erreichen, wobei wiederum das – diskursiv zu sichernde – Postulat der Adäquanz zu beachten wäre. Die Diskursivität des Vergleichs ist also durch die Annahme einer universalen lebensweltlichen Matrix als *tertium comparationis* keineswegs ausgeschlossen, sondern bleibt auch in der phänomenologisch lebensweltlichen Perspektive erhalten.

Die Chancen der diskursiven Rekonstruktion des Fremden sind allerdings im Rahmen des dargestellten Konzepts kritisch zu prüfen. Dabei ist zwischen den Bedingungen alltäglichen und wissenschaftlichen Diskurses zu unterscheiden, wenn auch gemäß dem Adäquanz-Postulat die »formal properties« des

Alltagsdiskurses (Garfinkel/Sacks 1979) auch für seine wissenschaftliche Beschreibung methodologisch bindend sind. Auf der alltäglichen Ebene ist vor allen Dingen festzuhalten, dass in der Kommunikation zwar die Chance einer Transzendenzüberbrückung liegt, dass jedoch in der Tatsache der Kommunikation allein keine »Garantie« der Authentizität des Zugangs zum Fremden liegt. Diese Einsicht ist von mehreren Seiten sowohl theoretisch als auch empirisch erhärtet. Theoretisch beruht sie auf der Differenzierung zwischen der Fremdheit des Anderen und der »Gemeinsamkeit« des kommunikativ erzeugten Dritten, das die Fremdheit/Andersartigkeit der Kommunikanten quasi »überwölbt«. Dieses der Kommunikation zugrunde liegende Phänomen wird sowohl phänomenologisch (Schütz 1974, Waldenfels 1997) als auch etwa systemtheoretisch (Luhmann 1984) oder pragmatistisch (Mead 1973) aufgewiesen. Empirisch läßt sich immer wieder feststellen, dass Gemeinsamkeiten in der Reziprozität der Perspektiven, die in der unmittelbar Interaktion offensichtlich zu sein scheinen, bereits auf der Ebene der sozialen, geschweige denn der kulturellen Intersubjektivität in recht unterschiedlicher Wissenskontexte eingebettet sind, deren Nichtverstehen jedoch den Erfolg der unmittelbaren (kurzfristigen) interkulturellen Interaktion/Kommunikation nicht zu bedrohen braucht. Dafür liefert Sahlins (1986) Analyse der Begegnung zwischen Cook und seiner Mannschaft und den Hawaianern – so sie zutrifft – anschauliches Beispiel: Während sich der interkulturelle Kontakt in der Sicht beider Seiten erfolgreich innerhalb der sozialen Form des Tausches abspielte, war dies auf der europäischen Seite eine eher ökonomisch-profane Angelegenheit, während die Hawaianer offensichtlich im sakralen Rahmen handelten. Das gegenseitige Verständnis blieb also auf die anthropologische und auf eine rudimentäre Ebene der sozialen Intersubjektivität beschränkt. Es stabilisierte sich nicht desto weniger offensichtlich ein »working consensus« – d. h. eben ein »Drittes«, das den Erfolg der Kommunikation in dem räumlich und zeitlich eng gesetzten Rahmen einzelner Interaktionen ermöglichte.

Die Ebene eines solchen working consensus wird auch dann kaum überschritten, wenn keine zeitliche Beschränkung des Kontakts gegeben ist, wie im Falle des Captain Cook, und wenn zugleich eine Intention zur Durchdringung der sozio-kulturellen Stufe der Fremdheit besteht. Dies zeigt die Untersuchung zur Kommunikation zwischen Priestern und Eingeborenen auf den Philippinen (Rafael 1992, Renn 1999). Auch hier wird gezeigt, dass die gemeinsame Kommunikation im Rahmen der Kultausübung zwar erfolgreich ablief, dass jedoch, selbst wenn die Priester die lokale Sprache beherrschten und aufwendige Übersetzungsanstrengungen zwecks der Enkulturierung der katholischen Dogmatik unternahmen, der »working consensus« auf beiden Seiten in gegenseitig nicht verstandenen Deutungs- und Sozialstrukturen verankert blieb. Die Einheimischen akzeptierten etwa die Institution der Beichte als einen Ausdruck der ihnen vertrauten Klient-Patron-Beziehung, während die Priester die Beichtbereitschaft ihrer Gemeindemitglieder als ein Zeichen der Bekehrung interpretierten. Es zeigt sich also, dass diskursive Abläufe in interkulturellen Situationen nicht zur Erfassung des »ungetrübten« Fremden führen, sondern eher synkretistische Denk-, Sprach- und Handlungsformen produzieren, die zwar einerseits als Brücken erfolgreicher Interaktion und Kommunikation dienen, andererseits jedoch von dem sinn-konstituierenden Bezug auf das Eigene nicht loslösbar sind. Dies bedeutet, dass zwar einerseits ohne Kommunikation und ohne die durch sie erzeugten Daten kein Zugang zu fremden Lebensformen möglich ist, dass jedoch Kommunikation selbst auch keine Fremdheit »pur« rekonstruieren kann, sondern vielmehr ein Drittes schafft, das sowohl die Elemente der Fremdheit als auch jene des »Eigenen« enthält. Die interpretative Selbstauslegung des Fremden, die anhand eines solchen »Dritten« erfolgt, greift nicht auf ein rein »Eigenes« zurück, sondern wohl auch auf Elemente »authentischer« Fremdheit, kann diese jedoch nicht gänzlich aus dem Kontext des Eigenen lösen.

Die Frage ist nun, ob und inwiefern wir den kommunikativ erzeugten alltäglichen Synkretismus, der ja in unserer Perspektive auch den Ausgangspunkt der wissenschaftlichen Rekonstruktion des Fremden darstellt, mit Mitteln wissenschaftlicher Reflexion erfassen können, um die diskursive Produktion des Fremden in »kontrollierbare« Bahnen zu lenken. Wir könnten erstens davon ausgehen, dass der diskursive Prozeß des interkulturellen Vergleichs als ein Übersetzen von einem Kulturkontext in einen anderen vonstatten geht (Aoki 1992, Shimada 1992). So problematisch dies in wissenschaftlicher Sicht erscheinen mag, vor allem, weil die semiotischen Systeme, die als »Ausgangsbasis« dienen müssten, schwer bestimmbar sind, so evident ist es allerdings auch, dass eine solche »Übersetzungstätigkeit« als alltägliches Überwinden der

Transzendenz von kulturellen Lebensformen Tag täglich vonstatten geht. Diese Prozesse sind allerdings bisher je kaum Gegenstand empirischer Forschung gewesen. Eine Ausnahme bilden hier Untersuchungen zum »code switching« in billingualen Familien (Gumperz 1982), in denen allerdings eher die pragmatische Dimension des situativen Sprachgebrauchwechsels denn das semantische Verhältnis der unterschiedlichen Codes zueinander im Vordergrund stand. Es ist sicherlich zu erwarten, dass eine nähere Erforschung der alltäglichen Übersetzungsprozesse zu Ergebnissen führt, die auch für die Annahmen über die selbstweltliche Konstitution sozialer Wirklichkeit bedeutsam werden. Solange diese Ergebnisse jedoch nicht vorliegen, müssen wir zur Beurteilung der Chancen von »Übersetzungsmodellen« auf die Ergebnisse der Translatologie zurückgreifen, die allerdings nicht mit alltäglichen, sondern vielmehr mit artifiziellen Kommunikationsgattungen zu tun hat. Auch hier wird in der Regel erkannt, dass das Resultat der Übersetzung ein Drittes ist, das eine synkretische Schnittmenge aus zwei nicht (oder nicht völlig) kommensurablen Sprachcodes darstellt. Als selbstverständlich gilt hier, dass eine Übersetzung nicht als eine äquivalente Zuordnung von Zeichen von Code zu Code durchführbar ist, sondern dass vielmehr semantische Lücken dadurch zu überbrücken sind, dass statt des lexikalischen Äquivalents ein anderer Ausdruck gewählt wird, an den jedoch »psychische und soziale« Zustände und Erfahrungen gebunden sind, die jenen entsprechen, die durch den zu übersetzenden Ausdruck in kompetenten Sprechern geweckt werden (Kade 1981, Levy 1981). Mit anderen Worten: auch in Übersetzungsprozessen ist Fremdes ohne eine teilweise nostrifizierende Aktivierung der Selbstauslegung nicht möglich, und zwar selbst dann nicht, wenn der fremde Code ausreichend beherrscht und kompetent angewandt wird, so dass ein reflexiv kontrollierter Umgang mit ihm möglich ist. Die »Adäquanz« der Übersetzung ist letztlich ein Resultat übersetzerischer Entscheidungen, die aufgrund dieser Kompetenz getroffen werden. Im normalen Falle eines wissenschaftlichen Kulturvergleichs kann allerdings von den oben genannten Bedingungen nicht ausgegangen werden, denn in der Regel geht der Vergleich mit der Rekonstruktion des kulturellen »fremden Codes« einher. Die Anwendung diskursiver Verfahren setzt natürlich auch hier sprachliche Kompetenz voraus, diese alleine führt jedoch, wie wir sahen, nicht zur Lösung des Problems eines kontrollierten Umgangs mit den kommunikativ entstehenden

Dritten. Dies liefe auch ein systematisches Protokollieren der »übersetzerischen Entscheidungen« hinaus, deren Kasuistik dann die eigentliche Grundlage des jeweiligen Vergleichens hergeben müsste.

Es wird also deutlich, dass ein kontrollierter Umgang mit dem diskursiv hervorgebrachten Fremden ohne eine Metasprache, die es erlaubt, die in der Rekonstruktion des Fremden eingegangenen Entscheidungen systematisch zu beobachten, nicht möglich ist. Als eine solche könnte uns natürlich eine beliebige wissenschaftliche Kategorisierung dienen, die uns etwa erlaubte, zu sehen, aufgrund welcher Kriterien und Entscheidungen wir dazu kommen, in einer anderen Kultur nach »Machtdistanz«, »Individualismus«, »Unsicherheitsvermeidung« etc. zu suchen (Hofstede 1997). Es wurde allerdings mehrmals zutreffend gezeigt, dass derartige Kategoriensprachen eine extremen Hang zu »Nostrifizierung« haben (Matthes 1992, Straub/ Shimada 1999, Tenbruck 1992) und sich durch eine instrumentelle Willkür der Kategoriebildung auszeichnen. Die interkulturellen Vergleiche auf dieser Basis besitzen daher in ihrer Instrumentalität eher kommerzielle Werte, als dass sie eine dem Adäquanzpostulat angemessene Rekonstruktion des Fremden bieten würden. Diese Probleme lassen sich vermeiden, wenn man zu solchen Zwecken auf Begrifflichkeiten zurückgreift, die sich sozusagen »protowissenschaftlich« generieren, d. h. die die Prozesse der Konstitution sozialer Realität vor dem Zugriff jeglicher Wissenschaft beschreiben, und so bemüht sind, die »Deformation« dieser Realität durch inadäquate wissenschaftliche Theoriebildung zu vermeiden. Ich hoffe gezeigt zu haben, dass das Konzept der Lebenswelt und seiner Struktur eine solche »Kontrolle« im Sinne eines *tertium comparationis* anbietet.

IV. Lebensweltstruktur und Kulturvergleich im Kontext der Wirklichkeitswissenschaften

Dies heißt allerdings nicht, dass das Lebensweltkonzept durch seinen protowissenschaftlichen Charakter von der Empirie der Wirklichkeitswissenschaften getrennt oder an diese nicht anschlussfähig wäre. Im Gegenteil – dem hier vertretenen »philosophisch-anthropologischen« Anspruch nach geht es gerade darum, die Schnittstellen des Lebensweltkonzepts zu den Wissenschaften aufzuzeigen, offen zu halten und sie mit Ergebnissen empirischer Forschung zu füllen, wobei allerdings die in dem Lebensweltkonzept enthaltene Wissenschaftkritik wirksam bleiben muss (Husserl 1962, Srubar 2007). Wendet man allerdings das Konzept der Lebenswelt als den Rahmen an, der die Humanwissenschaften an die Struktur ihres Gegenstandes bindet, so zeigt es sich, dass selbst die »positivitisch« inadäquat verfahrenden Ansätze sich den Implikationen ihres lebensweltlichen Gegenstandes nicht gänzlich entziehen können, sondern vielmehr seiner Struktur folgen. Diese Einsicht erlaubt es, eine interdisziplinäre Vielfalt heterodoxer Ansätze zuzulassen und ihre Resultate in ihrer »lebensweltlichen Konvergenz« zu betrachten statt sie nach den Grundsätzen einer bevorzugten »reinen Lehre« zu bewerten.

Wo liegen also die Anschlüsse an die Wirklichkeitswissenschaften, die das Lebensweltkonzept kennzeichnen? Eine besonders ergiebige Anbindung an das ganze Feld der Humanwissenschaften stellt die dem Lebensweltkonzept zugrundeliegende Annahme des Zusammenhangs von Handlungs-, Denk- und Sprachform dar.[3] Es ist hier nicht der Ort, eine Übersicht über die diesbezügliche Forschung zu geben.[4] Daher sei hier nur auf einige »klassische« Positionen hingewiesen, die in unserem Kontext diesen Zusammenhang beleuchten. Dabei muss betont werden, dass diese Thematik ein noch immer offenes Forschungsfeld darstellt, wie man auch an der Diversität der einzelnen Aussagen dazu absehen kann. Hier wird es allerdings darum gehen, anhand exemplarischer Positionen interdisziplinär einige sich bisher abzeichnende gemeinsame Züge des genannten Zusammenhangs der drei »Formen« aufzuzeigen.

Beginnen wir mit dem Zusammenhang von Handlungsform und Denkform. Dieser Zusammenhang wird in den verhaltenstheoretisch orientierten Ansätzen bereits seit Uexküll als die gegenseitige Beziehung »Merk-« und

---

[3] Der genannte Zusammenhang stellt gegenwärtig auch den Gegenstand der Diskussion zwischen den »Normativisten« und den »Naturalisten« in der analytischen Sprachphilosophie unter dem Stichwort »Philosophie des Geistes« dar. Allerdings machen die Resultate dieser Diskussion klar, dass produktive Beiträge zur Lösung des Problems doch von den »Einzelwissenschaften« zu erwarten sind, da die Entscheidung darüber, ob die »Normativisten« oder »Naturalisten« recht haben mögen offenbar letztendlich von der empirischen Ergebnissen der Sprach-, Sozial- und Kognitionswissenschaft abhängt. Für die von der Analytik angestrebte Verwissenschaftlichung der Philosophie wird so den Preis ihrer drohenden Bedeutungslosigkeit gezahlt. Vgl.: Glüer 1999, Kim 1998, Bieri 1997.

[4] Vgl. dazu den Text »Handeln, Denken, Sprechen. Der Zusammenhang ihrer Form als genetischer Mechanismus der Lebenswelt«, in diesem Band S. 11 ff.

»Wirkraum« angenommen und auch experimentell gezeigt (Uexküll/Kriszat 1970). Auch in der genetischen Psychologie Piagets wird dies in dem ihr zugrunde liegenden Konzept von Assimilation und Akkommodation als eines pragmatisch-kognitiven Zusammenspiels von Handlung und kognitiven Strukturen fortgeführt und an der Entwicklung einer Vielzahl von kognitiven Kategorien gezeigt. Im soziologischen Zusammenhang ist es die interaktionistisch-pragmatistische Tradition in der Nachfolge Meads in der der Zusammenhang von Handlungs- und Denkform – geprägt und vermittelt durch Sprachgesten – grundlegend ist. Auch die neueren Forschungen zur autopoetischen Organisation von Organismen von Maturana und Varela (1982) legen diesen Zusammenhang nahe. Hervorzuheben ist, dass die hier exemplarisch genannten Ansätze den Zusammenhang von Handlungs- und Denkform immer wieder so aufzeigen, dass sie seine Gestalt als Konstruktion einer der Lebensweltdimensionen nachzeichnen – vornehmlich jener von Zeit und Raum. Die pragmatische Konstruktion von Wahrnehmungs- und Handlungsraum wird ebenso von Uexküll als auch von Mead oder von Piaget aufgewiesen - wie unterschiedlich die Ansätze an sich auch sein mögen. Gleiches gilt für Piagets und Meads Analysen der Genese von Zeitkonzepten. Temporalität und räumliches Schließen sind schließlich auch für Maturana und Varela wesentliche Bedingungen für die Selbstkonstitution lebender Systeme.

Der Zusammenhang von Denkform und Sprachform ist spätestens seit Sapirs und Whorfs Arbeiten ein klassischer Bestandteil der anthropologischen Linguistik, wo auch die Untersuchungen zur sprachlichen Zeit- und Raumrepräsentation ihren prominenten Ort haben (Whorf 1963). In den sprachsoziologischen Untersuchungen Bernsteins und seiner Nachfolger wurde dieser Zusammenhang immer wieder vorgefunden, wenn auch nicht geklärt (Bernstein 1972, Oevermann 1972). Die soziologischen und anthropologischen Untersuchungen von Klassifikationssystemen zielen seit Durkheim (Durkheim/Mauss 1903) ebenso auf diesen Zusammenhang. Genauer betrachtet müsste man an dieser Stelle auch Forschungen über den Zusammenhang von Zeichen- bzw. Medienform und Denkform berücksichtigen, die etwa auf kategoriale Unterschiede im Denken alphabetisierter und nicht-alphabetisierter Gesellschaften hinweisen und in weiterer Differenzierung auch diese Unterschiede in Abhängigkeit von alphabetischer bzw. ideographischer Schrift verfolgen (Goody

1990, Stetter 1997, Assmann/Assmann 1994). Für die Vielfalt der Annahmen über Medienform und Denkform steht ebenso die Masse der Literatur über die Medienwirkung (Burkardt 1998, Merten 1999).

Auch die gegenseitigen Beziehungen von Sprach- und Handlungsform sind theoretisch thematisiert und empirisch aufgezeigt worden. Theoretisch erhellend ist die Schütz'sche (Schütz/Luckmann 1975) These von der Sprache als Träger von Relevanz und Typik, wo vor allem die sprachlich transportierten thematischen, interpretativen und pragmatischen Relevanzen diesen Zusammenhang beleuchten. Die pragmatische Relevanz schlägt sich demnach darin nieder, was die Sprache benennt, die Benennung trägt auch zugleich eine Interpretation des Benannten mit sich, die wiederum eine Handlungsintention bzw. Option nahelegt. Abgesehen von intuitiven Beispielen (etwa der Differenz zwischen den von den Ausdrücken »Herr« und »Kerl« getragenen Relevanzstrukturen) wird dieser Zusammenhang etwa durch Lakoffs (1980) Arbeiten über Sprachmetaphorik und ihre handlungsorientierende Bedeutung erhärtet. Labovs (1980)Untersuchungen über den Zusammenhang von sozialen Netzwerken und der Wahl von Sprachstilen beleuchten dann den Zusammenhang von Handlungsform und Sprachform von der Pragmatik her.

Diese in aller Kürze angedeuteten Evidenzen weisen auf ein zweifaches hin: Es wird erstens deutlich, dass die gezeigten Beziehungen von Handlungs-, Denk- und Sprachform interdisziplinär in einer Reihe von Ansätzen als ein grundlegender konstitutiver Zusammenhang sozialer Realität angenommen, gesehen und aufgezeigt werden, so dass auch von dieser Seite her der Vorschlag berechtigt zu sein scheint, Lebensformen als Formen dieses Zusammenhangs zu betrachten und vor diesem Hintergrund unter zwar kritischer aber nicht primär durch theoretische Vorlieben selektierende Heranziehung interdisziplinärer Resultate zu vergleichen sind. Zum zweiten zeigt es sich, dass die Untersuchung von Lebensformen auf der sprachlichen Ebene nicht in einem sprachholistischen Universum verbleiben darf, sondern durchaus gestützt auf interdisziplinäre Resultate die Verbindung zu außersprachlichen Bereichen der Realitätskonstitution suchen darf und muss.

Eine weitere Anschlussmöglichkeit des vorgestellten Lebensweltkonzepts an wissenschaftliche Aussagefelder stellt in unserem Kontext die Erforschung der einzelnen Dimensionen der Lebensweltstruktur dar, insbesondere der Zeit-

und Raumdimension sozialer Realität sowie ihrer semantischen Repräsentationen.

Die häufig anzutreffende Untersuchung der Zeit- und Raumkonzepte in unterschiedlichen Lebensformen/Kulturen verdankt sich nicht, bzw. nicht nur, dem innerwissenschaftlichen Diskurs, sondern folgt durchaus den lebensweltlichen Konstitutionsmechanismen. So ist es kein Zufall, dass die Zeitkonzepte und -semantiken der zu untersuchenden Kulturen in der Kulturanthropologie eine wesentliche Rolle spielen und dass sie einer Reihe von Anthropologen als Schlüssel zum Verständnis der untersuchten Kultur bzw. Gesellschaft dient (etwa: Evans-Pritchard 1968, Whorf 1963, Geertz 1987), weil ihre angenommene und beobachtbar ordnende Wirkung die Handlungs- und Denkformen der Beforschten nachvollziehbar macht. Auch die konstitutive Wirkung der Raumdimension, die sich bis in die Verwandtschafts- und Clanstrukturen fortsetzt und die für die Lebensformen archaischer Gesellschaften beherrschend zu sein scheint, wurde in einer Reihe von Arbeiten nachgezeichnet (Eliade 1990, Müller 1987, Lévi-Strauss 1967).

Um die Rolle und die Bedeutung der Untersuchungen von Zeit- und Raumsemantiken für den interkulturellen Vergleich zu zeigen, so wie sie von dem Lebensweltkonzept her zu leisten ist, möchte ich im folgenden das Beispiel der Zeitdimension aufgreifen. Die Zeitdimension sozialer Realität und die sie objektivierenden Semantiken sind geradezu traditionell Bestandteil der kulturvergleichenden Forschung (Whorf 1963, Granet 1985, Needham 1979, Hallpike 1979, Shimada 1994, Fabian 1983, Hall 1983, Brislin 1986, Maletzke 1996, Wendorf 1980, Dux 1989). Diese Forschungen sind einerseits bemüht, die jeweilige Zeitsemantik bzw. die Zeitauffassung zu rekonstruieren, andererseits versuchen sie jedoch meistens auch durch Vergleich der Zeitkonzepte die Frage nach der »Modernisierungs- und Evolutionsfähigkeit« der in solchen Zeitvorstellungen lebenden Kulturen zu beantworten. Bereits die klassischen Untersuchungen Granets und Needhams sind von der Weberschen Frage (Weber 1972) nach der an der »Nichtentwicklung« Chinas bemessenen westlichen Modernisierung ausgegangen, die Needham letztendlich nicht in rationalen »Mängeln« der Zeitkonzeption sieht, sondern in der die Entwicklung inhibierenden Wirkung einer Raumsemantik, die den kosmischen Makroraum und den sozialen Mikroraum fest aneinander koppelt (Needham 1979). In diesen Kontext gehört auch die häufig angesprochene These von der die Modernisierung fördernden Linearität und diese hemmenden Zirkularität der Zeitauffassungen (Wendorf 1980).

Während sich diese Art von Untersuchungen auf der Ebene von »Selbstbildern« und »gepflegten Semantiken« (Luhmann 1980, 19) bewegen, gehen etwa Hallpikes Arbeiten, von der Piaget'schen (1974, 1972) Entwicklungspsychologie ausgehend, auf die in der Zeitauffassung pristiner Gesellschaften erkennbaren Unterschiede in kognitiven Entwicklungen ein. Auch hier steht eine Evolutionsvorstellung im Hintergrund, die – mit Piaget – das abstrakt-formale Wissenschaftsdenken des Westens als einen quasi natürlichen Endpunkt der Phylo- und Ontogenese betrachtet (Hallpike 1984, Dux 1989). Gegen eine derartige evolutionstheoretische Universalisierung einer – nämlich der westlichen – Zeitsemantik wendet sich dann die Kritik jener Autoren, die darauf hinweisen, dass die in derartigen Vergleichen gesehenen Entwicklungsunterschiede großenteils als Produkte des eurozentrischen Beobachtungsschemas anzusehen sind, dessen politisch-ökonomisch bedingte Globalexpansion fälschlich für den Nachweis seiner erkenntnistheoretischen Universalität gehalten wird. Die kritischen Einwände gegen eine derartige Universalisierung einer kulturellen Zeitsemantik richten sich also erstens gegen die bereits genannte Nostrifizierungstendenz (Matthes 1992), die eine adäquate Rekonstruktion von Zeitsemantiken unmöglich macht, zweitens aber auch gegen die dadurch erfolgende Anordnung von Gesellschaften auf einer imaginären Zeitachse, die viele der gegenwärtig existierenden Gesellschaften als evolutionäre Vorformen der westlichen Moderne erscheinen läßt. Dagegen wird für eine Konzeption von Zeitlichkeit argumentiert, die auf Universalien verzichtet und sich vielmehr die jeweils »alltäglichen« Formen der Zeitigung von Gesellschaften hält (Fabian 1983). Unterschwellig ist damit bereits auch die Ablehnung von Universalien als einer komparativen Grundlage des interkulturellen Vergleichs verbunden.

Die pragmatische Lebenswelttheorie stellt ein Angebot dar, um aus diesem festgefahrenen Diskurs um den Kulturvergleich zu produktiveren Formen der Zusammenarbeit zu finden. Mit Hilfe des Lebensweltkonzepts lässt es sich zeigen, wie tief und auf welcher Vielfalt von Ebenen die soziale Realität und ihre Produzenten durch Zeitstrukturen und Zeitsemantiken durchdrungen sind. Dies strukturierende Wirkung der Zeitdimension der Lebenswelt kann von der Ebene der individuell-biographischen Identitätsbildung bis zu komplexen Formen der Koordinierung von kollektiven Praxen verfolgt werden. Die lebensweltliche Perspektive ermöglicht es dabei, die notwendige Vielfalt von alltäglichen und kultivierten Zeitsemantiken, in denen die Strukturwirkung der Zeitdimension objektiviert wird, zu unterscheiden und zu erfassen. In diesem Sinne kann dann gezeigt werden, dass – neben den anderen – die Zeitdimension sozialer Realität als eine Universalie des interkulturellen Vergleichs gelten kann, ohne dass dadurch die mit Recht kritisierte Hypostasierung einer kulturellen Ausprägung dieser Dimension zu einem universellen Deutungsschema erfolgt. Dabei ist diese Konzeption offen genug, um die interdisziplinären Erkenntnisse über die Bedingungen der Konstitution sozialer Realität in ihren theoretischen Rahmen kritisch einzubeziehen. Ihr Angebot, die Konstitutionsmechanismen der Lebenswelt zugleich auch als Mechanismen ihrer Ausdifferenzierung zu sehen, macht sie auch im Hinblick auf die Sinn- und Semantikebene der Dynamik und Evolution der Gesellschaften sensibel. Dabei folgt sie keiner linearen Modernisierungskonzeption. Es wird vielmehr die Annahme gemacht, dass Entwicklungspotentiale in der Temporalität und der Reflexivität des Weltzugangs selbst angelegt sind. Die Realisierung dieses Potentials kann an dem Grad und der Art der Reflexivität von Semantiken – so etwa von Zeitsemantiken – untersucht werden, wobei die Reflexivität einer Semantik hier ihr Vermögen bedeutet, die Ordnungswirkung der von ihr artikulierten Lebensweltdimension zur Konstruktion sozialer Ordnung zur Verfügung zu stellen. Dass dies keineswegs der westlichen Vorstellung von Fortschritt und Entwicklung entsprechen muss, darüber belehrt uns die von Lévi-Strauss – allerdings mit einer anderen Intention – getroffene Unterscheidung von »kalten« und »heißen« Gesellschaften (Lévi-Strauss 1975, 40 ff.)

Die pragmatische Lebenswelttheorie kann also als die Grundlage des Vergleichs von Lebens- und Kulturformen gute Dienste tun. Betrachtet man es als das eigentliche Ziel der Sozial- und Kulturwissenschaften, auf die Frage zu antworten, wie die soziale Ordnung möglich ist, dann könnten die Resultate eines solchen Vergleichs in diesem Rahmen unser Verständnis der Konstitutionsprozesse menschlicher Realität in ungeahnter Weise erweitern.

Literatur

Aoki, Tamotsu (1992): »Zur Übersetzbarkeit von Kultur«, in: Matthes 1992, S. 49-68.

Assmann, Aleida/Jan Assmann (1994): »Das Gestern im Heute. Medien und soziales Gedächtnis«, in: Merten, Klaus/Siegfried J. Schmidt/Siegfried Weischenberg: *Die Wirklichkeit der Medien. Eine Einführung in die Kommunikationswissenschaft*, Wiesbaden: Westdeutscher Verlag, S. 114-140.

Bernstein, Basil (1972): *Studien zur sprachlichen Sozialisation*, Düsseldorf: Schwann.

Bieri, Peter (1997): *Analytische Philosophie des Geistes*, Weinheim: Beltz.

Brislin, Richard W. et al. (1986): *Intercultural Interactions, A practical Guide*, London: Sage.

Burkart, Roland (1998): Kommunikationswissenschaft. Grundlagen und Problemfelder. Umrisse einer interdisziplinären Sozialwissenschaft, Wien: Böhlau.

Durkheim, Emile/Marcel Mauss (1903): »De quelques formes primitives de classification«, in: *Année sociologique*, VI(1903), S. 1-72.

Dux, Günter (1989): *Die Zeit in der Geschichte. Ihre Entwicklungslogik vom Mythos zur Weltzeit*, Frankfurt/M.: Suhrkamp.

Eckerle, Gudrun-Anne (1987): *Forschung, Wissenanwendung und Partizipation*, Baden-Baden: Nomos.

Edie, James M. (1969): »William James and Phenomenology«, in: *The Review of Metaphysics* 23 (1969), S. 481-526.

Eliade, Mircea (1990): *Das Heilige und das Profane*, Frankfurt/M.: Suhrkamp.

Embree, Lester (1998): »Schütz' Phenomenology of the Practical World«, in: Elisabeth List/Ilja Srubar (Hg.), *Alfred Schütz. Neue Beiträge zur Rezeption seines Werkes*, Amsterdam: Rodopi, S. 121-144.

Evans-Pritchard, Edward E. (1968): *The Nuer. A Description of the Modes of Livelihood and Political Institutions of a Nilotic People*, New York: Viking Press.

Fabian, Johannes (1983): *Time and the Other: How Anthropology makes its Objects*, New York: Columbia.

Gadamer, Hans-Georg (1990): *Wahrheit und Methode. Grundzüge einer philosophischen Hermeneutik*, Tübingen: Mohr.

Garfinkel, Harold (1967): *Studies in Ethnomethodology*, Englewood Cliffs/New Jersey: Prentice Hall.

Garfinkel, Harold/Sacks, Harvey (1979): »Über formale Strukturen primärer Handlungen«, in: Weingarten, Elmar/Fritz Sack/Jim Schenkein (Hg.): *Ethnomethodologie. Beiträge zu einer Soziologie des Alltasgshandelns*, Frankfurt/M.: Suhrkamp.

Geertz, Clifford (1987): »Person, Zeit und Umgangsformen auf Bali«, in: ders.: *Dichte Beschreibung. Beiträge zum Verstehen kultureller Systeme*, Frankfurt/M.: Suhrkamp, S. 133-201.

Glüer, Kathrin (1999): *Sprache und Regeln. Zur Normativität der Bedeutung*, Berlin: Akademie-Verlag.

Goodenough, Ward H. (1970): *Description and Comparison in Cultural Anthropology*, Cambridge: Cambridge Univ. Pr.

Goody, Jack (1990): *Die Logik der Schrift und die Organisation der Gesellschaft*, Frankfurt/M.: Suhrkamp.

Granet, Marcel (1985): *Chinesische Zivilisation*, Frankfurt/M.: Suhrkamp.

Gumperz, John J. (1982): *Discourse Strategies*, Cambridge: Cambirdge Univ. Pr.

Habermas, Jürgen (1981): *Theorie des kommunikativen Handelns* 2 Bde., Frankfurt/M.: Suhrkamp.

Hall, Edward T. (1966): *The Hidden Dimension. Man's Use of Space in Public and Private*. Toronto: Anchor Books.

Hall, Edward T. (1983): *The Dance of Life – The Other Dimension of Time*, New York: Anchor.

Hallpike, Christopher Robert (1984): *Die Grundlagen primitiven Denkens*, Stuttgart: Klett-Cotta.

Heidegger, Martin (1967 [1927]): *Sein und Zeit*, Tübingen: Mohr.

Hofstede, Geert (1997): *Lokales Denken, globales Handeln. Kulturen, Zusammenarbeit und Management*, München: Beck.

Husserl, Edmund (1952): *Ideen zu einer Phänomenologie und phänomenologischen Philosophie. Erstes Buch: Einleitung in die reine Phänomenologie, Husserliana* Bd. III, hg. v. Walter Biemel, Den Haag: Nijhoff.

Husserl, Edmund (1962): *Die Krisis der europäischen Wissenschaften und die transzendentale Phänomenologie, Husserliana* Bd. VI, hg. v. Walter Biemel, Den Haag: Nijhoff.

Kade, Otto (1981): »Kommunikationswissenschaftliche Probleme der Translation«, in: Wilss 1981, S. 199-218.

Kim, Jaewon (1998): *Philosophie des Geistes*, Wien: Springer.

Labov, William (1980): *Sprache im sozialen Kontext. Eine Auswahl von Aufsätzen* (hg. v. Norbert Dittmar und Bert-Olaf Rieck), Königstein/Ts.: Athenäum.

Lakoff, George/Mark Johnson (1980): *Metaphors we live by*, London/Chicago: Univ. Chicago Pr.

Levy, Jiri (1981): »Übersetzung als Entscheidungsprozeß«, in: Wilss 1981, S. 211-235.

Lévi-Strauss, Claude (1975): *Strukturale Anthropologie* Bd. II, Frankfurt/M.: Suhrkamp.

Litt, Theodor (1919): *Individuum und Gemeinschaft. Grundfragen der sozialen Theorie und Ethik*, Berlin/Leipzig: Teubner.

Luckmann, Thomas (1979): »Phänomenologie und Soziologie«, in: Walter Sprondel/Richard Grathoff (Hg.): *Alfred Schütz und die Idee des Alltags*, Stuttgart: Enke, S. 196-207.

Luckmann, Thomas (1999): »Eine phänomenologische Begründung der Sozialwissenschaften?«, in: Andreas Reckwitz/Holger Sievert (Hg.): *Interpretation, Konstruktion, Kultur. Ein Paradigmenwechsel in den Sozialwissenschaften*, Opladen: Westdeutscher Verlag, S. 194-202.

Luhmann, Niklas (1980): *Gesellschaftsstruktur und Semantik* Bd. I, Frankfurt/M.: Suhrkamp.

Luhmann, Niklas (1984): *Soziale Systeme. Grundriß einer allgemeinen Theorie*, Frankfurt/M.: Suhrkamp.

Lyotard, Jean-Francois (1994): *Postmodernes Wissen*, Wien: Passagen.

Maletzke, Gerhard (1996): *Interkulturelle Kommunikation: Zur Interaktion zwischen Menschen verschiedener Kulturen*, Opladen: Westdeutscher Verlag.

Matthes, Joachim (1999): »Interkulturelle Kompetenz. Ein Konzept, sein Kontext und sein Potential«, in: *Deutsche Zeitschrift für Philosophie* 47(1999),S. 411-426.

Matthes, Joachim (1992a): »The Operation Called ›Vergleichen‹«, in: Matthes 1992, S. 75-99.

Matthes, Joachim (Hg.) (1992): *Zwischen den Kulturen? Die Sozialwissenschaften vor dem Problem des Kulturvergleichs*, *Soziale Welt* Sonderband 8, Göttingen: Schwartz.

Matthiesen, Ulf (1983): *Das Dickicht der Lebenswelt und die Theorie des kommunikativen Handelns*, München: Fink.

Maturana, Humberto/Francisco Varela (1982): *Erkennen. Die Organisation und Verkörperung von Wirklichkeit*, Braunschweig/Wiesbaden: Vieweg.

Mead, George H. (1973): *Geist, Identität, Gesellschaft aus der Sicht des Sozialbehaviorismus*, Frankfurt/M.: Suhrkamp.

Merten, Klaus (1997): *Einführung in die Kommunikationswissenschaft*, Bd. 1, Münster etc.: LIT.

Müller, Werner (1987): *Indianische Welterfahrung*, Stuttgart: Klett-Cotta.

Needham, Joseph (1979): *Wissenschaftlicher Universalismus. Über die Bedeutung und Besonderheit der chinesischen Wissenschaft*, Frankfurt/M.: Suhrkamp.

Oevermann, Ulrich (1972): *Sprache und soziale Herkunft*, Frankfurt/M.: Suhrkamp.

Piaget, Jean (1972): *Sprechen und Denken des Kindes*, Düsseldorf: Schwann.

Piaget, Jean/Bärbel Inhelder (1963): *The Child's Conception of Space*, London: Routledge.

Piaget, Jean (1974 [1946]): *Die Bildung des Zeitbegriffs beim Kinde*, Frankfurt/M.: Suhrkamp.

Pike, Kenneth (1967): *Language in Relation to a Unified Theory of the Structure of Human Behavior*, The Hague: Mouton.

Plessner, Helmuth (1975): *Die Stufen des Organischen und der Mensch*, Berlin: Gruyter.

Rafael, Vincente L. (1992): »Confession, Conversion, and Reciprocity«, in: Dirks, Nicholas B.(ed.): *Colonialism and Culture*, Ann Arbor: Michigan Univ. Pr., S. 65-89.

Reckwitz, Andreas (1999): »Praxis – Autopoiesis – Text. Drei Versionen des Cultural Turn in der Sozialtheorie«, in: ders./ Holger Sievert (Hg.), *Interpretation, Konstruktion, Kultur*, Opladen/ Wiesbaden: Westdeutscher Verlag.

Renn, Joachim (1999): »Der Tod des Kapitän Cook. Zur Pragmatik sozialer Integration am Beispiel einer interkulturellen Begegnung«, in: *Handlung, Kultur, Interpretation* 8 (1999), S. 5-27.

Sahlins, Edgar (1986): *Der Tod des Kapitäns Cook*, Berlin: Wagenbach.

Schütz, Alfred (1972): »Gleichheit und die Sinnstruktur der sozialen Welt«, in: ders.: *Gesammelte Aufsätze* Bd. II, Den Haag: Nijhoff 1972, S. 203-255.

Schütz, Alfred (1981), *Theorie der Lebensformen*, hg. v. Ilja Srubar, Frankfurt/M.: Suhrkamp.

Schütz, Alfred (2003): »Über die mannigfaltigen Wirklichkeiten«, in: *Alfred Schütz Werkausgabe* Bd. V.1. Konstanz: UVK, S. 181-240.

Schütz, Alfred (2004 [1932]): *Der sinnhafte Aufbau der sozialen Welt*, *Alfred Schütz Werkausgabe* Bd. II. Konstanz: UVK.

Schütz, Alfred/Thomas Luckmann (1979/1984): *Die Strukturen der Lebenswelt*, Bd. I , Neuwied: Luchterhand; Bd. II, Frankfurt/M.: Suhrkamp.

Schütz, Alfred (1971): »Wissenschaftliche Interpretation und Alltagsverständnis menschlichen Handelns«, in: ders.: *Gesammelte Aufsätze*, Bd. I, Den Haag: Nijhoff, S. 3-54.

Shimada, Shingo (1992): »Kommentar des Übersetzers zu ›Zur Übersetzbarkeit von Kulturen‹«, in: Matthes (Hg.) 1992, S. 69-74.

Shimada, Shingo (1994): *Grenzgänge – Fremdgänge. Japan und Europa im Kulturvergleich*, Frankfurt/M.: Suhrkamp.

Spranger, Eduard (1966 [1914]): *Lebensformen. Geisteswissenschaftliche Psychologie und Ethik der Persönlichkeit*, Tübingen: Niemeyer.

Srubar, Ilja (1988): *Kosmion. Die Genese der pragmatischen Lebensweltheorie von Alfred Schütz und ihr anthropologischer Hintergrund*, Frankfurt/M.: Suhrkamp.

Srubar, Ilja (1998): »Phenomenological Analysis and its Contemporary Significance. Alfred Schütz Memorial Lecture«, in: *Human Studies* 21 (1998), S. 121-139.

Srubar, Ilja (2007): »Ist die Lebenswelt ein harmloser Ort? Zur Genese und Bedeutung des Lebensweltbegriffs«, in: ders.: *Phänomenologie und soziologische Theorie. Aufsätze zur pragmatischen Lebenswelttheorie*, Wiesbaden: VS-Verlag, S. 13-33.

Stetter, Christian (1997): *Schrift und Sprache*, Frankfurt/M.: Suhrkamp.

Straub, Jürgen (2000): *Verstehen, Kritik, Anerkennung*, Essen: Wallstein.

Straub, Jürgen/Shingo Shimada (1999): »Relationale Hermeneutik im Kontext interkulturellen Verstehens«, in: *Zeitschrift für Philosophie*, 47 (1999), S. 449-477.

Taylor, Charles (1993): »Politik der Anerkennung«, in: Amy Gutman, (Hg.): *Multikulturalismus und die Politik der Anerkennung*, Frankfurt/M.: Fischer.

Tenbruck, Friedrich H. (1992): »Was war der Kulturvergleich, ehe es den Kulturvergleich gab?« in: Matthes 1992, S. 13-35.

Uexküll, Jakob von/Georg Kriszat (1970): *Streifzüge durch die Umwelten von Tieren und Menschen*, Frankfurt/M.: Fischer.

Waldenfels, Bernhard (1997): »Phänomenologie des Eigenen und des Fremden«, in: Münkler, Herfried et al. (Hg.): *Furcht und Faszination. Facetten der Fremdheit*, Berlin: Akademie-Verlag, S. 65-83.

Weber, Max (1972): *Gesammelte Aufsätze zur Religionssoziologie* Bd. I. Tübingen: Mohr.

Welz, Frank (1996): *Kritik der Lebenswelt. Eine soziologische Auseinandersetzung mit Edmund Husserl und Alfred Schütz*, Opladen: Westdeutscher Verlag.

Wendorff, Rudolf (1980): *Zeit und Kultur. Geschichte des Zeitbewusstseins in Europa*, Opladen: Westdeutscher Verlag.

Whorf, Benjamin Lee (1963): *Sprache, Denken, Wirklichkeit. Beiträge zur Metalinguistik und Sprachphilosophie*, Reinbek: Rowohlt.

Wilss, Wolfram (1981): *Übersetzungswissenschaft*, Darmstadt: Wissenschaftliche Buchgemeinschaft.

Wittgenstein, Ludwig (1971): *Philosophische Untersuchungen*, Frankfurt/M.: Suhrkamp.

Wolff, Kurt H. (1976): *Surrender and Catch. Experience and Inquiry today*, Dordrecht/Boston: Springer.

Transdifferenz, Kulturhermeneutik und alltägliches Übersetzen: Die soziologische Perspektive

I. Transdifferenz

Der Begriff der »Transdifferenz« bezieht sich auf Prozesse der Sinnkonstitution, in denen zwei oder mehrere Sinnbereiche miteinander relationiert werden, ohne dass dadurch ihre gegenseitige Fremdheit/Differenz aufgehoben würde. Der Begriff »Transdifferenz« bezeichnet in diesem Sinne »Phänomene der spannungsreichen und unaufgelösten Ko-Präsenz von gegensätzlichen Semantiken, Sinn-Komponenten oder Zugehörigkeiten. Transdifferenzphänomene werden lebensweltlich von Individuen und Kollektiven erfahren und symbolisch verarbeitet. Der Transdifferenzbegriff zielt auf die Untersuchung von Momenten der Ungewissheit, der Unentscheidbarkeit und der Widerspruchs, die in Differenzkonstruktionen auf der Basis binärer Ordnungslogik ausgeblendet werden« (Lösch 2005, 252 f.).

Das erste definitorische Denkmal von »Transdifferenz« besteht also in der Gleichzeitigkeit, in der die Sinnkonstituierenden mehreren Sinnwelten angehören, sich also zugleich innerhalb von mehreren Realitätsbereichen befinden. Dies zieht notwendigerweise die temporäre Transitivität einer solchen Sinnbildung nach sich: Die so entstehenden Sinnkonstrukte sind weder dauerhaft stabil, noch sind sie in ihrer wechselnden Zusammensetzung »homogen« – ihre Gestalt wechselt je nach ihrer Verortung in der Zeit und im sozialen Raum. Es sind keine »Substanzen«, sondern Zeitkonstrukte. Aus der Heterogenität von Sinnelementen, die in der »transdifferenten« Sinnkonstitution relationiert werden, und aus ihrer nicht eliminierbaren gegenseitigen »Fremdheit« qua Differenz ergibt sich denn auch ihr zweites definitorisches Merkmal: In diesem Prozess muss mit Ungewissheiten, Unentscheidbarkeiten und Widersprüchen umgegangen werden, die aus der gegenseitigen Inkohärenz und Inkonsistenz der involvierten Sinnelemente resultieren. Festgemacht wird der Prozess sowohl in Akten der subjektiven Sinn- und Identitätskonstitution als auch im intra-

und interkulturellen Kommunikationsgeschehen. Betrachtet man dann »Kultur« als ein Resultat derartiger Sinnkonstitution, führt dies zu einer Erosion von Kulturvorstellungen, die »Kultur« als ein dauerhaftes Gefüge von Werten, Normen sowie kognitiven Mustern ansehen, und infolgedessen zur Auflösung des Kulturbegriffs in eine Vielzahl von sinnkonstituierenden Praktiken, in welchen eine ambivalente und »oszillierende« Varietät von Sinnkonstrukten entsteht (Bhabha 1994; Clifford 1988; Grossberg 1999).

II. Soziologie

Akzeptiert man, und vieles spricht dafür, die Sicht Luhmanns (Luhmann 1990: 271 ff.), der zufolge Wissenschaften Wissenssysteme sind, die das System »Gesellschaft« zu seiner Selbstbeschreibung hervorbringt, dann gilt dies insbesondere auch für die Soziologie. In diesem Sinne sind der soziologischen Gesellschaftsbeobachtung die mit »Transdifferenz« bezeichneten Phänomene nicht verborgen geblieben und auch sie hat aus dieser Beobachtung theoretische Schlüsse gezogen. Phänomene, auf die der Begriff »Transdifferenz« zielt, sind seit langem Themen soziologischer Forschung und Theoriebildung, insbesondere im Rahmen von Ansätzen, die die Konstruktion sozialer Realität als einen Prozess der Sinnkonstitution und Sinnverarbeitung auffassen und deren Spektrum vom »sozialen« bis zum »radikalen« Konstruktivismus reicht (Berger/Luckmann 1970; Dux 2000; Habermas 1981; Luhmann 1984; Mannheim 1969; Mead 1973; Schütz 2004). Historisch macht die Soziologie diese Phänomene am Prozess der Ausdifferenzierung qua Modernisierung der Gesellschaft und an der damit verbundenen Individualisierung fest. Systematisch werden sie dann in den Theorien der Konstitution sozialer Realität behandelt. Natürlich ist die Soziologie nicht die erste Beobachterin der Heterogenisierung und der subjektbezogenen Relativität von Sinnkonstitution, die dazu zwingen, Ungewissheit der Deutung zu akzeptieren: »Nicht bei Montaigne, sondern bei mir selbst finde ich alles, was ich dort sehe« bemerkt bereits Pascal in seinen Pensées (Pascal 1997: 689). Eine Reihe von Analysen verweist darauf, dass die Ungewissheiten der Deutung, die hier ihre Lösung findet in der Reflexion zweier unterschiedlicher Sinnuniversa, die sich in einem und demselben Text niederschlagen, sich seit dem 17. Jahrhundert in Europa in dem Maße steigert, in dem die Einsicht in die semiotische Konstruktion der

Realität und in ihre soziohistorische Bedingtheit zunimmt (Baudrillard 1982; Esposito 2002; Luhmann 1995). Die sichtbar werdende Relativität und soziale »Seinsgebundenheit« des Wissens führt nicht nur zu der Reflexion dessen, dass die Vergegenwärtigung von Epochen, Biografien und Wissenssystemen eine Leistung der Gegenwart sei, sondern auch dazu, dass man lernte, die eigene Gegenwart durch den Vergleich mit anderen co-präsenten Kulturen als ein Konstrukt zu erkennen. Wie eurozentrisch, nostrifizierend oder sonst inadäquat diese Vergleiche sein mochten (Matthes 1992), sie haben dazu beigetragen, dass die Soziologie als eine der ersten wissenschaftlichen Disziplinen lernte, den Konstruktcharakter der sozialen/kulturellen Wirklichkeit zu erkennen und infolgedessen auch die durch die sozio-historische Bedingtheit dieser Konstruktion gegebene Heterogenität ihrer »Bausteine« zu sehen. Es ist dann nur der Ausdruck dieser Heterogenität, dass zu gleicher Zeit Entwürfe nebeneinander standen, die »Kulturen« als relativ homogene Wertsysteme behandelten (so etwa Weber 1920), oder aber diese als Aggregate recht heterogener Vergesellschaftungsformen anzusehen erlaubten (Simmel 1908). Die zunehmende Ausdifferenzierung der modernen Gesellschaft zwang nichtsdestoweniger dazu, die Vorstellung von Subjekten und sozialen Kollektiven als homogenen sinnkonstituierenden Einheiten aufzugeben, und stattdessen differenzierte Modelle zu entwerfen. Dies lässt sich insbesondere am Begriff der »sozialen Person« bzw. an der Entwicklung der wissenssoziologischen Fragestellung gut zeigen.

Bereits 1890 in seiner Arbeit über »Soziale Differencierung« formuliert Simmel (1989) ein Konzept der sozialen Realität als einer heterogenen Vielzahl von sozialen Kreisen, in denen Individuen qua Rolle partizipieren, so dass sich die soziale Identität – die »soziale Person« aus der sich im Verlauf der Biografie wandelnden Schnittmenge dieser Kreise ergibt. Damit wurde das Modell einer zwischen diversen »Kulturkreisen« in der Zeit oszillierenden Identität in den Raum gestellt, wie auch an der lebhaften Rezeption Simmels in der postmodernen Semantik der Gegenwart gesehen werden kann (Bauman 1995; Frisby 1989). Die Reflexion der Relativität von »Weltanschauungen«, die an unterschiedliche soziale Standorte gebunden sind, die ein Individuum in seiner Biografie durchläuft, dient ebenso bereits Karl Mannheim 1929 (Mannheim 1969) zur Illustration der Auflösung der vermeintlichen Homogenität individuellen Wissensvorrats in eine zeitliche Sequenz von ungewissen

Wahlen und Entscheidungen, von der auch die Patchwork-Identity-Konzeption der Postmoderne spricht (Beck 1997; Mannheim 2000). Viel wichtiger ist es jedoch, dass die wissenssoziologische Arbeit Mannheims paradigmatisch »die Gesellschaft« in eine Vielfalt von Denkstandorten verwandelt, die sich durch eine beschreibbare Eigenlogik auszeichnen und zwischen welchen Übersetzungsprozesse stattfinden müssen, sollen Gesellschaftssysteme nicht zusammenbrechen. Den Rettungsanker in dieser Situation sah Mannheim bekanntlich in der Anerkennung der unaufhebbaren Relativität und Perspektivität von Wissenssystemen, die jedem von ihnen eine Geltung sui generis verleihen. Mannheims Bestreben war es allerdings, die Übersetzungsprozesse zwischen den Denkstandorten wissenschaftlich in Gang zu setzen, indem er seine Wissenssoziologie als die Disziplin verstand, die sich als eine »semiotische Maklerin« betätigen sollte (Bauman 1995; Mannheim 1969).

Die von Mannheim eingeforderte, aber nicht eingelöste Beschäftigung mit kommunikativer Verarbeitung der Heterogenität von intrakulturellen/innergesellschaftlichen Sinnbereichen wurde diesseits und jenseits des Atlantiks etwa zu gleicher Zeit aufgenommen. Der Interaktionismus Meads (1973) und die »phänomenologische Soziologie« von Schütz (2004) haben Prozesse kommunikativer Konstruktion der Realität aufgezeigt, die auf der Ebene des alltäglichen sozialen Handelns ansetzten, und somit das Grundgeschehen des sinnhaften Aufbaus der sozialen Welt qua Kulturwelt thematisiert. Selbstverständlich gehen aber auch in diese Konzepte jene von der Semantik der Moderne geführten Topoi ein, die die Heterogenität von Sinnbereichen innerhalb der sozialen Welt ebenso wie die Mehrschichtigkeit des sinnkonstituierenden Subjekts hervorheben. Meads Leistung besteht dann vor allen Dingen darin, dass er den Prozess der Semiosis, als den die Sozialität stiftenden Mechanismus par excellence aufzeigte. Er fasste die Sinnkonstitution als einen dreistelligen Prozess, in dem sinnhafte Deutungen nicht etwa Produkte einzelner Individuen bzw. sozialer Gruppen sind, sondern immer erst aus der intersubjektiven »Spiegelung« von eigenen und fremden Sinnelementen ineinander hervorgehen, wobei das jeweilige Resultat dieses Prozesses als ein signifikantes Symbol einen gegenüber seinen Produzenten unabhängigen und normativen Charakter gewinnt. In dieser Perspektive bringt der Kommunikationsprozess einerseits die Möglichkeit eines normativ homogenisierenden Gruppenkonsensus hervor. Daran schließt etwa die Habermas'sche Vorstellung des kommunikativen Handelns an (Habermas 1981). Andererseits fertigt der »trianguläre« Prozess der Sinnkonstitution keine automatischen »Bewusstseinskopien« an, die sich in den beteiligten Interaktanten festsetzen würden, sondern verbindet zumindest drei heterogene Elemente – zwei oder mehrere zeitlich-biografisch unterschiedlich geprägte Interaktanten und ein von ihnen produziertes und zugleich unabhängiges semiotisches Deutungssystem, zu dem sich die Interaktanten zu verhalten haben, indem sie es annehmen, ablehnen, modifizieren etc. In jedem Falle geht ein solches »Sich verhalten« mit einer Deutung einher, deren Resultate per Handlung in den Kommunikationsprozess wieder eingespeist werden (können). Diese Sicht schließt zwar die Möglichkeit eines durch den normativen Charakter von Zeichensystemen homogenisierten Gruppenkonsensus nicht aus, zeigt jedoch, dass eine solche Konstruktion derart voraussetzungsvoll und im Prinzip unwahrscheinlich ist, dass sie nur als ein idealtypischer Grenzfall gelten kann.

In dieser Perspektive zeigt es sich, dass die Tatsache, dass der Prozess der Kommunikation durch die Hervorbringung semiotisch objektivierter gemeinsamer Erwartungen Verständigung ermöglicht, nicht dafür blind machen darf, dass dieser Prozess zwischen sich gegenseitig transzendierenden subjektiven und sozialen Sinnbereichen abläuft. Kommunikation impliziert also immer auch einen Prozess des Fremdverstehens, der die immer mitgeführte Erfahrung der Ungewissheit über die transzendenten Sinnreiche der Anderen durch alltäglich Deutungspraktiken zu überbrücken sucht, aber nie einholen kann.

Extrem radikalisiert führt dann diese Problemsicht dazu, dass – wie etwa bei Niklas Luhmann (1984) – die Transzendenz von Sinnbereichen zu einer substanziellen Differenz von sinnverarbeitenden Systemen verabsolutiert wird mit der Konsequenz, dass die Möglichkeit der Kommunikation zwischen Individuen und sozialen Systemen negiert wird. Selbstverständlich spielt das Moment der Ungewissheit über das Gelingen von Kommunikation eine gewichtige Rolle auch in Luhmanns Ansatz, denn dieses ist es, was soziale Systeme zur Strukturbildung und Stabilisierung antreibt. Die Ungewissheit der Deutung dagegen ist für ihn offensichtlich nur sichtbar, wenn ein »reflexiver« Schritt im System erfolgt und die binären Differenzen, durch die das System auf seiner »Alltagsebene« seine Welt beobachtet, zum Gegenstand der

Beobachtung zweiter Ordnung werden, in der die blinden Flecke der Beobachtung erster Ordnung sichtbar und damit die Unzulänglichkeiten alltäglicher Beobachtung deutlich werden. Ungewissheit der alltäglichen Deutung ist so zwar beobachtbar, sie wird aber nie zum Motiv dieser Deutung selbst.

Die Sache stellt sich anders dar, wenn Kommunikation zugleich auch als ein Prozess des Fremdverstehens aufgefasst wird, wie es in den sozialkonstruktivistischen Ansätzen im Anschluss an Alfred Schütz geschieht. Hier stellen sich alltägliche Handlungssituationen prinzipiell als explorative Situationen dar, in welchen die Kommunikation und Interaktion der Produktion von Wissen, d. h. der Überführung des Unvertrauten ins Vertraute dient. Die Ausgangssituation ist hier also die des Fremdverstehens, der die Erfahrung von gleichzeitig bestehenden heterogenen, sich gegenseitig transzendierenden und keineswegs ohne weiteres transparenten oder gar kommensurablen Sinnbereichen zugrunde liegt. In dieser Sicht bedarf es nicht gesonderter Reflexionsakte zweiter Ordnung, um die Vielfalt und die Heterogenität der Sinnbereiche zu erfahren, in der sich alltägliches Leben vollzieht. Diese Vielfalt manifestiert sich unmittelbar in der Erfahrung handelnder Subjekte, etwa in der Parallelität von alltäglichen Lebenswelten, in denen ich existiere, die – wenn ich sie auch nacheinander betrete – gleichzeitig meine Biografie prägen; sie wird deutlich auch in der Erfahrung meiner unterschiedlichen Bewusstseinsmodi mit ihren differenten kognitiven Stilen, in denen ich Tag für Tag wechselweise lebe; sozial präsent ist diese Erfahrung in der Transzendenz der Anderen, die zu verstehen es mir auferlegt ist, sowie in der Notwendigkeit, mich in unvertrauten sozialen Beziehungen zu orientieren, die für mich pragmatisch relevant geworden sind. Die Erfahrung der Ungewissheit, der Transzendenz und der Heterogenität von Sinnbereichen sowie die der explorativen Praktiken, durch die mit dieser Erfahrung umgegangen wird, ist also offensichtlich nicht besonderen Situationen interkultureller, postmoderner oder postkolonialer Art vorbehalten, sondern liegt jeglicher alltäglicher Kommunikation zugrunde und stellt so die elementare soziale Situation dar, von welcher die Konstruktion sozialer Wirklichkeit schlechthin ihren Ausgang nimmt.

Vor diesem Hintergrund kann man nun folgende Punkte festhalten, die veranschaulichen, dass die Problematik, auf die der Begriff der »Transdifferenz« zielt, zugleich mit Mechanismen der Konstruktion sozialer Wirklichkeit korrespondiert, die auch im Zentrum wissenssoziologischer Forschung stehen:

1. Menschliches Handeln wird durch Sinn/Wissen geleitet.

2. Wissen generiert sich in Interaktion/Kommunikation mit Objekten und Anderen.

3. Die Transzendenz der Welt und der Anderen erzwingt kommunikatives Handeln als Grundlage der Sozialität und der kollektiven Wissensbildung schlechthin (Luhmann 1984: 148 ff.; Mead 1973: 107 ff.; Schütz 2004: 313 ff.)

Das subjektive Wissen um die Sinnorientierung des Handelns lässt Handlungen prinzipiell als Zeichen erscheinen, die anderen zur Deutung auferlegt sind. Die Ungewissheit der Referenz, auf die sich die Deutungspraxis bezieht, kennzeichnet allerdings nicht nur Handlungen als Zeichen, sondern auch alle Zeichensysteme, die als Resultat des kommunikativen Bemühens um die Reduktion dieser Ungewissheit entstehen. Die für die Konstruktion sozialer Wirklichkeit basale Handlungssituation ist daher eine »hermeneutische«, d. h. eine praktisch deutende und eine zeichengenerierende zugleich. Kundgabe und Interpretation als Interaktion im Sinne des zweiten oben angeführten Prozesses kennzeichnen den primären Weltzugang des Menschen. Da für die hermeneutische Praxis grundsätzlich alles einen Zeichencharakter gewinnen kann, muss sie auch mit allen Konsequenzen umgehen, die sich aus diesem Zeichencharakter ergeben. Dazu gehört vor allem die Ungewissheit der Zeichenreferenz, die sich prinzipiell durch das Verwenden weiterer Zeichen nicht beheben lässt. Aus diesem Phänomen der unaufhebbaren kommunikativen Unschärfe resultiert die Erfahrung der Nichtidentität und Fremdheit, auf die auch der Begriff der Transdifferenz zielt.

Wenn auch die alltägliche hermeneutische Praxis primär auf die Herstellung von Eindeutigkeit und auf die Überführung des Unvertrauten ins Vertraute ausgerichtet sein mag, so kann sie sich doch nur aufgrund gleichzeitiger Präsenz differenter Sinnbereiche vollziehen, deren Differenz und Widersprüche sie nie restlos aufzulösen vermag, und so im Unentschiedenen belassen muss. Dass diese Praxis auf zeichengestützte Praktiken angewiesen ist, bedeutet zugleich auch die kommunikativ nicht einholbare Reproduktion dieses »transdifferenten« Zustands. Paradox formuliert: Indem der in der Handlungssituation auferlegte Interpretationsbedarf nach Eindeutigkeit und Identität verlangt, werden Ungewissheit, Unschärfe und Differenz (re-)produziert.

Die letztendliche Unmöglichkeit, unterschiedliche Sinnbereiche vollends ineinander zu überführen, ihre Differenzen und ihre gegenseitige »Fremdheit« qua Transzendenz einzuebnen, gehört so zum Horizont jeder Handlungssituation und generiert eine Reihe von Praktiken, die damit umgehen (Schütz 2003). In diesem Sinne stellt »Transdifferenz« einen Bestandteil der Matrix der Lebenswelt dar (Luckmann 1979; Srubar 2003), und die von ihr gekennzeichneten Sinnkonstitutionsprozesse gehören zu jenen, durch die Semiosis schlechthin geprägt wird.

III. Semiosis und Macht

Der hermeneutische Charakter der Handlungssituationen sowie die darin mitgeführten »transdifferenten« Momente der Ungewissheit der Deutung haben konstitutionstheoretisch weitreichende Konsequenzen. Sie verlangen nach einer intersubjektiven Handhabbarkeit dieser Situationen, die in der Genese von Zeichensystemen resultiert, mit deren Hilfe kommunikative Muster der Herstellung handlungsorientierender Situationsdeutungen entstehen, die man mit Luhmann (1980) als Semantiken bezeichnen kann. Wenn im Folgenden von der Semiosis im Sinne einer symbolisch-kommunikativen Wirklichkeitskonstruktion gesprochen wird, wird dieser Prozess mit gemeint. Aus den obigen Darstellungen geht allerdings hervor, dass die handlungsorientierende Wirkung von Semantiken keineswegs deterministisch gedacht werden darf. Ihre orientierende Funktion besteht vornehmlich in ihrer Selektivität, durch die sie bestimmte Sinnoptionen in den Raum stellen und dadurch andere unartikuliert lassen. In diesem Sinne lässt sich sagen, dass Semantiken aufgrund ihrer Selektivität eine Macht ausüben, die einige semantische Räume und damit auch Handlungsräume öffnet und andere verschließt. Aufgrund des hermeneutischen Charakters von Handlungssituationen können sich jedoch Akteure zu diesen Angeboten interpretativ, d. h. auch ablehnend verhalten. Der hier skizzierte Prozess der Semiosis erhält also aufgrund seiner unvermeidlichen Selektivität Momente der Macht, bzw. der Mächtigkeit, die sich in dem Prozess der Wirklichkeitskonstruktion als sinnorientierter Praxis niederschlagen.

Diese wirklichkeitskonstituierende, sinnselektive Mächtigkeit von Semantiken ist auch der Grund dafür, dass der Prozess der Semiosis selbst zum Gegenstand von Macht wird. Hier müssen zumindest zwei Ansatzpunkte unterschieden werden, an welchen Machtpraktiken am Prozess der Semiosis Anschluss finden. Erstens haben wir es mit der Konkurrenz um die Definitionsmacht zu tun, der die Semantikbildung samt der ihr zugrunde liegenden Kommunikationsprozesse unterworfen sind. Dies ist der Bereich der Machtdiskurse und der unterschiedlichen Ebenen ihrer Institutionalisierung. Prozesse der informellen sowie der formalen Hierarchisierung sozialer Positionen sowie die Herrschaftsbildung im Sinne der Entstehung hoheitlicher Gewaltmonopole begünstigen hier die Differenzierung zwischen legitimem und illegitimem, bzw. konformem und nonkonformem Wissen sowie die Versuche, ihren Trägern typische Laufbahnen zuzuweisen. Macht wirkt sich hier nicht nur im Sinne der Definitionsmacht aus, sondern auch im Sinne der Wissensverteilung oder gar der Wissenszuteilung (Berger/Luckmann 1970; Bourdieu 1984; Foucault 1977).

Angesichts des hermeneutischen Charakters von Handlungssituationen ist allerdings damit eine determinierende Verbindung von legitimen Semantiken, subjektivem Wissen und konformem Handeln keineswegs gegeben. Dieses Problem bezeichnet den zweiten Anschlusspunkt, an dem Machtpraktiken mit der Semiosis verbunden sind. Hier handelt es sich um Macht- und Herrschaftsmechanismen, die sicherstellen sollen, dass soziales Handeln – trotz möglicher abweichender Sinnbildung und -deutung – im Rahmen legitimer Semantik und konformer Handlungsmuster bleibt oder zumindest so deutbar und damit auch im systemkonformen Rahmen anschlussfähig wird (Luhmann 1997; Berger/Luckmann 1970). Bildungs- und Erziehungsanstalten (Foucault 1977a; Habermas 1981) bzw. Berufsorganisationen (Bourdieu 1984) sind Beispiele solcher effizienten Mechanismen.

Versagen diese, so bleibt nur der unmittelbare Zwang – die Gewalt – übrig, um anschlussfähiges Handeln zu erzwingen: Die Kommunikation verlässt somit den Bereich der Zeichengebundenheit und wird asemiotisch. Die Gewalt ist hier allerdings nicht das einzige Mittel der leibgebundenen asemiotischen Kommunikation. Hier eröffnet sich der Bereich der Sexualität, Emotionalität und Lust, der von psychoanalytischen Ansätzen verwaltet wird. In allen genannten Fällen bleibt allerdings die Leiblichkeit des Menschen der finale Ansatzpunkt dieser Art von Machtausübung. Um den körperlichen Zwang, als eine sozial äußerst belastende und desintegrierende Konsequenz der Machtanwendung zu vermeiden, wird die Semiosis im Sinne der Semantikbildung als Mittel der Machtausübung selbst quasi reflexiv eingesetzt in der Form von symbolischen Macht- und Herrschaftsrepräsentationen. Durch die Entwicklung von Macht- und Herrschaftssymbolik sowie ihrer Semantiken wird es möglich, dass an die Legitimität der Macht im Sinne Max Webers (1965) geglaubt wird, oder dass zumindest das symbolische Aufblitzen der Macht in der Semantik und Symbolik ihrer semiotischen Träger genügt, um Gefolgschaft zu finden, ohne dass gewaltsamer Zwang angewendet werden müsste.

Die dargestellten Macht- und Herrschaftsmechanismen, die die Gesellschaft entwickelt, um das der Semiosis entspringende Vermögen der Wirklichkeitskonstruktion zu bändigen, lassen uns das Machtpotenzial erahnen, das in dem hermeneutischen Charakter von Handlungssituationen eingelagert ist, und das sich jederzeit und an jedem Ort im Sinne einer nonkonformen Semantik artikulieren kann. Die Diffusität der Macht der semiotischen Wirklichkeitskonstruktion ist so der Grund für die Strukturbildung zwecks ihrer Beherrschung.

Diese Zusammenhänge sind in den Geistes- und Sozialwissenschaften der letzten Jahrzehnte unter verschiedenen Aspekten wahrgenommen und konzeptuell entwickelt worden. In der Sprachphilosophie wurde im Anschluss an Quine das Problem der Ungewissheit von Zeichenreferenz thematisiert (Quine 1975, 1980); die diskursive Konstruktion der Realität wurde vor dem Hintergrund der Machtproblematik beleuchtet und es wurden Mittel der kritischen Analyse dieses Zusammenhangs angeboten (Derrida 2004; Foucault 1977, 1977a; Lyotard 1987). Die Konsequenzen des unter dem Stichwort der Globalisierung zusammengefassten sozialen Wandels, der in Folge der aktuellen Entwicklung von Medien sowie der globalen Mobilität als ein Übergang von Nationalgesellschaften zu einer »Weltgesellschaft« wahrgenommen wird, wurden im kulturwissenschaftlichen Diskurs der Gegenwart als »Hybridisierung«, »Glokalisierung« bzw. »Kreolisierung« (Hannerz 1992; Pieterse 1995; Robertson 1995) von Kulturen bezeichnet, womit auch die mit dem Begriff der »Transdifferenz« belegte Problematik auf der interkulturellen Ebene

deutlich greifbar wurde. Die gleiche Sachlage wird auch von einer Reihe sozialwissenschaftlicher Ansätze zum Ausgangspunkt genommen, die das Resultat
der Semiosis – die Kultur – thematisieren (Berger/Luckmann 1970; Dux 2000;
Hall 1999; Jameson 1999; Luhmann 1980, 1984; Münch 1998; Soeffner
2000; Stäheli 1998; Stichweh 2000).

Aus der Betonung unterschiedlicher Aspekte des dargestellten Problem-
komplexes ergibt sich auch hier eine Vielfalt von Konzeptionen. Eine schwer-
wiegende theoretische Konsequenz, die aus der Einsicht in den hermeneutischen Charakter des menschlichen Weltzugangs und infolgedessen in die
pragmatisch-symbolische Variabilität der Wirklichkeitskonstruktion abgeleitet wurde, besteht in der Ablehnung universalistischer Kulturkonzepte. Der
semiotische Charakter von Kultur wurde als Argument herangezogen, für die
Unmöglichkeit eines »tertium comparationis« jenseits des hermeneutischen
Zugangs. Da nun der Deutungsprozess immer auch eine Überführung des Unvertrauten ins Vertraute enthält, seien Versuche des inter- und intrakulturellen
Verstehens bzw. Vergleichens als eine Art Nostrifizierung des Fremden anzusehen und würden daher prinzipiell der standpunktbezogenen Relativität der
Eigenkonstruktion anheimfallen (Matthes 1992). In Zusammenhang mit der
Macht- bzw. Herrschaftsverbundenheit von Semantiken und Bedeutungsmus-
tern wurde dieser Verdacht in Ansätzen radikalisiert, die die Rekonstruktion
fremder Kulturen als ein Resultat von Machtdiskursen betrachten und nahe
legen, diese Rekonstruktion als das Ergebnis expliziter bzw. latenter Macht-
interessen zu »dekonstruieren« (Clifford 1988; Said 1995). Damit stellt sich
allerdings das Problem, woran denn eine solche Dekonstruktion bzw. schlicht
nur eine Deutung von Kulturen methodisch ansetzen könnte. Der semiotische
Charakter von Kulturen führte einerseits dazu, die Kulturwelt als »Text« aufzufassen, d. h. ihren Zeichencharakter zu universalisieren (Bachmann-Medick
1996; Geertz 1991). Die Praxisgebundenheit der Semiosis ließ andererseits
»Kultur« als eine Summe von Codierungs- und Decodierungspraktiken erscheinen, die einen Sinn anzeigen, der für den Beobachter/Forscher lesbar
ist, aber die in ihrer Gesamtheit kein »Kulturganzes« mit stabilen, in der Zeit
persistenten Strukturen mehr ausmachen (Grossberg 1999). Diese Einsichten,
die den Konstruktionscharakter von Kultur immer deutlicher werden ließen,
führten schließlich zu einer »nicht essentialistischen« Kulturauffassung, in

deren Folge der »Containerbegriff« von Kultur im Sinne eines für eine soziale Gesamtheit typischen Wissensvorrats in den transitiven, partikulären Praktiken und Mechanismen der semiotischen Sinnkonstitution aufgelöst wurde.

Damit allerdings laufen derartige kulturwissenschaftliche Ansätze Gefahr, in eine Paradoxie zu geraten. Denn, wenn sie auf der einen Seite nicht müde werden, zu behaupten, dass »culture matters«, wird es durch die zunehmende Auflösung von »Kultur« in einzelne heterogene lokale Praktiken zunehmend schwierig, Faktoren der Kulturwirksamkeit zu identifizieren. So wichtig die gewonnene Einsicht in die kulturbildenden Prozesse einerseits ist, so bedenklich ist andererseits, die damit einhergehende Tendenz, Kulturkonstrukte anhand ihrer Konstruiertheit für beliebig, folgenlos und daher für wirkungslos zu halten, zu der die Gleichsetzung von Kultur und Text zu verführen scheint.

IV. Kulturhermeneutik

Die aufgezeigte enge Verknüpfung von Semiosis und Handlung einerseits sowie von Semiosis und Macht andererseits, zeigt an, dass die Kulturgenese durchaus mit nicht-textartigen Momenten und Mechanismen der Wirklichkeitskonstruktion verzahnt ist, in die auch die jeweilige Praxis der Wirklichkeitsauslegung eingebettet ist. Diesen Zusammenhängen geht nun die soziologische Forschung nach, für die die Klärung der sinnkonstituierenden und sinnverarbeitenden sozialen Prozesse den unverzichtbaren Beitrag zur Beantwortung der primären Frage aller soziologischen Theoriebildung darstellt – nämlich: »wie ist Gesellschaft möglich?« In dieser konstitutionstheoretischen Absicht wurden etwa die nicht-textförmige soziale Bindekraft und die wirklichkeitsbildende Funktion der Sprache untersucht (Dux 2000; Habermas 1981; Luckmann 2002) sowie die Kommunikation als die basale Operation der selbstorganisierenden sozialen Systeme aufgezeigt (Luhmann 1984).

Das Verständnis der Kulturgenese stellt auch in sozialwissenschaftlicher Sicht eine der zentralen Fragestellungen dar. So groß allerdings das Interesse an dieser Frage ist, so weit ist man von ihrer Beantwortung entfernt. Weder das Problem des Fremdverstehens noch seine interkulturelle Variante, die als Voraussetzung jeglichen Kulturvergleichs gelten muss, sind annähernd geklärt. Daraus ergibt sich der Bedarf eines methodologischen Zugangs, der die Komplexität der dargestellten Problematik reflektieren und zumindest einigen der skizzierten Desiderate Rechnung tragen würde: Sofern der hermeneutische Weltzugang des Menschen auch die Grundlage seiner Wirklichkeitskonstitution ist, sollte der gesuchte methodologische Zugang ebenfalls ein hermeneutischer sein, d. h. er sollte den wirklichkeitskonstituierenden Prozessen der Semiosis und ihrer praktischen Lagerung Rechnung tragen. Eine kulturwissenschaftliche Hermeneutik kann also offensichtlich nicht entwickelt werden, ohne die Untersuchung von »basalen« Konstitutionsprozessen, in welchen sich der »sinnhafte Aufbau der sozialen Welt« (Schütz 2004) in den Akten alltäglicher Interaktion und Kommunikation noch vor dem Zugriff jeglicher Wissenschaft bereits vollzieht.

Es wurde bereits gezeigt, dass »Transdifferenz« (im Sinne eines Sinnbildungsprozesses, in dem differente Sinnbereiche nicht restlos ineinander überführbar sind und insofern unaufgelöst »nicht identisch« bestehen bleiben und trotzdem eine sinnhafte Orientierung zeitigen) durchaus mit Befunden in jenem breiten Spektrum soziologischer Untersuchungen korrespondiert, die im Anschluss an die phänomenologische Soziologie Alfred Schütz unter der Bezeichnung des »sozialen Konstruktivismus« bzw. der interpretativen Soziologie entstanden sind. Diesem Ansatz folgend gehen wir davon aus, dass die hier sichtbar werdende hermeneutische Ausgangssituation des Handelns und die Praktiken ihrer Bewältigung eine allgemeine Struktur aufweisen, die als »Matrix« der lebensweltlichen Sinnkonstitution begriffen werden kann und die der Konstitution des Eigenen und des Fremden sowie ihrer kommunikativen »Vermittlung« zugrunde liegt. Diese Matrix könnte zum Ausgangspunkt des Verständnisses der überall alltäglich vor unseren Augen stattfindenden Auslegungsprozesse werden und so auch zur Grundlage einer Kulturhermeneutik, deren Universalität nicht in dem kulturzentrierten Anspruch eines Wissenssystems (Kulturwissenschaft), sondern in den auch ihm zugrundeliegenden Strukturen begründet wäre. Das Konzept der Transdifferenz ist hier geeignet, die diese Struktur konstituierenden Prozesse differenzierter zu sehen.

V. Alltägliches Übersetzen

Sollen die nichttextförmigen Konnotationen der Semiosis beleuchtet werden, dann muss der pragmatische Hintergrund der Sinnkonstitution erfasst werden. Geht man von der handlungsorientierenden Wirkung der Semiosis aus, einer

Wirkung, die als die notwendige Grundannahme für die Kulturbildung gelten muss, dann wird klar, dass sich diese Wirkung nur im Zusammenhang mit den die textförmige (d. h. die zeichensystemartige) Semiosis transzendierenden Bereichen der Kommunikation und der Handlung selbst entfalten kann. Um dies sichtbar werden zu lassen, ist es notwendig, den Zusammenhang zwischen Denkform (Kognition), Handlungsform (Praxis) und Sprachform (und in Fortsetzung dessen auch der jeweiligen Medienform) ins Auge zu fassen, der als latenter Wirkungszusammenhang notwendigerweise angenommen wird, wenn von sozialer Wirksamkeit der Semiosis im Sinne »sozialer Texte« qua Semantiken ausgegangen wird (Srubar 2003a). Dies ist auch der Bereich, in dem die kommunikative Herausbildung von Identitäten und Handlungsmustern in biographischen sowie kollektiven-geschichtlichen Zusammenhang angesiedelt und untersucht werden kann. Bereits hier stoßen wir auf komplexe Übersetzungsprozesse, die im Rahmen der alltäglichen Wirklichkeitskonstitution zwischen den drei genannten Sinngebieten ablaufen. Obwohl sie den Akteuren nicht unmittelbar zugänglich zu sein brauchen, sind sie nichtsdestoweniger Bestandteile ihrer alltäglichen sinnbildenden Praxis. Diese Praxis, die in beobachtbaren interaktiven kommunikativen Abläufen fassbar wird, deren Kern der Umgang mit den unaufhebbaren Transdifferenz-Phänomenen darstellt, kann nun als die des alltäglichen Übersetzens gefasst werden. Insofern als Transdifferenz als ein Prozess der Sinnkonstitution aufgefasst wurde, in dem Differenzen aufeinander bezogen sind, ohne eingeebnet zu werden, wird sie als basale Eigenschaft von Kommunikation begriffen, in der die der Kommunikation zugrundeliegende Ungewissheit von Bedeutung zum Ausdruck kommt. Damit kann die soziale Praxis des Umgangs mit den Transdifferenz-Phänomenen als die des Übersetzens in seinen vielfältigen alltäglichen und institutionalisierten Formen bestimmt werden.

Alltägliches Übersetzen bezeichnet also die alltägliche Auslegungspraxis von Akteuren, die unter Bedingungen von Transzendenz und ungenügender Deckung von heterogenen Sinnbereichen, d. h. unter den Bedingungen von Unbestimmtheit und Ambivalenz von Situationen handeln. Übersetzen wird hier selbstverständlich nicht nur im sprachlichen Sinne gemeint, sondern es umfasst auch das Vermögen, fremde Handlungsmuster zu verstehen und sie zum Mittel der eigenen Situationsbewältigung zu machen. Die so begriffene soziale Übersetzungspraxis, die differente Sinnbereiche aufeinander bezieht, ohne ihre Heterogenität aufheben zu können und ein Translat produziert, das sich mit keinem der Ausgangsbereiche deckt (Srubar 2002a), führt so auch über den Bereich der »Kultur als Text« hinaus, denn sie verlangt auch die Berücksichtigung der pragmatischen Ebene von Übersetzungsdiskursen und der unterschiedlichen Modi ihrer sozialen Organisation. Diese Betrachtungsweise öffnet auch den Zugang zu »asemiotischen« Aspekten der kommunikativen Kulturbildung, etwa jenen der Leiblichkeit bzw. der Gewalt sowie zu den Auswirkungen der Materialität der involvierten Medien. Dabei ist zu berücksichtigen, dass das Translat im Sinne einer Semantik, in der sich das Resultat einer von »der Transdifferenz« gekennzeichneten Praxis niederschlägt, nicht immer die transdifferenten Momente explizit zu artikulieren braucht, durch welche die Übersetzungstätigkeit ausgelöst wurde. Zu typischen Resultaten alltäglichen Übersetzens gehören auch Praktiken und Semantiken, die als Reaktion auf die in der Auslegungssituation erfahrene Transdifferenz Differenzen entweder einebnen oder antagonistisch verabsolutieren.

Die transdifferenten Momente innerhalb des alltäglichen Übersetzens werden zunehmend als Folge des gegenwärtigen als Globalisierung bezeichneten sozialen Wandels greifbar. Die weltweite Massenmobilität und die mediale Zugänglichkeit von unterschiedlichsten Sinnwelten erzwingen den alltäglichen Umgang mit heterogenen Sinnelementen auf geographischer sowie institutionalisierter Ebene, der Übersetzungspraktiken nach sich zieht, deren Resultate sich in einschlägigen Semantiken sedimentieren. »Transdifferenz« wird hier nicht nur als Charakteristik und Auslöser hermeneutischen Handelns sichtbar, sondern wird auch zum Gegenstand institutionellen, insbesondere auch politischen Handelns sowie gesellschaftlicher, wissenschaftlicher und wirtschaftlicher Diskurse, in welchen die Probleme von Migration, Identität und Integration, d. h. von Inklusion und Exklusion verhandelt und institutionell behandelt werden. »Transdifferenz« bezeichnet somit auch eine Problemlage, von der das Handeln in der sich per Globalisierung konstituierenden Weltgesellschaft wesentlich geprägt wird.

Die Phänomene der Transdifferenz sind demnach in Übersetzungsprozessen auf allen gesellschaftlichen Handlungsebenen aufzufinden und auch zu untersuchen. Sie können auf der Mikroebene der Lebensführung, auf der Mesoebene des Handelns einzelner Institutionen sowie auf der Makroebene der staatlichen und transnationalen Kommunikationsprozesse beobachtet werden.

VI. Zusammenfassung[5]

Das Programm einer kulturwissenschaftlichen Hermeneutik reflektiert die im wissenschaftlichen Diskurs der Gegenwart in Veränderung begriffenen Beziehungen zwischen Geistes- und Sozialwissenschaften. Aus soziologischer Perspektive maßgeblich ist hierbei insbesondere die methodologische Frage nach den Verhältnissen zwischen sozialer Praxis, sozialem Text und wissenschaftlicher Reflexion. Zu nennen sind zumindest drei kontroverse Diskussionsbereiche, zu denen im Rahmen des soziologischen Zugangs erfahrungswissenschaftlich fundierte Theoriebeiträge generiert werden sollen:

1. Die methodologische Kontroverse über Probleme der Kulturgenese und des Kulturvergleichs (vgl. Bachmann-Medick 1997; Dux 2000; Hartmann/Janich 1996; Haverkamp 1997; Münkler/Ladewig 1996; Nucci et al. 2000; Reckwitz 2000, 2001; Srubar 2003; Straub/Shimada 1999; Straub 1999; Sutter 1997; Winter 2001) bedarf einer Weiterführung. Mittlerweile allgemein konsentiert ist die Überlegung, wonach kulturelle und interkulturelle Prozesse nicht nur als (in Kontexte der Alltagspraxis eingebettete) Symbolsysteme zu verstehen sind, sondern selbst Praktiken der alltäglichen Lebensführung darstellen, die u. a. zu Selbst- und Fremdidentifikationen beitragen. Jenseits dieses Konsenses jedoch herrscht Uneinigkeit über die Frage, ob diese Praktiken der alltäglichen Lebensführung selbst als textförmig (Diskurstheorie, Cultural Studies, Poststrukturalismus etc.) oder aber als Resultate eines Konstitutionsprozesses zu verstehen sind, der nicht-textförmige und textförmige Elemente in sich einschließt (phänomenologisch orientierte Soziologie, strukturgenetische Theorie, Pragmatismus, methodischer Kulturalismus etc.).

2. Damit steht zweitens die Frage zur Debatte, auf welche Weise im Rahmen einer kulturwissenschaftlichen Hermeneutik die für kulturelle wie

---

[5]Dieser Abschnitt wurde zusammen mit Ulrich Wenzel verfasst.

inter- und transkulturelle Konstitutions- und Differenzierungsprozesse grundlegenden Momente des Handelns, Denkens und der Kommunikation qua Symbolsystemen ins Verhältnis zu setzen sind (vgl. Srubar 2003). In der soziologischen Sicht wird dieser konstitutionstheoretische Problemhorizont mit der Frage nach einer angemessenen Konzeptualisierung von inter- und transkulturellen Kommunikationsprozessen verknüpft. Die Forschungsliteratur sowohl in den Geistes- wie den Sozialwissenschaften weist zu dieser Frage ein relativ unabhängiges Nebeneinander von Ansätzen auf, die sich entweder am Modell gelingender Verständigung (paradigmatisch: Bachmann-Medick 1996; Habermas 1981; Straub 1999) oder aber am Modell selbstreferentieller Signifikationsprozesse orientieren (paradigmatisch: Luhmann 1991; Stäheli 1998). Es besteht Grund für die Annahme, dass sich diese unbalancierte Entgegenstellung mit dem Modell alltäglichen Übersetzens überwinden lässt (vgl. Renn et al. 2002; Srubar 2002a). Damit ist eine Praxis allgegenwärtiger alltäglicher Hermeneutik bezeichnet, die nicht nur Symbolisches, sondern das gesamte Repertoire kommunikativer und interpretativer Techniken und Ebenen umfasst: Handeln, Denken und Symbolkommunikation. Fruchtbar für die Gesamtfragestellung nach den Entstehungsbedingungen und Formen von Transdifferenz ist der Begriff des alltäglichen Übersetzens, weil in ihm von je her mitgeführt wird, dass diese Prozesse stets unter der Bedingung eingeschränkter Kenntnisse des fremden Kontexts ablaufen, das heißt stets Unschärfen und Ambivalenzen in unterschiedlicher Intensität mitführen. Alltägliches Übersetzen steht jedoch zugleich unter dem Zwang, Realitätskonstruktionen anzufertigen, die unter suboptimalen Bedingungen nicht zum Abbruch von Kommunikation, sondern zu einer Praxis führen, die als Alltagshermeneutik der Transdifferenz rekonstruiert werden kann.

3. Drittens ist aus soziologischer Perspektive auf die Dynamik sozialstruktureller Bedingungszusammenhänge einer sich herausbildenden Weltgesellschaft abzustellen. Hier führen die Prozesse der Transdifferenz zur Herausbildung transitiver, nichtsdestoweniger aber handlungswirksamer lokaler, regionaler und globaler (Sub-)Kulturfelder (vgl. bspw. Münch 1998; Soeffner 2000; Stichweh 2000). Erst vor diesem Hintergrund

kann sinnvoll nach den Entstehungs- und Wandlungsprozessen heterogener, hybridisierter und ambivalenter Kulturwelten gefragt werden, in deren Rahmen sich jene symbolischen wie praktischen Unschärfen erheben, die als Elemente des Transdifferenten Gegenstand des Erlanger Graduiertenkollegs »Kulturhermeneutik im Zeichen von Differenz und Transdifferenz« sind.

Die Resultate alltäglichen Übersetzens in der Praxis einer sich weiter differenzierenden Weltgesellschaft können unterschiedliche typische Formen annehmen. In einer soziologischen Zuspitzung der Kulturhermeneutik ist in diesem Zusammenhang der Ebenenunterschied zwischen individuellen und kollektiven Identitäten, Lebensformen, Milieus, Organisationen, Institutionen und Funktionssystemen von entscheidender Bedeutung. Hierbei ist das Wechselspiel zwischen den drei genannten Ebenen (Handeln, Denken, symbolische Kommunikation) zu betrachten, in denen sich je eigenständige Prozesse herausbilden, die zugleich in einem wechselseitigen Ermöglichungsverhältnis stehen. Reflexionsfiguren des intra-, inter- und transkulturellen Kulturkontakts, wie zum Beispiel die aufeinander bezogenen Figuren des Verstehens und Missverstehens, entstehen sowohl im Bereich des Handelns, des Denkens wie der Kommunikation, und gehen dabei ein Spannungsverhältnis ein, ohne notwendig aufeinander zu konvergieren.

Die Entscheidung für eine Grundbegrifflichkeit, die das Gesamtrepertoire des menschlichen Weltzugangs (als Spannungsverhältnis) integrativ zu erfassen sucht, ermöglicht sozialweltliche Phänomene der sich entwickelnden Weltgesellschaft auf neuartige Weise zu thematisieren. Die im Zuge vielgestaltiger Kulturkontakte sich herausbildenden Deutungsschemata (Wirklichkeitskonstruktionen) tragen zur Heterogenisierung von ›Kulturen‹ bei, ohne den inter/intrakulturellen Bezug abreißen zu lassen. Das langfristige Ziel eines solchen Projekts ist es, Grundzüge einer alltäglichen Hermeneutik der Transdifferenz auszuarbeiten und hierbei die aufeinander bezogenen Ebenen der Selbst- und Fremdverständigungsprozesse analytisch zu beleuchten. In anwendungsbezogener Hinsicht sollen hierdurch Grundlagen für eine Hermeneutik von Kommunikationsprozessen in der heterokulturellen Weltgesellschaft erarbeitet werden, die zur Lokalisierung von Problemen und zur Erarbeitung von Lösungsvorschlägen zur Verbesserung intra-, inter- und transkultureller Kommunikation beitragen könnten.

Literatur:

Bachmann-Medick, Doris (1996): »Multikultur oder kulturelle Differenzen? Neue Konzepte von Weltliteratur und Übersetzung in postkolonialer Perspektive«, in: dies. (Hg.): *Kultur als Text. Die anthropologische Wende in der Literaturwissenschaft*, Frankfurt/M.: Fischer, S. 262-290.

Bachmann-Medick, Doris (Hg.) (1997): *Übersetzung und die Repräsentation fremder Kulturen*, Berlin: E. Schmidt.

Baudrillard, Jean (1982): *Der symbolische Tausch und der Tod*, München: Matthes & Seitz.

Bauman, Zygmunt (1995): *Ansichten der Postmoderne*, Hamburg: Argument.

Berger, Peter L./Luckmann, Thomas (1970): *Die gesellschaftliche Konstruktion der Wirklichkeit. Eine Theorie der Wissenssoziologie*, Frankfurt/M.: Fischer.

Bhabha, Homi K. (1993): *The Location of Culture*, London et al.: Routledge.

Bourdieu, Pierre (1984): *Die feinen Unterschiede. Kritik der gesellschaftlichen Urteilskraft*, Frankfurt/M.: Suhrkamp.

Cliffort, James (1988): *The Predicament of Culture: Twentieth-Century Ethnography, Literature and Art*, Cambridge/Mass.: Harvard Univ. Pr.

Derrida, Jacques (2004): *Die Différance*, Stuttgart: Reclam.

Dux, Günter (2000): *Historisch-genetische Theorie der Kultur*, Weilerswist: Velbrück.

Esposito, Elena (2002): *Soziales Vergessen*, Frankfurt/M.: Suhrkamp.

Foucault, Michel (1977a): *Überwachen und Strafen. Die Geburt des Gefängnisses*, Frankfurt/M.: Surhkamp.

Foucault, Michel (1977): *Die Ordnung des Diskurses*, Frankfurt/M.: Fischer.

Frisby, David (1989): *Fragmente der Moderne. Georg Simmel – Siegfried Kracauer – Walter Benjamin*, Rheda: Daedalus.

Geertz, Clifford (1991): *Dichte Beschreibung. Beiträge zum Verstehen kultureller Systeme*, Frankfurt/M.: Suhrkamp.

Grossberg, Lawrence (1999): »Was sind Cultural Studies?«, in: Hörning, Karl H./Winter, Rainer (Hg.): *Widerspenstige Kulturen*, Frankfurt/M.: Suhrkamp, S. 43-83.

Habermas, Jürgen (1981): *Theorie des kommunikativen Handelns*, Frankfurt/M.: Suhrkamp.

Hall, Stuart (1999): »Kulturelle Identität und Globalisierung«, in: Hörning, Karl H./Winter, Rainer (Hg.): *Widerspenstige Kulturen*, Frankfurt/M.: Suhrkamp, S. 393-442.

Hannerz, Ulf (1992): *Cultural Complexity. Studies in the Social Organization of Meaning*, New York: Columbia Univ. Pr.

Hartmann, Dirk/Janich, Peter (1996): *Methodischer Kulturalismus*, Frankfurt/M.: Suhrkamp.

Haverkamp, Anselm (Hg.) (1997): *Die Sprache der anderen. Übersetzungspolitik zwischen den Kulturen*, Frankfurt/M.: Fischer.

Holz, Klaus/Wenzel, Ulrich (2003): »Struktur und Entwicklung. Zur Methodologie der Rekonstruktion von Kultur«, in: Wenzel, Ulrich et al. (Hg.), *Subjekte und Gesellschaft*, Weilerswist: Velbrück, S. 198-230.

Jameson, Frederic (1999): *The Cultures of Globalization*, Durham: Duke Univ. Pr.

Lévy, Pierre (1997): *Die kollektive Intelligenz. Für eine Anthropologie des Cyberspace*, Mannheim: Bollmann.

Lösch, Klaus (2005): »Transdifferenz. Ein Komplement von Differenz«, in: Srubar, Ilja/ Renn, Joachim/ Wenzel, Ulrich (Hg.): *Kulturen vergleichen. Theoretische Grundlagen des Kulturvergleichs*, Wiesbaden: VS-Verlag, S. 252-289.

Luckmann, Thomas (2002): *Wissen und Gesellschaft*, Konstanz: UVK.

Luckmann, Thomas (1979): »Phänomenologie und Soziologie«, in: Sprondel, Walter/Grathoff, Richard (Hg.): *Alfred Schütz und die Idee des Alltags*, Stuttgart: Enke, S. 196-207.

Luhmann, Niklas (1980): »Gesellschaftliche Struktur und semantische Tradition«, in: ders.: *Gesellschaftsstruktur und Semantik* Bd. I, Frankfurt/M.: Suhrkamp, S. 9-70.

Luhmann, Niklas (1984): *Soziale Systeme. Grundriß einer allgemeinen Theorie*, Frankfurt/M.: Suhrkamp.

Luhmann, Niklas (1990): *Die Wissenschaft der Gesellschaft*, Frankfurt/M.: Suhrkamp.

Luhmann, Niklas (1997): *Die Gesellschaft der Gesellschaft*, Frankfurt/M.: Suhrkamp.

Luhmann, Niklas (1995): »Kultur als historischer Begriff«, in: ders., *Gesellschaftsstruktur und Semantik* Bd. 3, Frankfurt/M.: Suhrkamp, S. 31-54.

Lyotard, Jean-Francois (1987): *Der Widerstreit*, München: Fink.

Mannheim, Karl (1969): *Ideologie und Utopie*, Frankfurt/M.: Schulte-Bulmke.

Mannheim, Karl (2000): »Frankfurter Vorlesung von 1930«, in: Srubar, Ilja/ Endreß, Martin (Hg.): *Karl Mannheims Analyse der Moderne*, Opladen: Leske + Budrich, S. 45-123.

Matthes, Joachim (1992): »The Operation Called ›Vergleichen‹«, in: ders. (Hg.): *Zwischen den Kulturen? Die Sozialwissenschaften vor dem Problem des Kulturvergleichs, Soziale Welt* Sonderband 8, Göttingen: Schwartz, S. 75-99.

Matthes, Joachim (1999): »Interkulturelle Kompetenz. Ein Konzept, sein Kontext und sein Potential«, in: *Zeitschrift für Philosophie* 47 (1999), S. 411-426.

Mead, George H. (1973): *Geist, Identität, Gesellschaft aus der Sicht des Sozialbehaviorismus*, Frankfurt/M.: Suhrkamp.

Münch, Richard (1998): *Globale Dynamik, lokale Lebenswelten. Der schwierige Weg in die Weltgesellschaft*, Frankfurt/M.: Suhrkamp.

Münkler, Herfried/Ladewig, Bernd (Hg.) (1996): *Furcht und Faszination: Facetten der Fremdheit*, Berlin: Akademie.

Nucci, Larry P./Saxe, Geoffrey B./Turiel, Elliot (Hg.) (2000): *Culture, Thought, and Development*, Mahwah/NJ: Erlbaum.

Pascal, Blaise (1997): *Gedanken*, Stuttgart: Reclam.

Pieterse, Jan Nederveen (1995): »Globalization as Hybridization«, in: Featherstone, Mike/Lash, Scott/Robertson, Roland (Hg.): *Global Modernities*, London etc.: Sage, S. 45-69.

Quine, Willard van Orman (1975): *Ontologische Relativität u.a. Schriften*, Stuttgart: Reclam.

Quine, Willard van Orman (1980): *Wort und Gegenstand*, Stuttgart: Reclam.

Reckwitz, Andreas (2000): *Die Transformation der Kulturtheorie. Zur Entwicklung eines Theorieparadigmas*, Weilerswist: Velbrück.

Reckwitz, Andreas (2001): »Multikulturalismustheorien und der Kulturbegriff«, in: *Berliner Journal für Soziologie*, 11 (2001), S. 179-200.

Renn, Joachim (1998): »Übersetzungskultur. Übersetzung als Konstruktionsprinzip der modernen Gesellschaft«, in: *Sociologia Internationalis* 36 (1998), S. 141-171.

Renn, Joachim (2002): »Übersetzen, Verstehen, Erklären. Soziologisches Übersetzen zwischen Erkennen und Anerkennung«, in: Renn, Joachim/Straub Jürgen/Shimada Shingo (Hg.), *Übersetzung als Medium des Kulturverstehens und sozialer Integration*, Frankfurt/M.: Campus, S. 13-39.

Renn, Joachim (2003): »Explizite und implizite Vergesellschaftung. Zu einer Soziologie kultureller Lebensformen«, in: Straub, Jürgen/Liebsch, Burkhard (Hg.), *Lebensformen im Widerstreit*, Frankfurt/M./New York: Campus, S. 82-105.

Renn, Joachim/Straub, Jürgen/Shimada, Shingo (Hg.) (2002): *Übersetzung als Medium des Kulturverstehens und sozialer Integration*, Frankfurt/M./New York: Campus.

Robertson, Roland (1995): »Glocalization: Time Space and Homogenity-Heterogenity«, in: Featherstone, Mike/Lash, Scott/Robertson, Roland (Hg.), *Global Modernities*, London etc.: Sage, S. 25-45.

Said, Edward W. (1995): *Orientalism*, London: Penguin.

Schütz, Alfred (2004): *Der sinnhafte Aufbau der sozialen Welt. Alfred Schütz Werkausgabe* Bd. II. Konstanz: UVK.

Schütz, Alfred (2003): »Das Problem der Relevanz«, in: *Alfred Schütz Werkausgabe* Bd. VI.1., hg. v. Elisabeth List, Konstanz: UVK, S. 65-222.

Simmel, Georg (1908): *Soziologie. Untersuchungen über die Formen der Vergesellschaftung*, Berlin/Leipzig: Duncker & Humblot.

Simmel, Georg (1989): *Aufsätze 1887 – 1890, Gesamtausgabe* Bd. 2, Frankfurt/M.: Suhrkamp.

Soeffner, Hans-Georg (2000): *Gesellschaft ohne Baldachin. Über die Labilität von Ordnungskonstruktionen*, Weilerswist: Velbrück.

Srubar, Ilja (2007a): »Ethnizität und sozialer Raum«, in: ders.: *Phänomenologie und soziologische Theorie*, Wiesbaden: VS-Verlag, S. 539-560.

Srubar, Ilja (2007b): »Ist die Lebenswelt ein harmloser Ort? Zur Genese und Bedeutung des Lebensweltbegriffs«, in: ders.: *Phänomenologie und soziologische Theorie*, Wiesbaden: VS-Verlag, S. 13-33.

Srubar, Ilja (2007c): »Lebenswelt und Transformation. Zur phänomenologischen Analyse gegenwärtiger Gesellschaftsprozesse«, in: ders.: *Phänomenologie und soziologische Theorie*, Wiesbaden: VS-Verlag, S. 511-537.

Srubar, Ilja (1998a): »Phenomenological Analysis and its Contemporary Significance. Alfred Schütz Memorial Lecture«, in: *Human Studies* 21 (1998), S. 121-139.

Srubar, Ilja (1998b): »The construction of social reality and the structure of literary work«, in: Embree, Lester (Hg.), *Alfred Schütz – Sociological Aspects of Literature*, Dordrecht: Kluwer, S. 75-88.

Srubar, Ilja (2007d): »Heidegger und die Grundfragen der Sozialtheorie«, in: ders.: *Phänomenologie und soziologische Theorie*, Wiesbaden: VS-Verlag, S. 35-60.

Srubar, Ilja (2002): »Strukturen des Übersetzens und interkultureller Vergleich«, in: Renn, Joachim/Straub Jürgen/Shimada, Shingo (Hg.): *Übersetzung als Medium des Kulturverstehens und sozialer Integration*, Frankfurt/M.: Campus, S. 323-345 (in diesem Band S. 155 ff.).

Srubar Ilja (2003): »Unterwegs zu einer vergleichenden Lebensform-Forschung. Die pragmatische Lebenswelttheorie als Grundlage interkulturellen Vergleichs«, in: Liebsch, Burkhardt/ Straub, Jürgen (Hg.), Lebensformen im Widerstreit, Frankfurt/M., New York: Campus, S. 105-137 (in diesem Band S. 91 ff.).

Srubar, Ilja (2003a): »Handeln, Denken, Sprechen. Der Zusammenhang ihrer Form als genetischer Mechanismus der Lebenswelt«, in: Wenzel, Ulrich et al. (Hg.), Subjekte und Gesellschaft, Weilerswist: Velbrück, S. 70-116 (in diesem Band S. 11 ff.).

Srubar, Ilja (2005): »Die pragmatische Lebensweltheorie als Grundlage interkulturellen Vergleichs«, in: Srubar/Renn/Wenzel 2005, S. 151-172.

Srubar, Ilja/ Renn, Joachim/ Wenzel, Ulrich (Hg.) (2005): *Kulturen vergleichen. Sozial- und kulturwissenschaftliche Grundlagen und Kontroversen*, Wiesbaden: VS-Verlag.

Stäheli, Urs (1998): »Die Nachträglichkeit der Semantik. Zum Verhältnis von Sozialstruktur und Semantik«, in: *Soziale Systeme* 4 (1998), S. 315-339.

Stichweh, Rudolf (2000): *Die Weltgesellschaft. Soziologische Analysen*, Frankfurt/M.: Frankfurt.

Straub, Jürgen (1999): *Verstehen, Kritik, Anerkennung. Das Eigene und das Fremde in der Erkenntnisbildung interpretativer Wissenschaften*, Göttingen: Wallstein.

Straub, Jürgen/Shimada, Shingo (1999): »Relationale Hermeneutik im Kontext interkulturellen Verstehens«, in: *Zeitschrift für Philosophie* 47 (1999), S. 449-477.

Sutter, Tilmann (Hg.) (1997): *Beobachtung verstehen, Verstehen beobachten. Perspektiven einer konstruktivistischen Hermeneutik*, Opladen: Westdeutscher Verlag.

Weber, Max (1920): Gesammelte Aufsätze zur Religionssoziologie, Tübingen: Mohr.

Weber, Max (1965): Wirtschaft und Gesellschaft, Tübingen: Mohr.

Wenzel, Ulrich (2000): *Vom Ursprung zum Prozess. Zur Rekonstruktion des Aristotelischen Kausalitätsverständnisses und seiner Wandlungen bis zur Neuzeit*, Opladen: Leske + Budrich.

Wenzel, Ulrich/Neumann-Braun, Klaus (2002): »Mediendifferenzierung und die Rahmungen der Kommunikation«, in: Neumann-Braun, Klaus (Hg.), *Medienkultur und Medienkritik*, Wiesbaden: Westdeutscher Verlag, S. 135-162.

Winter, Rainer (2001): *Die Kunst des Eigensinns: Cultural studies als Kritik der Macht*, Weilerswist: Velbrück.

Strukturen des Übersetzens und interkultureller Vergleich

Kann die Rede von der Übersetzung von Kulturen mehr als eine Metapher sein? Die gegenwärtige Debatte um den interkulturellen Vergleich, die vor allem das Problem der Nostrifizierung des Fremden anspricht, zeigt in der Tat, dass die Vorstellung einer »translation of cultures«, die noch in den 70er Jahren viel zu versprechen schien (Evans-Pritchard 1968; Lévi-Strauss 1971, 306) etwas vorsichtiger behandelt werden muss. Das Hauptproblem, das diese Vorstellung in sich birgt und das auch die Problematik der Nostrifizierung einbezieht, scheint offensichtlich in dem Gebrauch des Begriffs »Übersetzen« zu liegen. Denn dieser suggeriert die Möglichkeit, der Vermittlung zwischen zwei dem Übersetzer gleichermaßen vertrauten Sinnsystemen, wobei die Art und Weise der Aneignung dieser Sinnsysteme (im Falle der sprachlichen Übersetzung also des Sprachsystems) als zuerst unproblematisch gilt. Die doppelte Kulturkompetenz des Übersetzers stellt hier die nicht hinterfragte Voraussetzung seiner Tätigkeit dar. Die Differenz zwischen dieser Sicht des Übersetzens und dem Übersetzen von Kulturen scheint daher offensichtlich zu sein: Während im ersten Fall die doppelte Kulturkompetenz als Voraussetzung gilt, ist sie im zweiten Falle erst zu erlangen: D. h. das Übersetzen fremder Kulturen in die Vorstellungswelt der je eigenen Kultur setzt zuerst die Rekonstruktion des Fremdkulturellen voraus. Damit aber befindet man sich mitten in dem verminten Problemfeld des Kulturvergleichs, in dem die ungeklärten Fragen der Nostrifizierung, der Alterität und Alienität sowie der Intersubjektivität dem Forscher auflauern. Soll es also heißen, dass zuerst diese Probleme geklärt werden müssen, bevor man die Übersetzungsthematik anpackt? Aber könnten wir nicht vielmehr umgekehrt durch die Reflexion der Übersetzungsproblematik Mittel gewinnen, um das in der Debatte um die Interkulturalität entstandene Minenfeld zu räumen?

Ich möchte die zweite Möglichkeit aufgreifen und mich der Übersetzungsproblematik in drei Schritten nähern: Erstens will ich die strukturellen

Voraussetzungen des sprachlichen Übersetzens betrachten. Im zweiten Schritt soll geklärt werden, inwiefern man die hier gewonnenen Ergebnisse für das Problem des Kulturübersetzens nützen kann. Drittens schließlich sollen die gewonnen theoretischen Einsichten anhand einer empirischen Untersuchung der interkulturellen Kommunikation« in einem multikulturellen Unternehmen erprobt werden.

I.

Beginnen wir mit einer Skizze der Problemlagen der übersetzerischen Tätigkeit wie sie in der Übersetzungswissenschaft thematisiert werden (Gerzymisch-Arbogast/Mudersbach 1998; Kade 1981; Koller 1979; Levý 1981; Lörscher 1991; Nida 1964, 1969a, 1969b, 1976; Snell-Hornby 1988). Ich spreche hier mit Bedacht von übersetzerischer Tätigkeit als dem Gegenstand der Translatologie, denn letztendlich handelt es sich um eine Wissenschaft von einer zwischen den Kulturen vermittelnden Praxis. Generell wird gesehen, dass das Übersetzen als eine Überführung von Sinnelementenen von einem Sinn-/Sprachsystem in ein anderes auf zwei Ebenen stattfinden muss, auf die bereits E. A. Nida (Nida 1964, 159 ff.; Koller 1979) mit seinen Begriffen der »formalen« (denotativen, »originalgetreuen«) und der »dynamischen« (konnotativen, sinnorientierten) Adäquanz der Übersetzung zielt. Mit formaler Adäquanz ist hier also die lexikalische Übereinstimmung gemeint, die dynamische Adäquanz bezieht sich auf die Äquivalenz der Sinnwirkung des Textes in der Ausgangssprache und in der Zielsprache, wobei das Prinzip der Originaltreue in den Hintergrund tritt (»Entthronung des Ausgangstexts«). Bereits dies macht deutlich, dass die Tätigkeit des Übersetzens in der Translatologie immer auch als eine interpretativ-verstehende aufgefasst wird, d. h. als eine Art der internen Kommunikation zwischen zwei Sinn-/Kultursystemen (Snell-Hornby 1988, 43; Nida 1976), so dass wir den translatologischen Ansätzen, die dieses Geschehen methodologisch zu erfassen suchen, durchaus auch sinnvolle Hinweise auf die Struktur von Prozessen interkultureller Kommunikation und des Vergleichs entnehmen können.

Aus der verlangten doppelten Adäquanz des sprachlichen Übersetzens ergeben sich auch seine spezifischen Probleme: Obwohl hier auch die beiden Sinnsysteme als bekannt gelten müssen, so begegnet man häufig doch

1. dem Fehlen eines Sinnelements der Ausgangssprache in der Zielsprache;

2. es stehen häufig nicht gleiche, sondern nur verwandte Sinnelemente zur Verfügung;

3. Die »decodability«, d. h. Gängigkeit der Sinngebilde und Elemente in den beiden Sinnsystemen kann recht unterschiedlich sein (Koller 1979).

Die Tätigkeit des Übersetzers geht also mit einem Interpretationsprozess einher, den die Translatologie (Levý 1981) als einen kontrollierten Entscheidungsprozess bezeichnet. In diesem Prozess wählt der Übersetzer in voller Kenntnis der semantischen bzw. der kulturellen Nichtdeckung – d. h. der Alienität – der fraglichen Sinnelemente eine Sinneinheit der Zielsprache aus, die dort eine vergleichbare Sinnwirkung hat (Kade 1981; Nida, 1964, 1969b): »As a non native speaker, the translator may well activate scenes that diverge from the author's intentions or deviate from those activated by a native speaker of the source language« (Snell-Hornby 1988, 81). Er führt also Akte einer inneren Kommunikation durch, in denen er selektiv Anschlüsse an die beiden Sinnsystemen herstellt, die man als Akte einer *reflexiven Nostrifizierung* bezeichnen kann. Diese reflexive Nostrifizierung kann wohl als die basale Operation des Übersetzens begriffen werden. Spätestens hier wird auch deutlich, dass Übersetzungsakte immer auch vergleichende Akte sind, die reflexiv-selektiv verfahren und daher einen konstruktiven bzw. einen rekonstruktiven Charakter haben. Ihre Konstruktivität erfasst beide Sinnwelten des Übersetzungsverhältnisses: der Zuordnung von konnotativen Sinnelementen in der Zielsprache (Konstruktion) muss eine Interpretation/Rekonstruktion der Textsinnwelt der Ausgangssprache vorausgehen. Das Übersetzen als reflexive Nostrifizierung verfährt also immer auch vergleichend rekonstruktiv, selbst wenn der Übersetzer in beiden »Sinnwelten« kompetent zu Hause ist.

Über die hieraus resultierenden Konsequenzen und über den methodologischen Umgang mit ihnen scheiden sich auch in der Translatologie die Geister: Einige Schulen betonen den hermeneutischen Umgang mit Texten, andere (Levý 1981) suchen nach einer strukturalistischen Abbildung der semantischen Nähe und Distanz von Sinnelementen, um eine methodische Grundlage für die übersetzerischen Entscheidungsprozesse zu erreichen. Andere – insbesondere im Bereich des Simultan-Übersetzens – betonen radikal die »dynamische«

Sinnadäquanz gegenüber der formal lexikalischen (Snell-Hornby 1988). Trotz dieser Differenz sind sich jedoch die Übersetzungswissenschaftler relativ einig darüber, was die Voraussetzungen und die Resultate der die Übersetzung ermöglichenden Operationen sind, die ich hier als reflexive Nostrifizierung bezeichnet habe. Beginnen wir mit den Voraussetzungen: Wir können hier zwischen sozusagen nichtartikulierten und artikulierten Voraussetzungen unterscheiden. Wie empirische Untersuchungen zur Übersetzungstätigkeit zeigen (Krings 1976), zweifeln selbst geübte Übersetzer (deutsche Französischlehrer) nie an der prinzipiellen Übersetzbarkeit von Texten, obwohl sie natürlich mit dem Problem der Nichtübereinstimmung von Sinnelementen vertraut sind. Selbst wenn ihnen die translatologische Thematisierung der Übersetzungssituation nicht geläufig ist, verläuft ihre Praxis entlang der Akte der »reflexiven Nostrifizierung« letztendlich so, dass sie übersetzerische »Rezeptionsprobleme« identifizieren, lösen und eine mehr oder minder sinnvolle Übersetzung liefern, selbst wenn sie dabei mit der Zielsprache nicht ganz normkonform umgehen. Offensichtlich liegt also der Situation des Übersetzens eine generelle intersubjektive Einstellung zugrunde, in der – ganz im Sinne von Gadamer (1990) – die Sprachfähigkeit mit einer generellen Annahme von Kommunikationsfähigkeit einhergeht, selbst wenn die reflexive Erfahrung der Alienität von Sprachsinnwelten vorliegt.

Natürlich versucht die Translatologie die Voraussetzungen, die zu dieser generell vorausgesetzten Übersetzungskompetenz gehören, näher zu spezifizieren. Abgesehen von der sprachlichen Kompetenz wird auch die Kenntnis der kommunikativen Gattungen und Genres in der Ausgangssprache wie in der Zielsprache gefordert, die es möglich macht, den pragmatischen und »argumentativen« Kontext des Textes als »Handlung« (Stierle 1975) herzustellen. Darüber hinaus wird auch die Kenntnis der latenten »Wissenssysteme« verlangt, die, im Text nur angesprochen, ebenso zum Sinnkontext des Textes gehören, da sie die spezifischen Deutungsschemata der lexikalischen Ebene darstellen. Mit Foucault zu sprechen: Der Übersetzer muss die Archive kennen, aus welchen sich die Semantiken des zu übersetzenden Diskurses speisen, um deren Sinnelemente in der Zielsprache reflexiv und »adäquat« zu nostrifizieren (Gerzymisch-Arbogast u. a. 1998, 53 f.). Der Begriff der Nostrifizierung darf hier allerdings nicht zu der Vorstellung verleiten, das Fremde der zu übersetzenden Sinnwelt würde somit im Vertrauten der Ziel-Sinnwelt aufgehen und verschwinden. Indem vielmehr die Übersetzung immer als ein Resultat einer inneren Kommunikation im Sinne einer vergleichenden Selektion von Sinnelementen angesehen werden muss, stellt sie auch im Rahmen der eigenen Welt ein »Drittes« dar, ein kommunikatives Konstrukt, das weder in der einen noch in der anderen Sinnwelt voll beheimatet ist, und so die Fremdheit spüren und zugleich verstehen lässt. Die Auffassung des Übersetzens als eines selektiven Vergleichs von Sinnelementen zwingt dazu, die Übersetzungstätigkeit nicht als eine bipolare zu betrachten, durch die die Sinnelemente einfach von Sprache A in Sprache B verschoben werden würden. Der Übersetzungsprozess wird vielmehr als eine trianguläres Modell dargestellt, in dem ein *tertium comparationis* den dritten Bezugspunkt der Übersetzungsakte abgibt. Das Übersetzen setzt in dieser Sicht Bedingungen voraus, die allgemeiner sind als die »bloße« mehrsprachige Kompetenz, und die sozusagen die Bedingung der Möglichkeit der inter- und intralingualen Kommunikation an sich ausmachen. Dazu gehören nach E. A. Nida (1964, 53 ff.):

1. Die Ähnlichkeit der geistigen Prozesse sowie Ähnlichkeit somatischer Reaktionen;

2. die Gewissheit, dass Ähnlichkeiten zwischen den Menschen als kulturkonstituierenden Wesen höher sind als die Differenzen;

3. die soziale Plastizität des Bewusstseins und die Anpassungsfähigkeit des Menschen.

Wir sehen also, dass diese Punkte eine Art »Generalthesis des alter ego« darstellen, durch die die Möglichkeit von Kommunikation und Übersetzbarkeit von Sinnwelten und damit auch die Tätigkeit des Übersetzens auf ihre lebensweltliche Grundlage gestellt werden soll – eine Spur, die wir noch aufnehmen werden.

Fassen wir also das zusammen, was wir bis jetzt über die Struktur der Übersetzungstätigkeit haben lernen können:

1. Das Übersetzen ist als eine innere Kommunikation zwischen zwei Sinnsystemen aufzufassen.

2. In dieser Kommunikation erfolgt ein selektives Zuordnen von Sinnelementen, deren häufig nicht gegebene formale Adäquanz durch die Wahl semantisch abweichender Elemente mit einer ähnlichen Sinnwirkung in der Zielsprache überbrückt werden muss – ein Verfahren, das wir als *reflexive Nostrifizierung* bezeichneten – das offensichtlich eine der Grundbedingungen der Übersetzbarkeit darstellt.

3. Das Resultat des Übersetzens – die Übersetzung – stellt ein Konstrukt dar, das sich aus der vergleichend-selektierenden Rekonstruktion beider Sinnsysteme speist – d. h. ein Drittes repräsentiert, das fremd und vertraut zugleich ist.

4. Der übersetzerische vergleichende Prozess der Selektion von Sinnelementen selbst ist nicht bipolar, sondern setzt seinerseits ebenso ein Drittes voraus, nämlich seine »lebensweltliche Grundlage« als ein *tertium comparationis*. Dieses *tertium* ist von jenem, das uns als Resultat des kommunikativen Übersetzungsprozesses begegnet, wohl zu unterscheiden, da das erste die Grundlage das zweite jedoch das Produkt des Übersetzens ist.

Nun könnte man sagen, dass diese vier Punkte für den interkulturellen Vergleich insofern irrelevant sind, als sie aus Ansätzen gewonnen wurden, die bereits die Kenntnis beider Sinnsysteme voraussetzen. Betrachten wir daher zur Sicherheit (und zum Vergleich) ein Konzept, das das Übersetzen zugleich auch als eine Rekonstruktion einer unbekannten Fremdsprache anhand der eigenen kulturellen Vorkenntnis sowie der Beobachtung des fremden Handelns und Sprachverhaltens thematisiert. Einen solchen Ansatz stellt das Quine'sche »Gavagai- Beispiel« dar. Ich setze hier voraus, dass die Quine'schen diesbezüglichen Ausführungen bekannt sind und beschränke mich nur auf die wesentlichen Punkte (Quine 1975). Quines Ansatz stellt bekanntlich eine Kritik der Carnap'schen Semantik dar. Um seine Konzeption der Beziehung von Designatoren zu Designata zu illustrieren führt Carnap (1970) das Beispiel der Übersetzung aus einer unbekannten Sprache an: Durch die Beobachtung des Sprachverhaltens lässt sich die Extension eines Ausdrucks festellen, indem durch ein Befragen der Eingeborenen seine Extension (d. h. die Klasse von

Gegenständen, auf die sich der Ausdruck bezieht), festgehalten werden kann. Durch weiteres empirisches Einschränken der Extension, können schließlich Hypothesen über diejenigen Eigenschaften des Ausdrucks aufgestellt werden, die seine Intension ausmachen. Quines Gegenbeispiel zeigt, dass die Äußerung der Lautfolge »Gavagai« in der Situation, in der dem Forscher und seinem einheimischen Begleiter ein Hase über den Weg läuft, weder eine positive Gewißheit über die Intension noch über die Extension des Ausdrucks bietet. Weder ist ohne eine bereits vorausgesetzte »Rahmensprache« bzw. ohne einen pragmatisch erzeugten »Regelrahmen« zu klären, ob sich »Gavagai« in der gegebenen Situation wirklich auf »Hase« bezieht, noch ist durch Nachfragen endgültig zu klären, welche Extension der Begriff wirklich hat (Hasenteil, Hasenphase, Hasenform etc.). Daraus resultiert für Quine eine prinzipielle Unerforschlichkeit der Referenz sowie eine prinzipiell nicht aufhebbare Unbestimmtheit der Übersetzung (Quine 1975, 67 f.), die allerdings nicht nur für Übersetzungen, sondern auch für die Muttersprache und für die »interne Kommunikation« mittels begrifflichen Denkens gilt. Mit anderen Worten: folgt man Quine, so sind die bereits aufgezeigten Übersetzungsprobleme im Falle der Begegnung mit einer unbekannten Sprache/Kultur nicht substanziell anders gelagert als im Falle des sprachlichen Übersetzens – sie werden lediglich radikalisiert. Radikalisiert bedeutet hier, dass die Strukturmerkmale der übersetzerischen Akte, die wir oben für das sprachliche Übersetzen ausgemacht haben, Bestandteile des Kommunikationsprozesses im allgemeinen darstellen, deren Geltung sich keineswegs auf den Bereich des Übersetzens im herkömmlichen Sinne beschränkt, sondern auch für den Bereich der alltäglichen Kommunikation schlechthin angenommen werden muss. Das Übersetzen mit seiner kommunikativ zu überwindenden, jedoch nie restlos auflösbaren Ungewissheit stellt so einen alltäglichen Vorgang dar.

Wesentlich in unserem Kontext ist nun der Quine'sche Nachweis, dass eine Vergewisserung über die Probleme der ungewissen Referenz des Übersetzens qua Kommunizierens zwar durch die Sprache reflexiv abbildbar ist, dass jedoch der »Rahmen«, in dem die Referenz von Ausdrücken erst ihren Sinn erhält, nicht aus der logisch-analytischen Behandlung der Sprache selbst zu gewinnen ist, sondern auch immer die Rekonstruktion des pragmatischen Zusammenhangs der »Regelkonstruktion« erfordert, der Sprachverhalten, Handeln und

Denken mit einschließt. Sofern also »Übersetzen« in seinem nun gewonnenen erweiterten Sinne eine »Herstellung von Referenz« bedeutet, gelten die oben aufgezeigten vier Punkte auch hier: Es geht kommunikativ vor sich, es handelt sich um eine selektive Zuordnung von Sinnelementen anhand eines bereits vorausgesetzten Rahmenschemas, d. h. um ein »nostrifizierendes« Verfahren, das zwar sprachlich- reflexiv abbildbar ist, dessen konstitutive Elemente jedoch auf eine die Sprache transzendierende, lebensweltliche Fundierung verweisen.

Quine stellt offensichtlich einige Möglichkeiten vor, um sich der Konstitution von »Koordinierungssystemen« zu nähern, in deren Rahmen Referenzfragen approximativ gelöst werden können. Die erste bestünde meines Erachtens in einer Theorie der Kommunikation als der Koordinierung zweier Bewusstseinsabläufe durch einen »Reiz« als ein Ereignis. Wenn auch Quin diese »Reizhypothese« in seinem Alterswerk aufgab (Cappai 2000; Quine 1995), da ihm ihre »biologische« Basis als Grundlage semantischer Identitätsstiftung mit Recht suspekt vorkam, ändert es nichts daran, dass Kommunikation als ein gemeinsamer pragmatischer Weltbezug nur über Koordinierung durch äußere Ereignisse möglich ist. Die andere Möglichkeit liefert der Hinweis auf die pragmatische Genese des Koordinierungssystems der sprachlichen Referenz selbst (Quine 1975, 69). Des weiteren könnte man mit Quine auch annehmen, dass der gesuchte Rahmen keine eins zu eins Zuordnungsvorschrift enthalten kann, sondern dass er, angesichts der prinzipiellen Ungewissheit von Übersetzungen, nur typische Zuordnungsstrukturen aufweisen dürfte, die zwar Selektion ermöglichen, aber prinzipiell die Ungewissheit nicht aufheben. Letztendlich ist auch das Quine'sche »Principle of Charity« (Quine 1980) zu erwähnen, demnach wir den Sprechern unbekannter Sprachen den gleichen Wahrheitsbezug und Konsistenz unterstellen müssen, wie uns selbst. Mit Recht wurde gezeigt (Cappai 2000), dass dies keineswegs einen Sprachrelativismus bedeutet, in dem die »Wahrheit der Übersetzung« in einem Kultursystem eingeschlossen bleibt, sondern dass auch hier eine Art »Generalthesis des alter Ego« anvisiert wird, deren Berechtigung sich nicht aus dem jeweiligen Sprachsystem selbst erschließt. Wir sehen also, dass auch Quines Untersuchungen des Übersetzungsproblems ebenso wie die translatologischen Ansätze letztendlich auf eine Struktur der Lebenswelt verweisen, in welcher Übersetzungsakte und Übersetzbarkeit überhaupt verankert sind.

II.

Um die lebensweltlichen Grundlagen des Übersetzens in den Blick zu bekommen, müssen wir vor allem die Vorstellung verlassen, die Lebenswelt in der Sicht des phänomenologischen Ansatzes, stelle lediglich eine ihrer Struktur nach homogene Kulturwelt dar, deren selbstverständliche geltende Orientierungsmuster allen ihren »Bewohnern« gemeinsam sind. Wenn auch eine kulturelle Lebenswelt im Sinne von Alfred Schütz als ein Kosmion selbstverständlich gegebenen Sinnes verstanden werden kann, so darf nicht übersehen werden, dass gerade diese »Selbstgegebenheit« ein Resultat komplexer Denk-, Handlungs- und Kommunikations/Sprachakte ist, die die Praxis der alltäglichen Akteure ausmachen. Dabei ist zu beachten, dass Selbstverständlichkeit und Selbstgegebenheit als Charakteristik der alltäglichen Orientierungen noch keineswegs auch ihre Homogenität einschließen. Ganz im Gegenteil zeichnen Heterogenität, gegenseitige Transzendenz sowie Inkongruenz die Elemente des lebensweltlichen Wissens aus. In der hier vertretenen Konzeption der Lebenswelt wird, im Anschluß an Alfred Schütz (2003b) davon ausgegangen, dass sich die primäre Erfahrung der Lebensweltstruktur in der relativ natürlichen Einstellung pragmatisch als Struktur des Handlungsfeldes erschließt. Die Interaktion mit Dingen und Anderen generiert die räumliche, zeitliche und soziale Strukturierung dieses Handlungsfelds. Zeitliche, räumliche und soziale Dimensionen der Lebensweltstruktur werden so erlebbar und evident und gehen in die Relevanz- und Typiksysteme der Handlungsorientierung ein. In der Erfahrung der zeitlichen, räumlichen und sozialen Handlungs- und Sinngrenzen, die das Handlungsfeld durchziehen, ist auch die Erfahrung der Transzendenz begründet. Transzendenz von Mitmenschen, Handlungsbereichen und Sinnwelten gehört so zu den Grundstrukturen menschlicher Lebenswelt. Im gleichen Maße gehört dazu auch die kulturell universelle Technik der Überwindung dieser Transzendenz – die Zeichen setzende Kommunikation. In diesem Sinne ist es kein Zufall, dass die Sinnstruktur der Lebenswelt semiotisch ist. Die appräsentative Sinnstruktur des Zeichens, die die pragmatisch generierten, heterogenen zeitlichen, räumlichen und sozialen Bereiche der Lebenswelt zu verbinden vermag, ist in diesem Sinne in der Struktur des primären lebensweltlichen Handlungsfelds verankert, aus der sich die basalen Lebensweltdimensionen entwickeln. So gesehen, macht es keinen Sinn, diesen Zusammenhang zu trennen, indem man etwa einerseits von einem semiotischen und andererseits von einem praxisbezogenen Kulturbegriff spricht.

Die Erfahrung der Transzendenz der Welt und des Handelns gehört also zu den Evidenzen des humanen Weltzugangs in der relativ natürlichen Einstellung. Bereits der einfachste Vorgang alltäglicher Kommunikation kann als ein Akt der Überwindung dieser Transzendenz thematisiert werden: Kommunikation ist in diesem Sinne ein Vorgang der Koordinierung von zwei Bewusstseinsströmen durch ein äußeres Ereignis einer gesetzten Handlung. Auch wenn der Handlungssinn ungewiss sein mag, steht der prinzipielle Bezug der Handlung zu einem sie transzendierenden Sinnzusammenhang auf Seiten des Handelnden fest. Handlungen haben also den Charakter von Zeichen. In kommunikativer Absicht müssen sie daher im Hinblick auf den Adressaten gewählt werden. Selbst in den einfachsten Fällen einer solchen Zeichenwahl, in denen ich davon ausgehe, dass der Adressat die mir zur Verfügung stehenden Zeichen so zu deuten vermag wie ich, haben also die kommunikativen Zuordnungsakte einen Übersetzungscharakter, indem sie per reflexiver Nostrifizierung Elemente meines Sinnzusammenhangs im vermeintlichen Sinnzusammenhang des alter ego zu vermitteln versuchen. Es kommt hier nicht darauf an, darüber zu streiten, inwiefern diese These dem vorprädikativen Charakter der Redebildung entspricht oder nicht. Auch sollte klar sein, dass die spezifischen »Übersetzungsleistungen« einer derartigen kommunikativen Koordinierungen von Bewusstseinsströmen nicht schlicht in einem per Zeichen erfolgenden Sinntransfer von Bewusstsein A ins Bewusstsein B erfolgen, sondern vielmehr durch den interaktiven Aufbau gemeinsamer Erwartungsstrukturen vonstatten gehen. Wichtig ist hier die mit alldem ebenso einhergehende Erfahrung einer intralingualen/intrakulturellen Übersetzungssituation, die bereits durch die pragmatische Zeichensetzung mit dem Prozess innerer Kommunikation verbunden ist. Die Erfahrungen, die eine Übersetzungssituation kennzeichnen, nämlich die Ungewissheit von Zeichensetzung/Referenz einerseits und die Annahme prinzipieller Übersetzbarkeit andererseits sind also nicht nur Bestandteil alltäglicher Kommunikationspraxis, sondern sie sind auch in der pragmatisch-semiotischen Struktur der Lebenswelt als dem primär humanen Weltzugang verankert.

Stimmt diese These, so ist der damit aufgezeigte Erfahrungsmodus prinzipiell nicht aufhebbar. Insofern würden sich die Befunde der phänomenologischen Lebensweltanalyse mit den Befunden Quines decken. Dies allerdings hätte einige Konsequenzen für das Verständnis des Zusammenhangs von Übersetzung und Kommunikation. Erstens würde es heißen, dass das Moment der Alienität als seitens des Übersetzens zu überwindender Fremdheit und somit der Ungewissheit der Übersetzung, in Kommunikationsakten immer mitgeführt wird. Zweitens bedeutet das, nachdem wir die »reflexive Nostrifizierung« als die Grundoperation des Übersetzens ausgemacht haben, dass kommunikative Akte – gleich ob intra- oder interkulturell – ohne Nostrifizierungsprozesse nicht stattfinden können. Selbstverständlich wird es Unterschiede geben in Bezug auf den Grad der Nostrifizierung und ihrer Reflexivität, aber prinzipiell heißt es, dass der Vorwurf bzw. Nachweis von »Nostrifizierung« allein, etwa an interkulturelles Verstehen bzw. Vergleichen gerichtet, noch nichts über die Inadäquatheit dieser Prozesse aussagt.

In unserem Kontext ist allerdings die dritte Konsequenz am bedeutsamsten: Offensichtlich finden laufend Akte des Übersetzens im Verlauf alltäglicher Kommunikation statt, ohne dass die Interagierenden mit den Kompetenzen ausgestattet wären, die eingangs von der Translatologie als Bedingungen eines optimalen Übersetzens aufgestellt wurden, d. h. ohne eine vollkommene Sprachkompetenz und ohne eine ausreichende Kenntnis von tieferliegenden Deutungsschemata und Wissenssystemen. Trotzdem findet intra- und interkulturelle Kommunikation statt, für deren Zweck die jeweils pragmatische Rekonstruktion des zu übersetzenden Sinnbereichs ausreicht. Dies bedeutet nicht, dass in die alltägliche Kommunikation die von der Translatologie gemachten Annahmen strukturell und praktisch nicht eingingen; es ist offensichtlich vielmehr so, dass für einen erfolgreichen Kommunikationsvorgang die gemachten Bedingungen nicht in einer optimalen Art und Weise, d. h. nicht vollkommen realisiert werden müssen. Wie wir am Beispiel der Französisch-Lehrer sahen, kommen auch »Übersetzungen« zustande, die das prinzipielle Verstehen der Sachverhalte ermöglichen, selbst wenn sie nicht »vollkommen« sind. In der Konsequenz bedeutet das, dass selbst eingeschränkte kulturelle Kompetenzen im Sinne einer unzureichenden Vertrautheit mit dem zu übersetzenden Sinnsystem in alltäglicher Kommunikation zu »adäquaten« Übersetzungen führen können und realiter auch führen. Wir müssen also davon ausgehen, dass sowohl intra- als auch interkulturell alltäglich adäquate Kommunikation und Übersetzungen ablaufen, die anhand einer unzureichenden Deckung von Sprachkompetenzen und Deutungskompetenzen vonstatten gehen. Um Kommunikation im Sinne der Übersetzbarkeit – d. h. Zuordnung von Sinnelementen – zu vollziehen, ist offensichtlich eine solche Deckung weder möglich, noch notwendig.

Für das Problem der interkulturellen Kommunikation bzw. des interkulturellen Vergleichs bedeutet das, dass wir die bisher übliche Perspektive umkehren sollten: Wir sollten nicht mehr von dem Desiderat optimaler Situation ausgehen, in der eine – wie auch immer zu erreichende – maximale Vertrautheit mit dem zu behandelnden Sinnsystem herrscht, sondern von den Gegebenheiten, in welchen derartige Operationen alltäglich erfolgreich ablaufen und die offensichtlich meistens suboptimalen Charakters sind. Dies ist kein Plädoyer für die Einstellung wissenschaftlichen Bemühens, in die Geheimnisse fremder Kulturen verstehend einzudringen, sondern vielmehr eine Aufforderung, Rahmenbedingungen zu beachten, auf welchen derartiges Übersetzen offensichtlich beruht. Mit der Annahme der Suboptimalität alltäglichen Übersetzens wird auch dem radikalen Relativismus die Spitze gebrochen, der – mit gewissem Recht – das Erlangen einer vollkommenen fremdkulturellen Kompetenz verlangt, damit jedoch auch die Möglichkeit eines adäquaten interkulturellen Vergleichs negiert.

Welche Rahmenbedingungen sind es aber, die in der suboptimalen Situation alltäglichen Übersetzens trotzdem ein Verstehen und eine pragmatisch adäquate Rekonstruktion transzendenter Sinnbereiche ermöglichen? Als erstes sollten wir uns vergegenwärtigen, dass es sich hier nicht um rein sprachliche Sinnbereiche handelt, sondern um pragmatische Handlungskontexte, die von einem Zusammenhang zwischen Denkform, Handlungsform und Sprachform geprägt werden. Wenn es auch einerseits dieser Zusammenhang ist, dessen generative Variabilität hinter der Vielfalt humaner Sinnwelt steht, ermöglicht er offensichtlich andererseits die Annahme einer »Sinn-Triangulierung« mittels beobachtbarer Sprach- und Handlungsakte. Hier könnte man also die soziologische These verankern (Garfinkel/Sachs 1979; Srubar 1988), dass jene Konstruktionsmechanismen sozialer Wirklichkeit, die die Sinndifferenz hervorbringen, es zugleich sind, mit deren Hilfe diese Differenz auch verstehbar – d. h. übersetzbar ist. Selbstverständlich kann eine situative »Sinn-Triangulierung« die prinzipielle Ungewissheit der Übersetzung nicht aufheben, die ja gerade die Suboptimalität alltäglichen Übersetzens ausmacht. Es kann allerdings die Relevanz variieren, mit welcher die Übersetzungsproblematik auf der Kommunikationssituation lastet. Mit Schütz (1971) lassen sich einige lebensweltlichen Voraussetzungen des Umgangs mit der Übersetzungsgewissheit ans Licht bringen. Als erstes ist die situativ bedingte Extensität der Generalthesis des alten Ego zu beachten, d. h. die Reichweite der Annahme der Reziprozität von Perspektiven, die unterschiedliche Grade der in einer Situation angenommenen Intersubjektivität aufweisen kann. Im Anschluss an Schütz (1971) kann man von einer anthropologischen, einer sozialen und einer kulturellen Intersubjektivität sprechen. Mit anthropologischer Intersubjektivität möchte ich die Anerkenntnis des Gegenüber als eines alter Ego schlechthin bezeichnen; soziale Intersubjektivität umfasst die Annahme gemeinsamer einfacher Handlungsformen, Gesten und Beziehungen (etwa der Deixis, des Tausches, Überordnung und Unterordnung, des Konflikts etc.). Kulturelle Intersubjektivität bedeutet das Verständnis der tiefliegenden Deutungsschemata, in welchen die anthropologischen und sozialen Formen eingebettet sind. Dieses Schema kann man einerseits als ein Stufenschema der übersetzerischen Kompetenz lesen. Andererseits jedoch lässt es uns auch verstehen, wie suboptimales adäquates Übersetzen vor sich geht. Die anthropologische und soziale Intersubjektivitätserfahrung, wenn auch nicht außersprachlich entstanden, bezeichnet eine Übersetzungsebene, die außersprachlich, d. h. also auch anhand nichtsprachlicher Interaktion zu erreichen ist. Kulturelle Intersubjektivität kann natürlich ohne Sprache nicht erreicht werden, aber auch hier gilt es zu unterscheiden: Lexikalische Sprachkompetenz allein macht noch keine Kulturkompetenz aus. Dies wird deutlich, wenn man das Schütz'sche (2003) Modell eines Zeichensystems heranzieht: Zeichensysteme als Appräsentationssysteme werden hier nicht nur durch die klassische Zweiteilung in die Klasse der Denominatoren und der Denominata (signifiant/signifié, um mit Saussure zu sprechen) charakterisiert. Es gehört zu ihnen auch das, was Schütz ein Apperzeptionsschema nennt, d. h. etwa jene Klasse von Ereignissen und Objekten, die in der jeweiligen Situation typischerweise als mögliche Zeichen in Frage kommen, und – von besonderer Bedeutung – das »generelle Interpretationsschema«, das die konnotativen Komponenten der Zeichen ergänzt, d. h. das »Archiv« von kulturellen Interpretationsmustern einer Zeichenbeziehung repräsentiert.

Umfassende Kenntnisse auf allen Intersubjektivitätsstufen sowie die vollkommene Beherrschung aller Ebenen eines Zeichensystems würden also dem eingangs formulierten translatologischen Ideal einer optimalen Übersetzungskompetenz entsprechen. Zugleich sehen wir aber auch deutlich, dass bereits eine partielle Erfüllung dieser Bedingungen durchaus ein Verstehen, d. h. ein alltägliches Übersetzen ermöglicht. Nachdem eine Eins-zu-eins-Deckung von Sinnsystemen nicht möglich ist, müssen wir davon ausgehen, dass die am Verstehen beteiligten Konstrukte, die die reflexive Nostrifizierung transzendenter Sinnbereiche ermöglichen, typische Sinnkonstrukte sind. Das Wissen um vertraute und transzendente Sinnbereiche ist also auf Typik aufgebaut. Das Maß der Übersetzungsungewissheit hängt natürlich empirisch von dem Maß der Deckung dieser Typik ab, die Chance der Überbrückbarkeit dieser Ungewissheit ist jedoch in der Struktur der typisierenden Konstruktion der Realität selbst angelegt. Diese ist zum einen an die bereits diskutierte zeitliche, räumliche und soziale Struktur des Handlungsfeldes gebunden, was ihren übersubjektiven Charakter ausmacht, zum anderen jedoch ist in ihr die notwendige Reflexivität angelegt, die die nostrifizierenden Übersetzungsakte von einem schlichten Ego-/Ethnozentrismus trennt. Das Wissen um die »nur« typische Konstruktion des Bereichs macht das Moment der notwendigen Alienität aus, das für die Erkennung und Anerkennung des Fremden in seiner Typisierung durch Ego erforderlich ist. Obwohl also gerade die alltägliche Typenbildung als ein Prozess der Vorurteilsbildung betrachtet werden kann, führt sie zugleich auch Momente mit, die ein übersetzerisches Transzendieren der Vorurteilsstruktur erlauben.

III.

Der gewonnene Rahmen konstitutiver Bedingungen alltäglichen Übersetzens stellt nun ein theoretisches Instrumentarium dar, mit dem man sich diesen Prozessen im Feld nähern kann. Er kann allerdings Forschung nicht ersetzen, zumal seine notwendige Allgemeinheit nicht alle Momente des Übersetzungsprozesses im einzelnen zu beleuchten vermag. Ich möchte daher den nunmehr gewonnenen theoretischen Rahmen in Bezug setzen zu einigen Ergebnissen einer Untersuchung über »Interkulturelle Kommunikation in multikulturellen Unternehmen«, die in Tschechien bei dem Automobilhersteller Škoda nach seiner Fusion mit VW durchgeführt wurde. Die Daten stammen aus Leitfadeninterviews mit dem neuen deutsch-tschechischen Management des Betriebs.

Wir gingen davon aus, dass die Fusion eine Situation der Kulturbegegnung darstellt, in dem alltäglicher Kulturvergleich und alltägliches Übersetzen auf mehreren Ebenen ablaufen: Über die rein sprachlichen Übersetzungsprobleme hinaus begegneten sich hierbei zwei konfliktreiche historisch-nationale Traditionen, zwei Gesellschaftssysteme, deren politische und wirtschaftliche Strukturen sich diametral voneinander unterschieden, zwei Arbeits- und Firmenkulturen, die in die unterschiedlichen Geschichts- und Systemkontexte eingebettet waren und schließlich unterschiedliche Interaktions- und Kommunikationsstile der alltäglichen Praxis. Das Ziel der Untersuchung war es, zu sehen, inwiefern Kommunikations- und Übersetzungsprozesse zum Erfolg von interkulturellen Fusionen beitragen.[6]

Man könnte wiederum einwenden, dass die Befunde einer solchen Untersuchung für Probleme der Interkulturalität wenig ergiebig sind, da es sich um den Kontakt zwischen prinzipiell bereits bekannten Sprachen und Kulturen handelt. Dem muss man erstens entgegnen, dass – wie wir sahen – sowohl in der intra- als auch in der interkulturellen Kommunikation prinzipiell Übersetzungsakte mitgeführt werden. Zweitens geschehen interkulturelle Begegnungen immer auch auf der Basis eines bestimmten typischen Vorwissens voneinander, dessen Adäquatheit immer fraglich ist. Diese zu überbrückende Problemhaftigkeit der Typenadäquanz macht ja nicht nur die Suboptimalität der Übersetzungssituation aus, sie wird auch im Verlauf der unmittelbaren interkulturellen Interaktion für die Interagierenden sichtbar.

Bereits aus diesen Gründen war aus der Sicht der Betroffenen deutschen und tschechischen Akteure die Kommunikations- und Übersetzungssituation, in der sie sich während der Fusion befanden, suboptimal und zwar sowohl

---

[6] Das Projekt »Die Konstruktion von ›Glocal Knowledge‹. Die kommunikative Genese von Wissen zwischen Globalität und Lokalität am Beispiel eines interkulturellen Unternehmens« lief von März 2003 bis April 2005 am Institut für Soziologie der Universität Erlangen.

in sprachlicher als auch in der kulturellen Hinsicht. Im sprachlichen Bereich war zuerst eine gemeinsame Sprache sowie eine gemeinsame Fachsprache zu lernen bzw. zu entwickeln. Die deutschen Expatriates sprachen tschechisch nur in Ausnahmefällen und nur wenige tschechische Manager beherrschten das Deutsche ausreichend. Die Kommunikation lief also über weite Strecken über Dolmetscher. In der heutigen Situation sprechen fast alle tschechischen Manager deutsch, bewegen sich aber in dieser Sprache immer noch nicht ganz frei. Die Überwindung der Sprachdifferenz auf der quasi lexikalischen Ebene, war allerdings erst die Voraussetzung zum Erlangen einer Fachsprachenkompetenz, denn die in den Wirtschaftssprachen beider Systeme gebrauchten gleichen Begriffe – so z. B. den Begriff »der Planer« – unterschieden sich in der Extension der damit zu bezeichnenden Tätigkeit erheblich. Ihre Vereinheitlichung erforderte daher auch die Übersetzung der pragmatischen Kontexte, die hinter ihnen standen. Im kulturellen Bereich waren zuerst Übersetzungs- und Kommunikationskompetenzen zu erlangen – denn keine Seite hatte bisher eine Chance, die ihr zu Gebote stehende Auto- und Heterotypisierungen in der interkulturellen Praxis zu erproben. Andererseits wurde allgemein ein Unterschied der Kulturen sowie ihre konfliktreiche aber auch beziehungsreiche Entwicklung gesehen – und erwartet. Die Begegnung in dieser der Situation war also durch die Erwartung und durch die aktuelle Erfahrung einer Übersetzungsungewissheit gekennzeichnet. Ich möchte nun einige der alltäglichen Strategien der Überwindung dieser Ungewissheit aufzeigen und dann einige allgemeine Schlüsse ziehen.

Der erste Schritt bestand in der Etablierung einer gemeinsamen Sprache – nicht nur im lexikalischen, sondern auch im pragmatisch operativen Sinne. Übersetzungsprobleme, die hier auftauchten, ergaben sich nicht primär aus dem lexikalischen Nichtverstehen (Dolmetscher standen zur Verfügung), sondern aus der beidseitig nicht bekannten Extension von Begriffen bzw. von pragmatischen Imperativen (oder der jeweils intendierten illokutionären Bindekraft) der gewählten Äußerungen (Probleme bereiteten die im Deutschen verbreiteten indirekten Imperative, wie »ich möchte Sie bitten« oder »ich gehe davon aus« etc.). Erst durch die Klärung dieser pragmatischen Kontexte konnte Sprachhandlungen ihre koordinierende Zeichenfunktion gewinnen und erwartbare Zusammenhänge zwischen Denk-, Sprach- und Handlungsform konnten angenommen werden. Diese Übersetzungsprozesse erfolgten unproblematisch vor allen in instrumentellen Handlungskontexten, denen einerseits die sichtbaren Sachzwänge andererseits aber auch die kulturell geteilte Tendenz zum Denken »more geometrico« eine gewisse Eindeutigkeit verlieh.

Eine zweite bemerkenswerte Strategie stellte der Umgang mit der Alienität der Kulturdifferenz dar. Die hier angewandte Praxis war von einer hohen Ambivalenz: Einerseits wurde im alltäglichen Vergleichen die Fremdheit des anderen festgehalten und beschrieben, andererseits jedoch durch die Wahl »entschärfender« Deutungen und Rahmungen abgemildert und überbrückt. Die Entschärfungsmanöver wurden gebraucht, um eine spaltende und eine zugunsten der deutschen Seite asymmetrisierende Wirkung der wahrgenommenen Fremdheit des anderen zu vermeiden, insbesondere um das Schema des historischen deutsch-tschechischen nationalen Gegensatzes zu umgehen. Von der Seite der Deutschen wurde daher die Fremdheit in die Termini einer Semantik von Systemdifferenz übersetzt, in die die tschechische Seite unverschuldeterweise geschichtlich geriet. Auf der tschechischen Seite diente als bevorzugte Strategie die Personalisierung befremdlicher Erfahrungen, wodurch die kulturelle Fremdheit relativiert wurde und eine »anthropologische« Unterscheidung von »guten« und »schlechten« Menschen unabhängig von soziokulturellem Hintergrund in den Vordergrund trat. Das Auftreten der Fremdheit hängt im Rahmen dieser Deutung von dem »Glück« bzw. von dem Zufall ab, an diesen oder jenen Menschen geraten zu sein. Diese Übersetzungsstrategien und ihre Semantiken dienten als generalisierbare Deutungsschemata, die sozusagen im letzten Glied die erfahrene Fremdheit in einem differenzierenden und zugleich nostrifizierenden Deutungsmuster abfingen. Es muss hier jedoch festgehalten werden, dass trotz aller »Fremdheit« ein latentes, den beiden Managergruppen gemeinsames Deutungsschema ausgemacht werden konnte, und zwar ihre gemeinsame Verpflichtung auf marktökonomische Grundideen. Dieses auf der deutschen Seite Selbstverständliche, stellte für die tschechische Seite einen Bestandteil der erwünschten Loslösung von dem alten Regime und seiner Planwirtschaft dar, die von den tschechischen Škoda-Managern als eine Behinderung der Entwicklung eigener Kompetenz empfunden wurde.

Vor diesem Horizont gibt es natürlich differenziertere, situationsbezogene Übersetzungsstrategien im alltäglichen Umgang, die sich vor allem auf Arbeits-,

Entscheidungs- und Selbstdarstellungsstile beziehen. Ein derartiges Übersetzungsproblem will ich hier präsentieren und seine Feinanalyse versuchen. Das Beispiel bezieht sich auf Auto- und Heterotypisierungen in der gegenseitigen Wahrnehmung der Arbeitsstile und der jeweiligen Selbstdarstellung der Manager. Die deutschen Manager sind trainiert im manifestativen »Vorleben« ihrer Führungsposition, sie betonen den zukunftsweisenden innovativen Charakter ihres Handelns, und sind bemüht, in Projekten und Visionen zu denken. Der Arbeitsstil zeichnet sich durch flache Hierarchien aus, ist konsensuell, beratend und diskussionsbetont. Andererseits sind Verantwortlichkeiten zwar persönlich zugeschrieben, aber nicht dauerhaft fixiert, d. h. jeder muss bei Realisierung von Projekten auf die Erhaltung seiner Entscheidungsautonomie achten. Dies führt einerseits zu Konkurrenz, andererseits aber dazu, dass jeder Verantwortliche den seinen Bereich betreffenden Teil gemeinsamer Entschlüsse unter Ausschöpfung aller Kompetenzen seiner Abteilung umsetzt. In der eigenen Sicht ist also das deutsche Management fachkompetent und visionär, selbstbewusst und verbindlich zugleich.

Der tschechische Arbeitsstil ist sachbezogen. Es ist nicht die Erörterung großer Pläne, sondern das faktische Vermögen des Handelns, die Fachkompetenz, die einen guten Manager in der tschechischen Sicht ausmacht. Der gewohnte Entscheidungsstil ist autoritär, zentralisiert, Entscheidungen fallen schnell, sind daher auch flexibel und an die Situation anpaßbar. Sie ermöglichen Flexibilität und Improvisation in komplexen Situationen. Der tschechische Manager sieht sich selbst als einen »Macher« mit hohem technischen Wissen, der nicht viele Worte macht und jede Situation effizient und sei es durch geniale Improvisationen meistert.

Diese Selbstwahrnehmungen entfalten eine paradoxe Kehrseite, wenn man ihre Umsetzung im pragmatischen Handlungskontext betrachtet: Da den Deutschen bewußt ist, dass ihre Machtbereiche letztendlich ein Resultat des Aushandelns sind, sind sie im alltäglichen Umgang formeller, die Präsentation der Macht und Kompetenz tritt bei Ihnen in den Vordergrund. Tschechische Manager vertrauen auf ihre hierarchische Stellung und ihre erwiesene Handlungskompetenz, ihr Bedürfnis, dies durch Selbstdarstellung zu bekräftigen ist dementsprechend gering, der alltägliche Umgang ist egalitär, informell und freundschaftlich.

In den jeweiligen Heterotypisierungen spiegelt sich die je beobachtbare fremde Sebstdarstellung, die auf den je eigenen Sinnkontext bezogen wird. Von der tschechischen Seite aus gesehen sehen deutsche Manager häufig wie selbstdarstellungsbetonte, etwas steife Akteure aus, die Probleme lange besprechen, wobei sie Ritualen der Darstellung eigener Kompetenz folgen, während sich doch die Dinge kurz und sachlich regeln ließen. Durch die Brille der realsozialistischen Sozialisierung gesehen, durch die man gelernt hat, vordergründigen Inszenierungen zu mistrauen, ist so der Arbeits- und Kommunikationsstil der Deutschen einem Ideologieverdacht ausgesetzt. Die deutsche Sicht des tschechischen Stils erkennt in diesem ein Unvermögen zum konzeptionellen Denken in größeren Zusammenhängen, einen Hang zum unkollegialen nichtkommunikativen Autoritarismus einerseits und einen mangenden Durchsetzungswillen andererseits, sowie die Neigung zu Entscheidungen, die nicht auf einer systematischen Problemanalyse beruhen.

Ließe man sich von diesem ersten Eindruck leiten, den die Interviews vermitteln, hätte man es mit einer klassischen Vorurteilsbildung – also mit einem prinzipiellen Unverstehen bzw. mit inadäquatem Übersetzen zu tun. Die deutsche Managersemantik, die »ideelle« Werte wie Visionen, corporate identity etc. mitführt, wird als »Ideologie« übersetzt, der kollektive Entscheidungsstil wird als langatmig und unflexibel gesehen. Die tschechische Betonung der Sachkompetenz und der Flexibilität des Entscheidens wird andererseits als ein Mangel am systematischen Zugang und als Kleinlichkeit gedeutet. Es wird also deutlich, dass jede Seite die Elemente des je transzendenten Sinnbereichs anhand der ihr eigenen Deutungsschemata zuordnet und selektiert. Häufig allerdings folgen in den Interviews diese heterotypisierenden Übersetzungspassagen auf Beschreibungen dessen, was die andere Seite tut, die allerdings ziemlich dem entsprechen, wie sich die beobachtete Seite selbst sieht. So entgeht den tschechischen Managern selbstverständlich nicht, dass der deutsche Entscheidungsstil in seiner Systematik und kollektiver Bindungskraft Vorteile hat, die der tschechische Stil nicht bietet. Auch sind sich die tschechischen Manager darüber im Klaren, dass das Denken in zukunftsbezogenen Projekten und die Motivation der »kulturellen« Recources des humanen Kapitals notwendig sind. Andererseits sehen die Deutschen die enorme lokale Sachkompetenz ihrer tschechischen Kollegen und erkennen sie an. Beide Seiten können jedoch zugleich nicht aus ihrem Habitus heraus, und die Versuche praktischer Annäherung an den je anderen Stil empfinden sie als eine beachtliche körperliche und mentale Anstrengung. Beachtet man dieses, erscheinen die alltäglichen Übersetzungsakte etwas differenzierter. Meines Erachtens lassen sich – in diesem Stadium der Untersuchung vorläufig – drei Ebenen der vorgefundenen kulturellen Übersetzungspraxis unterscheiden:

1. Die Vergleichsebene: hier werden durch den Vergleich mit dem je Eigenen Differenzen festgestellt und festgehalten.

2. Die rekonstruktive Ebene: die fremde Praxis wird in dem – hier gemeinsam sichtbaren – pragmatischen Handlungskontext nachvollzogen (etwa nach dem Motto: Man versteht schon, was die da machen).

3. Die Typisierungsebene: dem rekonstruierten Fremden werden eigene Sinnelemente zugeordnet – es wird in eigene Deutungsschemata überführt, typisiert und evaluiert. Es erfolgt also ein Akt der reflexiven Nostrifizierung, die den Umgang mit dem Fremden innerhalb des Eigenen ermöglicht.

Es ist mir natürlich bewusst, dass diese Beschreibung noch keine Methode der Rekonstruktion fremder Kulturen abgibt, sondern dass wir uns hier auf dem prekären Boden des alltäglichen Aushandelns eines interkulturellen *working consensus* bewegen. Nachdem wir allerdings gesehen haben, dass das Resultat von Übersetzungsprozessen nicht ein Eintauchen in das jeweilige Fremde bedeutet, sondern ein Drittes darstellt, ist es nicht ohne Interesse zu schauen, wie dieser *working consensus* bei Škoda aussieht. Es fällt auf, dass die beschriebenen Heterotypisierungen nicht in den eigenen Gruppen als je ethnozentrische Vorurteile gepflegt werden, sondern dass sie in der interkulturellen Kommunikation gegenseitig offen zur Beschreibung und Erklärung von Situationen benutzt werden, und zwar als ein gemeinsames Kommunikationsschema. d. h. sowohl die deutsche als auch die tschechische Seite akzeptierten es, durch die jeweiligen Heterotypisierungen beschrieben zu werden, die nun zum Bestandteil eines »neuen« interkulturellen Deutungsschemas werden. Dies interpretiere ich so, dass es innerhalb des entstehenden interkulturellen Deutungsmusters weder einen auf die eine oder die andere Sicht basierten Konsensus noch ein anderes in sich homogenes Deutungsschema mit holistischem Integrationscharakter gibt, sondern dass vielmehr ein Konsensus über die Anerkennung der gegenseitigen Fremdheit besteht und dass die Heterotypisierungen als Typen der Beschreibung dieser Fremdheit akzeptiert und als kommunikative Kürzel benutzt werden. Der interkulturelle *working consensus* besteht also darin, dass er die Differenz nicht leugnet bzw. einebnet, sondern anerkennt und Sinnelemente bereithält, die die Beschreibung und Übersetzung dieser Differenzen durch Operationen der reflexiven Nostrifizierung ermöglichen. Dabei spielt natürlich der reflexive Charakter der typisierten Sinnelemente eine Rolle, die bewusst in der Kommunikation als »bloße« Typisierungen benutzt werden. Zugleich aber zeigt es sich, dass es gerade die Existenz dieser Typisierungen ist, die überhaupt interkulturelle Kommunikation ermöglicht. Eine besondere Aufmerksamkeit müsste dem temporalen Zusammenhang des Übersetzens, d. h. den gegenseitigen selektiven Zuordnungsprozessen und der Entwicklung ihrer gegenseitigen Anschlußfähigkeit gewidmet werden. Der konstruktive Charakter und die Temporalität des Übersetzens wird auch am dargestellten Beispiel der drei Ebenen des Übersetzungsprozesses deutlich.

Im Endeffekt entsteht also in dem hier verfolgten Prozess interkultureller Kommunikation/Übersetzens ein heterogenes Deutungsschema von einem höchst paradoxen Charakter. Es ermöglicht die Fremdheit vergleichend zu rekonstruieren und zu akzeptieren, sie in je eigenen Sinnelementen zu beschreiben und durch diese Beschreibungstypik der Kommunikation wiederum zuzuführen.

Fassen wir nun, abschließend, die Resultate unserer drei Forschungsschritte zusammen: Wenn der interkulturelle Vergleich als ein Prozess interkultureller Kommunikation und das heißt auch als ein Resultat von Übersetzungsakten betrachtet wird, dann ist es wohl nicht zu erwarten, dass sein Ergebnis ein »authentisches« Verstehen der Zielkultur hervorbringt. Dies dürfte bereits daran liegen, dass die Zielkultur selbst kaum über ein »authentisches« Selbstverständnis verfügen dürfte, da auch dort die selbstbeschreibende Kommunikation von intrakulturellen Übersetzungsprozessen getragen wird, die ja ebenso von Übersetzungsungewissheit geprägt sind. Darüber hinaus allerdings haben wir gesehen, dass das Resultat derartiger Prozesse keineswegs im »authentischen Eintauchen« in die fremde Sinnwelt bestehen kann, sondern vielmehr ein heterogenes Drittes darstellt, in dem Fremdheit durch die Akte reflexiver No-strifizierung wiedergegeben wird. Dies scheint kein zu beseitigender Mangel zu sein, sondern ein konstitutiver Bestandteil der Übersetzungsakte schlecht hin. Am Beispiel des alltäglichen Übersetzens konnten wir sehen, dass hier die reflexive Nostrifizierung durchaus ein »adäquates« Verständnis des Fremden zustande bringt. Dem phänomenologischen Postulat der Adäquanz folgend, müssten also diese Mechanismen auch als Grundlage wissenschaftlicher Verfahren geeignet sein. Hier möchte ich nur zwei Hauptlinien benennen, entlang welcher ich Anknüpfungsmöglichkeiten sehe: Es ist davon auszugehen, dass sich die alltägliche Übersetzungssituation durch Suboptimalität der Übersetzungbedingungen auszeichnet, die trotzdem Prozesse des Vergleichs, der Rekonstruktion und der Typisierung zulassen, die zu einem interkulturellen *working consensus* führen. Auch der wissenschaftliche Vergleich startet von einer suboptimalen Verstehenssituation aus; die eingehende Untersuchung der Struktur alltäglicher Übersetzungsprozesse kann hier also eine wertvolle herme-neutische Hilfeleistung erbringen. Diese Struktur umfasst offensichtlich mehr als nur die sprachliche Kompetenz; sie ist vielmehr, auch als Zeichenstruktur, im pragmatischen Kontext der jeweiligen Handlungsfelder verankert und mit ihnen operativ verbunden. Dahin hat uns das Beispiel der materialen Analyse geführt. Die translatologischen sowie die philosophischen Untersuchungen des Übersetzungsprozesses wiesen darüber hinaus auf die tieferliegenden, allge-meineren Grundlagen dieses pragmatischen Kontexts hin. Theoretisch heißt es, dass wir die lebensweltliche Verankerung der Übersetzungsprozesse zu beachten haben, wenn wir die Brücke von ihrer alltäglichen Form zur ihrer wissenschaftlichen Nutzung schlagen wollen, um so dem Kulturvergleich neue Impulse zu geben.

Literatur:

Cappai, Gabriele (2000): »Kulturrelativismus und die Übersetzbarkeit des kulturell Fremden in der Sicht von Quine und Davidson. Eine Beobachtung aus sozialwissenschaftlicher Perspektive«, in: *Zeitschrift für Soziologie* 29 (2000), Heft 4, S. 253-274.

Carnap, Rudolf (1970): *Meaning and Necessity. A Study in Semantics and Modal Logic*, Chicago: Chicago Univ. Pr.

Evans-Pritchard, E. E. (1968): *The Nuer. A Description of the Models Livelihood and Political Institutions of a Nilotic People*, Oxford: Clarendon.

Gadamer, Hans-Georg (1990): *Wahrheit und Methode. Grundzüge einer philosophischen Hermeneutik*, Tübingen: Mohr.

Garfinkel, Harold/H. Sachs (1979): »Über formale Strukturen primärer Handlungen«, in: Weingarten, Elmar/ Fritz Sack/Jim Schenklin (Hg.): *Ethnomethodologie. Beiträge zu einer Soziologie des Alltasgshandelns*, Frankfurt/M.: Suhrkamp.

Gerzymisch-Arbogast, Heidrun/ Klaus Mudersbach (1998): *Methoden des wissenschaftlichen Übersetzens*, Tübingen/Basel: Francke.

Kade, Otto (1981): »Kommunikationswissenschaftliche Probleme der Translation«, in: Wilss 1981, S. 199-218.

Koller, Werner (1979): *Einführung in die Übersetzungswissenschaft*, Heidelberg: Quelle und Meyer.

Koppelberg, Dirk (1987): *Die Aufhebung der Analytischen Philosophie. Quine als Synthese von Carnap und Neurath*, Frankfurt/M.: Suhrkamp.

Krings, Hans P. (1976): *Was in den Köpfen von Übersetzern vorgeht*, Tübingen: Gunter.

Lévi-Strauss, Claude (1971): *Strukturale Anthropologie*, Frankfurt/M.: Suhrkamp.

Levý, Jiří (1981): »Übersetzung als Entscheidungsprozeß«, in: Wilss 1981, S. 219-235.

Lörscher, Wolfgang (1991): *Translation Performance, Translation Process, and Translation Strategies. A Psycholinguistic Investigation*, Tübingen: Narr.

Nida, Eugene A. (1964): *Toward a Science of Translating*, Leiden: Brill 1964.

Nida, Eugene A. (1969a): *The Theory and Practice of Translation*, Leiden: Brill.

Nida, Eugene A. (1969b): »Science of Translation«, in: *Language* 45 (1969), S. 483-498.

Nida, Eugene A. (1976): »Translation as Communication«, in: Nickel, G. (ed.): *Proceedings of the Fourth International Congress of Applied Linguistic*, Vol. 2, Stuttgart: Hochschulverlag, S. 61-82.

Quine, Willard van Orman (1980): *Wort und Gegenstand*, Stuttgart: Reclam.

Quine, Willard van Orman (1975): *Ontologische Relativität und andere Schriften*, Stuttgart: Reclam.

Quine, Willard van Orman (1995): Unterwegs zur Wahrheit, Paderborn: Schöningh.

Schütz, Alfred (2003a): »Symbol, Wirklichkeit und Gesellschaft«, in: *Alfred Schütz-Werkausgabe* Bd. V.2., Konstanz: UVK, S. 117-220.

Schütz, Alfred/ Thomas Luckmann (1979/1984): *Die Strukturen der Lebenswelt*, Bd. I, Neuwied: Luchterhand, Bd. II, Frankfurt/M.: Suhrkamp.

Schütz, Alfred (1971): *Wissenschaftliche Interpretation und Alltagsverständnis menschlichen Handelns*, in: ders.: *Gesammelte Aufsätze*, Bd. I, Den Haag: Nijhoff,S. 3-54.

Schütz, Alfred (2003b): *Über die mannigfaltigen Wirklichkeiten*, in: *Alfred Schütz Werkausgabe* Bd. V.1, Konstanz: UVK, S. 177-247.

Snell-Hornby, Mary (1988): *Translation Studies. An Integrated Approach*, Amsterdam/Philadelphia: Benjamins.

Srubar, Ilja (1988): *Kosmion. Die Genese der pragmatischen Lebensweltheorie von Alfred Schütz und ihr anthropologischer Hintergrund*, Frankfurt/M.: Suhrkamp.

Stierle, Karlheinz (1975): *Text als Handlung. Perspektiven einer Literaturwissenschaft*, München: Fink.

Wilss, Wolfram (1981): *Übersetzungswissenschaft*, Darmstadt: Wissenschaftliche Buchgemeinschaft.

II. Semantik

Semantik der Geschichtlichkeit als Selbstbeschreibung moderner Gesellschaften

Die Rede von »Geschichtlichkeit« ist prinzipiell ambivalent. Einerseits stellt »Geschichtlichkeit« einen historischen Begriff dar, der erst relativ spät mit der aufkommenden Moderne in der Selbstbeschreibung von Gesellschaften auftaucht. Andererseits verweist der Begriff auf einen grundlegenden Modus des menschlichen Weltzugangs, der sowohl im philosophischen, soziologischen als auch im anthropologischen Kontext als eine der Voraussetzungen menschlicher Existenz schlechthin gilt. In der letztgenannten Fassung erhält »Geschichtlichkeit« einen allgemeinen Charakter und scheint so die Voraussetzung für die Emergenz ihrer erstgenannten, historischen Gestalt zu sein. Zugleich gilt allerdings, dass die Geschichtlichkeit als eine Struktur mit universalem Anspruch erst im Rahmen einer Semantik sichtbar werden kann, die sich in jenem Diskurs der anbrechenden Moderne bildet, in dem die sich wandelnde Gesellschaft den Prozess ihres Wandels und seine Ursachen zu erfassen sucht.

Die Einführung des Geschichtlichkeitsbegriffs in den philosophischen Diskurs wird in der Regel G. W. F. Hegel zugeschrieben (Hegel 1968). Aber bereits in den Diskursen der frühen Neuzeit tauchen Themen auf, die auf diesen Begriff zielen. Das Problem der Geschichtlichkeit ist hier von Anfang an verbunden mit der Auffassung der Geschichte als einem Resultat menschlichen Handelns. Durch diese Einsicht wird Geschichte als Gegenstand gelehrter Untersuchung von jener Geschichtsauffassung deutlich unterschieden, die für die traditionelle deskriptive Annalistik charakteristisch war. Die Renaissance des politischen Denkens, die mit der Formierung der frühen Zivilgesellschaft auf der Grundlage des Naturrechts und des Gesellschaftsvertrags einhergeht, geht bereits de facto davon aus, dass Gesellschaften eine soziale Konstruktion darstellen, die durch ihre Mitglieder vorgenommen wird. Hobbes (1651/2008) aber auch Vico (1728/2000) stellen in diesem Sinne Träger einer neu entstehenden Semantik dar, durch die die Reflexion der Geschichte als eines Produkts menschlicher Tätigkeit möglich wird. Geschichtlichkeit steht hier für eine Temporalisierung der Gesellschaft, deren Resultat »Geschichte« ist. Sie stellt einen allgemeinen Mechanismus dar, der hinter Geschichte steht, die nun als ein Prozess begriffen wird, in dem alle Perioden der Entwicklung der Menschheit vereint sind, wobei »die Menscheit« zugleich als das Subjekt dieses Prozesses gilt. Geschichtlichkeit wird hier also gesehen als ein objektives, immanentes Moment sozialer Realität, aus dem diese ihre Dynamik bezieht. Für das Ereignis, an dem die so aufgefasste Geschichtlichkeit von Gesellschaft und ihrer Geschichte allgemein evident wird, wird im allgemeinen die französische Revolution von 1789 gehalten (Koselleck 1975, 673). Diese gilt einerseits als eine Zäsur im traditionellen Lauf der Geschichte, als eine auf Vernunft gegründete kollektive Aktion, durch welche die automatische Kontinuität der Geschichte in Frage gestellt wurde. Der damit erhobene Anspruch auf eine rationale Gesellschaftsordnung stellte jedoch andererseits auch eine Aufforderung dar, die konstitutiven Mechanismen der Geschichte zu ermitteln, die unter der Oberfläche des gesellschaftlichen Wandels am Werk sind und rational bewältigt werden sollten.

Die Erkenntnis, dass Geschichte sich selbst kreiert (Novalis 1799-1800/ 1968, 648) stellte ein weiteres neues Element in der Semantik der Selbstbeschreibung moderner Gesellschaften dar. Dadurch wurden die Möglichkeiten gesellschaftlicher Selbstreflexion sowie der Einsicht in die Autogenese sozialer Realität wesentlich erweitert. Das Konzept der nun so begriffenen »Geschichtlichkeit der Geschichte« hatte allerdings Folgen, die weit über die Grenzen der Geschichtswissenschaft hinaus wirksam wurden. Die Erforschung und die Theorie eines derart für das Verständnis menschlicher Realität fundamentalen Geschehens konnte nicht lediglich der Historiographie überlassen werden. Diese gerät unversehens in die Rolle der Erzählerin von tradierten oder rekonstruierten Fakten und somit auch in die Opposition gegen die Wissenschaft sowie gegen das philosophisch-kritische Denken im cartesianischen Sinne und muss erneut um ihre gesellschaftliche und wissenschaftliche Relevanz kämpfen. Ihrem Gegenstand dagegen kommt in seiner neuen Fassung auch eine neue, systematische Bedeutung zu, die für die Lösung nun anstehender philosophischer und sozial-theoretischer Fragen von ausschlaggebender Bedeutung wird. Die Funktionsweise der konstituierenden Mechanismen der Geschichte, d. h. ihre Geschichtlichkeit, wird zum zentralen Thema in einer Reihe klassischer

182

aber auch neu entsehender Disziplinen: Mit politischer Ökonomie und Soziologie formieren sich neue Wissenssysteme, wobei sowohl die Ökonomie Adam Smiths (1776/2005) als auch etwa Fergusons (1767/1986) Theorie der Zivilgesellschaft sowie die Soziologie von August Comte (1842/1923) explizit als Wissenschaften von den Gesetzen der Gesellschaftsentwicklung konzipiert werden. In der Philosophie wird Kants Unterscheidung zwischen historischer und philosophischer (d. h. rationaler) Erkenntnis abgeschwächt, indem mit der Geschichtsphilosophie eine Disziplin entsteht, durch die Geschichtlichkeit als der Prozess der Konstruktion von Geschichte reflektiert wird. Damit wird die Emergenz des menschlichen Geistes in der Zeit einschließlich aller seiner Formen wie Kultur, Staatlichkeit etc. in den Bereich der rationalen Forschung der Philosophie überführt, die spätestens durch Hegel (1806-7/2002, 1968) den Anspruch erhebt, die Leitwissenschaft dieses Prozesses zu sein. Die Beobachtung der Geschichtlichkeit menschlicher Realität und der Weltgeschichte als ihres Resultats, die in diesen Disziplinen praktiziert werden, gewinnen somit an zentraler Bedeutung und werden im 19. und 20. Jahrhundert zu Leitbegriffen einer Semantik, mit deren Hilfe sich moderne Gesellschaften beschreiben und ihrer Modernität versichern.

Betrachtet durch die Optik dieser Semantik öffnet sich die Gesellschaft der rationalen Analyse und einem darauf gegründeten Handeln, so dass die Gestaltung der sozialen Ordnung zum Problem wird, das nach Lösungen verlangt. Den primären Diskurs, in dessen Rahmen nach diesen Lösungen gesucht wird, stellt die im Cartesianischen Denken »more geometrico« verankerte Aufklärung dar. Die als in der Zeit formbar vorgestellte, dynamisierte Gesellschaft wird so zugänglich einer konstruierenden und planenden Rationalität und dem mit ihr verbundenen Gedanken des Fortschritts. Zum Leitfaden dieser Rationalität wird, wie wir sahen, die Reflexion der geschichtsordnenden Mechanismen. Die Vorstellungen über die historischen Gesetzmäßigkeiten entspringen hier den Rekonstruktionen des bisherigen Geschichtsverlaufs als einer Realisierung menschlicher Vernunft, wofür paradigmatisch das Drei-Stadien-Gesetz etwa in seiner finalen Formulierung durch Comte steht. Eine materialistische Version der teleologischen Rekonstruktion der Geschichte, die sich ebenso im Rahmen dieses Gedankenmusters bewegt, indem sie eine planvolle Umstrukturierung der Gesellschaft intendiert, legt Karl Marx (Marx/Engels 1848/1964) vor. Die

Reflexion der Geschichtlichkeit sozialer Realität schlägt sich also in der Suche nach universalen Strukturen nieder, die das Telos der Geschichte ausmachen und deren Kenntnis die Beherrschung der sozialen Welt im Sinne des Fortschritts ermöglichen soll. Die Geschichtlichkeit ist hier also verbunden mit der Idee der Kritik bestehender Traditionen, einer Kritik, die auszugehen hat von der Erkenntnis dessen, wie Geschichte eigentlich geschieht.

Die hier zum Ausdruck kommende Temporalisierung und Dynamisierung der Selbstbeschreibung gesellschaftlicher Wirklichkeit enthält allerdings nicht nur die Idee einer universalen Struktur, durch die die Geschichtsbewegung getragen wird. Wird die Konstruktion sozialer Realität der immanenten Logik der Geschichtsentwicklung untergeordnet, so impliziert es zwar einerseits die Möglichkeit, eine universale Version dieser Logik zu denken, es zwingt aber andererseits auch dazu, diese Realität in Abhängigkeit von derselben Logik in Zeit und Raum zu diversifizieren. Am Ende dieser zweiten argumentativen Linie entsteht dann die Auffassung der Geschichtlichkeit als einer Quelle der Varietät und Eigenart von Gesellschaften und Kulturen sowie der damit einhergehenden sozialen Bedingtheit und Relativität der ihnen eigenen Wissenssysteme. Historisch wir dieses Konzept erst entwickelt als eine Reaktion des deutschen Romantismus und Historismus auf die universalistischen Denkmuster der (französischen) Aufklärung, wie wir sie etwa bei Herder (1784-1791/2002) vorfinden. Wie Karl Mannheim (1964, 1969, 2003) zeigte, stellt der Historismus in dieser Gestalt keineswegs einer Art Renaissance eines vormodernen Traditionalismus dar, sondern wird ebenso zum Bestandteil der Geschichtlichkeitssemantik im Diskurs der sich entwickelnden Moderne.

Die historizistische Ansicht der Geschichtlichkeit kann allerdings nicht bloß als eine ideologische Variante im Diskurs der nationalen Eliten betrachtet werden, die um die Definitionsmacht über die Selbstbeschreibung der Moderne konkurrierten. Die Betonung der Geschichtlichkeit im Sinne der eigenständigen Genese von Kollektiven und Kulturen und der damit verbundenen Pluralität und Heterogenität kultureller und sozialer Lebensformen erhält sowohl in der Entwicklung der philosophischen als auch der sozialwissenschaftlichen Auffassung der Geschichtlichkeit einen systematischen Stellenwert. Diese Idee verweist erstens darauf, dass die Einsicht in die Geschichtlichkeit der Geschichte und somit auch in die Autogenese von Gesellschaften nicht automatisch identisch sein muss mit der Vorstellung, dass sich diese Prozesse in der Reflexion des Denkens »more geometrico« auflösen und der Rationalität des Subjekts unterwerfen lassen. Die hier zu Tage tretende Divergenz zwischen der Annahme des universalen Konstruktionscharakters sozialer Realität einerseits und der Einsicht in die Eigenmächtigkeit ihrer historischen Formen andererseits führt uns anschaulich die Spannung vor Augen, durch die die Geschichtlichkeitsproblematik in der Semantik der Moderne gekennzeichnet ist.

Diese Spannung erzeugt bereits im 19. Jh. unterschiedliche Auflösungsversuche. Sie sind charakterisiert durch das Bemühen, die Geschichtlichkeit als jenen universalen Mechanismus aufzuweisen, der zwischen den allgemeinen und den partikulären Momenten des historischen Prozesses vermittelt. Hegels dialektische Logik steht in diesem Sinne für die Vermittlung zwischen der universellen Evolution der Rationalität und der Unwiederholbarkeit historischer Situationen im Prozess der *Phänomenologie des Geistes* (Hegel 1806-07/2002). Dies wird zum Ausgangspunkt der Marxschen Synthese von autonomen Subjekten und ihrer historischen sowie soziostrukturellen Bedingtheit: Die Menschen machen ihre Geschichte selbst, aber nicht unter freigewählten Bedingungen (Marx 1963, 115). Das Ausgeliefert-Sein des Individuums und seiner Praxis an die nicht beherrschbaren Bedingungen seiner eigenen Existenz wird dann zu einem der tragenden Motive der Weiterentwicklung der Geschichtlichkeitssemantik im 20. Jahrhundert.

Das zweite bedeutende Moment dieser Entwicklung, das vom Historismus ausgeht, besteht im Konzept der Relativität im Sinne einer historisch bedingten Geltung von Werten und Wissen. Die reflexive Dynamik dieser semantischen Figur setzt bereits an mit Herders (1784-791/2002) These der gleichwertigen Eigenart unterschiedlicher ethnisch und historisch bedingter Kulturen und Wissenssysteme, die im deutsch-französischen Diskurs des beginnenden 19. Jh. kumuliert. Sie wird radikalisiert durch die Universalisierung des klassenbedingten Ideologieverdachts gegenüber dem bürgerlichen Denken bei Marx und wird später systematisiert in Mannheims (1969) relationistischer Wissenssoziologie, wo sie in die generelle These einmündet, dass alles Wissen durch die soziale Position seiner Produzenten und Träger bedingt wird. Durch Mannheims Verweis auf die unaufhebbare Relativität des Wissens werden in den 30er Jahren des vorigen Jahrhunderts die letzten teleologischen Momente annulliert, die dem Konzept der Geschichtlichkeit innewohnten. Die Geschichtlichkeit sozialer Realität meint von nun an lediglich ihre prinzipiell unendliche Offenheit gegenüber ihrem Wandel in der Zeit. Diese reflexive Einsicht in die geschichtliche Bedingtheit der sozialen Konstruktion von Werten und Wissen wird begleitet durch die Ausdifferenzierung der sozialen Positionen und die Gleichberechtigung des mit ihnen verbundenen Wissens im Sinne des Gleichheitsideals der bürgerlichen Gesellschaft, eine Entwicklung, die mit der Relativierung bzw. mit der Aufhebung von Werten schlechthin identifiziert wird.

Wir sehen also, dass auch der mit Historismus aufkommende Begriff der Geschichtlichkeit durchaus ein modernes reflexives Potential enthält. Einerseits ermöglicht er die Kritik von Vorstellungen, die von der universellen Planbarkeit und Beherrschbarkeit der Gesellschaft und der Geschichte ausgehen. In dieser Form mündet er in die Spaltung der Wissenschaften in die nomothetischen, Naturbeherrschung ermöglichenden Naturwissenschaften und die idiographischen, interpretierenden Geisteswissenschaften, eine Spaltung, die auf die Präsenz der relativierenden Geschichtlichkeit im Gegenstand der Geisteswissenschaften zurückgeführt wird. Geschichtlichkeit wird so herangezogen zur Begründung für die Einführung verstehender Methoden in die Geistes- und Sozialwissenschaften, wie sie von Dilthey (1970) und den süddeutschen Neokanianern geprägt wurden. Andererseits führt die Einsicht in die historische Relativität der Werte und Wissenssysteme zur Kritik jenes materialen Prozesses, der historisch gesehen zum Träger dieser Relativität geworden ist – nämlich des Kapitalismus und seiner Folgen für die Gestaltung der menschlichen Lebensformen. Die Reflexivität der Geschichtlichkeitssemantik in ihren universalistischen als auch in ihren historizistisch-partikulären Varianten mündet so mit dem ausgehenden 19. Jahrhundert in zwei grundlegende gegenläufige gesellschaftskritische Strömungen ein:

1. in die Kritik der Tradition aufgrund rationaler Erkenntnis generalisierbarer Entwicklungsgesetze von Gesellschaft und Geschichte;

2. in die Kritik der Vorstellung einer rationalen Beherrschbarkeit der Gesellschaftsentwicklung aufgrund der Einsicht in die Eigenmächtigkeit und relativierende Partikularität der historischen Prozesse selbst.

Diese beiden Strömungen verbinden sich in einer Reihe semantischer Konfigurationen, in denen das Konzept der Geschichtlichkeit um die Jahrhundertwende vom 19. zum 20. Jahrhundert kritisch verwendet wird. Ich will hier nur drei der m. E. mächtigsten nennen:

1. Eine eigenartige Mischung der beiden Tendenzen weist das liberale Model der Finalität der Geschichte auf. Es kritisiert die absolutistischen, ständischen organisierten Gesellschaften aus der Sicht des angelsächsischen liberalen Konzepts der »civil society« (Ferguson 1986, Smith 2005, Spencer 1886, Sumner 1906). Die Kritik erfolgt einerseits von der Position eines Marktmodells aus, das für eine universalisierbare und optimale Struktur gesellschaftlicher Ordnung steht, zu der Gesellschaften historisch tendieren. Hat sich das Modell etabliert, soll jedoch andererseits in sein Funktionieren nicht eingegriffen werden, da planvolle Interventionen die Allokationsvorteile, die sich durch das eigenmächtige Funktionieren des Marktes ergeben, nicht ersetzen können. Durch die Verwirklichung des liberalen Models soll eine marktverfasste Weltgesellschaft entstehen, in der durch den freien Handel alle internationalen und gesellschaftlichen Konflikte aufhören und die Geschichte im Sinne des evolutionären Wechsels von Gesellschaftsformationen zum Stillstand kommt. Die dauerhafte Stabilität der auf Markt aufgebauten Gesellschaftsordnung bedeutet jedoch keine Stagnation, sondern eine kontinuierliche und sich ständig optimierende Anpassung der Gesellschaft an die Bedürfnisse und Ansprüche ihrer Mitglieder, d.h. eine Verwirklichung des Fortschritts par excellence. In der liberalen Gesellschaftssemantik wird also Geschichtlichkeit transformiert in einen systemimmanenten Wandel in dem die Geschichte durch die Verwirklichung des Fortschritts endet.

2. Eine radikale Kritik des liberalen Konzepts sowie des bisherigen Geschichtsverlaufs legt bekanntlich Marx vor, indem er die Geschichtlichkeit der bürgerlichen Gesellschaftsformation betont, die er von seinem dialektischen Modell der gesellschaftlichen Entwicklung ableitet. Auch das Marxsche Konzept kennt jedoch eine Finalität der Geschichte, die allerdings erst mit der Verwirklichung des Kommunismus eintritt. Selbst

im Marxschen Denken wird Geschichtlichkeit also noch nicht gedacht im Sinne ihrer prinzipiellen Unaufhebbarkeit, wie etwa später bei Mannheim, sondern dient als Vehikel für die Erreichung eines finalen Gesellschaftszustands. In diesem Sinne teilt das Konzept der Geschichtlichkeit, mit dem Marx den Kapitalismus kritisiert, seine Form mit der liberalen Befürwortung der Marktwirtschaft.

3. Einen dritten Typus gesellschaftlicher Reflexion, dem die Figur der Geschichtlichkeit als kritisches Instrumentarium dient, stellt der deutsche Kulturpessimismus dar. Er ist verwurzelt in der historizistischen Gesellschaftssicht, in der moderne Gesellschaften durch die instrumentalisierende Rationalität der Aufklärung sowie durch die Marktwirtschaft eine durchgreifende Nivellierung von Kultur, Lebensformen und Werthaltungen erfahren, so dass berechtigte Zweifel an einer universalen Teleologie der Geschichte geweckt werden. Der Kapitalismus gilt hier als ein sozialer Prozess, durch den einerseits die Eigenart traditionell gewachsener Kulturen aufgehoben wird, der jedoch andererseits keinerlei eigene kulturelle Orientierung des Handelns anbietet und die in ihrer Anonymität isolierten Individuen einem Chaos von konkurrierenden Meinungen, Weltansichten und Werten überlässt (Simmel 1968).

Wenn wir nun die bisherigen Resultate unserer Untersuchung zusammenfassen, sehen wir, dass durch die Semantik der Geschichtlichkeit die soziale Konstruktion von Gesellschaft und Geschichte beobachtbar wird. Damit wird einerseits die Möglichkeit einer permanenten Gesellschaftskritik eröffnet, andererseits entsteht ein Bedarf an einer Fundierung dieser Kritik durch die Analyse von Prozessen, durch welche die Geschichte geschieht. Unterschiedliche Resultate diese Analyse führen zur Formulierung unterschiedlicher Auffassungen der Konstitution sozialer Ordnung, von denen dann unterschiedliche Kritikmodelle der Gesellschaft ausgehen.

Es darf allerdings nicht übersehen werden, das sich das Konzept der Geschichtlichkeit im Sinne der sozialen Konstruktion der Wirklichkeit auf eine weitere Idee stützt, die der Geschichtlichkeitssemantik wesentlich angehört – nämlich auf die Idee der Souveränität und der Autonomie des Subjekts und seiner Praxis. Alle bisher behandelten Konzepte, in welchen die Geschichtlichkeitssemantik thematisiert und entwickelt wurde, gingen im Prinzip davon aus, dass es trotz aller historischen und sozio-strukturellen Determinierung die Praxis autonomer Subjekte ist, in der sich die geschichtliche Konstruktion der Realität verwirklicht. Marx (1963, 115) formuliert dies bekanntlich wie folgt: »Die Menschen machen ihre eigene Geschichte, aber nicht aus freien Stücken, nicht unter selbstgewählten, sondern unter unmittelbar vorgefundenen, gegebenen und überlieferten Bedingungen.« Obwohl diese im Prinzip kompromishafte Formulierung häufig dazu verleitete, menschliches Handeln als determiniert durch »objektive« strukturelle Bedingungen anzusehen (vgl. etwa Althusser/Balibar 1972), kann nicht übersehen werden, dass hier die geschichtliche Plastizität der Wirklichkeit und somit auch die Möglichkeit der historischen Entwicklung mit der Voraussetzung der geschichtlichen Plastizität des Subjekts und seines Handelns verbunden wird. Die Frage nach der Geschichtlichkeit, d.h. danach wie Geschichte geschieht, ist so nicht nur eine Frage nach den Mechanismen der Geschichte und der geschichtlichen Dynamik, sondern auch eine Frage nach der »conditio humana«, d. h. nach der Struktur und der Konstitution des Subjekts und seiner Praxis, aus der die Möglichkeit von Geschichtlichkeit als sozialer Konstruktion von Realität resultiert.

Diese subjektive Bedingtheit der Geschichtlichkeit wird anfänglich artikuliert im aufklärerischen Konzept des Menschen als eines Vernunftwesens, das sich vermittels rationaler Erkenntnis aus der Finsternis der dumpfen Tradition zu befreien vermag. Das Aufkommen der Autonomie und Reflexivität menschlichen Erkennens und der Praxis wird hier einerseits an die geschichtliche Wandlungsfähigkeit des Menschen gebunden, aber zugleich setzt es eine Rationalität voraus, die dem Menschen als eine determinierende, universale, wenn auch zuweilen verdeckte Eigenschaft eigen ist. Auch hier scheint also das Paradoxon auf, das – wie wir eingangs gesehen haben – dem Konzept der Geschichtlichkeit innewohnt: Auf der einen Seite steht es für die Temporalisierung und Dynamisierung der Wirklichkeit, auf der anderen Seite wird es zugleich gedacht, als eine anthropologische bzw. eine gesellschaftlich-strukturelle Konstante. Die These der Rationalität als einer in dieser Konstante ans Licht dringenden Bestimmung des Menschen und seiner Lebenswelt wird dann zum Scheidepunkt zwischen geschichtlichen und nicht-geschichtlichen

Völkern und Kulturen (vgl. etwa Hegel 1968) und wird so dem Vorwurf des Eurozentrismus ausgesetzt. Die Weiterentwicklung der Geschichtlichkeitssemantik bringt so auch – wie noch gezeigt wird – eine Pluralisierung und Relativierung gesellschaftlicher Rationalitätskonzepte mit sich.

Um dem Problem des Relativismus zu begegnen, wird die Suche nach den Faktoren, durch die die Geschichtlichkeit des Subjekts bedingt wird, im Verlauf des 20. Jahrhunderts zunehmend in den Bereich von Theorien verlegt, die nach der Grundstruktur des menschlichen Weltzugangs fragen. Das Moment der Geschichtlichkeit dieses Weltzugangs wird auch hier an der Temporalität, genauer an der Temporalität der subjektiven Wirklichkeitskonstitution festgemacht und ist mit einer Dynamisierung des menschlichen Weltzugangs durch die Zeitlichkeit des Erlebens verbunden (Dilthey 1970). Diese Figur wird in Bergsons Konzept der inneren Bewusstseinsdauer, der durée, fortgesetzt (Bergson 1989). Auch die Geschichtlichkeit der Lebenswelt Husserls (Husserl 1962, 1980), in der sich sinnvolle Realität in der natürlichen Einstellung des Subjekts konstituiert, ist verankert in der Zeitlichkeit der intentionalen Bewusstseinsakte , in welchen die Geltung der Lebenswelt als eines Reichs ursprünglicher Evidenzen zustande kommt. Diese Konstitution stellt kein Produkt rationaler Akte eines aufgeklärten Subjekts dar, sondern ein Resultat spontaner Bewusstseinsakte, denen das Subjekt bis zum gewissen Grade ausgeliefert ist. An dieses Konzept der Zeitlichkeit knüpft Heidegger an (1967). Auch hier gibt Geschichtlichkeit, begriffen als die Zeitlichkeit des Daseins, den Grund ab für die Geschichte als einen Ort, an dem das Dasein in dem Vollzug seiner Möglichkeiten existiert. In seiner fundamental-ontologischen Reformulierung des Problems, führt jedoch Heidegger in das Konzept der Geschichtlichkeit eines seiner wesentlichen Momente wieder ein, das bei Husserl vernachlässigt wurde – nämlich das Moment des Handelns und der Praxis. Die Geschichtlichkeit des Daseins entspricht nicht seiner Zeitlichkeit in einem schlichten Sinne, sondern entspringt vielmehr aus der Einsicht in seine Endlichkeit in der Zeit und aus der daraus resultierenden Sorge, die sich in mannigfaltigen Handlungsentwürfen niederschlägt (Heidegger 1967, § 74). Die Geschichtlichkeit des Subjekts – des Daseins – ist hier also nicht nur in der Temporalität und Plastizität seiner Bewusstseinsakte begründet, sondern auch in der Temporalität und Plastizität seiner Handlungsakte und seiner Praxis.

Die Geschichtlichkeit des Subjekts als ein Moment seines Weltzugangs ist so verankert in der Struktur seines Seins, die einerseits die Selbstkonstituierung des Subjekts ermöglicht, das sich in seinen Handlungsprojekten entwirft und realisiert. Andererseits jedoch stellt die Geschichtlichkeit eine existenziale Seinsstruktur dar, der das Subjekt ausgeliefert ist, und die nicht überwunden, beherrscht oder in der Reflexion aufgelöst wird. Auch hier bemerken wir die Ambivalenz, die wir schon bei Marx und anderen sahen: Geschichtlichkeit gilt als Handlungsermächtigung des Subjekts und als die es übersteigende Konditionierung seines Handelns zugleich.

Obwohl Heidegger die geschichtliche Offenheit der Existenz des Subjekts als eine grundlegende Struktur seines Seins aufweist, bleibt die Frage der Eingrenzung dieser Offenheit durch ihr Resultat – die Geschichte selbst – offen. Die dem Konzept der Geschichtlichkeit immanente Ambivalenz, die einerseits die Konstruktion sozialer Realität dem freien Handeln des Subjekts überantwortet, um es zugleich durch die so entstehende Ordnung einzuschränken, wurde – wie wir sahen – im Anschluss an Marx häufig zugunsten einer Determinierung des Handelns durch sozio-ökonomische Mechanismen entschieden. Für die Klärung der im Subjekt lagernden Bedingungen der Geschichtlichkeit reicht allerdings die von Marx konstatierte »empirische« Gleichzeitigkeit der Handlungsautonomie und ihrer sozio-strukturellen Konditionierung nicht aus. Es muss vielmehr geklärt werden, auf welchen in der Struktur des menschlichen Weltzugangs angelegten Momenten diese Ambivalenz der Geschichtlichkeit eigentlich beruht. Eine Lösung wird seit den 20er Jahren des 20. Jahrhunderts in der philosophischen Anthropologie Helmut Plessners (1981) vorgeschlagen. Plessner radikalisiert die These von der geschichtlichen Offenheit menschlicher Existenz, indem er das anthropologische Konzept der exzentrischen Verfassung des Menschen und seiner natürlichen Künstlichkeit entwickelt. In Plessners Sicht ist die Existenz des Menschen aufgrund seiner Reflexivität an keine natürlichen Bedingungen gebunden, die einen bestimmten Typus menschlicher Lebensorganisation erfordern würden. Die menschliche Praxis kann beliebige Objekte aufgreifen und kann auch in beliebiger Richtung geführt und entwickelt werden. Die Plastizität des Menschen und seiner Mächtigkeit sich selbst, den anderen sowie den Dingen gegenüber, ist in diesem Sinne grenzenlos. Zu dieser absoluten Offenheit gehört auch die absolute Abwesenheit jeglicher Vorbestimmung bezüglich der Orientierung menschlicher Praxis. Die erforderliche Orientierung seines Handelns kann der Mensch nur durch die Selbsteingrenzung seiner Offenheit mittels sozialer Ordnung erreichen. Aus der durch seine Naturgeschichte bedingten Offenheit des Menschen resultiert so notwendigerweise die »Künstlichkeit«, d. h. die soziale Konstruiertheit seiner Welt. Die Offenheit und ihre Einschränkung durch ihr Produkt – die soziale Ordnung – stellen so die konstituierenden Momente der anthropologisch gegebenen Geschichtlichkeit als »conditio humana« dar. Die Prozesse der Geschichtlichkeit qua Konstruktion sozialer Ordnung werden hier nicht in Mechanismen verortet, die sich hinter dem Gang der Geschichte verbergen, sondern in der Interaktion mit Dingen und anderen, in der intersubjektive Interpretationen der Welt und so auch Handlungsorientierungen entstehen. Die Betrachtung von Geschichtlichkeit als einer fundierenden Struktur, die die Konstruktion sozialer Realität in der Zeit ermöglicht, wird so mit der philosophischen Anthropologie auf die Autogenese von Gesellschaften fokussiert, indem Prozesse der Interaktion und der Wissenskonstitution thematisiert werden (Schütz 2004, Mead 1998, Mannheim 2003), in welchen die Selbstauslegung der Gesellschaft geschieht.

Aber auch dieses Unternehmen kann nur in Termini und Denkfiguren der bestehenden Geschichtlichkeitssemantik erfolgen, deren Entwicklung wir verfolgen. Wie schwierig, ja geradezu unmöglich es ist, diesen semantischen Rahmen zu verlassen, wird deutlich, wenn wir die fundamentale Kritik betrachten, die an der Geschichtlichkeitssemantik der Moderne im postmodernen Denken sowie durch seine unmittelbare Wegbereiter geübt wird. Die postmoderne Kritik greift zwei der tragenden Konzepte moderner Geschichtlichkeitsauffassung an, die uns bisher beschäftigten. Sie attackiert sowohl die moderne Vorstellung eines erkennbaren Mechanismus, der den Gang der Geschichte bestimmt und zwecks der Optimierung gesellschaftlicher Ordnung instrumentalisierbar wäre, als auch die Idee der Autonomie des Subjekts und seiner Praxis. In seiner »La condition postmoderne« bezeichnet Lyotard (1993) bekanntlich diese zwei tragenden Konzepte der Moderne als »grand récits«, große Erzählungen, die es aufzulösen gilt. Gerade weil die soziale Realität und unser Wissen von der Welt Konstruktionen sind, ist für Lyotard die Vorstellung unhaltbar, es gäbe eine ontologische, der Geschichte immanente

Teleologie, deren stufenweise Erkenntnis sich in einer zunehmenden Rationalisierung der Gesellschaftsordnung niederschlagen würde. Die Zunahme des natur- und sozialwissenschaftlichen Wissens führt nicht zu einer Emanzipation der Menschen und der Gesellschaft, sondern im Gegenteil zur Festigung gesellschaftlicher (d. h. kapitalistischer) Strukturen, denen der Mensch unterworfen ist. Die Konzepte der Geschichte als des Ortes der Geschichtlichkeit und der menschlichen Emanzipation werden damit gegenstandslos. Gegenstandslos wird damit auch die Vorstellung der Autonomie des Subjekts im Sinne seines Vermögens, durch rationales Handeln die Welt zu beherrschen und zu optimieren. Im Gegenteil – das Subjekt wird hier nicht mehr gedacht als die Quelle und das Zentrum der Wissens- und Wirklichkeitskonstitution, sondern – in der Tradition des französischen poststrukturalistischen Denkens in der Nachfolge Foucaults (1973) – als ein »sub-iectum«, d. h. als ein Wesen, das durch diskursive soziale Prozesse und Strukturen jenseits seines Bewusstseins konstituiert wird. Diese Strukturen werden jedoch von Lyotard nicht nur als ökonomische, politische oder soziale »Geschichtsfaktoren« im Sinne von Marx begriffen, sondern als Diskursstrukturen, die in Prozessen der Kommunikation entstehen. Hat die Moderne dazu tendiert, den Gang der Geschichte in der rationalisierenden Reflexion des Subjekts aufzulösen, löst die Postmoderne das Subjekt in der Kommunikation der Diskurse auf. Die postmoderne Sicht sozialer Realität wird so durch die Pluralität von gleichwertigen Diskursen und die Heterogenität ihrer Logiken charakterisiert. Geschichte erscheint hier als das Resultat zufälliger Konfiguration von Diskursen und die Geschichtlichkeit als Mechanismus durch welche Geschichte geschieht, wird programmatisch zum ungreifbaren, aleatorischen Phänomen.

Die Auflösung der Geschichte im postmodernen Denken wird weitergeführt und radikalisiert in dem so genannten »postkolonialen Diskurs« (vgl. etwa Chakrabarty 2000). Hier werden Geschichte und Geschichtlichkeit enthüllt als Teile des eurozentrischen Machtdiskurses, mit dessen Hilfe erstens die Aufteilung von Gesellschaften und Kulturen in geschichtliche, also zivilisierte, und nicht-geschichtliche, also unzivilisierte, betrieben wird, um – zweitens – die so klassifizierten Gesellschaften auf der Zeitachse der Evolution so anzuordnen, dass sich an der Spitze der Entwicklung die westliche Moderne selbst findet. Geschichtlichkeit und Geschichte als tragende Elemente der Selbstbeschreibung der Moderne werden in dieser Perspektive zu Konzepten, durch die Macht über andere Kulturen ausgeübt und koloniale Politik legitimiert wird (etwa Chakrabarty 2000, Gilroy 1995, Spivak 2008). Der nun globalisierte Geschichtlichkeitsdiskurs erhält damit eine Wendung, durch die nicht nur die Geschichte, sondern das ganze Instrumentarium wissenschaftlicher Selbstbeschreibung moderner Gesellschaften einschließlich des Konzepts der Evolution in Frage gestellt wird.

Durch diese radikale Kritik scheint also die Debatte über die Geschichtlichkeit des Subjekts und der sozialen Wirklichkeit an ihr Ende gelangt zu sein. Die postmoderne und postkoloniale Zeitdiagnose trifft sich hier überraschenderweise mit der liberalen Vorstellung der Finalität der Geschichte, deren aktuelle Version Fukuyama vorlegte (1992). Beim näheren Hinsehen zeigt sich jedoch, dass selbst die radikalste Dekonstruktion der Geschichtlichkeit durch die Postmoderne und ihre Nachfolger von jenen Elementen der Geschichtlichkeitssemantik ausgeht und lebt, die hier aufgezeigt wurden. Auch die Postmoderne teilt die Grundvorstellung, die durch die moderne Geschichtlichkeitssemantik transportiert wird – nämlich jene der sozialen Konstruiertheit der Realität selbst. Weiterhin kann nicht übersehen werden – und es wird ja auch von Lyotard selbst nicht übersehen (1993, 113 ff.), – dass die postmoderne Kritik der universal wirkenden und rational fassbaren Geschichtsmechanismen auf Argumente zurückgreift, die als Reaktion auf die allumfassende Rationalität der Aufklärung der Historismus formulierte. Durch diese Feststellung soll nicht etwa Habermas' (1985) moralisierende Kritik des postmodernen Denkens wiederholt werden. Sie soll vielmehr als Evidenz dafür dienen, dass selbst die radikalste Kritik der Moderne nicht außerhalb der Ordnung und der Repertoires des modernen semantischen Archivs formulierbar ist. Die Eigenständigkeit partikulärer Lebensformen und ihrer Ordnungen, und somit auch die Relativität ihrer Geltung, die der Historismus als notwendige Folge der Geschichtlichkeit menschlicher Realität aufzeigte, werden auch zu konstitutiven Argumenten der postmodernen Kritik, wenn auch hier »Geschichtlichkeit« durch den Prozess der Kommunikation im Diskurs ersetzt wird, in dem soziale Realität entsteht. Ebenso ist die postmoderne Argumentation durch die Ambivalenz der Geschichtlichkeitsfigur gekennzeichnet: Sie betont einerseits, dass Subjekte dem Prozessieren von Diskursen unterworfen und somit auch in der Autonomie ihrer Praxis eingeschränkt sind, andererseits kann das postmoderne Denken auf das Konzept der Autonomie des Subjekts nicht verzichten, denn gerade dieses stellt die Voraussetzung der Heterogenität und Pluralität der Diskurse dar, von der die Postmoderne ausgeht. Die Heterogenität der Diskurse wird so mitbedingt durch die Geschichtlichkeit des Subjekts, in der die Offenheit seines Weltzugangs, sowie die Plastizität seines Bewusstseins und seine Praxis gründet, deren Resultat die Vielfalt menschlicher Kulturen ist.

Es zeigt sich also, dass die postmoderne Kritik das Problem der Geschichtlichkeit weder eliminiert noch endgültig löst, sondern ebenso innerhalb der modernen Geschichtlichkeitssemantik argumentiert, ihr aber eine radikale Gestalt verleiht: Unter der Voraussetzung der sozialen Konstruiertheit von Realität wird durch die Betonung der Pluralität, Relativität und Heterogenität von Diskursen die Frage nach der Offenheit der Realitätskonstruktion und nach dem daraus resultierenden Bedürfnis der Orientierung des Handelns noch dringender. Die derart intensivierte Reflexion der Geschichtlichkeit führt zu verstärkt empfundenen Bedarf nach Werten, der sich in zunehmender Verbreitung ethischer Diskurse niederschlägt. Soziologisch betrachtet macht sich die Radikalisierung des Geschichtlichkeitsdiskurses etwa bemerkbar in der Fundamentalisierung der konträren Vorstellungen von der globalen Geltung der Menschenrechte einerseits und der Betonung der Gleichwertigkeit von Wertvorstellungen unterschiedlicher Kulturen andererseits. Das Problem der Universalität bzw. der Relativität von Werten und Wissen, das es in der Moderne dank der Reflexivität der Geschichtlichkeitssemantik formulierbar wurde, bleibt so eine grundlegende, paradoxe Figur der Selbstbeschreibung der gegenwärtigen Weltgesellschaft.

Am Anfang des dritten Jahrtausends erzeugt das Problem der Geschichtlichkeit nicht nur ein Bedürfnis nach ethischer Handlungsorientierung. Die historisch hervorgebrachte Semantik der Geschichtlichkeit ermöglicht auch außerhalb der Philosophie – allerdings nicht unabhängig von ihr – die Einsicht in die Temporalität der Konstruktion sozialer Wirklichkeit sowie in die Zeitlichkeit des Subjekts, die in der »conditio humana« verankert sind. Diese Einsicht wird im Verlauf des 20. Jahrhunderts konkretisiert in der Formulierung soziologischer Theorien der Konstruktion sozialer Wirklichkeit und ihrer Ordnung. Grundsätzlich kann gesagt werden, dass die Mehrheit der gegenwärtig relevanten soziologischen Theorien als eine Antwort auf diese Fragen konzipiert ist (Habermas 1982, sozialer (Berger/Luckmann 1971) und radikaler Konstruktivismus (Luhmann 1984), Giddens 1992, Bourdieu 1987 etc.). Alle diese Theorien beleuchten die Autogenese sozialer Ordnung und betonen dabei die Praxis, die Sprache und die Kommunikation als die grundlegenden Mechanismen dieses Prozesses. Evolutionäres Potential wird dabei vor allem der zunehmenden Reflexivität von Semantiken zugeschrieben, mit welchen sich Gesellschaften selbst beschreiben und interpretieren. Trotz der postkolonialen Kritik bleibt für die sozial- und kulturwissenschaftliche Forschung die Frage nach den Faktoren ausschlaggebend, die die reflexive Dynamik gesellschaftlicher Selbstbeschreibungen auslösen. Unter welchen Bedingungen kommt es dazu, dass die Kategorien der mythischen Weltauslegung in archaischen Gemeinschaften ein reflexives, generalisierbares Potential entwickeln, das einerseits zu komplexeren Formen sozialer Organisation führt und andererseits die Entstehung von Wissenssystemen ermöglicht, die ihre Verankerung in lokalen Gemeinschaften zu transzendieren vermögen und sich zu generalisierbaren Semantiken entwickeln, sei es religiöser, wissenschaftlicher, rechtlicher, politischer oder philosophischer Art? Angesichts dieser Forschungsaufgaben wird deutlich, dass die Semantik der Geschichtlichkeit, die mit der Moderne heraufkommt, am Anfang des dritten Jahrtausends nichts von ihrer paradigmatischen Mächtigkeit eingebüßt hat. Im Gegenteil – ihre Elemente geben weiterhin den Rahmen für den Diskurs ab, in dem die Gesellschaft der Gegenwart sich selbst zu erfassen versucht.

Literatur:

Althusser, Louis./Balibar, Etienne (1972): *Das Kapital lesen*, Reinbek: Rowohlt.

Berger, Peter L./ Luckmann, Thomas (1970): *Die gesellschaftliche Konstruktion der Wirklichkeit. Eine Theorie der Wissenssoziologie*, Frankfurt/M.: Fischer.

Bergson, Henri (1989): *Zeit und Freiheit*, Frankfurt/M.: Athenäum.

Bourdieu, Pierre (1987): *Die feinen Unterschiede*, Frankfurt/M.: Suhrkamp.

Chakrabarty, Dipesh (2000): *Provincializing Europe. Postcolonial thought and historical difference*, Princeton: Princeton Univ. Pr.

Comte, Auguste (1923): *Soziologie*, Jena: G. Fischer.

Dilthey, Wilhelm (1970): *Der Aufbau der geschichtlichen Welt in den Geisteswissenschaften*, Frankfurt/M.: Suhrkamp.

Ferguson, Adam (1986): *Versuch über die Geschichte der bürgerlichen Gesellschaft*, Frankfurt/M.: Suhrkamp.

Foucault, Michel (1973): *Archäologie des Wissens*, Frankfurt/M.: Suhrkamp.

Fukuyama, Francis (1972): *The End of the History and the Last Man*, New York: Free Press.

Giddens, Anthony (1992): *Die Konstitution der Gesellschaft. Grundzüge einer Theorie der Strukturierung*, Frankfurt/M.: Campus.

Gilroy, Paul (1995): *The Black Atlantic. Modernity and Double Consciousness*, London u. a.: Verso.

Habermas, Jürgen (1985): *Der philosophische Diskurs der Moderne*, Frankfurt/M.: Suhrkamp.

Habermas, Jürgen (1982): *Die Theorie der kommunikativen Handelns* 2 Bde., Frankfurt/M.: Suhrkamp.

Hegel, Georg Wilhelm Friedrich (2002): *Phänomenologie des Geistes*, Berlin: Akademie Verlag.

Hegel, Georg Wilhelm Friedrich (1968): *Vorlesungen über die Philosophie der Weltgeschichte*, Hamburg: Meiner.

Heidegger, Martin (1967): *Sein und Zeit*, Tübingen: Niemeyer.

Herder, Johann Gottfried (2002): *Ideen zur Philosophie der Geschichte der Menschheit*, *Werke* Bd. 3, München: Hanser.

Hobbes Thomas (2008): *Leviathan oder Stoff, Form und Gewalt eines kirchlichen und bürgerlichen Staates*, Berlin: Akademie-Verlag.

Husserl, Edmund (1962): *Die Krisis der europäischen Wissenaschaften und die transzendentale Phänomenologie*, *Husserliana* Bd. VI, hg. v. Walter Biemel, Den Haag: Nijhoff.

Husserl, Edmund (1980): *Vorlesungen zur Phänomenologie des inneren Zeitbewußtseins*, hg. v. Martin Heidegger, Tübingen: Niemeyer.

Koselleck, Reinhard (1975): »Geschichte«, in: *Geschichtliche Grundbegriffe*, hg. v. Otto Brunner, Werner Conze, Reinhard Koselleck, Stuttgart: Klett-Cotta, Sp. 593-718.

Luhmann, Niklas (1984): *Soziale Systeme. Grundriß einer allgemeinen Theorie*, Frankfurt/M.: Suhrkamp.

Lyotard, Jean-François (1993): *Das postmoderne Wissen*, Wien: Passagen.

Mannheim Karl (1964): »Historismus«, in: ders.: *Wissenssoziologie*, Neuwied: Luchterhand, S. 246-307.

Mannheim Karl (1969): *Ideologie und Utopie*, Frankfurt/M.: Schulte-Bulmke.

Mannheim, Karl (2003): *Konservatismus – ein Beitrag zur Soziologie des Wissens*, Frankfurt/M.: Suhrkamp.

Mannheim, Karl (2003): *Strukturen des Denkens. über die Eigenart kultursoziologischer Erkenntnis*, Frankfurt/M.: Suhrkamp.

Marx, Karl/Engels, Friedrich (1964): *Manifest der kommunistischen Partei*, *Marx Engels Werke* Bd. 4, Berlin: Dietz, S. 459-493.

Marx, Karl (1963): »Der achtzehnte Brumaire des Louis Bonaparte«, *Marx Engels Werke* Bd. 8, Berlin: Dietz, S. 111-207.

Mead, George H. (1998): *Geist, Identität und Gesellschaft aus der Sicht des Sozialbehaviorismus*, Frankfurt/M.: Suhrkamp.

Novalis (1968): *Fragmente und Studien 1799 -1800, Gesammelte Werke*, Bd. 3, Zürich: Bühl.

Plessner, Helmuth (1981): »Macht und die menschliche Natur«, in: *Gesammelte Schriften* V, Frankfurt/M.: Suhrkamp.

Schütz, Alfred (2004): *Der sinnhafte Aufbau der sozialen Welt. Eine Einleitung in die verstehende Soziologie, Alfred Schütz-Werkausgabe* Bd. II., Konstanz: UVK.

Simmel, Georg (1968): »Der Begriff und die Tragödie der Kultur«, in: ders.: *Das individuelle Gesetz. Philosphische Exkurse*, hg. v. M. Landmann, Frankfurt/M.: Fischer, S. 116-147.

Smith, Adam (2005): *Untersuchung über Wesen und Ursachen des Reichtums der Völker*, Tübingen: Mohr.

Spencer, Herbert (1889): *Principien der Soziologie*, Bd. III, Stuttgart: Enke.

Spivak, Gayatri Chakravorty (2008): *Can the subaltern speak? Postkolonialität und subalterne Artikulation*, Wien: Turia + Kant.

Sumner, William G. (1906): *Folkways*, Boston: Ginn and Co.

Vico, Giambattista (2000): *Die neue Wissenschaft über die gemeinschaftliche Natur der Völker*, Berlin/New York: De Gruyter.

Wo liegt Macht? Zur Semantik- und Sinnbildung in der Politik

I. Problemstellung

»Macht«, obwohl allgegenwärtig beobachtbar als Phänomen, ist trotzdem theoretisch schwer zu orten. Darin stimmen selbst scheinbar völlig inkommensurable Autoren wie Max Weber (1972) und Michel Foucault (1997) überein. Der eine weigert sich, »Macht« als solche in ihrem unstrukturierten Zustand zu behandeln, der andere wies nach, dass Macht diffus im sozialen Raum verteilt ist, und nur in flüchtigen Konfigurationen von Diskursstrukturen temporär aufscheint. Die Vorstellung von politischer Macht im Sinne von Herrschaft, die wohlbehütet in einer festgefügten Hierarchie von Institutionen verankert ist, scheint damit obsolet zu werden. Damit wird auch die Vorstellung von Macht als eines Mechanismus fraglich, der der Asymmetrisierung sozialer Situationen dient, d. h. der Durchsetzung des eigenen gegen den fremden Willen, wie Max Weber es formulierte (1972, 28). Das dahinter stehende Modell der Macht als eines individuellen oder kollektiven Handlungsvermögens, das Situationen zugunsten einer Partei entscheidet, weil es Interaktionen asymmetrisch zu gestalten vermag, scheint anderen Modellen zu weichen, die Kommunikation (Luhmann 1984) oder symbolische Repräsentation (Baudrillard 1992, aber auch bereits Schütz 2003 und Voegelin 1965) als Mechanismen der Macht betonen. Und in der Tat weist ja bereits Weber trotz seiner Weigerung, Macht zu behandeln, zwei unterschiedliche Machtquellen in seinem Begriff der Herrschaft aus, wenn er einerseits das Gewaltmonopol des Staates und andererseits die Legitimität von Herrschaft betont. Damit unterscheidet er in seiner handlungstheoretischen Sicht zwei differente »Schnittstellen«, an denen Macht in Gestalt politischer Herrschaft auf ihre Subjekte zugreifen kann: Das Gewaltmonopol zielt als Fremdzwang auf den Körper und seine Leiblichkeit, während die Legitimation die orientierende symbolische Sinndimension des Handelns anspricht. Im Anschluss an Weber folgt diesem Schema eine Reihe von Ansätzen, beginnend mit dem Dualismus von Sozialstruktur und Sinnstruktur in der klassischen Wissenssoziologie Schelers und Mannheims bis zu System und Lebenswelt als Korrelate instrumentellen und kommunikativen Handelns bei Jürgen Habermas.

So aufschlussreich der Weber'sche Hinweis auf die zwei möglichen Quellen der Macht ist, so problematisch bleibt es angesichts dieser Unterscheidung, die Macht lediglich als eine Asymmetrisierung von Interaktionen zu begreifen. Die Legitimation als ein auf öffentlichen Weltauslegungen – d. h. auf Symbolisierungen, um nicht zu sagen, auf semiotischer Kommunikation – beruhender Prozess ist nicht begründet auf externen Zwängen, sondern auf Inklusion/Exklusion von Handlungsmöglichkeiten durch sinnhafte Deutung der Wirklichkeit. Die ihr eigene Funktionsweise beruht also nicht primär in Asymmetrisierung von Situationen, sondern in ihrer selektiven Wirkung im Bezug darauf, was als normativ berechtigt erscheint. Wollte man also einen gemeinsamen Begriff suchen, der den Mechanismus charakterisiert, für den die beiden Weber'schen Machtquellen der politischen Herrschaft stehen, so müsste man von Selektion, statt von Asymmetrisierung reden, und die Asymmetrisierung von Situationen als einen Typus der Selektion von Handlungsmöglichkeiten auffassen.

Worin aber bestünden dann die selektiven Mechanismen der Macht? Wenn man sie, etwa Luhmann (1984, 221 f.) folgend, als Mechanismen der Selektion von Möglichkeiten auffasste, so wären sie als Prozesse der Sinnselektion zu begreifen. Überraschenderweise gilt dies nicht nur aus der Sicht von subjektfreien sozialen Systemen. Wenn man Helmut Plessner folgt (1981), trifft es auch aus der philosophisch-anthropologischen, auf den organischen Bauplan des Menschen zentrierten Perspektive zu. Auch hier hat »Macht« ihre Grundlage in der Notwendigkeit, die Offenheit der menschlichen Handlungsweise durch Selbstbegrenzung zu strukturieren. Anhand dieser Sinnselektivität können dann spezifisch humane Umwelten entstehen. Welches sind nun die Prozesse der Sinnselektion, und wie üben sie denn Macht aus?

Wenn die Macht wirklich eine Art Sinnselektion ist, dann muss sie in Prozessen des sinnhaften Aufbaus der sozialen Welt verankert sein, also in den Praktiken, Mechanismen und Akten, die ein »Kosmion« als eine Sinnwelt von Akteuren konstituieren. In diese Richtung haben Alfred Schütz (2003a, 195) und Eric Voegelin (1991, 57) entschieden gewiesen – letzterer insbesondere auf der Suche nach dem Wesen des Politischen und seiner Machtverfassung. Ich werde hier nicht die Werke der beiden interpretieren. Stattdessen möchte ich versuchen, quasi in einer Synthese, die einzelnen, in unterschiedlichen Ansätzen analysierten Bauelemente zusammenzutragen, auf denen die sinnselektive Machtkonstruktion sozialer Wirklichkeit ruht.

Ich werde also im ersten Schritt knapp den sinngenerativen Zusammenhang der sozialen Welt und seine selektiven Mechanismen skizzieren, um dann daraus einige Konsequenzen für die Bildung politischer Semantiken abzuleiten. Um Missverständnissen vorzubeugen, will ich bereits hier festhalten, dass Prozesse der Sinnkonstitution immer zugleich auch Prozesse der Sinnselektion sind.

II. Zum sinngenerativen Zusammenhang

Zuerst möchte ich darauf verweisen, dass die ersten Grundlagen der Sinnkonstitution mit Husserl in den intentionalen Bewusstseinsakten und der Leibzentriertheit des Subjekts zu sehen sind, in denen auch die selektive Perspektivität der relativ natürlichen Weltanschauung begründet ist. Die sinngebende Leiblichkeit ist in unserem Kontext deswegen wichtig, weil durch sie nicht nur der pragmatische Zugang des Menschen zur Welt geschieht, sondern durch sie auch die Welt, d. h. auch die Anderen auf den Menschen zugreifen können.

Die eigene Erfahrung der Dualität von Bewusstsein und Leib lässt aber auch jede fremde Handlung als ein Zeichen erscheinen. Die Transzendenz des anderen sowie der ungewisse Zeichencharakter seines Handelns macht aus jeder Handlungssituation eine Auslegungssituation, deren Mehrdeutigkeit man zwar durch Zeichensetzung kommunikativ zu überbrücken sucht, aber aufgrund der prinzipiellen Ungewissheit der Zeichenreferenz (Quine 1975, 67 f.) nie zur Eindeutigkeit bringen kann. Die Semiosis, der Zwang zum Zeichen und zum Deuten, schon früh von Arnold Gehlen als »darstellendes Verhalten« (Gehlen 1975, 145 ff.) zur anthropologischen Konstante des humanen Weltzugangs erhoben, wird so zum Mechanismus der sozialen Konstruktion der Realität par excellence, ihre Resultate bleiben aber immer polysem und offen, ihr Ausgang ungewiss. Zu allem und jedem sind prinzipiell alternative Deutungen möglich, die sich zu handlungsorientierenden Erwartungen verdichten können. Andererseits ist das Funktionieren der Semiosis nicht beliebig. Der Zeichencharakter der Elemente, mit denen die Semiosis umgeht, seien es Handlungen, Laute oder Artefakte, folgt sinnkonstitutiven Regelmäßigkeiten, die Zeichensystemen eigen sind. Diese sind zuerst, zumindest nach Saussure (1967), formaler Art: Zeichen erhalten ihre bedeutungtragende Funktion anhand ihrer Unterschiede zu anderen Zeichen im gleichen System. Ihre Anzahl ist prinzipiell beschränkt, ihre Kombinationsmöglichkeiten aber unendlich. Die zeichenspezifische Zuordnung von Signifikant und Signifikat ist primär eine arbiträre, zufällige, nicht aber die einmal durch kollektiven Gebrauch sanktionierte Verwendung dieser Zuordnung. Wir sehen also, dass bereits der formalen Struktur der Semiosis eine Selektivität eigen ist, die einerseits als einer Art Machtzwang den Kommunizierenden auferlegt wird, sie aber zugleich zur kreativen, kommunikativen Konstruktion von Wirklichkeit ermächtigt.

Die selektive und zugleich kreative Macht der Semiosis wird inhaltlich an der sprachlichen Kommunikation deutlich. Sprachliche Zeichensysteme entstehen, wie alle anderen auch, im Zuge ihrer Anwendung (Wittgenstein 1971). Der pragmatische Zwang zur Anwendung in Verbindung mit der formalen Struktur von Zeichensystemen zeitigt ebenso eine Reihe von Konsequenzen, die sich im Prozess der Semiosis als selektierende Mechanismen auswirken. Die Arbitrarität des Zeichens erfordert eine Stabilisierung seines semantischen Wertes über seine singuläre, situationsgebundene Anwendung hinaus. Mit Peirce (2000, 81 ff.) zu sprechen, erfordert die intersubjektive Geltung von Zeichen einen »Interpretanten«, d. h. einen Mechanismus, ein Schema oder ein System von Praktiken, durch die die Zeichenbedeutung wenigstens temporär auf Dauer gestellt wird. Die Prozesse der Stabilisierung von Zeichenbedeutung werden nun seit Durkheim (1981) als soziale Prozesse der Institutionalisierung und Habitualisierung angesehen, d. h. als Prozesse, in welchen der »korrekte« Zeichengebrauch einerseits in der konkreten Interaktion festgelegt und andererseits zugleich sozial kontrolliert wird.

Dass hier selektive Prozesse der Semiosis aus der formalen Struktur des Zeichensystems in soziales Geschehen verlagert werden, darf nicht dazu verleiten, die Stabilisierung von Sinn primär als einen intendierbaren Aushandlungsprozess zwischen Akteuren zu betrachten. Untersuchungen zu sozialer Kommunikation seit George Herbert Mead (1973) zeigen vielmehr, dass der

Sinn von Zeichen in einer übersubjektiven Erwartungsstruktur besteht, die zwar in kommunikativem Austausch entsteht, von den Intentionen der einzelnen Akteure jedoch unabhängig bleibt. Ebenso besteht die soziale Kontrolle über den »korrekten« Gebrauch von Zeichen primär in beobachtbarem Gelingen oder Misslingen von Kommunikationen und nicht etwa in intendierten korrigierenden Maßnahmen von kompetenten Sprechern, die erst vor diesem Hintergrund einen Sinn machen. Aus dieser Eigenmächtigkeit der in pragmatischer Kommunikation erfolgenden Semiosis resultiert einer ihrer mächtigsten Selektionsmechanismen, nämlich die Normativität aller sozialer Zeichensysteme, insbesondere dann die Normativität der Sprache. Die Sprache als das prominente Medium der Semiosis wird durch ihre normative Kraft nicht nur im traditionellen Sinne von Durkheim zum Repräsentanten kollektiver Vorstellungen. Wie bereits Mead (1973), Austin (1962), Searle (1974) und Wittgenstein (1971) zeigten, macht es diese normative Kraft auch möglich, andere durch sprachliche Kommunikation in eine semiotisch konstruierte Realität einzubeziehen und sie an diese zu binden. Aus der Beobachtung dieser selektiven Macht der sprachlichen Semiosis gewann dann etwa Habermas (1981) die Hoffnung, sie reflexiv zur Überprüfung ihrer eigenen Geltungsansprüche anwenden zu können und so zu einer kommunikativen Regelung der Eigenmächtigkeit von Diskursen zu kommen.

Erst durch die normierende Selektivität der Sprache (und allen anderen Zeichensystemen) ist auch ihre Kreativität begründet. Formal ausgedrückt – erst die Stabilisierung der Bedeutung von Zeichen und der Regel ihrer Kombinierbarkeit macht die unendliche Vielfalt ihrer pragmatischen Kombinationen möglich, die sich in der Konstruktion einer Mannigfaltigkeit von Wirklichkeiten mit handlungsorientierender Wirkung niederschlägt. Dies führt zu einer Ausdifferenzierung der sprachlichen Kommunikation und ihrer Muster im doppelten Sinne: Einerseits entstehen kommunikative Gattungen, die quasi als »Formate« oder Regelschemata der sprachlichen Kommunikation fungieren, andererseits werden sprachliche Deutungsmuster der Wirklichkeit in Gestalt von diversen Semantiken generiert, die handlungsorientierende Funktionen haben. Die Macht der Semiosis ist also immer ambivalent: Sie wirkt sich einerseits normativ/selektiv aus, indem sie übersubjektive »Regelungen« der Sinnkonstitution mitführt. Andererseits stellt aber diese regelnde Macht die Grundlage dar, für die pragmatische Genese alternativer, konkurrierender »Weltsichten«, deren handlungswirksame Kraft aus der Normativität der semiotischen Sinnselektion resultiert. In dem Maße, in dem die Semiosis als conditio humana zu gelten hat, ist ihre sinnselektierende und -generierende Macht allgegenwärtig als die Grundlage der Konstruktion sozialer Realität. Jeder wird von ihr ergriffen und alle sind Akteure ihrer Ausübung. In ihrer Ambivalenz ist die Macht der Semiosis nicht »teleologisch«, sondern nach allen Seiten offen und potenziell in alle Richtungen wirksam. Foucaults (1997) Ansicht von der Diffusität und Autonomie der diskursiven Macht findet in dem ambivalenten Charakter der sinnsetzenden Macht der Semiosis ihre Begründung.

Ich habe mich nun bei den etwas entlegenen Details deswegen so lange aufgehalten, um die autonome Mächtigkeit der Semiosis als eine der wesentlichsten Ebenen des sinngenerativen Zusammenhangs zu zeigen, in dem wir auch die Quellen der politischen Semantikbildung zu suchen haben. Diese Ebene allerdings macht den sinngenerativen Zusammenhang nicht allein aus. Eine ebenso wesentliche Rolle spielen in dem Prozess der sozialen Sinnkonstitution Versuche, die autonome sinnsetzende Mächtigkeit der Semiosis zu bändigen, bzw. sie reflexiv zur Konstruktion sozialer Ordnung einzusetzen. Diese Versuche, die ich dem eingebürgerten Sprachgebrauch folgend, als Diskurse bezeichne, stellen eine eigene Art sinnselektiver Mechanismen dar. Ihre Sinnselektivität wurde in mehreren Perspektiven beleuchtet. Den augenscheinlichsten Fall stellt die Konkurrenz um die Definitionsmacht der Semiosis zwischen unterschiedlichen Akteuren und sozialen Gruppierungen dar, die bereits Karl Mannheim (1964) ausführlich analysierte. Der Kampf um die Macht über die Weltauslegung wird bei Mannheim als Kampf um die symbolisch/kulturellen Durchsetzungsmittel von Handlungsorientierungen verstanden und daher als ein Mittel der politischen Auseinandersetzung par excellence gesehen. Diskurse sind bereits bei Mannheim immer Machtdiskurse. In der Mannheimschen Sicht wird jedoch die realitätsformende Funktion der Semiosis, um die konkurriert wird, zwar im Machtkampf benutzt als sein selbstverständlich gegebenes Medium, nicht jedoch reflexiv von den Akteuren des Konkurrenzkampfs eingesetzt. Der Ideologieverdacht, der hier als Kampfmittel eingesetzt wird, ergibt sich – wie Mannheim zeigt – nicht aus der Unterstellung strategischer Täuschungen, sondern aus der prinzipiellen Seinsgebundenheit des Wissens, d. h. aus der Annahme, dass Sprecher bestimmter Gruppen aufgrund ihrer sozialen Lage bestimmte Sachverhalte in einer gruppenspezifischen Perspektive sehen müssen. Die mögliche Reflexivität des Verhältnisses zwischen Semiosis und dem Kampf um die Beherrschung ihrer Definitionsmacht ergibt sich erst aus der Perspektive, der diesen Zusammenhang durchleuchtenden Wissenssoziologie.

Den Versuch, eine solche Reflexivität auch auf der Ebene alltäglicher Pragmatik herzustellen, unternimmt Habermas (1981). Sein Bemühen um eine diskursive Regelung der Sinnselektion geht dahin, die normative Macht der Semiosis auf sich selbst anzuwenden, um so – reflexiv – die im weitesten Sinne normativen Geltungsansprüche der Semiosis der Prüfung durch die in kommunikativen Akten derselben Semiosis herzustellende Normativität zu unterwerfen. Den Vorteil einer solchen Regelung der normativen Macht der Semiosis sieht Habermas bekanntlich in dem Ausschluss des asymmetrisierenden Machtmoments aus dem Mechanismus diskursiver Sinnselektion.

Eine, wenn auch aus einem ganz anderen theoretischen Kontext entstehende, Synthese von Momenten der Konkurrenz um die Definitionsmacht und der Betonung der Autonomie des diskursiven Geschehens finden wir bei Foucault, der zugleich auch eine äußerst elaborierte Version der Selektivität von Machtdiskursen und ihrer disziplinierenden, handlungsorientierenden Durchsetzung bietet. In mehreren historisch argumentierenden Studien zeigt Foucault wie sich zufällige Konfigurationen von sozialen Gruppierungen, Wissenssystemen, Semantiken und Institutionen quasi autopoietisch zu selektionswirksamen Geflechten verdichten. Ihre Wirksamkeit besteht nicht nur in der Durchsetzung von Weltauslegungen, sondern gleichermaßen in der Etablierung korrektiver Disziplinierungspraktiken, die durch den Zugriff auf das Dispositiv des Körpers den Diskurs und seine Bio-Macht in der Gesellschaft verankern. Ich möchte hier nur kurz an die drei Stränge der dem Diskurs innewohnenden Selektion/Exklusion hinweisen, wie Foucault sie in »Ordnung des Diskurses« formuliert (Foucault, 1997, 16 ff.):

1. Das verbotene Wort,

2. Die Ausgrenzung des Wahnsinns,

3. Der Wille zur Wahrheit.

Wenn man auch in unserem Kontext sagen könnte, dass sich die ersten zwei Exklusionsformen auf die Definitionsmacht von Semantiken und von autorisierten Weltauslegungen beziehen, macht Foucault mit der dritten Exklusion die Unterwerfungs- und Diziplinierungskraft des Diskurses klar. Der Wille zur Wahrheit steht nicht für eine humanistische Verpflichtung der Aufklärung, sondern ist vom Streben nach Macht und ihrer disziplinierenden Apparatur charakterisiert, die man sich kraft des Besitzes legitimen Wissens aneignet, eines Wissens, dessen Legitimität aber zugleich auch ein Produkt des ausschließenden Machtdiskurses ist. So tritt der Diskurs auch bei Foucault als ein gefährlicher, eigenwilliger, autonomer Selektionsmechanismus auf, der nicht durch Herrschaft institutionalisierbar ist, sondern diese jederzeit in Frage stellen, unterwandern und stürzen kann. In seinem gewaltsamen Zugriff auf den Körper übt der Diskurs auch eine asemiotische Macht aus, die seine nicht bewältigbare Autonomie noch unterstreicht. Foucault zeigt uns aber auch, dass Semiosis als Sinnselektion nicht hinreicht, um die Konstruktion sozialer Ordnung zu erklären. Vielmehr sind immer zusätzliche Selektions- und Machtmechanismen des Diskurses vonnöten, wenn Sinn in sozialer Ordnung umgesetzt werden soll.

Dass eine Verbindung von Semiosis und einer über ihr Selektionsvermögen hinausgehende Macht notwendig ist, wenn aus dem sinngenerativen Zusammenhang stabile soziale Ordnung entstehen soll, hat auch Niklas Luhmann (Luhmann 1984, 222 f.) betont. Luhmann hält die Sinnselektion, die aus der Semiosis, d. h. in seiner Sprache: aus der Kommunikation – resultiert, für zu labil und zu ambivalent. Sinnselektion per Kommunikation gilt ihm als polysem und vor allem als ablehnbar, weil semantischen Werte jederzeit kraft der formalen Ausdrucksmittel der Sprache in ihre Negation verkehrt werden können. Erfolgreiche Sinnselektion, die auch entsprechende Anschlüsse in der Kommunikation und schließlich auch im Handeln zeitigt, erfordert daher Mechanismen der zusätzlichen Konditionierung von Kommunikation, zu denen bekanntlich auch Macht gehört. Macht, die in ihrer Eigenschaft als Kommunikationsmedium auch bei Luhmann dem selektierenden Sinngeschehen angehört, hat hier in Bezug auf die Semiosis einen ambivalenten Status. Um ihre Selektionseffekte zu verwirklichen, d. h. um Anschlüsse im System im Sinne einer »kommunikativen Zumutung« gegen andere Alternativen durchzusetzen, braucht sie einerseits nur symbolisch präsent zu sein, etwa in Gestalt von bestimmten Semantiken, Zeichen etc. Die Wirkung der Macht ist jedoch andererseits begründet, ähnlich wie bei Foucault, in der Möglichkeit gewaltsam, ohne semiotische Vermittlung auf den Körper zuzugreifen. Gewalt gehört daher als ein »symbiotisches Symbol« zum Medium der Macht (Luhmann 1997, 378 ff.), wobei »symbiotisch« meint, die Koexistenz der auf Körper und Kommunikation ausgerichteten Machtauswirkung. Luhmann macht also deutlich, dass der sinngenerative Zusammenhang, der die Wirklichkeit sozialer Systeme ausmacht, zwar immer ein Kommunikationszusammenhang ist, dass aber Kommunikation keineswegs immer ein semiotisch konditionierter Prozess sein muss, sondern dass es auch asemiotische Kommunikationsformen – wie etwa unmittelbar auf den Körper einwirkende Gewalt – im sinngenerativen Zusammenhang geben muß.

Unsere Skizze des sinngenerativen Zusammenhangs wäre nicht komplett, wenn nicht auf die Funktion der Verbreitungsmedien und ihrer Materialität hingewiesen würde. Der Zusammenhang von Medienwechsel und dem Wandel von Macht-, Wirtschafts- und Sozialstrukturen wurde in unterschiedlichen Fachperspektiven oft aufgezeigt – etwa an Beispielen des Übergangs von Oralität zu Schriftlichkeit, von Schriftlichkeit zu Buchdruck, von Buckdruck zu elektronischen Medien etc. In unserem Zusammenhang heißt es, dass materiale Strukturen von Medien Konsequenzen haben, nicht nur für die Medienreichweite, sondern vielmehr auch für die Variationsfähigkeit des semiotischen Prozesses, für das Speicherungsvermögen seiner Resultate, sowie für die Chancen der diskursiven Kontrolle der semiotischen Konstruktion der sozialen Realität. Letzteres ist für die Frage der Entwicklung politischer Semantiken besonders bedeutsam.

III. Zur Sinnstruktur und Funktion politischer Semantiken

Wir kommen nun nach diesen etwas umständlichen Präliminarien zu der Frage der Herausbildung von politischen Semantiken. Ich habe argumentiert, dass die Quelle der Macht als das Vermögen zur Selektion von Möglichkeiten in den Selektionsleistungen des gerade dargestellten sinngenerativen Zusammenhangs der sozialen Wirklichkeit liegt, dessen semiotische, diskursive und mediale Ebene ich skizzierte. Sofern also die Politik Macht ausüben will bzw. soll, ist sie als eine besondere Praxis der Sinnselektion im Rahmen des sinngenerierenden Zusammenhangs aufzufassen. Mit anderen Worten: Die Grundlagen ihrer Machtausübung sind prinzipiell keine anderen als jene, ich oben beschrieb. Auch sie muss sich an semiotische, diskursive, mediale sinnselektive Mechanismen stützen, wenn es auch spezifische Varianten dieser Grundlagen geben kann und gibt, die »das Besondere« der politischen sinnselektiven Praxis ausmachen.

Dieses Besondere, um es gleich vorweg zu postulieren, besteht – wie noch zu zeigen sein wird – darin, dass die politische Praxis nicht nur versuchen muss, die soziale Kontrolle über die wirklichkeitskonstruierende Macht der Semiosis zu gewinnen, wie Machtdiskurse es tun, sondern sie muss darüber hinaus auch die Kontrolle über das diskursive Geschehen selbst, d. h. über den Machtdiskurs dessen Teil sie ist, anstreben. Die schlichte Formulierung einer programmatischen Weltauslegung und der Versuch, diese im Konkurrenzkampf gegen Alternativen durchzusetzen, wären – so meine These – eine zu risikoreiche Strategie, um erfolgreiches, kontinuierliches politisches Handeln und vor allem um die Stabilität von Sinnselektionsbedingungen zu etablieren. Der autonome Machtdiskurs gilt mit Recht auch für politisches Handeln als ein zu gefährlicher Ort. Wenn also Sinnselektion eine Quelle auch der politischen Macht ist, dann reicht es nicht aus, dass die von ihr entworfenen Wirklichkeitskonstrukte durch semiotische Oppositionsbildung andere bestehende alternative Weltauslegungen ausschließen, indem sie ihre Geltung angreifen. Sie müssen vielmehr versuchen, bereits die Entstehung ernsthaft konkurrierender, d. h. etwa systemregelverändernder Konstruktionen zu verhindern. Dass politische Semantiken dies tun, kann man – wenn man Parsons' strukturfunktionalistischer Sicht folgen will (Parsons 1972), daran absehen, dass sie zyklische »Wertedebatten« anzetteln. Damit versuchen sie den fundierenden, aber latenten Rahmen des semiotischen Kontrollmechanismus sozialer Systeme zu definieren, der langfristig die Diskursregeln absteckt. Der Zweck der politischen Sinnselektion besteht also in der Verhinderung alternativer Sinnbildung, also paradoxerweise nicht (oder nicht immer) in der Exklusion von Varianten eigener Weltsicht, sondern in der Immunisierung der sinngenerativen Regeln gegen eine sozusagen feindliche Übernahme durch ein anderes sinngeneratives Regelwerk oder – in der Sprache der Postmoderne – gegen die Deterritorialisierung des eigenen Rhizoms (Deleuze/Guattari 1992), bzw.

gegen eine Übersetzung des eigenen Diskurssystems in die vergewaltigenden Termini eines anderen (Lyotard 1994).

Wenn wir also versuchsweise Politik als die Kunst der Behinderung alternativer Sinnbildung bestimmen, dann bieten sich hier unterschiedliche Varianten und Mittel für diese Immunisierungsstrategie an: Immunisierung soll hier bedeuten, dass der öffentliche Raum mit einer Sinnstruktur belegt wird, die die Formulierung alternativer Sinnentwürfe erst gar nicht zulässt. Das kann natürlich durch simple Unterdrückungsmechanismen versucht werden, die den alternativen Entwürfen den Zugang zu Medien und Verbreitungsmöglichkeiten abschneiden, und ihre Träger durch die asemiotische Kommunikation der Gewalt aus dem Diskurs ausschließen. Damit allerdings wird die wirklichkeitsdefinierende Macht der Semiosis nicht außer Kontrolle gesetzt, im Gegenteil, sie droht erfahrungsgemäß an allen Ecken und Ritzen des Überwachungsregimes immer wieder auszubrechen. Effizienter ist es daher, die Macht der Semiosis selbst als Immunisierungsstrategie einzusetzen, d. h. die zur Verfügung stehenden Mittel der Semantikbildung, der medialen Wirklichkeitskonstruktion sowie der strukturellen Kommunikationskonditionierung zu aktivieren.

Ich möchte diese immunisierenden Strategien in der politischen Semantikbildung an drei Beispielen anschaulich machen, die ich dem Werk von Marcuse, Baudrillard und Luhmann entnehme. Dabei wird zu zeigen sein, wie Sprachregelungen (Marcuse) mediale Konstruktionen (Baudrillard) und strukturelle Konditionierungen (Luhmann) als immunisierende Varianten des sinngenerativen Zusammenhangs fungieren können.

Den immunisierenden Gebrauch der Semiosis mit ihrer wirklichkeitskonstruierenden Macht beschreibt Marcuse in seinem »Eindimensionalen Menschen« als die »Absperrung des Universums der Rede« (Marcuse 1970, 130 ff.). Erwartungsgemäß erfolgt diese immunisierende Absperrung bei Marcuse nicht in der Autonomie des politischen Systems, sondern durch die politikpenetrierende Macht der sich reproduzierenden Warenproduktion. Damit aber diese Konstruktion funktioniert, ist Marcuse doch gezwungen, die semiotische Macht der kapitalistischen Kulturindustrie dazwischenzuschalten und somit das Wirken der Semiosis und der Semantikbildung in der Politik zu untersuchen. Die immunisierende Absperrung des semiotischen Raumes der öffentlichen Rede wird nach Marcuse erreicht, durch die Selbstbezüglichkeit der politischen Semantik, deren Thesen einerseits quasi rationale analytische Sätze enthalten, diese jedoch nur durch »rituelle« – man könnte hier ergänzen »moralisierende« – Beschwörung ihres eigenen Wahrheitsgehaltes bestätigt werden.

»An den Knotenpunkten des Universums der öffentlichen Sprache« – sagt Marcuse – »treten Sätze auf, die sich selbst bestätigend, analytisch sind, und gleich magisch-rituellen Formen funktionieren. Indem sie dem Geiste des Empfängers immer wieder eingehämmert werden, bringen sie die Wirkung hervor, ihn einzuschließen in den von den Formeln verordneten Umkreis an Bedingungen« (Marcuse 1970, 107). Wir sehen, die Semantikwirkung besteht hier nicht in der schlichten Propaganda (»einhämmern« von Inhalten), sondern in der Etablierung von sinngenerierenden Regeln des Diskurses. Die eigentliche immunisierende Wirkung dieser Semantik besteht darin, dass an sich widersprüchliche »Tatbestände« zu affirmativen Formeln zusammengezogen werden, so dass die Widersprüchlichkeit dadurch entweder neutralisiert oder zum moralisch-positiv aufgeladenen Konstrukt wird (Marcuse 1970, 108 ff.). Marcuse illustriert dies etwa am Ausdruck »saubere Bombe«, aber wir können diesen Effekt an vielen Figuren der gegenwärtigen politischen Semantik beobachten, die etwa Vernichtung von Arbeitsplätzen als Gesundung oder Verschlankung von Betrieben, Aufhebung von sozialer Sicherheit als Reformen oder die Privatisierung sozialer Risiken als Steigerung der Freiheit und Eigenverantwortung bezeichnet (Bourdieu 1998; 2001). »Verbreitung und Wirksamkeit dieser Sprache bezeugen den Triumph der Gesellschaft über die Widersprüche, die sie enthält; sie werden reproduziert, ohne das soziale System zu sprengen. Und gerade der ausgesprochene, schreiende Widerspruch wird zu einem Rede- und Reklamemittel gemacht« (Marcuse 1970, 108). Diese positiv aufgeladene Vereinigung von Gegensätzen in der politischen Semantik macht sie gegen die Möglichkeiten, Protest- und Weigerung zu artikulieren, immun, weil sie keine »rechten Worte« dafür mehr bietet. Dafür werden in Marcuses Darstellung zuerst zwei Gründe erkennbar: Semiotisch gesehen werden hier die bedeutungsbildenden semantischen Oppositionen zu einem Signifikanten zusammengezogen, so dass damit die auf Differenzbildung beruhende, semiotische Wirklichkeitskonstruktion in Richtung auf Alternativen unterbunden wird, weil sie über keine Ausdrucksmittel verfügt, diese zu formulieren. Sozio-logisch gesehen, wird der Immunisierungseffekt dadurch gestützt, dass die nun oppositionslosen Widerspruchsformeln der positiven moralischen Aufladung offen sind, d. h. ihr Gebrauch und die von ihnen eingeführten Handlungswei-sen werden mit sozialer Achtung belegt. Somit wird auch die Motivation der Akteure, sich diese Sinnselektion zu eigen zu machen, positiv verstärkt, und die Chancen von alternativen Wirklichkeitsentwürfen sowohl semantisch als auch handlungspragmatisch erheblich reduziert. Die Akzeptanz der Semantik wird – so Marcuse (1970, 111 f.) – durch die von ihr praktizierte verbale Inklusion der Rezipienten verstärkt, denen die einzelnen semantischen Konstrukte als ihre Konstrukte bzw. als auf ihre Bedürfnisse zugeschnittenen Lösungen prä-sentiert werden. Die so suggerierte Vertraulichkeit und »Fürsorge« erschwert die Ablehnung der Kommunikation zumal durch die positive Moralisierung der verwendeten semantischen Konstruktionen die »Bedürfnisse«, deren Er-füllung die Semantik ihren Rezipienten verheißt, überhaupt erst geschaffen wurden. Die Ablehnung der so zugemuteten Kommunikationen bedeutete, den Rahmen der Normalität zu verlassen, der durch den derart semantisch abgesperrten sozialen Raum abgesteckt wurde.

Die Möglichkeiten und Konsequenzen, die sich für politische Semantiken und ihre immunisierenden Strategien anhand der medialen Komponente des sinngenerativen Zusammenhangs der sozialen Realität ergeben, führt uns Jean Baudrillard (1982; 1998) vor Augen. Auch Baudrillard diskutiert die immuni-sierenden Effekte politischer Semantiken im Kontext der Selbstreproduktion der Warenproduktion und lässt so einige Schnittstellen zu Marcuses Argumen-tation erkennen. Sein Hauptanliegen besteht allerdings darin, zu zeigen, wie sich semiotische Konstruktionen der Wirklichkeit langsam von ihrer materia-len Verankerung in der alltäglichen Praxis loslösen und eine »Hyperrealität« hervorbringen, die eine rein medial-virtuelle Wirklichkeit darstellt, ohne je-den semiotischen Verweis auf Realität und Ereignisse, die sich außerhalb der medial etablierten Semantiken befinden. Diese auf Wirklichkeitssimulation durch elektronische Medien aufgebaute Semiosis marginalisiert alles außerhalb der Hyperrealität Befindliche und macht alles wirkungslos, was nicht den Status eines Simulacrums hat. Dadurch wird das semiotische System von der »Last« der Referenz auf Wirklichkeit abgekoppelt und im Gegenzug verlieren reale-alltägliche Ereignisse das Vermögen, in die Hyperrealität hineinzuintervenieren. Diese immunisierende Leistung medialer Wirklichkeitskonstruktion funktioniert dann– semiotisch gesehen – wie Marcuses »Absperrung der öffentlichen Rede«, nämlich durch Selbstreferenz der Zeichen. In der Semiosis der elektronischen Medien werden Zeichen nicht mehr auf außersemiotische Referenten in Form von realen Begebenheiten, sondern nur auf andere mediale Zeichenkonstrukte bezogen, so dass sich – ähnlich wie bei Marcuse – eine derartige Semantik durch Selbstreferenz »verifiziert«. Nicht mehr Sachreferenz, sondern nur noch der Zeichencode sind hier wirklichkeitsgenerierend. Im Gegensatz zu Marcuse aber, verdanken »hyperreale« Semantiken ihre selbstimmunisierende, selbst-legitimierende Fähigkeit der Materialität des elektronischen Mediums, das durch Digitalisierung der sozialen Zeichensysteme auch wirklich nur durch den Bezug von Zeichen (Bits) auf Zeichen die Semiosis leisten kann. Welche Konsequenzen hat dies aber für die sinnselektierenden Immuniserungsstrategien politischer Semantik?

Ähnlich wie bei Marcuse besteht auch hier die Chance einer Unterbindung alternativer Sinnbildung – also der Exklusion systemfremder Sinnalternativen – paradoxerweise in einer Inklusionsstrategie. Diese ist aber nicht auf die Inklusion von materialen Widersprüchen gerichtet, denn solche tauchen in der medialen Hyperrealität nicht mehr auf, sondern auf die Einbeziehung der Rezipienten in die angebotene »Weltauslegung« mittels des ihr eigenen semantischen Codes. Baudrillard (1998) zeigt auf, dass die Generalisierbarkeit der medialen Hyperrealität unter anderem von der Generalisierungsfähigkeit der von ihr gebrauchten Codes abhängt. Diese haben sich in der medialen Massenkultur entwickelt, deren Allgemeinverständlichkeit darin besteht, dass zu ihrer Decodierung keine hochkulturellen, außeralltäglichen Wissensbestände nötig sind, sondern lediglich eine alltäglich praktische Deutungskompetenz vorhanden sein muss. Die Basis, auf der die massenkulturelle Kommunikation prozessiert, ist daher jene – wie Baudrillard es formuliert (1998, 49 ff) – der »lowest common culture«, oder mit anderen Worten jene des Populären. Der Code des Populären zeichnet sich nun durch zwei charakteristische Momente aus: Einerseits übersetzt er außeralltägliche Wirklichkeiten in alltäglich erfassbare Semantiken, andererseits enthält er, um zu wirken, auch eine Lust- oder Spaßkomponente, die das Interesse der Rezipienten an den von ihm transportierten Botschaften entfacht (Fiske 1989). Politische Semantiken, insbesondere dann Semantiken politischer Selbstdarstellung, greifen auf das Populäre und seinen medialen Code zurück, und erzielen so eine dreifache immunisierende Wirkung:

1. Sie nutzen die in der simulierenden Konstruktion der Hyperrealität angelegte Abkoppelung medialer Ereignisse von außermedialer Wirklichkeit;

2. sie marginalisieren die in nichtalltäglichen Wissenssystemen entstehenden Wirklichkeitsentwürfe, indem sie sie durch den Filter des populären Codes präsentieren;

3. selbst die in populären Codes dargestellten Sinnentwürfe werden durch den mitgeführten »Spaßfaktor« noch mal semantikkonform verharmlosend gerahmt.

Es ist jedoch gerade dieser »Spaßfaktor« des Populären, an dem es sich auch zeigen lässt, dass sich die spontane Macht der Semiosis und des Diskurses durch immunisierende Strategien politischer Semantiken nicht außer Kraft setzen lässt. Die Untersuchungen der »cultural studies« (Fiske 1989, Hall 1980) weisen darauf hin, dass »popular culture« nicht nur den »lowest common code« für mediale Konstruktionen bietet, sondern dass sie darüber hinaus, auch die Quelle von selbstmächtigen Variationen der präsentierten Inhalte seitens der Rezipienten darstellt. Stuart Halls Sicht von Encoding und Decoding des Populären macht deutlich, dass die Spontaneität der semiotischen Macht sich hier auch in Form von subversiven Lesarten des Populären die Bahn bricht, durch die der intendierte »domination code« von politischen Semantiken unterwandert werden kann.

Im Gegensatz zu den total systemschließenden Immunisierungsstrategien, die Marcuse oder Baudrillard skizzieren, nimmt also der Ansatz der cultural studies die autonome Macht der Semiosis, auf der die selektierenden Immunisierungsstrategien aufbauen, ernst, und ist bemüht, zu zeigen, dass sich semiotische Sinnvariationen nicht zum Stillstand bringen lassen, wenn auch Machtdiskurse und mediale Selektion dahin wirken, dass die Resultate der Variation im Systemrahmen bleiben. Eine Immunisierungsstrategie politischer

Semantiken kann daher auch darin bestehen, die Verfahrensregel der Diskurse vor diesem prinzipiell nicht kalkulierbaren Zugriff semiotischer Variation zu schützen, indem man sie von der Sinngeltung semantischer Entwürfe abkoppelt. Zur Veranschaulichung dieser Strategie ein kurzer Rückblick: Wir haben die Politik als die Kunst, alternative Sinnentwürfe zu unterbinden, aufgefasst, und gezeigt, dass politische Semantiken infolgedessen immunisierende Strategien entwickeln, um die generativen Regeln ihrer Diskurse vor feindlichen Übernahmen zu bewahren. Paradoxerweise kann aber eine Immunisierungsstrategie in diesem Sinne auch darin bestehen, dass die politische Semantik sich von der Verantwortung für das Prozessieren der Diskursregeln selbst abkoppelt und einen »Spezialcode« entwickelt, um diese Regeln sozusagen für »semantikfrei« zu erklären, um gerade dadurch eine Exklusion konkurrierender Sinnentwürfe zu erzielen. Wie dies geht zeigt Niklas Luhmann in seinem Konzept der »Legitimation durch Verfahren« (Luhmann 1983). Verfahren sind für Luhmann in sich geschlossene, in der Regel durch Recht codierte Kommunikationsprogramme, deren simple Befolgung legitime Entscheidungen hervorbringt. Die Legitimation liegt jedoch nicht in der Begründung der Verfahrensschritte durch eine politische Semantik, sondern vielmehr umgekehrt, in der Unabhängigkeit des Verfahrenscodes von den möglicherweise wechselnden Semantiken. Die »Rechtmäßigkeit« von Entscheidungen anhand solcher Verfahren liegt in der Beachtung der einzelnen Schritte, die allein ausreicht, um die Akzeptanz der Entscheidung zu erzwingen. Eine Auseinandersetzung mit derartigen Entscheidungen kann nur im Rahmen anderer Verfahren geführt werden. Alle anderen Sinnentwürfe führen zu sozialer Isolierung ihrer Produzenten (Querulanten, Rechtsbrecher), und im äußersten Falle zur Konfrontation ihrer Träger mit der asemiotischen Kommunikation der staatlichen Gewalt. Auch hier beruht die Sinnselektivität des Verfahrens auf der Selbstbezüglichkeit seines Codes, der jedoch ein rein selektierender formaler Code ist, ohne die Chance der kreativen Variation seiner Elemente, die den Semantiken eigen ist. Daher stellt der Verfahrenscode ein Zwischenglied zwischen der semiotischen und der asemiotischen Sinnselektion, denn er bezieht seine selektive Macht sowohl aus seiner Anbindung an die Semiosis als auch an die asemiotische Gewalt.

Der Vorteil der Einbeziehung eines derart strukturierten sinnselektiven Mechanismus in die Immunisierungsstrategie der politischen Semantik liegt auf der Hand. Das Verfahren kann jederzeit als Durchsetzungsmechanismus der Selektionsleistungen politischer Semantik eingesetzt werden – wenn auch mit einem gewissen Risiko unliebsamer Überraschungen. Auf jeden Fall können aber politische Semantiken die kalkulierbare Selektivität von Verfahren einsetzen, um die Exklusion der alternativen Sinnentwürfe zu steuern. Da aber Verfahren im Rahmen politischer Semantiken auch als von ihnen unabhängig definiert werden können, kann sich Politik mit dem Hinweis auf diese Unabhängigkeit auch immer von der bis zum körperlichen Zugriff reichenden Selektionsmacht des Verfahrens und somit von seiner »Gewaltstruktur« distanzieren, ohne es in seiner Legitimität zu bedrohen. In dem Konzept der Legitimation durch Verfahren wird also die immunisierende sinnselektive Verschränkung der semiotischen und asemiotischen Macht des sinngenerativen Zusammenhangs sichtbar.

Ich komme zum Schluss: Wir sind von der Frage danach ausgegangen, wo denn die Macht läge, und welches die Bedingungen der politischen Semantikbildung seien. Ich habe versucht, die Quellen der Macht im sinngenerativen Zusammenhang sozialer Realität zu zeigen, indem ich auf die wirklichkeitskonstruierende Macht der Semiosis, auf die Versuche, diese Macht in Machtdiskursen zu bändigen, und schließlich auf die sinnbildende Materialität von Medien hingewiesen habe. Wir haben dann die Entwicklung politischer Semantiken als Instrumente der Unterbindung von systemfremden Sinnentwürfen aufgefasst, und an drei Beispielen die immunisierende Verwendung des sinngenerativen Zusammenhangs durch die Politik beleuchtet.

Wenn ich nun ein Fazit aus meiner Betrachtung in einigen Thesen ziehen sollte, was wäre dann über den Zusammenhang von Semiosis, Macht und politischer Semantik zu sagen?

1. Die realitätskonstruierende Macht der Semiosis wird zwar in Machtdiskursen geformt, aber nicht beherrscht.

2. Politische Semantiken wehren der Gefahr der Spontaneität der Semiosis durch immunisierende Strategien, die nicht nur die Semantik als Weltauslegung, sondern auch das diskursive System der generativen Regeln

von Semantiken schützen sollen (also nicht nur das Spiel, sondern auch die Spielregeln im Auge haben).

3. Da jedoch die immunisierenden Strategien vornehmlich in der selbstreferenziellen Schließung des semiotischen Systems einer gegebenen Semantik bestehen, können sie die Ebene der generativen Spielregeln nicht ganz erfassen und müssen daher auf asemiotische Mittel der Kommunikation (etwa auf Verfahren mit der hinter ihnen stehenden Gewalt) zurückgreifen.

Und an dieser Stelle verbinden sich Sinn und Gewalt – die zwei Weberschen Quellen der Macht – nach langen Peripetien durch postmoderne und radikal-konstruktivistische Welten wieder, um ihren Ursprung in der Leiblichkeit und in der Semiosis als conditio humana zu bekunden, auf die ich eingangs hingewiesen habe.

Literatur:

Austin, John L. (1962): *How to do Things with Words*, Oxford: Clarendon Press.

Baudrillard, Jean (1998): *The Consumer Society*, London: Sage 1998.

Baudrillard. Jean (1982): *Der symbolische Tausch und der Tod*, München: Matthes & Seitz.

Bourdieu, Pierre (1998/2001): *Gegenfeuer*, Konstanz: UVK.

Crook Stephen et al. (1992): *Postmodernization. Change in Advanced Society*, London: Sage.

Deleuze, Gilles/ Félix Guattari (1974): *Anti-Ödipus. Kapitalismus und Schizophrenie*, Frankfurt/M.: Suhrkamp.

Deleuze, Gilles/Félix Guattari: *Tausend Plateaus*, Berlin: Merve 1992.

Durkheim, Emile (1981): *Die elementaren Formen des religiösen Lebens*, Frankfurt/M.: Suhrkamp.

Fiske, John (1989): *Understanding Popular Culture*, Boston etc.: Unwin & Hyman.

Foucault, Michel (1997): *Die Ordnung des Diskurses*, Frankfurt/M.: Fischer.

Gehlen, Arnold (1975): *Unmensch und Spätkultur*, Frankfurt/M.: Athenaion.

Habermas Jürgen (1981): *Theorie des kommunikativen Handelns* 2 bde., Frankfurt/M.: Suhrkamp.

Hall, Stuart et al. (1980): *Culture, Media, Language*, London: Routledge.

Horkheimer, Max/Theodor W. Adorno (1971): *Dialektik der Aufklärung*, Frankfurt/M.: Fischer.

Lash, Scott (Hg.) (1991): *Post-Structuralist and Post-Modernist Sociology*, Aldershot: Elgar.

Luhmann, Niklas (1997): *Die Gesellschaft der Gesellschaft*, Frankfurt/M.: Suhrkamp.

Luhmann, Niklas (1983): *Legitimation durch Verfahren*, Frankfurt/M.: Suhrkamp.

Luhmann, Niklas (1984): *Soziale Systeme. Grundriß einer allgemeinen Theorie*, Frankfurt/M.: Suhrkamp.

Lyotard, Jean-Francois (1994): *Das postmoderne Wissen*, Wien: Passagen.

Mannheim, Karl (1964): »Die Bedeutung der Konkurrenz im Gebiete des Geistigen«, in: ders.: *Wissenssoziologie*, Neuwied: Luchterhand, S. 566-613.

Marcuse, Herbert (1970): *Der eindimensionale Mensch. Studien zur Ideologie der fortgeschrittenen Industriegesellschaft*, Neuwied: Luchterhand.

Mead, George H. (1973): *Geist, Identität, Gesellschaft aus der Sicht des Sozialbehaviorismus*, Frankfurt/M.: Suhrkamp.

Parsons, Talcott (1972), *Das System moderner Gesellschaften*, München: Juventa.

Peirce, Charles S. (2000): *Semiotische Schriften*, Bd.3, Frankfurt/M.: Suhrkamp.

Plessner, Helmuth (1981): »Macht und die menschliche Natur«, in: *Gesammelte Schriften* V, Frankfurt/M.: Suhrkamp.

Quine, Willard van Orman (1975): *Ontologische Relativität und andere Schriften*, Stuttgart: Reclam.

Saussure, Ferdinand de (1967): *Grundlagen der allgemeinen Sprachwissenschaft*, Berlin. De Gruyter.

Schütz, Alfred (2003): »Über die mannigfaltigen Wirklichkeiten«, in: *Alfred Schütz-Werkausgabe*, Bd. V.1, Konstanz: UVK 2003, S. 177-247.

Schütz, Alfred (2003a): »Symbol, Wirklichkeit und Gesellschaft«, in: *Alfred Schütz-Werkausgabe*, Bd. V.2, Konstanz: UVK 2003, S. 119-198.

Searle, John R. (1974): *Speech Acts. An Essay on the Philosophy of Language*, Oxford: Oxford Univ. Pr.

Voegelin, Eric (1991): *Die neue Wissenschaft der Politik*, Freiburg: Alber.

Weber, Max ([5]1972): *Wirtschaft und Gesellschaft*, Tübingen: Mohr.

Wittgenstein, Ludwig (1971): *Philosophische Untersuchungen*, Frankfurt/M.: Suhrkamp.

Sprache und strukturelle Kopplung. Das Problem der Sprache in Luhmanns Theorie

I. Fragestellung

Die Frage danach, »wie Gesellschaft möglich ist«, gehört seit Simmel (1908, 1-31) zu zentralen Fragestellungen der Soziologie, deren unverminderte Aktualität im gegenwärtigen Diskurs von einer Reihe konstitutionstheoretischer Entwürfe belegt wird (vgl. etwa Bourdieu 1987, 1990; Dux 2000; Giddens 1992; Habermas 1981). Die Beschäftigung mit der Sprache als einem der konstitutiven Mechanismen sozialer Realität, sofern diese als sinnstrukturierte Realität gilt, ist dabei unverzichtbar. Eine prominente Rolle in diesen konstitutionstheoretischen Überlegungen nimmt der Ansatz von Niklas Luhmann ein. Eine Auseinandersetzung mit Luhmanns Konzeption der Realitätskonstitution als einer Co-Evolution von sinnverarbeitenden psychischen und sozialen Systemen ist schon deswegen naheliegend, weil soziale Realität, soziale Systeme also, in Luhmanns Sicht kommunikativ sinnverarbeitende Systeme sind, deren konstituierende Operation die Selbstbeschreibung ist. Soziales ist so immer auf Wissen und seine medial objektivierten Formen gegründet, die soziale Welt der Systeme ist somit auch immer eine Kulturwelt, da es in ihr nichts gibt, das nicht auf Sinn gestützt wäre. Wenn Luhmann gegen die Rede von »Kultur« Vorbehalte anmeldet (Luhmann 1980a, 1995a), dann wohl gerade aus dem letztgenannten Grund: Um angesichts der prinzipiellen Sinnbasiertheit sozialer Systeme den Eindruck zu vermeiden, Kultur sei – wie etwa bei Talcott Parsons (1972) – lediglich ein »Subsystem« des Handlungssystems »Gesellschaft«.

Es kann also festgehalten werden, dass in Luhmanns Sicht Prozesse der Sinnkonstitution und Sinnverarbeitung sowohl auf der Ebene der fundierenden Metatheorie der sozialen Systeme (Luhmann 1984, 92 ff.; 1997, 44 ff.) als auch auf der Ebene der Gesellschaftstheorie (Luhmann 1980a) zu den primären Mechanismen gehören, die soziale Realität hervorbringen. Nun wird Sinn in Luhmanns Verstande nicht nur in sozialen Systemen per Kommunikation, sondern gleichermaßen in psychischen Systemen per Bewusstsein produziert. Beide Systemarten sind autopoetisch selbstständig und daher einerseits durch eine Systemgrenze voneinander getrennt, andererseits im Prozess der Co-Evolution miteinander verbunden, und ohne einander nicht möglich. »Ohne Bewusstsein ist Kommunikation unmöglich« (Luhmann 1997, 103), erklärt Luhmann in seinem letzten Werk unmissverständlich, als wollte er seiner Leserschaft, die seit der Veröffentlichung von »Soziale Systeme« (Luhmann 1984) über dieses Verhältnis grübelt, endlich Gewissheit verschaffen. Es zeugt von Luhmanns wissenschaftlicher Ernsthaftigkeit und theoretischer Konsequenz, dass er das Problem des Verhältnisses zwischen Bewusstsein und Kommunikation an den Anfang seiner Gesellschaftstheorie in den ihm gebührenden Rahmen stellt und sein prinzipielles Gewicht für die Stimmigkeit seiner ganzen theoretischen Konzeption unmissverständlich herausstellt. Sollte eine befriedigende Lösung dieses Problems nicht gefunden werden, könne die Frage der Co-Evolution der beiden sinnverarbeitenden Systemarten nicht angegangen werden, mit der Konsequenz, dass dadurch irreparable Schäden in der ganzen Theoriekonstruktion eintreten würden. Aus der Perspektive der Theorie sozialer Systeme lautet die Schlüsselfrage dann: »wie gestaltet das Gesellschaftssystem seine Beziehungen zur Umwelt, wenn es keinen Kontakt zur Umwelt unterhalten und nur über eigenes Referieren verfügen kann. Die gesamte Gesellschaftstheorie hängt von der Beantwortung dieser Frage ab« (Luhmann 1997, 100).

Die Operation, durch die der Kontakt doch aufgenommen werden kann, wird bekanntlich mit dem Begriff der »strukturellen Kopplung« belegt. Ich will es an dieser Stelle unterlassen, im Detail auf die begriffliche und operationale Mechanik einzugehen, die sich hinter dieser Figur verbirgt und mich auf ihre Grundzüge beschränken. Dies erscheint hier deswegen tolerierbar, weil Luhmann im Falle der strukturellen Kopplung von sozialen und psychischen Systemen, nicht nur metatheoretisch argumentiert, sondern vielmehr auch das empirische Medium dieser Kopplung nennt – die Sprache (Luhmann 1997, 108). Dem Luhmann'schen Verständnis der Sprache und ihrer Funktion bei der Konstitution von sozialen und psychischen Systemen nach kommt so der Sprache als dem Mittel ihrer Co-Evolution eine fundamentale Rolle zu. Ich will daher im Folgenden der Entwicklung des Luhmann'schen Sprachkonzepts nachgehen, seine Gestalt anhand einschlägiger empirischer Studien prüfen und die möglichen Konsequenzen skizzieren, die die unerwartet zentrale Rolle der Sprache für Luhmanns Theoriegebäude hat.

II. Sprache als strukturelle Kopplung

»Wie leicht erkennbar, wird die regelmäßige strukturelle Kopplung von Bewusstseinssystemen und Kommunikationssystemen durch Sprache ermöglicht«, formuliert Luhmann (Luhmann 1997, 108), und er könnte sich damit im Konsens mit den meisten »alteuropäischen« theoretischen Ansätzen befinden, denn seit Saussure (1967) kann man sich darauf beziehen, dass ein Sprachzeichen als die Verbindung vom Signifikant und Signifikat einen Laut und eine Vorstellung aneinander bindet und somit die lautlich objektivierte Seite des sozialen Zeichensystems »Sprache« mit seinen psychisch-mentalen Korrelaten – den Vorstellungen – zusammenhält. Dies ist jedoch in der Optik der Luhmann'schen Anlage des Problems eine völlig inadäquate Sicht, denn die autopoietische Schließung des psychischen sowie des sozialen Systems muss konsequenterweise bewirken, dass Sprache zwar die Struktur vom Signifikant/Signifikat als Zeichenform behält, dass diese Zeichenform jedoch nur diesseits der System/Umweltgrenze operieren kann, ohne eine Referenz (oder einen Referenten) jenseits der System-/Umweltgrenze zu haben (Luhmann 1997, 208 ff.). Das, worauf das sprachliche Lautzeichen verweist, kann daher nicht »Vorstellung« sein, denn diese gibt es nur für die psychischen Systeme. Weil aber sprachliche Lautverweisungen ein geeignetes Korrelat sowohl im psychischen als auch im sozialen Systemen haben müssen, nennt Luhmann das Bezeichnete des lautlichen Signifikanten generell »Sinn« (Luhmann 1997, 213 ff.).

Bereits diese erste Absetzung von Saussures Grundlagen moderner Linguistik zeigt an, dass das Problem der Sprache im Bezugsrahmen Luhmann'scher Theoriekonstruktion noch diffiziler erscheint als es schon ohnehin unter »traditionell« semiotischen bzw. bedeutungstheoretischen Aspekten zu sein pflegt (vgl. etwa die Übersicht bei Eco 1985, 1987). Bevor ich also Luhmanns Aussagen zu Sprache in ihrer Entwicklung seit der Veröffentlichung von »Soziale Systeme« (1984) nachzuzeichnen versuche, wird es der Deutlichkeit halber nützlich sein, den Kern der Luhmann'schen Fassung des Zusammenhangs von

Bewusstsein, Sprache und Kommunikation letzter Hand kurz zu betrachten, um den Rahmen abzustecken, in welchem das Problem der Sprache in seiner Systemtheorie situiert ist.

Dieser Zusammenhang wird in »Gesellschaft der Gesellschaft« (Luhmann 1997, 113 ff.) wie folgt formuliert: Kommunikationssysteme sind an Bewusstseinssysteme über Sprache gekoppelt und *vice versa*. Zugleich gilt, dass »die gesamte physikalische Welt« nur über »operativ geschlossene Bewusstseinssysteme« also »nur über Individuen« auf Kommunikation einwirken kann. Der Schluss ist also erlaubt, dass, nachdem die Sprache die Bewusstseinssysteme an die Kommunikationssysteme koppelt, die auf das Kommunikationssystem einwirkenden »Irritationen der Außenwelt« sowohl durch das Bewusstsein als auch durch die Sprache filtriert werden. Denn einerseits kontrolliert das Bewusstsein durch seine Wahrnehmungsmöglichkeit »den Zugang der Außenwelt zur Kommunikation« (Luhmann 1997, 114), andererseits ist jedoch auch »die strukturelle Kopplung von Bewusstsein und Kommunikation« [die Sprache also, I. S.] »eine Form, die einschließt und ausschließt: die in ihrem Kanal Möglichkeiten wechselseitiger Irritation steigert« (Luhmann 1997, 113 f.). Die Sprache besetzt hier in der Theoriearchitektur eine zentrale Stelle, indem ihr einerseits die Funktion eines Selektionsfilters in Richtung Bewusstsein – Kommunikation zukommt, indem sie aber andererseits auch als ein kreativ-selektiver Irritator in Richtung Kommunikation – Bewusstsein wirkt. Die Sprache muss demnach:

1. beiderseits der Sinngrenze System/Umwelt entweder als Bewusstsein oder als Kommunikation vorhanden sein und als ein Element ihrer Autopoiesis funktionieren.

2. Sie muss Möglichkeiten mitführen, durch die beide Systemarten aneinander gekoppelt werden.

Um dies leisten zu können, muss sie laut Luhmann:

1. ein materielles Substrat, d. h. eine eigene »Realitätsbasis« aufweisen, die sie von den gekoppelten Systemen unabhängig macht und in die sich die Sinngrenzen der zu koppelnden Systeme nicht »einschreiben«, d. h. deren materiale Kontinuität durch die Systemgrenzen hindurch bestehen

bleibt. Luhmann scheint hier an die physikalische Beschaffenheit von Kopplungsmedien zu denken – im Falle der Sprache an ihre Lautlichkeit (Luhmann 102, 213).

2. Sie muss eine hohe Stabilität besitzen, was sich in der relativ beständigen phonetischen Gestalt von Wörtern niederschlägt (Luhmann 1997, 102).

Damit erfüllt die Sprache die generellen Funktionsbedingungen, die Luhmann für alle Mechanismen, die als strukturelle Kopplung fungieren, fordert.

Bereits anhand dieser knappen Übersicht sollte klar geworden sein, dass das Funktionieren des Sprachkonzepts innerhalb Luhmanns Theorie an Bedingungen geknüpft ist, die nicht ohne weiteres miteinander kompatibel sind. Dies wird bei näherer Betrachtung der Entwicklung seiner Sprachkonzeption noch deutlicher.

III. Die Entwicklung des Luhmann'schen Sprachkonzepts

Verfolgen wir nun in der hier gebotenen Kürze die Luhmann'schen Sprachkonzepte, wie sie an prominenten Stellen des Luhmann'schen Œuvre, nämlich in »Soziale Systeme« (Luhmann 1984), in »Wissenschaft der Gesellschaft« (Luhmann 1990) und in »Gesellschaft der Gesellschaft« (Luhmann 1997) auftreten.

1) »Soziale Systeme«

In Luhmanns ursprünglichem Entwurf seiner Theorie autopoietischer sozialer Systeme fungiert die Sprache als ein Mechanismus der Interpenetration zwischen psychischen Systemen und sozialen Systemen (Luhmann 1984, 298, weitere Seitenangaben im diesem Abschnitt beziehen sich darauf). Interpenetration bedeutet hier, dass Systeme, obwohl autopoietisch geschlossen, sich wechselseitig ermöglichen, indem sie sich ihre Komplexität, bzw. die ihnen eigenen Mittel der Komplexitätsreduktion gegenseitig zur Verfügung stellen (294 ff.). Dieses Verhältnis stellt keinen Austausch und keine Input-/Outputrelation dar, sondern gilt als der Konstitutionszusammenhang der Co-Evolution. Allerdings scheint die Sprache das Produkt des sozialen Systems zu sein, denn »psychische Prozesse sind keine sprachlichen Prozesse, und auch Denken ist keineswegs ›inneres Reden‹«, da »der innere Adressat fehlt« (367). Es fehle also am inneren Zeichengebrauch – die Autopoiesis des Bewusstseins beruhe daher nicht auf Kommunikation. Nichtsdestoweniger gibt es eine sprachliche Formung des Bewusstseins. »Die Sprache überführt soziale in psychische Komplexität. Aber nie wird der Bewusstseinsverlauf identisch mit sprachlicher Form« (368). Allerdings sei es ebenso wenig möglich, die Kommunikation als Autopoiesis des sozialen Systems durch Sprachlichkeit zu beschreiben (208). Was hier als sprachliche Kommunikation läuft, ist im Sinne einer Sprachhandlung zwar geeignet, den Lauf der Kommunikation »auszuflaggen«, nicht aber zu erfassen (226 f.).

2. »Wissenschaft der Gesellschaft«

Wie ersichtlich, ist die zentrale Bedeutung der Sprache in der Luhmann'schen Theorie nicht erst ein Resultat später Reflexion. Vielmehr besetzt das Konzept der Sprache bereits in »Soziale Systeme« eine eminent exponierte Stelle innerhalb der gesamten Theoriekonstruktion. Die Funktion der Sprache dient schon hier als die »Sinnklammer« in der Co-Evolution der sozialen und psychischen Sinnsysteme und steht also schon hier gewissermaßen für die empirische Haltbarkeit der Theorie. Angesichts des Gewichts, das somit der Sprache zukommt, bleiben allerdings Luhmanns Ausführungen an den »sprachrelevanten« Stellen in »Soziale Systeme« recht knapp. Das Konzept der Sprache wird hier zwar ein- aber nicht ausgeführt. Darauf bezog sich schon früh nach der Veröffentlichung von »Soziale Systeme« die Kritik von Jan Künzler (1987). In seiner Reaktion darauf räumt Luhmann (1987) einen weiteren Klärungsbedarf hinsichtlich seines Sprachverständnisses ein und verweist auf den offenen Forschungsprozess, in dem sich sein Theorieentwurf befindet. Mit der Weiterentwicklung des Luhmann'schen Arguments wird allerdings die Schlüsselstellung, die der Sprache darin zukommt, immer deutlicher und der Klärungsbedarf bezüglich seiner Sprachkonstruktion immer dringender. In »Wissenschaft der Gesellschaft« (Luhmann 1990, weitere Seitenangaben im diesem Abschnitt beziehen sich darauf) lesen wir: »Über Sprache wird Bewusstseinsbildung und Gesellschaftsbildung überhaupt erst möglich« (47). Dies aus dem uns bereits bekannten systematischen Grunde: Auch hier dient die Sprache als das Medium der strukturellen Kopplung zwischen den sozialen und psychischen Systemen. Und auch hier wird in Luhmanns Darstellung die Schwierigkeit der mit dieser theoretischen Figur verbundenen Problemlage sichtbar. Um die Kopplungsaufgabe wahrnehmen zu können, muss die Sprache quasi als ein »Drittes« vorhanden sein, auf dass die autopoietisch geschlossen operierenden psychischen und sozialen System zurückgreifen können. Sie muss also eine Art von psychischen und sozialen Systemen unabhängige Realität besitzen um die formale Voraussetzung eines »Mediums« zu erfüllen (54). In diesem Sinne ist sie »eine Struktur, die die Autopoiesis der Kommunikation unter immer komplexeren Systembedingungen immer noch ermöglicht« (47). Gleiches gilt auch im Falle des Bewusstseins. Dazu ist es erforderlich, dass die Elemente der Sprache (Worte) möglichst invariant bleiben; sie müssen wieder verwendbar sein und müssen sich in ihrer Lautgestalt von »sonst wahrnehmbaren Gegenständen« wesentlich unterscheiden (48). Zugleich ist Sprache jedoch sowohl in psychischen als auch in sozialen Systemen ein Element der jeweiligen autopoietischen Operation. »Sprache ist ein Moment der Autopoiesis der Kommunikation und, *mehr beiläufig* [Hervorhebung I. S.], auch ein Moment der Autopoiesis von Bewusstsein« (52).

Die Selbstständigkeit der Sprache als eines »dritten Reichs« zwischen den sozialen und psychischen Systemen ist zwar systematisch angesagt, aber zugleich gerade wegen der Luhmann'schen autopoietischen Theoriearchitektur schwer durchzuhalten. Denn: »auch im Falle der Sprache [wird] das Medium von den Systemen, die es benutzen, erst erzeugt« (54). Dies kann natürlich als ein Hinweis auf die soziale (interaktive) Genesis der Sprache gelesen werden und somit konform mit dem Mainstream der soziolinguistischen Forschung (Hildebrand-Nielshon 1980, Lock/Peters 1999). Insofern erscheint es zuerst auch als folgerichtig, wenn Luhmann festhält, dass die Sprache als Medium weder in den »physischen Eigenschaften« ihrer Zeichen noch in Bewusstseinszuständen der Sprecher/Hörer besteht, sondern in Kommunikationssystemen selbst erzeugt wird (54). Doch angesichts der skizzierten autopoietischen Rahmung des Luhmann'schen Sprachkonzepts ist diese Versicherung nicht ausreichend. Es bleibt nämlich ungeklärt, auf welche unabhängige »Realität« der Sprache das Kommunikationssystem denn zurückgreift, wenn es sie doch selbst als sein Medium konstituiert. Die Formulierung, die Luhmann hier anbietet, ist wenig hilfreich: »Die dabei vorausgesetzte Realität, die in der

Kommunikation als lose Kopplung massenhafter Elemente behandelt, also als Medium konstituiert werden kann, besteht demnach nicht in der operativen Kopplung, die in den Bewusstseinssystemen deren eigendeterminierte Autopoiesis ermöglicht. Sie hat ihre Grundlage vielmehr darin, dass eine Vielzahl von strukturdeterminierten Bewusstseinssystemen jeweils relativ geschlossen und daher im Verhältnis nur akzidentell, nur okkasionell, nur lose gekoppelt operiert. Die operativ notwendige Trennung bei möglicher Kongruenz, vor allem des Wahrnehmens, bietet die Möglichkeit, Sprache als Medium zu konstituieren und in diesem Medium dann selbst generierte Formen, nämlich Sätze, zu bilden. Wenn das in der Umwelt der Bewusstseinssysteme durch die eigene Autopoiesis sozialer Systeme geschieht, kann davon ein Bindungseffekt auch für psychisches Bewusstsein ausgehen« (54 f.).

Diesem Argument lässt sich, soweit ich sehe, folgendes entnehmen:

1. Die »Realität« des Sprachmediums, auf die soziale Systeme zurückgreifen, ist nicht das Resultat der Operationen der psychischen Systeme.

2. Sie besteht vielmehr darin, dass psychische Systeme getrennte Einheiten sind, aber gelegentlich »gekoppelt« operieren. Dies lässt die Möglichkeit der Sprache als eines Mediums zu, dessen Verwendung dann »selbst generierte Formen, nämlich Sätze« hervorbringt.

3. Die zitierte Passage scheint nahe zu legen, dass es die Sozialsysteme sind, die Sätze bilden und dadurch Bindungseffekte für die psychischen Systeme anzeigen.

4. Diese Effekte sind möglich, weil das physikalisch-lautliche Gestalt der Sprache von Systemgrenzen unberührt bleibt.

Wenn ich es richtig verstehe, so ist das Luhmann'sche Sprachkonzept hier überaus konventionell. Die Koordinierung von individuellen Bewusstseinsabläufen erfordert sozial erzeugte Lautereignisse in der Außenwelt, durch die getrennt prozessierenden Bewusstseinssysteme aufeinander bezogen werden. Diese Ereignisse – Worte – können von psychischen Systemen kreativ zu Sätzen gereiht werden. Was aber ein »Satz« ist, ist nicht die Frage der Grammatik und Syntax (d. h. der Systematizität der Sprache), sondern es entscheidet sich durch die

Anschlussfähigkeit des »Ereignisses« im sozialen System, d. h. es ist das Resultat der Kommunikation. Trifft dies zu, so unterscheidet sich Luhmanns Sprachverständnis in seinem Kern nicht allzu sehr von anderen älteren Konzepten und ist durchaus mit empirischen Ergebnissen der Soziolinguistik und Sprachsoziologie kompatibel (siehe etwa Hymes 1979). Bereits bei Alfred Schütz finden wir die Vorstellung, dass Kommunikation als ein sozialer Prozess zu denken ist, indem zwei oder mehr Bewusstseinsströme durch ein Ereignis, auf welches sie sich beziehen können, koordiniert werden. Als ein solches Ereignis kann ein natürlicher Vorgang (etwa Vogelflug) fungieren, eine Handlung oder aber eine sprachliche Äußerung (Schütz 2003, 153 ff.). Der Sinn der Handlung bzw. des Sprechakts besteht bereits bei Schütz nicht in diesem selbst, sondern hängt von der Reaktion des anderen ab, d. h. von dem erfolgenden »Anschluss«, um in Luhmanns Termini zu reden. Die Genese von signifikanten Lautgesten, d. h. von Sprachzeichen/Worten, in solchen interaktiven Prozessen, wurde ausführlich von George Herbert Mead (1973) behandelt. Auch hier resultiert der Sinn des Sprachzeichens aus dem Interakt von Kundgabe und Reaktion, ist also ein Produkt des sozialen Prozesses der Kommunikation und keineswegs jenes von einem oder mehreren psychischen Systemen. Dadurch erlangen in Meads Sicht bekanntlich die Sprachzeichen ihre »objektive« Verallgemeinbarkeit und somit auch ihre normative Geltung. Das erst durch den Anschluss an eine Äußerung entschieden wird, ob diese als eine sprachlich sinnvolle zu betrachten ist, selbst wenn sie phonemisch, grammatikalisch oder syntaktisch verzerrt realisiert wurde, zeigen die Ergebnisse der sprachethnographischen Ansätze deutlich (Hymes 1979).

Während also Luhmanns Sprachverständnis durchaus mit »alteuropäischen« Konzepten übereinstimmt, bleiben zwei für seine Problemanlage wesentliche Punkte ungeklärt. Erstens: Was macht die systemunabhängige Sprachrealität eigentlich aus? Und zweitens: Wie sollen wir uns die im sozialen System stattfindende Sprachgenese genauer vorstellen? Kann Luhmann tatsächlich dem durch sein Sprachkonzept hindurchscheinenden interaktionistischen Sprachverständnis folgen? Letzteres dürfte schwierig sein, nicht nur aus prinzipiellen, in seinem Kommunikationskonzept liegenden Gründen, sondern auch, weil ihn die autopoietische Grenzziehung zwischen dem psychischen und sozialen Sinnsystem zwingt, anzunehmen, dass Sprache auch ein Moment der Autopoiesis psychischer Systeme sei, d. h. auch diese müssten im Stande sein, sie als ein Moment ihrer Operationalität erzeugen können. Man könnte natürlich das Problem umgehen, indem man sich etwa dem Nativismus von Chomsky (1965, 1973) annähert. Dies scheint aber der Intention der Luhmann'schen Argumentation ebenso entgegenzulaufen: Luhmann sagt uns, dass die Sprache eher »beiläufig« zum Moment der Autopoiesis der psychischen System wird, und er scheint dazu zu neigen, die Sprache und ihre Struktur nicht im allgemeinen als Denkform zulassen zu wollen, sondern dies allenfalls erst mit den Auftauchen der Schrift zu erwägen. Das »innere Sprechen« sei, wie wir gehört haben, eher ein sekundäres Phänomen. »Man kann seine Gedanken sprachförmig ordnen, möglicherweise im größeren Umfange erst, seit es die Schrift gibt.« (48) Bei der letzteren Aussage bleibt es unklar, ob dies nur phylogenetisch oder auch ontogenetisch zu verstehen ist. Soll es heißen, dass in oralen Gesellschaften keine sprachgeformte Kognition vorkommt? Oder soll es vielmehr bedeuten, dass psychische Systeme primär ihr Denken vorsprachlich ausrichten? Und wenn wiederum letzteres zuträfe, was würde dann die primären kognitiven Schemata strukturieren, und wodurch werden diese dann mit der später auftretenden sprachlichen Kognitionsform kompatibel?

Phylogenetisch gedacht, ist die Vorstellung eines sprachlich nicht geformten Denkens in oralen Gesellschaften kaum zu verifizieren. Im Gegenteil – Forschungen zur Phylogenese der Sprache weisen immer wieder darauf hin, welchen evolutionären Fortschritt gerade die hier erfolgende sprachliche Formung der Kognition bedeutet (Hildebrand-Nilshon 1980, Lock/Symes 1999). Es bleibt also die ontogenetische Deutung, die allerdings zu der Frage führt, wodurch denn die Struktur der primären, vorsprachlichen kognitiven Schemata des psychischen Systems strukturiert sind, und wieso werden diese mit ihren später erfolgenden sprachlichen Formung vereinbar? Denn eins ist klar: Folgt man der Luhmann'schen Konzeption der Sprache als einer strukturellen Kopplung von psychischen und sozialen Systemen, so muss die Sprache eine »Verbindung« ermöglichen, zugleich aber auch eine Sinngrenze zwischen den beiden Systemarten ziehen, d. h. eine Distanz bzw. Differenz schaffen. Dazu muss sie, wie wir gesehen haben, den Status eines unabhängigen Dritten behalten, aber ebenso auf beiden Seiten der Sinngrenze, d. h. sowohl in den psychischen als auch in den sozialen Systemen vorkommen. Und nicht genug –

sie muss als Element der Autopoiesis beider Systemarten auch innerhalb von sozialen und psychischen produziert werden. Wie ersichtlich, sind die theoretischen Anforderungen an das Sprachkonzept bei dieser Konstruktion äußerst anspruchsvoll und – wie wir noch sehen werden – kaum miteinander zu vereinbaren. Denn während Luhmann die interaktiv-kommunikative Sprachgenese »alteuropäisch« nachzeichnen kann, bleibt vollends unklar, welche Prozesse es sein könnten, die seitens der psychischen Systeme zu einer Sprachbildung führten, und die die soziale mit der psychischen »Sprachform« kompatibel (oder wie Luhmann sagt »kongruent«) machen würden.

Angesichts dieser Lage muss Luhmann es unbedingt vermeiden, noch weitere theoretische Barrieren in das Funktionieren der Sprache als strukturelle Kopplung einzubauen. Eine solche würde sich zweifelsohne daraus ergeben, wenn man die Sprache im Sinne der Linguistik als ein formales Zeichensystem, oder im Sinne der Semiotik als ein selbstständiges Sinnsystem behandeln müsste. Luhmann wird daher, wie so oft, durch seine theoretische Sicht gezwungen, gegen die sprachwissenschaftliche empirische Evidenz zu argumentieren, indem er behauptet, Sprache selbst könne sich nicht durch eigene Operationen von »Nichtsprache« unterscheiden, daher keine Sinngrenzen ziehen, und daher auch kein System sein. Sprache als Sinnsystem gäbe es erst, wenn sie im sozialen oder im psychischen System prozessiert würde. Ansonsten stellt die Sprache ein »Nichtsystem« dar, das die Systembildung von psychischen und sozialen Systemen erst ermöglicht (51 ff.). Wir sehen: Selbstverständlich will Luhmann die »Systematizität« (51) der Sprache nicht leugnen, die empirisch die Gestalt natürlicher Sprachen voneinander trennt und sie so als unterschiedliche sinngebende Strukturen/Systeme kennzeichnet. Aber weder die Grammatik, Syntax, Morphologie und Phonologie, die die formalen sinnbildenden Sprachstrukturen ausmachen, noch die semantischen bzw. lexikalischen Grenzen von Sprachen, sind in seinen Augen ausreichend, um von der Sprache als von einem System zu sprechen. Diese Systemmerkmale seien vernachlässigbar, denn es kommt lediglich auf die »Doppelfunktion« der Sprache an, nämlich die sozialen und psychischen Systeme strukturell aneinander zu koppeln. Von der Anlage dieser theoretischen Konstruktion her kann diese Doppelfunktion nur dann erfüllt werden, wenn Sprache kein (autopoietisches) System ist. Denn, obwohl Luhmanns Negation des sprachlichen Systemcharakters die Selbstständigkeit der Sprache, die den sozialen und psychischen Systemen vorauszugehen hat, äußerst problematisch macht, sind die hiermit verbundenen Schwierigkeiten erheblich geringer, als wenn man ein kommunikatives System »Sprache« zulassen würde. Denn dann müssten soziale und psychische Systeme zur Umwelt eines solchen Systems gehören und seine Sinngrenzen würden es unmöglich machen, eine Kopplung der beiden Systemarten zu realisieren. Man müsste nun ein neues Kopplungsmedium einführen, das zwischen dem sozialen System, dem psychischen System und der Sprache vermittelte. Eine solche Konsequenz würde Luhmann'sche theoretische Konstruktion sichtlich erheblicher belasten als die schlichte Vernachlässigung der spracheigenen »Systematizität«. Das recht überraschende Resultat dieser Argumentation schlägt sich dann in dem Umstand nieder, dass zwar Bereiche sozialer Realität mit recht ausgefransten, für den Beobachter undeutlichen Sinn-/Systemgrenzen wie Kunst, Religion, Politik oder Wirtschaft den Status autopoietischer Subsysteme erhalten, die Sprache jedoch, deren formale Strukturen relativ beständig sind und eine Sinndifferenzierung nicht nur zwischen Sprache/Nichtsprache, sondern auch zwischen den natürlichen Sprachen untereinander erlauben, dagegen nicht.

Aber es sind nicht nur »traditionelle« Argumente der strukturalistisch argumentierenden Linguistik, die Luhmann beiseite lässt, wenn er Sprache als »Nichtsystem« konzeptualisiert. Es scheint, dass auch einige immanente Axiome seiner Systemtheorie ihre generelle Geltung nicht behalten, wenn es um Sprache geht. »Soziale Systeme entstehen aufgrund der Geräusche, die psychische Systeme erzeugen bei ihren Versuchen zu kommunizieren« formuliert Luhmann an einer prominenten Stelle in »Soziale Systeme« (Luhmann 1984, 292). Selbst wenn wir berücksichtigen, dass Luhmann hier mit »Geräusch« das Rauschen im Sinne von Heinz von Foersters »order from noise principle« meint, läge wohl die Annahme nahe, dass Sprache als ein Resultat eines solchen Prozesses zu denken sei und dass ihr daher der Status eines sozialen Systems zukäme, das – im Gegensatz zu anderen sozialen Subsystemen – angesichts seiner für die Sozialität phylogenetisch fundierenden Bedeutung auf der Basis der Kommunikation direkt operieren kann. Oder müsste man folgern, dass es soziale Systeme gibt, etwa die Sprache, die durch die so formulierte allgemeine Systemtheorie nicht fassbar sind? Wir stoßen hier auf ungelöste Probleme, die keineswegs nur Luhmanns Konzept der Sprache belasten.

Auch wenn Luhmanns Entscheidung, die Sprache als ein »Nichtsystem« zu betrachten, ihm einige Entlastung verschaffen mag; eine zufriedenstellende Einlösung der an die Sprache als strukturelle Kopplung gestellten Anforderungen bringt sie nicht. Dies aus folgenden Gründen: Der erforderliche Realitätsstatus der Sprache als Medium wird durch diese Konstruktion noch problematischer als zuvor. Für die Beantwortung der Frage, welche Sprachstrukturen es denn möglich machen, dass Sprache ihre »Doppelfunktion« wahrnimmt, wird zwar eine Voraussetzung geschaffen, nämlich die Betrachtung der Sprache als »Nichtsystem«, aber die konkret vorgetragene Antwort ist nur eine negative: Die üblichen, von der Linguistik vorgetragenen Charakteristika der Sprache als eines Sinnsystems sind es nicht. Luhmann lässt zwar durchblicken, dass solche strukturellen Eigenschaften existieren, lässt sie aber in »Wissenschaft der Gesellschaft« unerörtert (47).

3. »Gesellschaft der Gesellschaft«

Die in »Wissenschaft der Gesellschaft« unterbliebenen Analysen liefert Luhmann in »Gesellschaft der Gesellschaft« (1997, weitere Seitenangaben im diesem Abschnitt beziehen sich darauf) nach. Hier wird nicht nur die zentrale Stellung des Problems der strukturellen Kopplung durch die Sprache für die Haltbarkeit der Theorie erkannt und entsprechend hervorgehoben, sondern auch der Sprache ein systematischer Abschnitt gewidmet. Luhmann holt hier einiges nach, was in den frühen Schriften nur angedeutet blieb.

Wie sieht seine Sprachkonzeption letzter Hand nun aus? Auch in »Gesellschaft der Gesellschaft« wird die Sprache in das Problem der strukturellen Kopplung mit jenen Konsequenzen eingefügt, die uns bereits bekannt sind, und die Luhmann hier noch zuspitzt: Von der befriedigenden Lösung des Problems der strukturellen Kopplung von sozialen und psychischen Systemen hinge die Haltbarkeit seiner Gesellschaftstheorie ab. Das Medium dieser Kopplung sei die Sprache; sie garantiere die Autopoiesis der Gesellschaft (205). Wohl als Konsequenz früherer Lesarten seiner Theorie betont Luhmann die Bedeutung von psychischen Systemen und des Bewusstseins für das Funktionieren der Kommunikation, wodurch die Rolle der Sprache noch einmal aufgewertet wird. Bewusstsein stellt aufgrund seiner Wahrnehmungsfähigkeit den notwendigen Filter oder gar Vermittler dar, durch den »äußere Welt« überhaupt auf

Kommunikation, d. h. auf die Gesellschaft einwirken kann (114). Die Sprache als ein Moment der Autopoiesis auch des Bewusstseins prägt seine kognitiven Strukturen und stellt somit auch dadurch eine Selektion der möglichen »Irritationen« von Kommunikation dar. Man könnte also formulieren: Was in das Kommunikationssystem gelangt, ist filtriert entweder durch das Bewusstsein oder durch die Sprache. Die Betonung des notwendigen konstitutiven Zusammenhangs von Kommunikation, Bewusstsein und Sprache scheint hier also auf den ersten Blick einige der oben aufgezeigten Probleme zu glätten.

Allerdings sind auch hier die paradoxalen Anforderungen an die Sprache in ihrer Rolle als Strukturkopplung die alten: Sprache bleibt ein Nichtsystem, sie benötigt zwar eine Selbstständigkeit/Beständigkeit gegenüber den psychischen und sozialen Systemen, um ihre Funktion als Kopplungsmedium auszuüben, kommt aber nicht selbstständig vor, sondern nur als Bewusstsein oder als Kommunikation (112). Auch hier also wird der rätselhafte Doppelcharakter der Sprache betont, dem wir schon in »Wissenschaft der Gesellschaft« begegnet sind. Es muss allerdings festgehalten werden, dass Luhmann nicht der willkürliche Erfinder oder gar der theoretische Konstrukteur dieser paradoxen Problemlage ist. Seit Humboldt wird Sprache einerseits als sozial bestehendes Zeichensystem mit festen Strukturen, andererseits als die Performanz der Sprecher thematisiert, bzw. ihre äußere soziale und innere psychische Form unterschieden (Humboldt 1963). Dabei wird immer wieder betont, dass, mit Saussure gesprochen, »Sprache« als System (la langue) eine Idealisierung sei, da sie empirisch nur als Performanz (la parole) vorkomme. Die nichtsdestoweniger bestehende Normativität und intersubjektive Geltung wird seit Durkheim auch nicht als eine Eigenschaft des Sprachsystems angesehen, sondern vielmehr als eine Wirkung der Definitionsmacht des die Sprache benutzenden Kollektivs (Durkheim 1981). Die empirische Evidenz spricht also nicht nur für die Doppelfunktion der Sprache, die zwar sozial generiert, aber nur subjektiv reproduzierbar ist, sondern auch für die schwer fassbare Selbstständigkeit der Sprache, die sowohl gegenüber dem Sozialsystem des kollektiven Gebrauchs als auch gegenüber dem individuellen Denken besteht.

Wenn also Luhmann seine paradoxen Anforderungen an die Leistungsfähigkeit der Sprache in seinem Kontext formuliert, so könnte man es für eine empirische Beschreibung der Erscheinungsweise seines Gegenstandes halten.

Doch die zentrale Stellung, die dem Sprachkonzept in der Luhmann'schen Konzeption zukommt, erfordert, über die Morphologie des Problems hinaus, auch den Versuch, die paradoxe Lage aufzulösen.

Nachdem die Sprache entweder als ein Moment der Autopoiesis der Kommunikation oder als Autopoiesis des Bewusstseins fungiert, ist zu fragen, welche Funktionen sie jeweils im sozialen System bzw. im psychischen System erfüllt. Wir haben bereits gesehen, dass die Sprache für die Sozialsysteme als ein Filter fungiert, d. h. dass sie einerseits die Selektion von Themen und Semantiken transportiert und somit die Kommunikation mit konditioniert. Ihr kreativer Gebrauch ist für die Variation von Systemelementen von wesentlicher Bedeutung. Operational ermöglicht sie die Rekursivität der Kommunikation, d. h. per Sprache kann die Kommunikation sich selbst beobachten und sich auf sich selbst beziehen. Darin liegt die sprachliche »Ermöglichung« der kommunikativen Autopoiesis (210), und allerdings auch der verdeckte Hinweis auf die notwendige »Vorgängigkeit« der Sprache als eines Dritten.

Für psychische Systeme stellt die Sprache kognitive Schemata zur Verfügung, die ihnen das Verstehen von Kommunikation ermöglichen, die allerdings zu der Annahme von Kommunikation nicht zwingen (110 ff.). Durch welche Strukturen der Sprache ist nun die Kopplung dieser Funktionen bei gleichzeitiger Grenzerhaltung der psychischen und sozialen Systeme möglich? Luhmann rekurriert auch hier nicht auf die linguistischen Realien der Sprache, sondern nutzt vielmehr Strukturen, die in einer temporalisierenden, prozessuellen Betrachtung der Sprache sichtbar werden. Da ist erstens die Sequentialität des Sprechens, die es möglich macht, ja die es geradezu erzwingt, dass nebeneinander laufende Prozesse (etwa Bewusstsein und Kommunikation) durch eine sequenzielle »Digitalisierung« aufeinander bezogen und miteinander gekoppelt werden können (100 ff.). Zweitens erlaubt es der strukturelle Unterschied zwischen »la langue« und »la parole«, den Luhmann als den Unterschied zwischen Medium (einer nichtsystemischen Variante der »la langue«) und Form (d. h. der situativen Kopplung der Medienelemente etwa zu einem Satz - »la parole«) übersetzt, dass beiderseits der Systemgrenze ein selbstständiger Sprachgebrauch möglich ist. Sprachzeichen – einmal in der Autopoesis von sozialen und psychischen Systemen eingeschlossen – behalten so zwar ihre Form von Signifikant und Signifikat. Diese hat allerdings keinen Referenten (Signifikat) jenseits der

Systemgrenze, sondern dient nur dazu, im System die »Illusion« eines systemexternen Referenten zu erzeugen (116, 208). Daher können auch Sprachzeichen keinen semantischen Inhalt von System X nach System Y transportieren. Die dritte für Luhmann enorm wichtige strukturelle Eigenschaft der Sprache besteht in der Möglichkeit der binären Codierung von Kommunikation in Form von positiver Setzung oder Negation. Dies ermöglicht einen kreativ-prüfenden Umgang mit sprachlich konstituierter Realität, und insbesondere im Verhältnis von psychischen und sozialen Systemen die Annahme bzw. die Ablehnung von Kommunikation.

IV. Das Problem des Zusammenhangs von Handlungs-, Denk- und Sprachform

Sequentialität, die Differenz von Medium und Form sowie das Vermögen binärer Codierung sind also die strukturellen Eigenschaften der Sprache, die für Luhmann ihr Vermögen der strukturellen Kopplung, d. h. der struktureingrenzenden Bindung bei aufrecht erhaltenen Systemgrenzen und selbstgeleiteter Operationalität der betreffenden Systeme ausmachen. Aus der Perspektive der Architektur der Luhmann'schen Theorien stellt diese Trias eine kluge Lösung dar. Die Sequentialität steht – alteuropäisch ausgedrückt – für das Ineinandergreifen von Kommunikation und den ereignishaften Beiträgen der individuellen Sprecher, wobei die Bedeutungsbildung dieser Beiträge dem Prozess der Sinnselektion durch ihre Verkettung überlassen wird – also der kommunikativen Autopoiesis des sozialen Systems. Zugleich ermöglicht die Unterscheidung von Medium und Form die Bildung je eigener Sinnvarianten in sozialen und in psychischen Systemen. Diese Sinnautonomie wird unterstützt durch den in der Sprache mitgeführten Modus der Negation, der die Annahme bzw. die Ablehnung von Kommunikation mit ermöglicht. Verlässt man jedoch die theorieimmanente Perspektive, so wird deutlich, dass die Eleganz der angebotenen Lösung, die von Luhmann an die Sprache gestellten paradoxen Anforderungen nicht auflöst, sondern geradezu zur Voraussetzung hat: Die Sprache wird auch hier benötigt in dreifacher Ausführung:

1. als ein Element des Bewusstseins,

2. als ein Element der Kommunikation,

3. als ein von diesen beiden unabhängiges »Nichtsystem«, von hoher struktureller Stabilität, das erst überhaupt die Differenz von Medium und Form ermöglicht und die binäre Kodierung zur Verfügung stellt.

Wenn wir nun den formalen Vorgaben des Luhmann'schen autopoietischen Systemverständnisses folgen, werden die problematischen Konsequenzen dieses Sprachkonzepts recht deutlich: Da sowohl die Kommunikation als auch das Bewusstsein autopoietische Sinnsysteme sind, müssten sie die von ihnen jeweils gebrauchte Sprachform als ein Element ihrer jeweiligen Autopoiesis selbst hervorbringen können. Die offensichtliche Absurdität der Vorstellung, dass das Denken ohne Kontakt zur Interaktion die Sprache selbst hervorbringen können müsste, vermeidet Luhmann, wie wir sahen, durch Aussagen, die die Sprachgenese in sozialen Systemen verankern. Folgt man dieser Sicht, sprechen allerdings eine Reihe von guten Gründen dafür, Sprache selbst als ein sozial generiertes Sinnsystem zu betrachten: Die soziale, d. h. die übersubjektive Geltung von Sprache wird üblicherweise an der inneren Normativität der signifikanten Geste (Mead 1973) oder an der Normativität des Sprachgebrauchs qua sozialen Zwang (Durkheim 1981) sowie an den Differenzen zwischen den morphologischen, phonologischen und syntaktischen Strukturen festgemacht, die die konkreten historischen Sprachen voneinander unterscheiden. Systemtheoretisch betrachtet, könnte man geradezu formulieren, dass die pragmatische Sprachstruktur aus dem Überschuss unzähliger phonemischer, morphemischer und syntaktischer Varianten nur eine bestimmte Menge realisiert und damit eine beobachtbare Sinngrenze zwischen Sprache A und Sprache B errichtet, während die Normativität der Sprache für die Reproduktion bzw. für die Modifikation dieser realisierten Sprachform sorgt. Im Klartext – die Aussage, die Sprache sei ein soziales Phänomen ist konstitutiv mit der Vorstellung verbunden, Sprache sei ein soziales Sinnsystem, und zwar sowohl was ihre formale Struktur als auch was ihre Lexik anbelangt.

Dieser Weg ist jedoch Luhmann aus bekannten Gründen verstellt. Es stellt sich also die berechtigte Frage, in welcher Form denn die Sprache im sozialen System vorkommen kann, wenn sie keine systemischen Eigenschaften besitzen darf. Folgt man hier der Luhmann'schen Optik, stellt man überrascht fest, dass – ist der systemische Charakter der Sprache als eines übersubjektiven Zeichensystems einmal gestrichen – im sozialen System eigentlich keine Möglichkeit mehr vorhanden ist, in der das Medium »Sprache« eine empirisch greifbare soziale Gestalt würde annehmen können. Was bleibt sind entweder sprachliche Emergenzformen, die evidenterweise dem psychischen System zugeschrieben werden können – etwa Sprache als innere Rede bzw. als der ereignishafte Sprechakt eines Subjekts, beziehungsweise – wenn der kollektive Charakter der Sprache einigermaßen erhalten bleiben soll – der Verweis auf die Rolle der Sprache als Voraussetzung von Kommunikation, also auf ihre irgendwie außerhalb des sozialen Systems gegebene bzw. diesem vorgängige Existenz. Dies scheint auch Luhmann zu ahnen, wenn er überraschend minimalistisch formuliert: »Es genügt vollauf, zu sagen, dass die Sprache in ihrer Benutzung als Sprache und sodann in der Beobachtung von Sprache durch einen Beobachter [...] konkret existiert« (Luhmann 1990, 52).

Wir begegnen hier also einer seltsamen Situation: Die Sprache wird von Luhmann als ein soziales Produkt erkannt, findet aber im sozialen System keinen Platz, sondern wird vielmehr entweder empirisch dem inneren bzw. dem äußeren Handeln (d. h. dem Denken oder dem Wirken im Sinne von Schütz/Luckmann 1984, 19 ff.) der Subjekte zugewiesen oder theoretisch an einem extrasozialen Ort verankert. Anders gesagt, der Verzicht darauf, »la langue« im Sinne von Saussure als das systemische Resultat kommunikativer Tätigkeit anzuerkennen, lässt empirisch als Erscheinungsfeld der Sprache nur noch »la parole« als die individuelle Sprachäußerung übrig oder er führt auf ein konstitutionstheoretisch ungeklärtes Terrain.

Will man also das Problem der Co-Evolution von Bewusstsein und Kommunikation mit Hilfe der Sprache angehen, so zeigt es sich, dass die von Luhmann vorgeschlagene Lösung offensichtlich defizitär ist, denn es gelingt ihr nicht, zu klären, wie das von ihr verlangte Funktionieren der Sprache jene Anforderungen erfüllen sollte, die in Luhmanns theoretischem Konzept an die strukturelle Kopplung gestellt werden. Wir haben bereits gesehen, dass die dort geforderte eigenständige Realitätsbasis der Sprache die Anerkennung der Sprache als Sinnsystem erfordert, und konnten die paradoxen Konsequenzen beobachten, die Luhmanns theorieimmanente Weigerung nach sich zieht, die Sprache als ein solches aufzufassen. Unterbestimmt bleibt in Luhmanns Sicht aber auch das letzte konstitutive Merkmal von Kopplungsmedien, nämlich ihre gegen die Systemgrenzen unempfindliche Kontinuität, die verhindern soll, dass das Medium diesseits und jenseits der System/Umwelt-Grenze ein je anderes wird. Luhmann macht diese Eigenschaft der Sprache an ihrer physikalischen Lautlichkeit fest. Es stellt sich die Frage, ob dies ausreicht, um die Wirkungsmächtigkeit der Sprache auf beiden Seiten der zwischen psychischen und sozialen Systemen postulierten Sinngrenze und damit auch die Kopplungsfähigkeit des Sprachmediums zu klären. Warum eigentlich sollten sich autopoietische Bewusstseinssysteme, deren kognitive Muster auch außersprachlich bzw. vorsprachlich organisierbar sind, auf die »Übernahme« einer derartigen evolutionären bzw. co-evolutionären sprachlichen Praxis unter den von Luhmann geschilderten Bedingungen einlassen? Gibt es nicht neben dem Bewusstsein und der Kommunikation eine weitere strukturierende »Macht«, die in das »Kopplungsvermögen« der Sprache eingeht, und die sowohl in Bewusstseinsprozessen als auch in Kommunikationsprozessen empirisch überprüfbar verankert ist, ohne dass wir die Verortung der Sprachstruktur auf einem extrasozialen bzw. einen extrahumanen Ort suchen müssten? Mit anderen Worten: Müssen die Eigenschaften, die das Funktionieren der Sprache als strukturelle Kopplung bedingen, d. h. ihre von den gekoppelten Systemen unabhängige Materialbasis, ihre hohe strukturelle Stabilität und ihre Unabhängigkeit von Systemgrenzen nicht auch woanders gesucht werden als in einer hypothetischen Annahme der für die Sozialität notwendigen Vorgängigkeit der Sprache in ihrer physikalischen Lautgestalt?

Ich möchte nun argumentieren, dass dies durchaus der Fall ist. Dazu allerdings muss man den Rahmen, mittels welchem Luhmann das Problem der sprachlichen strukturellen Kopplung verortet, verlassen und die von ihm verwendeten Koordinaten um eine weitere Dimension ergänzen. Wenn Luhmann die Sprache thematisiert, peilt er sie gemäß seiner Vorstellung von Realitätskonstruktion als einer Co-Evolution von psychischen und sozialen Systemen mit Hilfe von zwei Dimensionen an – dem Bewusstsein und der Kommunikation. Systematisch gesehen, gibt es allerdings noch eine dritte Dimension, auf die die Emergenz der Sprache als eines wirklichkeitskonstruierenden Mechanismus rückführbar ist – nämlich das Handeln oder zumindest die Handlungskoordinierung. Mit dem Bezug auf Handeln und seine Koordinierung wird hier ein Topos eingeführt, der nicht mit Luhmanns Konzept der strukturellen Kopplung gleichzusetzen ist. In Luhmanns Sicht müsste wohl die

Handlungskoordinierung als das – unwahrscheinliche – Resultat der strukturellen Kopplung betrachtet werden. Wenn ich hier das Fundierungsverhältnis umkehre und den Handlungsbezug der sinnhaften Wirklichkeitskonstruktion als eine Voraussetzung des sprachlichen Kopplungsvermögens in Luhmanns Sinne untersuche, dann geschieht dies nicht nur aus theoretischen Überlegungen, sondern vor allem als Konsequenz der Resultate von Untersuchungen zu Sprachstruktur und -verstehen, auf die ich weiter unten eingehe. Es wird also zu prüfen sein, inwiefern die pragmatische Dimension der Konstruktion sozialer Realität, d. h. der Zusammenhang der Handlungs-, Denk- und Sprachform, in die Struktur der Sprache und somit auch in das Luhmann'sche Konzept der sprachlichen Kopplung zwischen sozialen und psychischen Systemen hineinspielt.

Der Zusammenhang von Handlungs-, Denk- und Sprachform (weiter als der HDS-Zusammenhang bezeichnet) steht in einer Reihe von philosophischen, kulturtheoretischen sowie soziologischen Konzeptionen für den generellen Hintergrund, vor dem sich die Sinnverarbeitung und die sinnhafte Konstitution menschlicher Realität vollzieht. Philosophisch ist die Idee dieses Zusammenhangs bereits im *logos*-Begriff der griechischen Philosophie auszumachen und bleibt in einer Vielfalt von Varianten in sprachphilosophischen, aber auch in den phänomenologisch orientierten Ansätzen bis heute präsent (Srubar 2003).[7] In der Sprachwissenschaft stellt der HDS-Zusammenhang seit Humboldt die Koordinaten auf, mittels welcher Sachprobleme sowie theoretische Positionen im Bereich der Sprachgenese und des Spracherwerbs verortet werden. In der Psychologie und in der Kognitionswissenschaft nimmt die Untersuchung des HDS-Zusammenhangs spätestens seit Piaget (1969, 1972) eine zentrale Position ein, und in der Soziologie selbst stellt die Analyse oder wenigstens die Annahme dieses Zusammenhangs das theoretische Gerüst dar, sobald die Sinnkonstitution sozialer Realität thematisiert wird (vgl. etwa Bourdieu 1990; Giddens 1992; Mead 1973; Schütz 2004).

Auch Luhmanns Konzept selbst setzt sich mit diesem Zusammenhang auseinander. Seine Behandlung dieses Problems führt aber bekanntlich zu der Entscheidung, handelnde Individuen nicht als Elemente sozialer Systeme zu betrachten. Sein Ausgangspunkt ist es, »mit Hilfe [...] einer Theorie selbstre-

---

[7] In diesem Band S. 11 ff.

ferentieller Systeme [...] [die] eine Beschreibung von sich selbst anfertigen und sich selbst beobachten können [...] [den] Zusammenhang von Kommunikation, Handlung und Reflexion aus der Subjekttheorie (der Theorie von der Subjektivität des Bewusstseins) heraus[zu]lösen« (Luhmann 1984, 234). Erst mit diesem Schritt werde eine wahrhafte, »eigenständige Theorie« sozialer Systeme möglich (ebd.). Der entscheidende Schritt Luhmanns besteht hier also darin, den HDS-Zusammenhang vom Subjekt zu lösen, und einer Behandlung im Rahmen der Autopoiesis sozialer Systeme zuzuführen. Damit wird aber auch über eine radikale Verschiebung auf der Ebene der Sinnkonstitution entschieden. Die sinnkonstitutive Funktion kommt nunmehr dem Prozess der Kommunikation zu, während Handlungen als Ereignisse im System nur noch das (Selbst-)Beobachten von Kommunikation erlauben (Luhmann 1984, 241). Insofern bleiben zwar Handlungen konstitutive Elemente des sozialen Systems, sie tragen aber zu der Sinnkonstitution in diesem System nicht mehr aktiv bei. Was eine Handlung und ihr Sinnbeitrag ist, wird durch den selektiven Prozess kommunikativer Anschlüsse – also in der Kommunikation entschieden, nicht etwa durch die Intentionen der Handelnden oder gar durch den erlebten Verlauf der Handlung selbst (Luhmann 1984, 228 ff.; 1997, 86, 608).

Betrachten wir die obige Luhmann'sche Argumentation, so sehen wir, dass er sich in seinem Bemühen, die Konstitution des Handlungs- in das Sozialsystem zu verlagern, zuerst einmal nur gegen eine »subjektivistische« Alternative abgrenzt – nämlich gegen den Handlungssinn im Verstande Max Webers als die vom Handelnden verfolgte Intention. Andere Sinnleistungen des Handelns, etwa jene, in welchen in der pragmatistischen Sicht Meads bzw. Schütz' die kognitiven Strukturen eines Handlungsfeldes oder gar die Realität eines Objekts konstituiert wird, bleiben unberücksichtigt (Mead 1969, 1972; Schütz/Luckmann 1975). Luhmanns Auflösung des sinnkonstituierenden Beitrags des Handelns in kommunikativen Prozessen des sozialen Systems führt also zu einer Auflösung des HDS-Zusammenhangs und zwar zuerst an der Schnittstelle von Handeln und Denken. Der Zusammenhang von Handeln und Denken wird in die Umwelt des sozialen Systems verlagert und seine im Funktionieren des sozialen Systems sichtbaren Spuren werden folgerichtig zum Eigenprodukt des sozialen Systems selbst erklärt, die das soziale System quasi als eine »Illusion« zwecks seiner Selbstbeschreibung aufrecht erhält, um seine

Komplexität zu reduzieren (Luhmann 1984, 229). Wird auf diese Art und Weise das soziale System selbst von der pragmatischen Sinnkonstruktion auf der Handlungsebene abgetrennt, dann muss diese Trennung auch für weitere Konstrukte des sozialen Systems etwa auch die Sprache gelten. Folgerichtig spielt für die Luhmann'sche Betrachtungsweise der Sprache ein möglicher Handlungsbezug ihrer Struktur bzw. ihrer Lexik keine Rolle. Dementsprechend reduzieren sich die von ihm betrachteten Dimensionen, die den Rahmen für seine Behandlung der Sprache als strukturelle Kopplung zwischen psychischen und sozialen Systemen abstecken. Auf der Seite des psychischen Systems steht »das Denken« bar jeden durch das Handeln vermittelten »leiblichen« Realitätsbezugs, auf der Seite des sozialen Systems steht dann die Sprache als sein Produkt, in welches keine pragmatischen Momente eingehen können, da die wirkende Präsenz von subjektbezogenen Handlungen in sozialen Systemen nur als eine vom sozialen System selbst erzeugte Illusion erscheint. Durch die Eliminierung der pragmatischen Momente der Sinnbildung in den beiden strukturell zu koppelnden Systemen wird der Boden vorbereitet für eine weitere im sozialen bzw. im psychischen System erzeugte Illusion, nämlich die des »Realitätskontakts« vermittels der Sprache. Beide Systemtypen, deren Realität im Prozessieren bloßer Zeichen besteht, projizieren ihre Konstrukte »in die Welt«: So »bildet das Bewusstsein, ebenso wie die gesellschaftliche Kommunikation, im Bereich intentionaler bzw. thematischer Fremdreferenzen die Vorstellung von extern bestehenden Dingen« (Luhmann 1997, 114 f., 116.). Überspitzt könnte man also den Preis, den der Luhmann'sche radikale Konstruktivismus für seine autopoietische Geschlossenheit zu zahlen hat, folgendermaßen formulieren: Die Auflösung der sinnkonstituierenden Funktion des Handelns zieht folgerichtig auch die Auflösung des Realitätsbezugs der Systeme nach sich.

Wir stehen also wieder vor der Frage, wie ein Medium die strukturelle Kopplung von zwei Systemtypen leisten soll, wenn es weder eine mit diesen beiden Systemen kompatible eigene Systemstruktur besitzen, noch einen in beiden Systemen plausiblen Realitätsbezug herstellen darf.

V. Handlung und Sprachstruktur

Die Auflösung des HDS-Zusammenhangs im Rahmen des Luhmann'schen Ansatzes zieht also eine Vernachlässigung der pragmatischen Sinnkonstitution nach sich. Die Fragen, die uns nun vor dem Hintergrund des Gesagten zu beschäftigen haben, sind daher die Folgenden:

1. Inwiefern bietet eine Sprachkonzeption, die wie die Luhmann'sche die Handlungsnähe von Sprachgenese und Sprachstruktur ausblendet, ein adäquates Bild des Mediums Sprache und seiner kognitiven sowie sozialen Funktionen?

2. Welche Konsequenzen hätten etwaige Defizite in Luhmanns Sprachauffassung für sein Konzept der strukturellen Kopplung und somit wohl für seine Theorie?

Beginnen wir mit der auch von Luhmann geteilten Feststellung (Luhmann 1997, 206 f.), dass die Herausbildung kognitiver Schemata im psychischen System auch außersprachlich möglich ist. Ontogenetisch, aber auch lebensweltanalytisch betrachtet, bedeutet das, dass es eine Reihe von kognitiven Mustern gibt, die keineswegs primär einer Sprachform folgen. Ihre Struktur geht allerdings nicht nur auf Wahrnehmungsakte zurück, wie Luhmann in schöner Übereinstimmung mit Husserls Wahrnehmungsphänomenologie anzunehmen scheint, oder auf quasi indifferente »Bewegung-im-Raum« (ebd.), sondern sie ist durch die Leiblichkeit und Handeln qua Interaktion mit Dingen und anderen geprägt. Die Konstanz des Gegenstandes, die Prozesse der Objektkonstitution generell, die Zeit- und Raumstruktur des Handlungsfeldes sowie die Gliederung der sozialen Handlungsdimension in Bereiche der Intimität und Anonymität sind nicht nur auf Bewusstseinsakte, sondern ebenso auf Handlungsakte gestützt. Der Prozess des Handelns in der Zeit und seine situativen Elemente – der Handelnde, seine Aktivität/Intention, sein Objekt – bilden somit eine wichtige Grundlage der kognitiven »Weltkonstitution« durch das psychische System. Darin stimmen die unterschiedlichsten konstitutionstheoretischen Ansätze überein, ob sie nun vom Pragmatismus, der Phänomenologie, der genetischen Psychologie oder der autopoietischen Kognitionswissenschaft ausgehen (Dux 2000; Maturana/Varela 1980; Srubar

2003). Mit dem Spracherwerb erfolgt, würde man etwa Piaget (1969) folgen, eine Inversion der Fundierungsverhältnisse der humanen Sinnkonstitution. Die Sprache übernimmt die prägende Funktion der kognitiven Schemata, die sich aus dem Zusammenhang der Handlungs- und der Denkform generierten. Der Spracherwerb kann also als ein Prozess der Übersetzung der »Handlungs-schemata« in die »Sprachschemata« gedacht werden. Diese Übersetzung ist allerdings nicht als eine Neuschaffung des Wissensvorrats vorzustellen. Sie wird vielmehr dadurch möglich, dass die Sprache selbst als ein sinntragendes System erstens phylogenetisch Handlungsstrukturen abbildet und zweitens ontogenetisch in Handlungskontexten angeeignet wird. Dies wird von einer Reihe von Studien belegt (Lock/Peters 1999). Wir haben gesehen, dass Luhmann – um die Charakteristik der Sprache als eines »Nichtsystems« aufrecht zu erhalten – die traditionellen linguistischen Ebenen der Sprachanalyse (etwa der Syntax aber auch die der Semantik) unbeachtet lässt, und statt dessen auf die Sequentialität, die Differenz Medium/Form sowie die Negationsfähigkeit sprachlicher Codierungen eingeht. Es sind jedoch gerade diese »traditionellen« Ebenen, durch deren Untersuchung die Handlungsnähe der Sprachgenese und der Sprachstruktur fassbar wird. Wo lassen sich aber Spuren der Übersetzungs-prozesse der in der Handlungsform generierten Schemata in die Sprachform finden? Welche Spuren hinterlässt die Handlungsform in der Sprachform?

Zur Veranschaulichung dessen, wie die Übersetzungsprozesse der pragma-tisch generierten Schemata der Handlungsform in die Sprachform vonstatten gehen mögen, kann uns Lakoffs und Johnsons (1980) Analyse der Genese von Metaphern als eines universell präsenten Bestandteils semantischer Reper-toires dienen.[8] Metaphern können in diesem Sinne als universelle Form der symbolischen Funktion par excellence angesehen werden. Das metaphorische Repertoire der Sprache stellt für die Autoren ein grundlegendes Gerüst dar, durch welches Sprecher ihre Wirklichkeit gedanklich und praktisch konstituie-ren (Lakoff/Johnson 1980, 153). Dieses gilt nicht nur im alltäglichen Bereich; vielmehr stellt das metaphorische Gerüst der Sprache Klassifikationsschemata bereit, die explizit oder implizit auch in das alltagstranszendente, abstrakte – etwa wissenschaftliche – Denken eingehen (Lakoff/Johnson 1980, 163 ff.).

---

[8] Die folgende Passage wurde aus dem Text »Handeln, Denken, Sprechen. Der Zusammenhang ihrer Form als genetischer Mechanismus der Lebenswelt« übernommen, vgl. oben S. 39 ff.

Obwohl metaphorische Repertoires in allen Sprachen vorfindbar sind, und obwohl sich bestimmte Formen der Metapher in den meisten Sprachen wiederholen (Bowermann 1996), sehen Lakoff und Johnson in der Metaphorik nicht ein rein sprachliches Phänomen, sondern betonen, dass sprachliche Metaphern eine sekundäre Ausdrucksform sind, deren Grundlage auf der Ebene des handlungsgeprägten Denkens entstehen (Lakoff/Johnson 1980, 253). Letzteres stellt für sie die Ebene eines unmittelbaren, leibzentrierten und handlungsbezogenen Verstehens dar, dessen versprachlichte Deutungsmuster die Form von Metaphern annehmen und so dem »indirekten« sprachlichen Verstehen dienen. Die Autoren entwickeln eine umfangreiche Systematik der Übersetzung von handlungsgenerierten Schemata in die Sprachform der Metaphern, die ich hier nur knapp in ihren wesentlichen Zügen wiedergeben will. Das primäre Verständnis der Welt – also der primäre Weltzugang – entwickelt sich für die Autoren in unmittelbarer Auseinandersetzung der handelnden Subjekte mit ihrer »physikalischen« Umgebung (Lakoff/Johnson 1980, 176 ff.). Hier werden Erfahrungsschemata entwickelt, deren wichtigste die Autoren wie folgt beschreiben:

1. Objektkonstitution (»interactional properties«): Objektschemata als Interaktionskonstrukte,

2. Objekterfahrungen, zu denen es gehört, dass Akteure und Objekte abgegrenzte Einheiten sind, die miteinander in Kontakt treten und Widerstand erfahren,

3. Orientierungsschemata: Räumliche Relationen, ausgehend von der Leibzentrierung der Situation (oben/unten etc.),

4. Funktionale Schemata (»experiential Gestalts«) – etwa Ganzes/Teile, Kraft/Wirkung/Folge, Mittel/Zweck etc.,

5. Typik (»prototypes and backgrounds«),

6. Relevanz (»highlighting«): Erfahrungsschemata in ihrer Funktion als Selektoren.

Während die Punkte 1, 5 und 6 auf allgemeine Charakteristika des alltäglichen Wissensvorrats und seine Konstitution zielen (und eine beträchtliche Übereinstimmung mit dem Schütz'schen Konzept der Lebensweltstrukturen aufweisen), gehen die unter 2, 3 und 4 genannten Erfahrungsschemata spezifischer in die Metaphernbildung ein. Die Objekterfahrung wird durch den Typus der »ontologischen Metapher« übersetzt, in dem Abstrakta als konkrete Objekte mit physikalischen Eigenschaften behandelt werden (etwa: »einem Druck nachgeben«, »eine Menge Geduld haben«). Orientierungsschemata schlagen sich nieder in »Orientierungsmetaphern« (etwa »oben« und »unten« als hierarchisierende Metaphorik von Gefühlen, sozialen Positionen, Eigenschaften etc.). Funktionale Schemata schließlich werden in strukturelle Metaphern »übersetzt«, die den Ablauf komplexer Zusammenhänge etwa durch die Figur von Metonymie (pars pro toto) oder aber auch durch die Projektion eines anschaulichen Handlungszusammenhangs in ein komplexes Geschehen verdeutlichen (»Auto vergiftet die Umwelt«, Diskussionen werden »ausgefochten«, etc.).

Die semantischen Repertoires der Metaphorik übernehmen aus Sicht der Autoren wichtige Funktionen in der Konstruktion sozialer Wirklichkeit. Sie halten erstens »den Kontakt« der Sprache mit dem Handlungskontext und mit der pragmatisch konstituierten Wirklichkeit aufrecht. Damit machen sie es möglich, dass die Sprache den Realitätsbezug aufrechterhält, d. h. im korrespondenztheoretischen Sinne als Trägerin objektiven Wissens fungiert. Zweitens sorgt jedoch der Handlungsbezug metaphorischer Klassifikationen auch für die Kohärenz der hier transportierten Erfahrungsschemata und somit auch für sprachlich getragene Evidenz der intersubjektiven Geltung objektbezogenen Wissens (Lakoff/Johnson 1980, 179 ff.). Die von den Autoren aufgezeigte Konstitution und Funktion metaphorischen Repertoires bezeichnet so offensichtlich jene Schnittstelle des Übergangs und der Transformation von handlungsgenerierten in sprachgeleitete Orientierungsschemata der Denkform.

Sind aber die Spuren des Handelns aus der Sprache nicht zu tilgen, sondern offensichtlich für das Funktionieren der Sprache als eines Zeichensystems mitkonstituierend, so stellt sich die Frage nach diesen. Welche Momente der Sprache selbst verweisen auf ihre Einbindung in den HDS-Zusammenhang?

Untersuchungen zur Phylogenese der Sprache (Hewes 1999; Hildebrand-Nielshon 1980; Holloway 1999; LeCron-Foster 1999) betonen oft die handlungskoordinierende Verständigungsfunktion der humanen Zeichensysteme und stellen so die Sprache und ihre Struktur in einen breiten Handlungskontext. Dem scheint auch die Ausprägung einer Reihe von syntaktischen, morphologischen und phonemischen Sprachmerkmalen zu entsprechen. Greenbergs Bemühungen, Sprachuniversalien auszumachen (Greenberg 1966), belegen zumindest, dass Sprachen im Allgemeinen die Möglichkeit enthalten, Anzahl, Objekt, Eigenschaften, Handlung sowie ihre Lokalisierung in Zeit und Raum zu bezeichnen und diese typischen Differenzierungen der Handlungsform entweder in Gestalt von Substantiv, Adjektiv, Verb und Adverb oder durch äquivalente Konstruktionen zu markieren. Ebenso gibt die typische syntaktische Grundform von S(ubjekt), V(erb) und O(bjekt) die Handlungsstruktur wieder, wenn auch nicht immer in der genannten Reihenfolge. Nichtsdestoweniger kommt die Folge von SVO oder SOV in etwa 75% der bekannten Sprachen vor (Crystal 1995, 98). Auch phonemische und morphemische Merkmale, abgesehen von ihrer generellen bedeutungsdifferenzierenden Funktion, sind Träger unmittelbarer handlungsrelevanter Unterscheidungen wie am Beispiel raumorientierender Partikeln (etwa in/an) gezeigt werden kann (Bowerman 1996; Holenstein 1985a, 1980). Neuere Untesuchungen legen nahe, dass die Strukturen des Handlungsfeldes durch die Formen der Deixis eine Verbalisierung und zugleich auch eine Grammatikalisierung erfahren (Hanks 1996; Levinson 1996).

Überraschende Belege für das Primat von handlungsnahen Sprachformen erhalten wir aus den Untersuchungen von Kreolsprachen. Diese Forschung ist in unserem Zusammenhang deswegen von besonderer Bedeutung, weil hier die Sprachgenese in der Gegenwart bzw. im Rahmen eines noch dokumentierbaren Zeitraumes betrachtet werden kann. Kreolsprachen entstehen überall dort, wo der Zwang zu Kommunikation eine heterogene multilinguale Gruppe dazu bringt, ihre ursprünglichen Sprachen abzulegen, ohne dass dieser Gruppe zugleich eine »lingua franca« als ein gemeinsames Idiom zur Verfügung stünde. Historisch betrachtet entstanden derartige Situationen entweder durch Kolonisierungsprozesse oder durch das Zusammenbringen von ethnisch und sprachlich heterogenen Arbeitskräften durch den Sklavenhandel. Entsprechend wird im ersten Fall von einer »Fort [d. h. Festungs-]-Situation«, im zweiten dann von einer »Plantagen-Situation« der Sprachgenese gesprochen. Im ersten Falle werden Elemente der Leitsprache der kolonisierenden Sprecher assimiliert, im zweiten entsteht eine neue Sprachgemeinschaft, deren Idiom sich aus Elementen der verfügbaren Sprachen zusammensetzt. Dementsprechend lehnen sich die meisten Kreolsprachen an das Arabische, Portugiesische, Spanische, Französische oder Englische an.

Kreolsprachen unterscheiden sich wesentlich von den sogenannten »Pidgin«-Sprachen, die eine stark vereinfachte Version der kolonisierenden Leitsprache darstellen und in einem bestimmten multilingualen Sprachraum als »lingua franca« gebraucht werden. Der Unterschied besteht vor allem darin, dass Kreolsprachen Muttersprachen ihrer Sprecher sind, im Gegensatz zu Pidgin-Sprachen, deren Sprecher ihre Muttersprache behalten. Dementsprechend sind Kreolsprachen lexikalisch und syntaktisch ausdifferenzierter, weil sie, wiederum im Unterschied zu Pidgin-Sprachen, die sich nur auf einige Tätigkeitsbereiche ihrer Sprecher beziehen (z. B. Handel u. ä.) den ganzen Lebensbereich ihrer Sprecher umfassen. Obwohl auf unterschiedlichen Leitsprachen basierend, weisen Kreolsprachen eine Reihe struktureller Gemeinsamkeiten auf – etwa die Verwendung von Partikeln als Substitut für Tempusformen, reduzierte Flexion, Duplizierung von Adjektiven zwecks Intensivierung ihrer Bedeutung etc. (Crystal 1995, 236 ff.). Dies rief eine Reihe von Spekulationen und Theorien über ihren Ursprung hervor. Die Strukturähnlichkeit der Kreolsprachen ließ die »einfache« polygenetische Version ihres Entstehens als unwahrscheinlich erscheinen, der zufolge sie als eine Interaktion zwischen der Basissprache und einer einheimischen Kontaktsprache als zweite Entwicklungsphase eines ursprünglichen Pidgins entstanden, und scheint eher auf einen gemeinsamen Ursprung hinzuweisen. Dieser wird dann in Portugiesisch als einer »Protobasis-Sprache« gesucht, nachdem die meisten der Kreolsprachen portugiesische Elemente enthalten. Da aber auch Kreolsprachen, die sich ohne Kontakt zu europäischen Sprachen entwickelten, die strukturellen Gemeinsamkeiten teilen, glaubt man hier einen Prozess der Sprachgenese vor sich zu haben, der tiefer als nur in Prozessen der multilingualen Interaktion verankert sein muss. In dieser Richtung gehen natürlich die Vermutungen von nativistischen Ansätzen im Anschluss an Chomsky, die hier einen Zugang zu den angeborenen Sprachstrukturen sehen und diesen in vergleichenden Studien zu belegen suchen (Degraff 1999; Muysken 1981; Newmeyer 1988).

Für unsere Zwecke ist die Entscheidung, ob die strukturellen Ähnlichkeiten der Kreolsprachen auf gemeinsame Züge kommunikativer Prozesse und Strukturen oder auf angeborene Sprachkompetenzen hinweisen, zuerst zweitrangig. Zu beachten ist für uns vor allem, welche Strukturelemente in den Kreolsprachen, wenn man sie mit der Struktur ihrer Basissprachen vergleicht, immer erhalten bleiben, und welche unterdrückt bzw. reduziert werden. Denn dadurch, so wird argumentiert (Bickerton 1988), bekommen wir Einblick in die minimal notwendigen grammatikalischen Strukturen, die eine neu entstehende Sprache aufweisen muss, wenn sie als natürliche Muttersprache einer Sprechergruppe funktionieren soll. Präziser formuliert: Es lassen sich so strukturelle Universalien erfassen, die eine jede neu entstehende menschliche Sprache als natürlicher Sprache einer Gruppe generiert.

Bickerton führt hier folgende Merkmale an, die allen Kreolsprachen gemeinsam sind und von welchen sich ein gemeinsames Merkmalschema der Sprachgenese ableiten lässt. Zu den überall vertretenen Sprachelementen gehören: Artikel, Tempus/Aspekt, Modus, Fragewörter, Pluralmarkierungen, Personalpronomina, Zahlen, Kasusmerkmale, allgemeine lokative Präpositionen, ein Irrealismarker, relative Partikel, reflexive und reziproke Partikel. Weggelassen oder reduziert werden dagegen: Übereinstimmung der Flexionen nach Genus und Anzahl, Stimmigkeit der Verbenflexion nach Tempus, die meisten Präpositionen, sowie die Ableitung von Wortformen nach regierenden Merkmalen des Genus (Bickerton 1988, 278).

Betrachten wir die zwei Listen, so sehen wir, dass jene strukturellen Elemente, die immer entstehen, bzw. beibehalten werden, offensichtlich der handlungsnahen Sprachform angehören. Sie sind allesamt notwendig, um Handlungssituationen in einer erforderlichen Differenzierung darzustellen. Sie »repräsentieren« die zeitliche (Tempus, Aspekt), die räumlich-sachliche (lokative Präpositionen, Plural, Zahlen) und soziale (Personalpronomina, reflexive, relative und reziproke Partikel) Dimension des Handlungsfelds. Sie lassen ihren pragmatischen Bezug deutlich werden, gleichwohl ob man die Strukturen des Handlungsfelds, zu der sie in Beziehung stehen, als ein Produkt der Ontogenese, d. h. der Interaktion von Subjekten mit Objekten und anderen betrachtet, oder als ein Resultat der Phylogenese, das sich nunmehr in angeborenen Schemata niederschlägt. Die in den Kreolsprachen unterdrückten Merkmale, die in der zweiten Liste angeführt werden, verweisen offensichtlich auf Charakteristika des handlungsfernen, kontextfreien Sprechens, das syntaktische Formen erfordert, die über lange Redestrecken eine differenzierte, vom Situationskontext unabhängige Themenführung erlauben, etwa einen »elaborierten Sprachstil« im Sinne von Bernstein. Man könnte dann mit Bernstein argumentieren, dass die handlungsnahe Sprachverwendung universeller ist, als das von der Sprachstruktur allein getragene »kontextfreie Sprechen« (Bernstein 1972, 267 ff.).

VI. Fazit

Aus der obigen Diskussion kann der Schluss gezogen werden, dass der in der Sprache sichtbare Handlungsbezug als mehrstufig vorgestellt werden muss. Es lässt sich vor allem ein »struktureller« Handlungsbezug der Sprachform von einem »prozessualen« unterscheiden. Als »strukturell« kann die Handlungsnähe der Sprache bezeichnet werden, sofern die grammatikalischen und lexikalischen Strukturen der Sprache selbst einen Handlungsbezug transportieren, d. h. wenn sie z. B. der Struktur des Handlungsfeldes entsprechen. Die »prozessuale« Handlungsnähe der Sprachform entspringt der Verständigungsfunktion der Sprache. Sie bezieht sich darauf, inwiefern die sprachliche Verständigung von den situativ sichtbaren bzw. sprachlich dargestellten Handlungskontext der Rede abhängt. Es muss also angenommen werden, dass weder die empirische Struktur natürlicher Sprachen noch die sprachliche Verständigung ohne die sinngebende Funktion der Handlungsdimension zustande kommen, und dass diese nur unter der Berücksichtigung des HDS-Zusammenhangs zu klären sind. Geht man mit Luhmann davon aus, dass die Sprache einerseits für psychische Systeme kognitive Schemata, andererseits für soziale Systeme Codierungen bereit stellt und dies nur kraft ihrer mit den beiden Systemtypen kompatiblen Struktur vermag, dann kann man sich der Schlussfolgerung nicht verschließen, dass den per Sprache transportierten, handlungsinduzierten Sinnstrukturen ein wesentlich relevanterer Anteil an der Sinn-Co-Evolution von psychischen und sozialen Systemen zukommt, als es Luhmanns Theoriearchitektur zulassen will. Denn es wurde deutlich, dass weder die kognitiven noch die sozialen Funktionen der Sprache ohne die im Medium der Sprache aufgehobenen vielschichtigen Handlungsbezüge auskommen. Kurz: Die von Luhmann nur auf Bewusstsein und Kommunikation gestützte Co-Evolution der Sinnsysteme korrespondiert offensichtlich nicht mit den empirisch aufzeigbaren Strukturen von Sprachsystemen und mit ihrer ebenso aufzeigbaren Genese im Rahmen des HDS-Zusammenhangs, weil sie den sinngebenden Anteil der Handlungsdimension in diesem Zusammenhang unterschätzt, bzw. theoretisch ausblendet.

Zu fragen ist nun, welche Konsequenzen sich aus diesem Befund für die zentrale Rolle der Sprache als strukturelle Kopplung zwischen sozialen und psychischen Systemen und damit für die Gesamtarchitektur Luhmanns theoretischer Position ergeben.

Erstens zeigte es sich, dass das von Luhmann vorgestellte Sprachkonzept seine Funktion als strukturelle Kopplung in der erwünschten Weise nicht erfüllen kann. Es reicht eben nicht aus, sich auf die von Luhmann untersuchten – extralinguistischen – Spracheigenschaften zu beschränken, um die mögliche Rolle der Sprache als strukturelle Kopplung zu prüfen. Vielmehr muss die Sprache in ihrer strukturell-genetischen Eigenart und Gestalt als Sinnsystem ernst genommen werden, also gerade in jenen Eigenschaften, die Luhmann durch seine Distanzierung von Saussure und der linguistischen sowie sprachphilosophischen Tradition ausblendet, um seine Charakterisierung der Sprache als eines Nichtsystems aufrecht erhalten zu können, die allerdings – wie wir gesehen haben – auch im Rahmen seiner eigenen Auffassung der Genese von sozialen Systemen Schwierigkeiten bereitet. Zugespitzt formuliert folgt daraus, dass Luhmanns Konzept der strukturellen Kopplung und der Co-Evolution von psychischen und sozialen Systemen in der Sprache ein Sinnsystem voraussetzt, das er in seiner Systemtheorie nicht erfassen kann oder will. Dies hätte für den Universalanspruch des Ansatzes ernsthafte Konsequenzen.

Zweitens wurde deutlich, dass das Kopplungsvermögen der Sprache an den Handlungsbezug ihrer Struktur gebunden ist. Einerseits wird offensichtlich, dass die »Übersetzung« von nicht- bzw. vorsprachlichen Kognitionsschemata des psychischen Systems in die Sprachform, die einen wesentlichen Mechanismus der sprachlichen strukturellen Kopplung ausmacht, erst durch den von Denken und Sprache gemeinsam geteilten Handlungsbezug möglich wird.

Andererseits scheint die zeitliche, sachliche (räumliche) und soziale Sinndimension, entlang welcher soziale Systeme zwecks Reduktion ihrer Komplexität entsprechende Semantiken der Selbstbeschreibung entwickeln, auf die sprachlich transportierte Struktur des Handlungsfeldes zurückzugehen oder zumindest mit ihnen aufgrund der Handlungsnähe der Sprachform kompatibel zu sein.

Damit stellt sich drittens die viel weiter reichende Frage, ob die von Luhmann vorgenommene Umstellung von Sinnbildung und Ausdifferenzierung in sozialen Systemen von Handlung auf Kommunikation (Luhmann 1997, 608) in der intendierten Radikalität ihrer Trennung durchführbar ist. Sofern Sprache die Funktion der strukturellen Kopplung von sozialen und psychischen Systemen übernehmen soll, und dafür spricht vieles, muss man wohl die sinnkonstituierende Funktion des Handelns in diesem Zusammenhang und somit auch im Kontext von Co-Evolution von psychischen und sozialen Systemen neu überdenken. Wenn also die Sprache als strukturelle Kopplung im theoretischen Dom Luhmann'scher Gesellschaftstheorie jene Schlusssteinrolle behalten soll, die ihr zugewiesen wurde, dürften dann einige Umbauten im Strebewerk notwendig sein. Dies betrifft nicht nur die sinnkonstituierende Rolle des Handelns, die in diesem Kontext neu zu bewerten wäre und damit wohl auch die theoretische Position der Handlung in der Luhmann'schen Theorie sozialer Systeme insgesamt. Ebenso legt es die in dieser Studie vorgenommene Betrachtung der Sprachform nahe, die von Luhmann angepeilte co-evolutionäre Sinnverarbeitung durch soziale und psychische Systeme vor dem Hintergrund des HDS-Zusammenhangs neu zu beleuchten. Die zu erwartende Konsequenz davon wäre dann, dass sich die System/Umweltgrenze zwischen den psychischen und sozialen Systemen, die ja eine Sinngrenze ist, als wesentlich durchlässiger erweist, als von Luhmann angenommen. Damit werden die Stellen sichtbar, an welchen die von ihm aufgestellten theoretischen Grenzziehungen angesichts empirischer Befunde neu gedacht werden müssten, wenn die Lösung der durch sein Werk deutlich gewordenen konstitutionstheoretischen Probleme im Kontakt mit materialer Forschung weiter getrieben werden soll.

Literatur:

Bernstein, Basil (1972): *Studien zur sprachlichen Sozialisation*, Düsseldorf: Schwann.

Bickerton, Derek (1988): »Creole Languages and the Bioprogram«, in: Newmeyer 1988, S. 268-284.

Bourdieu, Pierre (1987): *Sozialer Sinn. Kritik der theoretischen Vernunft*, Frankfurt/M.: Suhrkamp.

Bourdieu, Pierre (1990): *Was heißt sprechen? Die Ökonomie des sprachlichen Tausches*, Wien: Braumüller.

Bowerman, Melissa (1996): »The Origins of Childrens Spatial Semantic Categories. Cognitive Versus Linguistic Determinants«, in: Gumperz/Lewinson 1996, S. 145-176.

Chomsky, Noam (1965): *Aspects of the Theory of Syntax*, Cambridge, Mass.: Mouton.

Chomsky, Noam (1973): *Sprache und Geist*, Frankfurt/M.: Suhrkamp.

Crystal, David (1995): *Die Cambridge Enzyklopädie der Sprache*, Frankfurt/M.: Campus.

Degraff, Michel (ed.) (1999): *Language Creation and Language Change. Creolization, Diachrony and Development*, Cambridge, Mass.: The MIT Press.

Durkheim, Emile (1981): *Die elementaren Formen des religiösen Lebens*, Frankfurt/M.: Suhrkamp.

Dux, Günter (2000): *Historisch-genetische Theorie der Kultur*, Weilerswist: Velbrück.

Eco, Umberto (1985): *Semiotik und Philosophie der Sprache*, München: Fink.

Eco, Umberto (1987): *Semiotik. Entwurf einer Theorie der Zeichen*, München: Fink.

Giddens, Anthony (1992): *Die Konstitution der Gesellschaft. Grundzüge einer Theorie der Strukturierung*, Frankfurt/M.: Campus.

Greenberg, Joseph H. (ed.) (1966): *Universals of Language*, Cambridge, Mass.: The MIT Press.

Gumperz, John J./Stephen C. Lewinson (eds.) (1996): *Rethinking Linguistic Relativity*, Cambridge: Cambridge Univ. Pr.

Habermas, Jürgen (1981): Theorie des kommunikativen Handelns, Frankfurt/M.: Suhrkamp.

Hallpike, Christopher R. (2004): *The Evolution of Moral Understanding*, London: Sage.

Hanks, William F. (1996): »Language Form and Communicative Practices«, in: Gumperz/Levinson 1996, S. 232-271.

Hewes, Gordon W. (1999): »A History of the Study of Language Origins«, in: Lock/Peters 1999, S. 571-595.

Hildebrand-Nilshon, Martin (1980): *Die Entwicklung der Sprache. Phylogenese und Ontogenese*, Frankfurt/M.: Campus.

Holenstein, Elmar (1985): *Sprachliche Universalien*, Bochum: Studienverlag Bockmayer.

Holloway, Ralph (1999): »Evolution of the Human Brain«, in: Lock/Peters 1999, S. 74-125.

Humboldt, Wilhelm von (1963): *Schriften zur Sprachphilosophie, Werke* Bd. III, Darmstadt: Wissenschaftliche Buchgesellschaft.

Hymes, Dell (1979): »Ethnographie des Sprechens«, in: ders.: *Soziolinguistik*, Frankfurt/M.: Suhrkamp, S. 29-97.

Künzler, Jan (1987): »Grundlagenprobleme der Theorie symbolisch generalisierender Kommunikationsmedien«, in: *Zeitschrift für Soziologie*, 16 (1987), S. 317-333.

Lakoff, George/Mark Johnson (1980): *Metaphors We Live By*, London/Chicago: Chicago Univ. Pr.

Le Cron Foster, Mary (1999): »The Reconstruction of the Evolution of Human Spoken Languages«, in: Lock/Peters 1999, S. 747-775.

Levinson, Stephen C. (1996): »Relativity in Spatial Conception and Description«, in: Gumperz/Levinson 1996, S. 203-225.

Lock, Andrew/Charles R. Peters (eds.) (1999): *Handbook of Human Symbolic Evolution*, Oxford: Blackwell.

Lock, Andrew/ Kim Symes (1999): »Social Relations, Communication, and Cognition«, in: Lock/Peters 1999, S. 204-235.

Luckmann, Thonas (1980): »Grenzen der Sozialwelt«, in: ders.: *Lebenswelt und Gesellschaft*, Paderborn: Schöningh.

Luhmann, Niklas (1980a): »Gesellschaftliche Struktur und semantische Tradition«, in: Luhmann 1980, S. 9-72.

Luhmann, Niklas (1980, 1981, 1991, 1995): *Gesellschaftsstruktur und Semantik*, 4 Bde., Frankfurt/M.: Suhrkamp.

Luhmann, Niklas (1984): *Soziale Systeme. Grundriß einer allgemeinen Theorie*, Frankfurt/M.: Suhrkamp.

Luhmann, Niklas (1987): »Sprache und Kommunikationsmedien. Ein schiefgelaufener Vergleich«, in: *Zeitschrift für Soziologie* 16 (1987), S. 467-468.

Luhmann, Niklas (1990): *Die Wissenschaft der Gesellschaft*, Frankfurt/M.: Suhrkamp.

Luhmann, Niklas (1995a): »Kultur als historischer Begriff«, in: Luhmann 1995, S. 31-54.

Luhmann, Niklas (1996): *Die neuzeitlichen Wissenschaften und die Phänomenologie*, Wien: Picus.

Luhmann, Niklas (1997): *Die Gesellschaft der Gesellschaft*, 2 Bde., Frankfurt/M: Suhrkamp.

Malinowski, Bronislaw (1927): »The Problem of Meaning in Primitive Languages«, in: Ogden, C. K./I. A. Richards (eds.): *The Meaning of Meaning*, London: Paul, Trensch, Trubner and Co.

Maturana, Humberto R./Francesco J. Varela (1980): *Autopoiesis and Cognition. The Realization of the Living*, Dordrecht: Reidel.

Mead, George H. (1969): *Philosophie der Sozialität*, Frankfurt/M.: Suhrkamp.

Mead, George H. (1972): *Philosophy of the Act*, Chicago: Chicago Univ. Pr.

Mead, George H. (1973): *Geist, Identität und Gesellschaft aus der Sicht des Sozialbehaviorismus*, Frankfurt/M.: Suhrkamp.

Muysken, Pieter (ed.) (1981): *Generative Studies on Creole Languages*, Dordrecht: Foris.

Newmeyer, Frederick J. (ed.) (1988): *Linguistic: The Cambridge Survey*, Vol. II: *Linguistic Theory: Extensions and Implications*, Cambridge etc.: Cambridge Univ. Pr.

Parsons. Talcott (1972): *Das System moderner Gesellschaften*, München: Juventa.

Piaget, Jean (1969): *Nachahmung, Spiel und Traum. Die Entwicklung der Symbolfunktion beim Kinde*, Stuttgart: Klett.

Piaget, Jean (1972): *Sprechen und Denken des Kindes*, Düsseldorf: Schwann.

Quine, Willard van Orman (1975): *Ontologische Relativität und andere Schriften*, Stuttgart: Reclam.

Quine, Willard van Orman (1980): *Wort und Gegenstand*, Stuttgart: Reclam.

Saussure, Ferdinand de (1967): *Grundlagen der allgemeinen Sprachwissenschaft*, Berlin: De Gruyter.

Schütz, Alfred (2004): *Der sinnhafte Aufbau der sozialen Welt. Eine Einleitung in die verstehende Soziologie*, Alfred Schütz-Werkausgabe Bd. II., Konstanz: UVK.

Schütz, Alfred (2003): »Symbol, Wirklichkeit und Gesellschaft«, Alfred Schütz-Werkausgabe, Bd. V.2, Konstanz: UVK, S. 117-220.

Schütz, Alfred/Thomas Luckmann (1975): *Strukturen der Lebenswelt*, Bd.I, Neuwied: Luchterhand.

Schütz, Alfred/Thomas Luckmann (1984): *Strukturen der Lebenswelt*, Bd.II, Frankfurt/M.: Suhrkamp.

Simmel, Georg (1908): *Soziologie. Untersuchungen über die Formen der Vergesellschaftung*, Berlin: Duncker & Humblot.

Srubar, Ilja (2003): »Handeln, Denken, Sprechen. Der Zusammenhang ihrer Form als genetischer Mechanismus der Lebenswelt«, in: Ulrich Wenzel, Bettina Bretzinger, Klaus Holz (Hrsg): *Subjekte und Gesellschaft. Zur Konstitution von Sozialität*, Weilerswist: Velbrück, S. 70-117. Jetzt in diesem Band S. 11 ff.

Systemischer Materialismus oder Konstitutionsanalyse sinnverarbeitender Systeme? Zwei Wege systemtheoretischer Wissenssoziologie

I.

Es gibt eine Reihe guter Gründe dafür, Luhmanns theoretisches Programm als eine Soziologie des Wissens im weitesten Sinne zu lesen: Die dem Menschen zugängliche Realität wird hier konzipiert als das Resultat der Sinnverarbeitung in der Co-Evolution von psychischen und sozialen Systemen. Wissen als das Resultat der gegenseitigen Irritationen, die in diesem Prozess zwischen den beteiligten Systemen erzeugt werden, steht so für die selbsterzeugten Konstrukte, die die Wirklichkeit der Systeme ausmachen. Wenn eine Gesellschaftstheorie der Gegenwart radikal das Programm einer sinn- und wissensbasierten sozialen Konstruktion der Wirklichkeit angeht, dann wohl die Luhmannsche. Es ist daher auch kein Zufall, dass wir Luhmanns programmatischen Aufsatz »Wie ist soziale Ordnung möglich« im zweiten Band seiner wissenssoziologischen Studien finden, und es überrascht auch nicht, dass die dort genannten drei zentralen Konstitutionsmechanismen, die zusammengefügt werden müssen, damit eine Antwort möglich wird, heißen: Sinn, Systembildung und soziokulturelle Evolution (Luhmann 1981, 285). Wenn man also ein Forschungsprogramm mit dem Titel »Der sinnhafte Aufbau der sozialen Welt« neu auflegen wollte, wäre die Systemtheorie Luhmanns ihrem Anspruch nach sicherlich eine seiner anspruchsvollsten Einlösungen.

Bereits die phänomenologisch orientierte Ausführung dieses Programms im Anschluss an Alfred Schütz stellte eine radikale Umformulierung der wissenssoziologischen Fragestellung dar, indem sie als das zentrale Problem der Wissenssoziologie nicht mehr die Bedingtheit von Wissen durch die es tragenden sozialen Gruppierungen ansah, sondern vielmehr die soziale Wirklichkeit als Ganzes als eine Sinnkonstruktion begriff, die in Prozessen von Interaktion und Kommunikation hervorgebracht wird. Damit wurden die Probleme der

Wissenskonstitution und der Konstruktion sozialer Ordnung systematisch verknüpft und ins Zentrum der soziologischen Problemstellung gerückt. Luhmanns Theorie autopoietischer Systeme radikalisiert diese Fragestellung noch einmal. Die mit der autopoietischen Auffassung sozialer Systeme verbundene Umstellung der grundlegenden Systemoperation von Handlung auf Kommunikation erzwingt eine restlose Auflösung aller Sozialität und damit auch aller gesellschaftlichen Strukturen in Prozessen der kommunikativen Sinnverarbeitung. Die implizite Erzeugung von Wissen in der Kommunikation bleibt damit die Voraussetzung von Gesellschaft schlechthin (Luhmann 1990, 122). Die Wissenskonstitution erfolgt hier jedoch bekanntlich unter anderen, von der interaktionistischen Sicht unterschiedlichen Rahmenbedingungen: Wissen stellt kein Wissen von Menschen dar, sondern ist ein Konstrukt der Selbstreferenz des Gesellschaftssystems – also eine soziale Konstruktion *par excellence*, deren operationales Erfordernis es allerdings ist, die Illusion der Zurechnung des Wissens auf Menschen aufrecht zu erhalten (Luhmann 1990, 164 f.).

In handlungstheoretischer Sicht bürdet sich Luhmann durch diese theoretische Entscheidung bekanntlich einer Reihe von Erklärungslasten auf; ich möchte jedoch auf die darin enthaltene Radikalisierung der wissenssoziologischen Fragestellung hinweisen: Wir haben es hier mit einer Problemfassung zu tun, die im eigentlichsten Sinne soziologisch ist. Wissen wird konsequent als ein *fait social* begriffen und seine Genese nur durch soziale Operationen erklärt. Indem alles im Gesellschaftssystem als ein Resultat der Sinnverarbeitung und somit als wissensbasiert betrachtet werden muss, verliert die klassische wissenssoziologische Trennung zwischen Wissen und Sozialstruktur bzw. zwischen Ideal- und Realfaktoren oder Überbau und Basis ihren antagonisierenden Charakter. Denn auch die »materiale« Seite dieser Opposition muss in Luhmanns Sicht als ein Resultat systemischer Sinnverarbeitung begriffen werden. Dies gelingt u. a. durch die Einführung des Konzepts symbolisch generalisierter Medien, mit deren Hilfe die klassischen materialen gesellschaftsbildenden Faktoren wie Politik oder Wirtschaft nun ihrerseits als sinnverarbeitende kommunikative Systeme erfasst werden können. Damit wird die der »klassischen« Wissenssoziologie Mannheims und Schelers eigene Dualität von gesellschaftsbildenden Seins- und Wissensfaktoren aufgehoben, und beide Momente der

Konstitution des Sozialen werden als Resultat ein und desselben Konstitutionsprozesses behandelbar. Darüber hinaus wird es nun möglich, auch die Frage nach Relativität bzw. der Universalität wissenssoziologischer Aussagen neu zu formulieren: Im Sinne des von Luhmann postulierten »autologischen« Prinzips (Luhmann 1990, 9) muss sich die Soziologie – zumal jene des Wissens – in diesem Kontext als ein Teil ihres Gegenstandes begreifen, d. h. als eine Art der Selbstbeschreibung des Gesellschaftssystems, und könnte nun, indem sie den Zusammenhang zwischen dem Aufkommen bestimmter Selbstbeschreibungen und der sinnverarbeitenden Strukturbildung des Systems aufzeigt, die Bedingungen ihrer eigenen Genese und Geltung angeben und somit doch zu einer universalisierbaren Wissenstheorie werden (Luhmann 1981, 198, 269 f.; 1995, 168 f.). So gesehen könnte man Luhmanns Ansatz geradezu als den Versuch rezipieren, die Soziologie und die soziologische Theoriebildung mit ihrem selbstreflektierenden Potential quasi im Sinne von Comte noch einmal an die Spitze der Wissenschaften zu setzen.

II.

Das innovative Potential der Luhmann'schen Systemtheorie, wenn man sie aus der Sicht einer Soziologie des Wissens liest, besteht also darin, dass sie die kommunikative Sinnverarbeitung zum alleinigen Prozess der Systemkonstitution erklärt, den Dualismus vom »sozialen Bewusstsein« und »sozialen Sein« auflöst und damit neue Möglichkeiten der Behandlung von Wissen im Kontext der Konstitutionstheorien der Gesellschaft eröffnet. Es ist nun von Interesse zu sehen, inwiefern Luhmann selbst die Möglichkeit nutzt, die er sich durch seine Theoriekonstruktion erschließt. Dass ihm wissenssoziologische Fragestellungen, aber auch das Problem der Wissenskonstitution im systemischen Kontext wichtig waren, lässt sich an einer Reihe seiner Werke ersehen, die er sowohl den grundlagentheoretischen als auch den materialen Untersuchungen dieser Problematik ganz oder in beträchtlichen Teilen widmete (vgl. etwa Luhmann 1980, 1981, 1990, 1993, 1994, 1995, 1995a, 1997, 2002). Rekonstruieren wir kurz die wesentlichen Schritte seines Arguments, um zu sehen, wie er sein »wissenssoziologisches« Programm einlöst. Folgt man Luhmanns Sicht (etwa Luhmann 1997, 92 ff., 883 f., 1136 f.), so erfolgt die Sinnverarbeitung im sozialen System auf der operativen Ebene der autopoietischen Schließung sowie auf der Ebene der systemischen Selbstbeschreibung, die sich auf die Ereignisse auf der operativen Ebene bezieht. Beide Ebenen sind zugleich zur Strukturbildung des Systems erforderlich, wenn auch im unterschiedlichen Maße. Als Prozesse der sinnverarbeitenden Systembildung gelten Kommunikation, Evolution und Systemdifferenzierung, die zugleich für die soziale, zeitliche und sachliche Dimension der Sinnverarbeitung im System stehen. Eine zureichende Konstitutionstheorie der Gesellschaft muss daher alle drei dieser Konstitutionsstränge aufeinander beziehen können. Diese theoretische Anlage erlaubt es, die Selbstkonstitution der Gesellschaft durch Sinnverarbeitung sowohl systematisch als auch historisch anzugehen – oder, alteuropäisch ausgedrückt, sowohl synchron als auch diachron zu thematisieren.

Die synchrone Sicht kann mit Vorteil am Prozess der Kommunikation als der basalen Operation sozialer Systeme anknüpfen. Hier zeigt sich die Wissensbasiertheit sozialer Systeme bereits an ihrem kommunikativen Ursprung, denn die Kommunikation als Sinnverarbeitung setzt natürlich Sinn voraus, d. h. ein Wissen vom Überschuss an Möglichkeiten, an die anzuschließen möglich wäre. Ebenso wissensgestützt ist das Beobachten als die operative Form der autopoietischen Systembildung, die einerseits ein Wissen in Gestalt eines binären Codes für die systembildende Unterscheidung zwischen System und Umweltelementen benötigt, andererseits aber gerade durch diese Unterscheidung Voraussetzungen für systembildendes Wissen produziert.

Die hier sichtbar werdende operative Geschlossenheit des Systems muss bekanntlich »entriegelt« werden, damit seine kognitive Weiterentwicklung und so auch seine Ausdifferenzierung möglich werden. Dies geschieht durch die Asymmetrisierung der Zirkularität des Sinngeschehens in den drei Sinndimensionen und zugleich durch die Entwicklung von Medien. Es ist einmal die sich ändernde Materialität der Verbreitungsmedien, die die Kommunikationsbedingungen, somit auch die Systemstruktur, einem Wandel unterwirft. Zum anderen stützt der Einsatz von symbolisch generalisierten Medien die Ausdifferenzierung der Subsysteme, in welchen sie jeweils als Leitmedien gelten. Damit gewinnt Luhmann das Instrumentarium, das es ihm ermöglicht, seine Theorie der Ausdifferenzierung von Gesellschaftssystemen auch auf materiale Untersuchungen der historischen Gesellschaften zu stützen. Systematisch gesehen bewegt man sich jedoch auf der operativen Ebene der Sinnverarbeitung im Bereich kontingenter Faktizität der aneinander anschließenden Ereignisse, die den jeweiligen Zustand des Systems in der Zeit ausmachen. Das System »tut hier was es tut« und ist für sich auf dieser Ebene weder kommunikativ zugänglich noch transparent. Es ist die so gewordene Faktizität schlechthin, unfähig, sich als Einheit seiner operativen Unterscheidungen anzuschauen (Luhmann 1997, 89 ff.).

Diese Anschauung ist der Ebene der Selbstbeschreibung von Systemen vorbehalten. Sie wird erzeugt in der Beobachtung zweiter Ordnung durch die das System seine Operationen beobachten und unterschiedliche »Texte« davon anfertigen kann. Das in diesen Texten »kondensierte« und durch Anwendung »konfirmierte« Wissen stellt Muster dar, die eine Wiederholung von Kommunikationsabläufen ermöglichen und somit im Sinne der Selektion von Erwartungen für die Systemstruktur konstituierend sind (Luhmann 1990, 107 f., 122 ff.). Diese Muster des aufbewahrungswürdigen Sinnes nennt Luhmann nun »Semantiken«. Sie stellen »einen höherstufig generalisierten, relativ situationsunabhängigen verfügbaren Sinn« dar und gelten somit als die in einer Gesellschaft auf Vorrat bereitgehaltene Sinnverarbeitungsregel (Luhmann 1980, 19). Sie haben die Funktion der Selbstdeutung von Systemen und sind somit als wichtiger Wissensträger im System ein unverzichtbarer Bestandteil seiner Autopoiesis.

An dieser Stelle könnten also die von Luhmann in den Raum gestellten Erwartungen bezüglich der Auflösung der Dualität von Sein und Bewusstsein als eingelöst betrachtet werden. Der externe Beobachter des Luhmann'schen Denkens sieht hier die zwei Ebenen der systemischen Sinnverarbeitung ineinander einrasten: Die auf der operativen Ebene kommunikativ generierten Verkettungen von Ereignissen werden per Selbstbeobachtung erfasst und als Erwartungsmuster zwecks Selektion weiterer Kommunikationsanschlüsse wiederverwendet, wodurch eine Strukturbildung per Sinnverarbeitung im System möglich wird. Damit und mit dem Konzept der Medien in Verbindung mit seiner Theorie der Systemausdifferenzierung hat Luhmann – so könnte es scheinen – sich eine hervorragende Ausgangslange für die erfolgreiche Behandlung konstitutionstheoretischer und in diesem Kontext auch wissenssoziologischer Probleme aller Art geschaffen.

Dieser Eindruck wird verstärkt, wenn man sich dem Problem der wissensgestützten Konstitution von sozialen Systemen diachron, d. h. mit Luhmann in der Sicht von Evolution und Systemdifferenzierung nähert. Luhmann argumentiert, dass die Möglichkeit, das Funktionieren der Gesellschaft durch die Soziologie als eine Selbstbeschreibung des Gesellschaftssystems begrifflich differenziert darzustellen, selbst von der funktionalen Ausdifferenzierung des modernen Gesellschaftssystems abhängt, durch die sich die systemischen Zusammenhänge dem soziologischen Blick immer deutlicher anbieten (Luhmann 1993, 7 f.; 1997, 89). Zwar hatte bereits Mannheim (1969, 13 ff.) in seiner »Ideologie und Utopie« in Anlehnung an Hegel und Marx diese Form als Nachweis der Existenzberechtigung der Wissenssoziologie nachgezeichnet; Luhmann jedoch unternimmt es, für fast alle tragenden Topoi der Selbstbeschreibung der Moderne semantische Analysen vorzunehmen, um den Wandel der damit verbundenen Vorstellungen in den Kontext des Übergangs von den stratifikatorischen zu funktional-differenzierten Gesellschaften einzuordnen. Begriffe wie Zeit, Kultur und Natur, Staat und Individuum, Politik, Ethik und Religion werden als Beobachtungskategorien der Selbstbeschreibung des sich funktional ausdifferenzierenden Gesellschaftssystems vorgeführt. In dieser Sicht führt die in diesem Prozess beobachtbare Eigenzeitbildung der Subsysteme zu der Reflexion der Systemtemporalität schlechthin, so dass die Pluralität sozialer Zeit sowie die »Geschichte« der Zeit und ihrer diversen Semantiken fassbar werden (Luhmann 1980, 235 ff.).

Ähnliches leistet der moderne Kulturbegriff, der eine vergleichende Beobachtung des Eigenen und des Fremden ermöglicht, und so eine Selbstbeschreibung des Systems in Gang setzt, in dem seine Kontingenz artikulierbar wird (1995, 31 ff.). Vor dem gleichen Hintergrund skizziert Luhmann den Verlust der Religion und die dadurch entstehenden – aber nicht einholbaren – Versuche, Moral per Ethik zu generalisieren, die letztlich an der Ausdifferenzierung der Eigencodes der gesellschaftlichen Subsysteme scheitern (Luhmann 1993, 358 ff.). Dem Gebot der Autologie folgend untersucht Luhmann schließlich die Genese semantischer Repräsentation der sozialen Ordnung. Er beschreibt den Übergang der auf Personen und Interaktion gestützten Modelle der Gesellschaft, die in seiner Sicht der Zentrierung der sozialen Selbstbeobachtung auf das Verhalten der Oberschichten in stratifizierten Systemen entspringen, zu Gesellschaftskonzepten, die die strukturellen und funktionalen Momente der Gesellschaftsintegration thematisieren und somit der funktionalen Ausdifferenzierung der Gesellschaft folgen. Die Soziologie mit ihrem strukturellen Gesellschaftsbegriff stellt für Luhmann eine der Hauptträgerinnen dieses semantischen Wandels dar. Ihre Entwicklung im Sinne einer dem funktional ausdifferenzierten Gesellschaftssystem adäquaten Selbstbeschreibung läuft in dieser Perspektive geradezu zwingend auf eine Theorie selbstorganisierender sozialer Systeme hinaus (Luhmann 1981, 271 ff.; 1995, 179 f.). Mit Hilfe seiner wissenssoziologischen Ausführung wird also das Luhmannsche Programm in materialen Studien zu Semantikentwicklung verankert und erhält so quasi seine empirisch-evolutionäre Fundierung.

III

Der Leser – immer wieder beeindruckt durch die breite Skala der behandelten Themen und Topoi sowie durch die historische Tiefe der verarbeiteten Literatur – möchte nun natürlich erfahren, wie sich die fundamentale Rolle des Wissens beim Aufbau der Gesellschaften konkret auswirkt. Folgt man Luhmanns bisher sichtbar gewordenem Konzept des wissensbasierten Aufbaus sozialer Systeme, dann tauchen folgende Fragen auf: Erstens interessiert das Verhältnis von Gesellschaftsstruktur und Semantiken zueinander und damit zweitens auch die Rolle von Semantiken in der Evolution von Systemen. Drittens dann – dem autologischen Gebot folgend – drängt sich die eher methodologische Frage auf, inwiefern Systeme per Selbstbeobachtung ihre Operationsweise erfassen können, d. h. im Falle der Soziologie, inwiefern soziologische Aussagen über das Funktionieren von Systemen anhand der Beobachtung ihrer Semantiken, d. h. ihrer Selbstbeschreibungen, möglich sind.

Wenden wir uns der ersten Frage zu: In seinen Arbeiten zur Gesellschaftsstruktur und Semantik wendet Luhmann durchgehend sein Konzept der Ausdifferenzierung von Systemen als ein Instrument an, mit dem er die Komplexität seines umfangreichen Materials reduzieren, seine semantischen Grundmuster ausarbeiten und deren Entwicklungstendenzen skizzieren kann. Er nutzt hier das Potenzial seiner Annahme, nach der wir es hier mit zwei Ebenen desselben kommunikativ-autopoietischen Prozesses zu tun haben. Als Leitfaden dient ihm die Annahme der Ausdifferenzierung von Systemen anhand der zunehmenden Reflexivierung ihrer Operationsweise, durch die es möglich wird, Prozesse der Systembildung innerhalb eines Systems zu wiederholen. Das Reflexivwerden der sinnverarbeitenden Systemoperationen treibt den Wandel der Gesellschaftsstruktur an und schlägt sich im Wandel der Semantiken nieder (Luhmann 1980, 39 f.). Diese – so würde es der externe Beobachter/Leser nun annehmen – dürften sich als Reflexion ermöglichende Kommunikationsmuster in die konstitutiven Operationen des Systems einschreiben und so die weitere Reflexivierung und Ausdifferenzierung des Systems bewirken. Dieser Konstitutionszusammenhang erfährt jedoch bei Luhmann eine Wendung, die überraschenderweise die bereits erreichten theoretischen Vorteile ernsthaft in Frage stellt. Die Selbstbeobachtungen und Selbstbeschreibungen der Gesellschaft sind zwar immer kommunikative Operationen (Luhmann 1997, 883). Aber: »Sie müssen voraussetzen, dass das System schon vorliegt, sind also *nie konstituierende* [Hervorhebung I. S.], sondern immer nachträgliche Operationen« (ebd.).

Dass diese Nachträglichkeit der Semantik problematisch ist, wurde bereits auch von systemtheoretischer Seite vermerkt (Stäheli 1998). Für Luhmanns wissenssoziologische Sicht hat sie weitgehende Konsequenzen insofern, als sie dazu zwingt, quasi unter der Hand ihre gegenüber dem traditionellen wissenssoziologischen Dualismus von Sein und Bewusstsein gewonnenen theoretischen Vorteile wieder aufzugeben. Bereits in seinem programmatischen Aufsatz über »Gesellschaftsstruktur und semantische Tradition« (in: Luhmann 1980), in der Luhmanns innovative Perspektive der Behandlung der wissenssoziologischen Problematik eröffnet wird, behalten die beiden genannten Momente der Systemkonstitution eine Eigenständigkeit getrennt wirkender Faktoren. Konnte der Leser es dort noch als ein Erfordernis der Beobachtung durch binäre Codes verbuchen, so wurde dieser »Dualisierung« mit der fortschreitenden Ausarbeitung der Theorie autopoietischer Systeme in ihrem zweistufigen operativen und selbstbeschreibenden Aufbau weiter Vorschub geleistet. In der Weiterentwicklung des Luhmannschen Denkens erscheinen Gesellschaftsstrukturen und Semantiken zunehmend als zwei Bereiche, die zwar miteinander verknüpft sind und im System zusammenwirken, deren Wirkungsweise in Bezug auf Systemkonstitution jedoch keineswegs gleichberechtigt ist. Vielmehr gewinnt Gesellschaftsstruktur immer mehr den Status eines primären Faktors, der die Gestalt und die Ausdifferenzierung von Semantiken – die ja seine nachträg-

lichen Beschreibungen sind – bedingt: »Formen der Differenzierung setzen
[...] unvermeidliche Zäsuren. Zu einer konsolidierenden Grundsemantik [...]
kommt es deshalb typisch nach der Entwicklung der Differenzierungsform
und für diese«, so formulierte Luhmann es bereits 1980 (Luhmann 1980, 39).
In der späten Phase seines Denkens heißt es dann: »die Ideenevolution [...]
bleibt [...] von Sozialstrukturen abhängig, die durch die dominierende Form
der Systemdifferenzierung vorgegeben sind« (Luhmann 1997, 549). Das derart
artikulierte Verhältnis von Gesellschaftsstruktur und Semantik erweckt den
Eindruck, als wäre die Systemdifferenzierung ein Prozess, der im Prinzip durch
seine semantische Selbstbeobachtung unerreichbar oder zumindest großenteils unbeeinflusst vonstatten geht. So formuliert Luhmann in Bezug auf den
Wandel der neuzeitlichen Ethik-Semantiken: »Die uns leitende Hypothese
lautet, dass dies ... mit gesellschaftsstrukturellen Veränderungen, die sich außerhalb jeder moralischen Kontrolle, nämlich durch Evolution vollzogen haben«
zusammenhängt (Luhmann 1997, 1041).

Wir sehen also, dass Luhmanns konkrete Ausführung der wissenssozio-
logischen Konzeption sich dem generellen Anspruch seines theoretischen
Programms, die wissenssoziologische Problematik innovativ, d. h. nicht essen-
tialistisch zu reformulieren, unversehens in den Weg stellt: Nicht nur werden
Semantik und Gesellschaftsstruktur beinahe in Schelerscher Art als Ideal- und
Realfaktoren gegenübergestellt, es wird darüber hinaus das determinierende
Primat der Gesellschaftsstruktur gegenüber der »Ideenevolution« behauptet.
Wenn auch niemand Luhmann verdächtigen kann, er würde die »erloschenen
Vulkane des Marxismus« (Luhmann 1984, 13) reaktivieren, so ist nicht zu
übersehen, dass hier eine Art systemischer Materialismus installiert wird. So
werden jedoch genau die wissenssoziologischen Fragestellungen und Antworten
revitalisiert, die zu überwinden sich die Systemtheorie anschickte.

Damit stellt sich dem Leser die Frage: Was wissen eigentlich soziale Systeme? Und welche Funktion lässt Luhmann den nun offensichtlich sekundär
gewordenen Semantiken im Aufbau sinnhafter Systemstrukturen zukommen?
Hier bietet sich ein durchaus ambivalentes Bild. Wie schon gezeigt wurde,
bewahren Semantiken Sinnverarbeitungsregeln im Sinne von Deutungs- und
Erwartungsschemata auf, auf die dann wiederholt und unabhängig von der
Situation zurückgegriffen werden kann (Luhmann 1980, 19). In diesem Sinne

sind Semantiken der Ort, an dem systemisches, durch Selbstbeobachtung gewonnenes Wissen gespeichert wird (Luhmann 1990, 107). Da nun Wiederholbarkeit von Operationen eine basale Funktion der Strukturbildung ist, gehören natürlich Semantiken der sinnprozessierenden Autopoiesis der Kommunikation an. Worin liegt aber ihr Beitrag dazu, wenn sie nicht zu den konstitutiven, sondern erst zu den nachträglichen Operationen des Systems gehören? Zuerst ist wohl zu sehen, dass das Verhältnis zwischen Gesellschaftsstruktur und Semantik, obwohl durch die Struktur determiniert, nicht eine Bedingtheit von eins zu eins darstellt. So können Semantiken Beschreibungen des Systems anfertigen, durch die die Systemzustände in diversen Perspektiven dargestellt und unterschiedliche Anschlussmöglichkeiten im System generiert werden (Luhmann 1993, 7 f.). Evolutionstheoretisch erfüllen Semantiken so am ehesten die Funktion der Variation; dies allerdings nur deswegen, weil sie ihrerseits bereits als Wissensmuster Wissensselektionen sind (Luhmann 1997, 470). In Luhmanns evolutionstheoretischer Sicht werden sie jedoch nur dann strukturwirksam, wenn ihre Sinnangebote durch die Mechanismen der Selektion und der Stabilisierung im System verankert werden (Luhmann 1997, 454). Die durch Medien gestützte Sinnselektion sowie die Sinnstabilisierung, die durch die Eingliederung der selektierten Muster in die Operationsweise des Systems erfolgt, gehören in Luhmanns Perspektive einer anderer Systemebene als die Semantiken an. »Die grundlegende Bedingung der Evolution ist [...], dass Einrichtungen der Variation und Einrichtungen der Selektion nicht zusammenfallen, sondern getrennt bleiben« (Luhmann 1997, 474). »Danach ist es ein Zufall, wenn eine Variation schon durch ihre Bestimmtheit selektionsrelevant wird« (Luhmann 1997, 475).

Es zeichnen sich also zwei Kreisläufe ab:

1. Kommunikation als Autopoiesis des Gesellschaftssystems setzt Wissen (wie übrigens auch Sprache) voraus, da dieses die Grundlage des Beobachtens, Unterscheidens, etc. ist. Damit jedoch Wissen als Korrelat der Irritationen an der System/Umweltgrenze generiert werden kann, muss das System bereits operativ geschlossen sein, d. h. Kommunikation muss gelaufen sein.

2. Da das System auf seiner operativen Ebene sich selbst als Ganzes nicht

zugänglich ist, erfordert sein Funktionieren die Selbstbeobachtung und Semantikbildung, in der systemisches Wissen überhaupt gespeichert und zur Weiterbehandlung im System zugänglich gemacht werden kann. Dieses zugängliche Wissen ist jedoch nicht mit jenem identisch, das auf der operativen Ebene »wirklich«, d. h. unmittelbar systembildend ist, sondern stellt lediglich eine nachträgliche Beobachtung dieses Wissens erster Ordnung dar.

Dazwischen fungieren quasi als selektierende Scharniere die Medien, insbesondere die symbolisch generalisierten, die Luhmann ursprünglich als semantische Einrichtungen (Luhmann 1994, erstmals 1982, 21) bestimmt, später jedoch eher als Momente der Gesellschaftsstruktur sieht (Luhmann 1997, 358 ff.), an welchen semantische Apparate »angehängt« sind, die Luhmann »Programme« nennt (Luhmann 1997, 362).

Daraus resultiert folgendes Bild der wissensbasierten Funktionsweise des Gesellschaftssystems: Es ist auf Wissen angewiesen und produziert es auch in einer zunehmenden Vielzahl von Varianten. Diese Varianten sind nicht zufällig, sie hängen von der Ausdifferenzierung der Operationsweise der Gesellschaft ab. Sie werden auch nicht alle in der Operationsweise verwirklicht, sondern durch diese selektiv aufgegriffen. Die Systeme können aber nicht aufgrund ihrer Selbstbeobachtung ausmachen geschweige denn bestimmen, aufgrund welchen Wissens sie eigentlich operieren (wollen), obwohl sie durch ihre Operationsweise bestimmen, welche Selbstbeschreibungen ihnen möglich sind. Mit anderen Worten: Gesellschaft ist wissensabhängig, produziert in einer angebbaren – d. h. nicht kontingenten – Weise ein kontingentes Wissen von sich selbst und macht davon einen ebenso kontingenten Gebrauch.

Gehen wir nun mit Luhmann davon aus, dass die Soziologie und die soziologische Theoriebildung ein Teil dieses wissensgestützten Systembildungsprozesses sind, und dass sich – zugespitzt formuliert – aus der Analyse der Ausdifferenzierung der soziologischen Sichtweisen im Zusammenhang mit der Ausdifferenzierung des Gesellschaftssystems eine materiale Verifizierung der Systemtheorie selbst ergibt – dann stellt sich abschließend die Frage, wie angesichts obigen Befunds die Aussagen der Systemtheorie möglich sind.

Streng genommen, hat die Soziologie in der autologischen Sicht Luhmanns einen Zugang zu der operativen Systemebene der Gesellschaft nur durch die

Selbstbeschreibungen derselben, deren eine sie auch ist. Der entscheidende Anhaltspunkt der soziologischen Betrachtungsweise in diesem Zusammenhang ist es, dass das System zwar ein kontingentes Wissen von sich selbst hervorbringt, dass dies aber in einer nichtkontingenten Weise geschieht. Diese Weise in dem Meer von Sinnangeboten auszumachen, die von der Semantik offeriert werden, ist das eigentliche Geschäft der Soziologie. Die Leithypothese dafür ist die Determinierung der Semantik durch die Gesellschaftsstruktur und die damit bestehende Hoffnung, durch die Semantikanalyse Muster freizulegen, die an die strukturbildenden Operationen des Systems heranführen. Dieser Weg, der uns von Luhmanns autologischem Argument nahegelegt wird, wird jedoch zugleich durch die Prämissen seiner theoretischen Systemkonzeption blockiert. Denn Systeme – das wissen wir mittlerweile – wissen nichts von ihrer operativen Basis – alle Spuren der operativen Schließung werden gelöscht. »Kommunikationssysteme wissen nicht, dass Kommunikationen nichts anderes konstruieren als Kommunikationen« (Luhmann 1997, 93). Ihre eigene Kommunikation können Systeme prinzipiell nur beobachten, wenn sie sich der Illusion hingeben, sich als Handlungssysteme zu beschreiben (Luhmann 1984, 240 f., Stäheli 1998). In geschichtlicher Form wird dieser Zugang eben durch Semantiken möglich. Für die Soziologie resultiert daraus, dass sich der »Strukturwandel der Gesellschaft der Beobachtung und Beschreibung durch Zeitgenossen entzieht«. Erst »nachdem er vollzogen und praktisch irreversibel geworden ist, übernimmt Semantik die Aufgabe, das nun sichtbar Gewordene zu beschreiben« (Luhmann 1993, 8). Dass die Semantik hier die Rolle von Minervas Eule übernimmt, hat sicher seine alteuropäische Richtigkeit, heißt aber im Kontext der Luhmannschen temporalisierten Systemtheorie, dass das »sichtbar Gewordene« und seine nachträgliche Beschreibung nicht das Abbild der operativen Systemstruktur sein kann. Woher aber weiß die Systemtheorie – so ist erneut zu fragen – mehr als das kommunikative Gesellschaftssystem von sich selbst je wissen kann? Der hier zu erwartende systemtheoretische Hinweis auf die Differenz zwischen Beobachtung erster und zweiter Ordnung bringt uns an dieser Stelle nicht weiter. Es gibt ja keine außergesellschaftliche Beobachter der Gesellschaft. Innersystemische Beobachter zweiter Ordnung gibt es jedoch viele und die Systemtheorie müsste zeigen, warum ihre Beschreibungen zutreffender sind als die der anderen. Dies kann sie nur unter dem Hinweis auf die größere Sensibilität ihrer Beobachtungen für die operative Systemstruktur, also etwa für die Prozesse der Systemdifferenzierung, was natürlich ein Wissen über diese voraussetzt. Wenn jedoch die Argumente der Autologie und der Nachträglichkeit von Semantiken zugleich gelten, ist – wie ich zu zeigen versuchte – ein solches Wissen per Selbstbeobachtung nicht erreichbar. Und das heißt nicht nur, dass eine historische Typologie der Ausdifferenzierung theoretisch nicht ableitbar ist (Luhmann 1997, 614), sondern dass die Ausdifferenzierungstheorie als solche unter Begründungszwang gerät. Theoriearchitektonisch ließe sich diese missliche Lage wohl heilen, wenn man die konstitutive Mitwirkung von Semantiken an der operativen Strukturbildung zuließe. Dann erschiene die Systemdifferenzierung nicht nur als eine unter der beobachtbaren Systemoberfläche wirkende geheimnisvolle Kraft, sondern ließe sich – auch durch empirische Semantikanalyse – in ihrer Genese und Wirkungsweise transparent machen.

Die These der Nachträglichkeit der Semantik führt also nicht nur wissenssoziologisch zur alteuropäischen Figur eines »systemischen Materialismus«, sondern ist auch geeignet, die autologische Konsistenz und somit den universalen Anspruch der Aussagen von Luhmanns Theorie in Frage zu stellen. Heißt es nun, dass Luhmanns theoretisches Programm wissenssoziologisch betrachtet nur alte Waren in neuer Verpackung bietet? Hier ist es sicher ratsam, zwischen Programm und Ausführung zu differenzieren. Wie ich zu zeigen versuchte, weist Luhmanns Werk der Wissenssoziologie zwei unterschiedliche Wege, je nachdem, in welcher der dort angelegten Perspektiven man das Verhältnis von Gesellschaftsstruktur und Semantik betrachtet. Der erste Weg eröffnet die Möglichkeit, der Semantik eine starke Stellung in der Konstitution von sozialen Systemen zuzuweisen. Hier kann die von Luhmann eröffnete Chance, die traditionelle Opposition von Ideal- und Realfaktoren im Prozess der Kommunikation aufzulösen, dazu genutzt werden, den Zusammenhang zwischen Gesellschaftsbildung und Wissensbildung zu klären, indem man seinen Hinweis auf Semantiken als Sinnverarbeitungsregeln ernst nimmt. Semantiken erscheinen dann als selektierende, strukturbildende Kommunikationsmuster, die sich in die autopoietischen Operationen des Gesellschaftsystems einschreiben und somit die Chancen sowie die Ausrichtung seiner Strukturbildung und so auch den historischen Typus seiner Ausdifferenzierung mitbestimmen.

Wissens- und Strukturevolution können in dieser Sicht in einen Konstitutionszusammenhang gebracht werden, dessen theoretische Anlage frühere Fragestellungen teils als Scheinprobleme erscheinen lässt, teils in einer radikalisierten Weise weiterführt. Die materiale Semantikanalyse kann in diesem Kontext als fruchtbarer Zugang zur Konstitution sozialer Ordnung und ihrer Morphologie genutzt werden und erlaubt es, evolutionstheoretische Fragen neu zu stellen.

Der zweite Weg – der Luhmanns materialer Ausführung seines wissenssoziologischen Programms folgt – geht von der Nachträglichkeit von Semantiken aus und führt in das hinein, was ich den systemischen Materialismus nannte. Hier erscheinen Semantiken als ein nachträglicher Abglanz der Systemdifferenzierung, haben keine konstituierende Funktion für die operative Systemebene und spielen für die Evolution von Systemen nur eine kontingente Rolle. Die Semantikanalyse hat kaum eine systematisch erhellende Funktion für die Klärung des Konstitutionsmechanismus des sinnhaften Aufbaus sozialer Welt, sie wird letztendlich zu einer – beeindruckend ausgeführten – Ideengeschichte, die anhand einer vorgängigen Ausdifferenzierungstheorie konstruiert wird.

Für beide Wege können gewiss Argumente gesammelt werden, je nachdem, ob man Luhmann mit Luhmann oder gegen ihn lesen will. Wenn unser Wissen von der Welt wirklich daraus entsteht, dass wir beobachten, wie andere Systeme beobachten, von deren inneren Konstitutionsprozessen wir nichts wissen, dann kann es allerdings nicht heißen, dass wir – indem wir uns der von Luhmann präferierten Ausführung seines Programms nicht anschließen – diesem Programm nicht folgen könnten. So viel Klärung hat es immerhin gebracht.

Literatur:

Luhmann, Niklas (1980): *Gesellschaftsstruktur und Semantik* Bd. 1, Frankfurt/M.: Suhrkamp.

Luhmann, Niklas (1981): *Gesellschaftsstruktur und Semantik* Bd. 2, Frankfurt/M.: Suhrkamp.

Luhmann, Niklas (1993): *Gesellschaftsstruktur und Semantik* Bd. 3, Frankfurt/M.: Suhrkamp (erstmals 1989).

Luhmann, Niklas (1995): *Gesellschaftsstruktur und Semantik* Bd. 4, Frankfurt/M.: Suhrkamp.

Luhmann, Niklas (1994): *Liebe als Passion*, Frankfurt/M.: Suhrkamp. (erstmals 1982).

Luhmann, Niklas (1984): *Soziale Systeme. Grundriß einer allgemeinen Theorie*, Frankfurt/M.: Suhrkamp.

Luhmann, Niklas (1990): *Die Wissenschaft der Gesellschaft*, Frankfurt/M.: Suhrkamp.

Luhmann, Niklas (1995a): *Die Kunst der Gesellschaft*, Frankfurt/M.: Suhrkamp.

Luhmann, Niklas (1997): Die Gesellschaft der Gesellschaft, Frankfurt/M.: Suhrkamp.

Luhmann, Niklas, Kieserling, André (2002): *Die Religion der Gesellschaft*, Frankfurt/M.: Suhrkamp.

Mannheim, Karl (1969): *Ideologie und Utopie*, Frankfurt/M.: Schulte-Bulmke (erstmals 1929).

Stäheli, Urs (1998): »Die Nachträglichkeit der Semantik. Zum Verhältnis von Struktur und Semantik«, in: *Soziale Systeme* 4 (1998), S. 315-339.

Mannheims Diskursanalyse

Die Wissenssoziologie erfährt in der gegenwärtigen soziologischen Debatte in Deutschland eine Renaissance. Vor allem in der Weiterentwicklung der interpretativen Ansätze, die auf Alfred Schütz, den symbolischen Interaktionismus und den sozialen Konstruktivismus Berger/Luckmanns zurückgehen, entsteht eine Reihe von neuen Richtungen, die sich als hermeneutische bzw. diskursanalytische Wissenssoziologie profilieren und auch entsprechende methodologische Vorschläge der wissenssoziologischen Analyse unterbreiten (Hitzler/Reichertz/Schröer 1999; Keller 2005; Knoblauch 2005). In den meisten dieser Publikationen – mit Ausnahme etwa der Arbeiten von Bohnsack (1997) – wird pflichtschuldig auf Mannheim als den Begründer der Disziplin verwiesen, dessen Verdienst in dem Nachweis der sozialen Seinsverbundenheit des Denkens besteht, es wird jedoch nicht weiter auf die theoretischen Konzepte, methodologischen Verfahren und auf die Materialstudien eingegangen, von deren Hintergrund Mannheim diesen Nachweis erbrachte. Einige Kommentatoren gehen gar so weit zu bezweifeln, daß Mannheim überhaupt eine im heutigen Sinne brauchbare wissenssoziologische Methode besaß (Fleck 2000).

Der letzten Frage möchte ich nun im Folgenden nachgehen. Welche Verfahren hat nun Mannheim in seiner wissenssoziologischen Periode implizit oder explizit angewandt? Und würden diese dem heutigen Verständnis von Erfordernissen wissenssoziologischer Methodologie entsprechen? Um dies zu beantworten möchte ich im ersten Schritt kurz die gegenwärtigen Ansätze erläutern, in deren Rahmen diese Erfordernisse formuliert werden.

Das derzeit am häufigsten genannte Konzept wissenssoziologischer sowie kulturwissenschaftlicher Analyse stellt die »Diskursanalyse« dar. Unter diesem Begriff versteckt sich allerdings eine disparate Menge unterschiedlicher Verfahren, auf die hier nicht en detail eingegangen werden kann. Für unsere Zwecke muss es genügen, wenn wir – mit Rainer Keller (1997) – zwei Haupttypen der Diskursanalyse unterscheiden, deren Ausrichtung von der jeweiligen Diskursdefinition abhängt. Der eine Typ folgt dem Foucault'schen Verständnis des Diskurses als eines Machtdiskurses, der andere fasst Diskurse – in einer mehr oder weniger lockeren Anlehnung an Habermas – als textförmige, verständigungsorientierte Systeme sozialer/sprachlicher Interaktion. Obwohl beide Konzepte davon ausgehen, dass Diskurse eine wie auch immer geartete Macht ausüben, durch die die soziale Wirklichkeit strukturiert wird, bestehen zwischen ihnen doch signifikante Unterschiede, die auch in unserem Kontext eine wichtige Rolle spielen.

Wenn ich diese Unterschiede nun knapp darstelle, geht es mir nicht um eine werkimmanente Rekonstruktion, sondern um eine Hervorhebung wissenssoziologischer, d. h. letztendlich interpretative bzw. hermeneutische Grundsätze, aufgrund welcher sich die beiden Typen der Diskursanalyse ihrem Gegenstand – dem Diskurs selbst – nähern.

Foucault versteht unter dem Diskurs einen autonomen sozialen Mechanismus, der unabhängig von dem Wollen der Subjekte prozessiert. Folgende Merkmale charakterisieren diese Art von Diskursen (Foucault 1997):

1. Sie sind autonom, d. h. sie üben gegenüber den Menschen und Dingen Macht/Gewalt aus, indem sie Subjekte bilden und in ihrer Autonomie auflösen. Daher sind sie auch Gegenstand des konkurrierenden Kampfs um diese ihnen immanente Definitionsmacht. Dieser Konkurrenzkampf ist ein Teil der diskursiven Machtausübung.

2. Diskurse sind selektive Mechanismen. Sie ziehen Grenzen zwischen Erlaubtem und Nichterlaubtem und steigern so die Attraktivität ihrer Definitionsmacht für die involvierten Diskursakteure.

3. Sie sind nicht auf Texte und Zeichen zu reduzieren, d. h. sie besitzen keine von vornherein lesbare Ordnung, sondern bestehen aus einem Gemenge von diskontinuierlichen Praktiken und Ereignissen. Sie sind daher keine Verbündeten des Menschen auf seiner Suche nach Wahrheit.

4. Hermeneutisch gesehen heißt es, dass Diskurse immer mehr sind, als sie besagen.

Foucault schlägt in unterschiedlichen Perioden seines Werkes unterschiedliche Verfahren vor, um diese Gebilde zu untersuchen. Sein Grundsatz ist es dabei, dass dafür nicht die immanente Deutung des Diskurses als eines Wissenssystems ausreicht, sondern dass man die strukturellen Bedingungen rekonstruieren muss, die einen spezifischen Diskurs in seiner konkreten Gestalt selektiv hervorbringen. Nicht nur was gesagt wird, spielt eine Rolle, sondern auch wer es sagt, wieso er autorisiert ist, es zu sagen, welche anderen Aussagen sich noch im Raum befinden und in welcher (Macht-)Hierarchie sie und ihre Ausdrucksmittel – Begriffe etc. – zueinander stehen (Foucault 1973, 75 ff.). Den weiteren Schritt stellt die Analyse der disziplinierenden Mechanismen dar, durch die der Diskurs auf Subjekte zugreift und sie in seinem Sinne funktionieren lässt. Im dritten Schritt schließlich werden unterschiedliche Typen der diskursiven Mechanismen am historischen Material ausgearbeitet und belegt (etwa Foucault 1977).

Auf der aussagenanalytischen Ebene überschneidet sich thematisch die Intention der Foucault'schen und der auf Texte ausgerichteten Diskursanalyse, die davon ausgeht, dass in Diskursen als kommunikativen Zusammenhängen sinnstrukturierte soziale Wirklichkeit konstruiert wird, deren sinnhafte Gestalt relativ auf die hervorbringenden Akteure ist. Auch diese Art der Diskursanalyse, die auf die Semantiken zielt, in welchen soziale Realität der Akteure repräsentiert wird, geht von einer übersubjektiven Macht des diskursiven Prozesses aus, sucht jedoch ihre Regelhaftigkeit in der Regelhaftigkeit der Sprache, den diskursiv hervorgebrachten Texten und in der kommunikativen Praxis selbst auf.

Zusammenfassend können wir also sagen, dass sich die Diskursanalyse entweder auf die »materialen« Strukturen und Bedingungen konzentriert, durch deren Zusammenspiel Diskurse in ihrer spezifischen Gestalt möglich werden, oder die Semantiken, die in diesen Diskursen hervorgebracht und angewandt werden, in Form von Texten untersucht, bzw. den Zusammenhang der beiden Diskursebenen zu erleuchten sucht. In diesem Rahmen geht dann die Diskursanalyse etwa folgendem Fragenkatalog nach (Keller 1997, 318 f.):

1. Wie sind Diskurse entstanden,

2. welche Veränderungen erfahren sie im Laufe der Zeit,

3. auf welche Gegenstandsbereiche und auf welches Publikum beziehen sie sich,

4. welche manifesten und/oder latenten Inhalte, kognitive Schemata, moralische und ästhetische Bewertungsschemata transportieren sie,

5. welche rhetorischen Mittel werden dazu eingesetzt,

6. welche Materialpraktiken werden verwendet,

7. welches sind ihre Träger,

8. in welchem Verhältnis stehen sie zu anderen konkurrierenden zeitgenössischen oder historischen Diskursen,

9. wie erfolgreich sind sie, d. h. welche Außenwirkungen haben sie?

Der vorausgesetzte Zusammenhang zwischen sozialen Strukturen und sozialen Semantiken, vor dem diese Fragen gestellt werden, führt uns allerdings wieder auf das Gebiet der »klassischen« Wissenssoziologie, die ja die soziale Gebundenheit der Wissensproduktion untersuchen will. Damit wird auch der Verdacht genährt, dass auch Karl Mannheim nicht ohne Verfahren auskommen konnte, die in konkreten Analyseschritten die beiden genannten Diskursebenen samt ihres eventuellen Zusammenhangs fokussierten.

Und in der Tat finden wir in Mannheims Werk eine Reihe theoretischer und materialer Ansätze, in welchen er sich immer wieder sowohl mit der Semantikanalyse als auch mit den zentralen Aspekten der materialen Diskursanalyse auseinandersetzte. Die ersten hier einschlägigen Texte, in welchen sich Mannheim explizit mit soziologischen Methoden der Kultur- und »Weltanschauungsanalyse« beschäftigt, stammen bekanntlich aus den Jahren 1921-22. Es handelt sich um die beiden Frühmanuskripte »Über die Eigenart der kultursoziologischen Erkenntnis« und »Eine soziologische Theorie der Kultur und ihrer Erkennbarkeit« von 1922 (Mannheim 1980), sowie um die »Beiträge zur Theorie der Weltanschauungsinterpretation« von 1921-22. Es folgen »Ideologische und soziologische Interpretation« von 1926 und die materialen Anwendungen der bis dahin formulierten Verfahren in »Das konservative Denken« von 1927, sowie in »Die Bedeutung der Konkurrenz im Gebiete des Geistigen« von 1929 (alle in: Mannheim 1970). In »Ideologie und Utopie« (1929) schließlich finden wir den Versuch, die Gestalt der damaligen Diskurslage zu rekonstruieren und in dem späten hinzugefügten 5. Kapitel über

»Wissenssoziologie« von 1931 wird erneut unter dem Titel »Aspektenstruktur« der Versuch unternommen, methodische Anweisungen zur Analyse von Semantiken und ihrer Zuordnung zu sozialen Gruppierungen zu formulieren (Mannheim 1969).

Ich möchte nun versuchen, in einer quasi synthetischen Zusammenschau die von Mannheim in den genannten Texten vorgeschlagenen Verfahren darzustellen, die aus der heutigen Sicht als Ansätze zur Diskursanalyse gelten dürften. Beginnen wir mit seiner Auffassung des Untersuchungsgegenstands, d. h. der »Kultur« im Sinne von Wissen und Wissenssystemen sowie ihrer sozialen Genese. Die Analyse von Kulturgebilden muss in Mannheims Sicht immer davon ausgehen, dass diese nicht für sich stehen, sondern auf ihre soziale Herkunft verweisen, aus der sie letztendlich zu verstehen sind. Ihr »Sinn« ist primär »atheoretisch«, d. h. ohne Wissenschaft entstanden und verstehbar, da Kulturgebilde ursprünglich Resultate atheoretischen, alltäglichen Erlebens, Handelns und Erkennens sind (Mannheim 1970, 100), Resultate, die als ein Drittes aus den Beziehungen zwischen Subjekt und Objekt und den Subjekten untereinander entspringen (Mannheim 1980, 256 ff.). Damit aber sind sie notwendigerweise relativ auf diese Beziehungen, durch die sie hervorgebracht werden, d. h. sie sind in sich perspektivisch und daher selektierend (Mannheim 1980, 212).

Die Aufgabe der »Kultur- und Denksoziologie«, wie es noch – oder bereits? – 1922 heißt, ist es, das »Werden« der Pluralität der kulturgenerierenden Standorte herauszuarbeiten (Mannheim 1980, 301/302). In zeitgenössischen Termini ausgedrückt, zielt hier die Mannheim'sche Analyse auf die »Kultursemantiken« und auf die sozialen sinngenerativen Prozesse in ihrem Hintergrund. Wie aber ist dieser Gegenstand, der die Substanz der wissenssoziologischen Fragestellung ausmacht, konkret zu untersuchen? Mannheim setzt an auf der Ebene des »Sichtbaren«, d. h. auf der Ebene der beobachtbaren Kulturgegenstände selbst. Der Soziologe kann hier etwa auf die Sprache zurückgreifen, die Mannheim mit dem Verweis auf Durkheim als Repräsentation kollektiver Vorstellungen ansieht (Mannheim 1980, 229), und die konkreten Erzählungen/Narrationen untersuchen, in denen sich die Perspektivität der sozialen Standorte der Erzähler niederschlägt (Mannheim 1980, 313). Natürlich können auch Artefakte im weitesten Sinne sowie Handlungen den

Ausgang wissenssoziologischer/diskursanalytischer Untersuchung bilden. Alle diese »Kulturgegenstände« sind durch ein gemeinsames Merkmal gekennzeichnet: Sie besitzen Zeichencharakter, denn sie weisen in einem doppelten Sinne über sich hinaus – einmal in ihrer Eigenschaft als Elemente eines Zeichen- bzw. Wissenssystems, einmal dadurch, was sie als Zeichen nicht ausdrücken, d. h. wovon sie sich unterscheiden, indem sie es nicht thematisieren.

Um die Verweisungsfunktion der Kulturgegenstände als Zeichen in einem Wissenssystem zu untersuchen, entwickelt Mannheim seine Lehre von den drei Sinnarten. Eine weitere Verweisungsfunktion schlägt sich in seiner methodologischen Maxime nieder, der zufolge man nicht eine Weltanschauung untersuchen kann, ohne die ganze Konfiguration der unterschiedlichen Weltanschauungen einer Epoche zu berücksichtigen. Dabei geht es nicht nur um ein komparatives Verfahren, sondern um die Einsicht in die semantischen Selektionsprozesse innerhalb des Diskurses selbst. Der untersuchende Soziologe und Diskursanalytiker hat also zuerst einen Satz von Kulturobjekten vor sich, dessen Interpretation nun nach Mannheim drei Aspekte verfolgen muss – den objektiven, den im Ausdruck intendierten und schließlich den dokumentarischen Sinn (Mannheim 1970, 104 ff., 132 ff.). Der objektive Sinn steht entweder für die denotative Funktion von Zeichen, d. h. für die lexikalischen Bedeutung von Wörtern, oder aber für die schlicht materiale »Aussage« von Artefakten und Handlungen – etwa ein Mann aus Marmor oder eine Geste des Grußes, d. h. dafür, »was« gesagt oder angezeigt wird, und zugleich jedoch auch dafür, was nicht angezeigt oder gesagt wurde. Er verweist also auch auf den negativen Kontext des Nichtthematisierten im Sinne einer semiotischen Exklusion, die nichtsdestoweniger, weil Differenz bildend, signifikant ist (Mannheim 1970, 134). Der Ausdruckssinn besteht in der konnotativen Beziehung eines »Kulturobjekts/Zeichens«, d. h. in dem Verweis auf seinen Kontext, aus dem nicht nur das »Was« sondern auch das »Wie« eines Ausdrucks resultiert. Damit wird auf den spezifischen »Stilzusammenhang« gezielt, der sich aus der perspektivischen sozialen Konstruktion von Realität ergibt und etwa lexikalischen Ausdrücken ihre textspezifische Bedeutung verleiht und die Inklusion sinnverwandter Elemente hervorbringt. Der dokumentarische Sinn, den Mannheim auch den »Weltanschauungssinn« nennt, zielt auf die im Ausdruck bereits mitnotierte Inklusion des Zeichens in den Zusammenhang eines Wissenssystems und seiner Träger, für den der Ausdruck mit seinen Spezifika steht (Mannheim 1970, 135 ff.).

Diese Analyse von Kulturgegenständen kann also von der beobachtbaren denotativen Ebene der Thematisierung von Etwas über die intendierte konnotative Ebene des spezifischen »Wie« der Thematisierung, zu der Ebene des obersten Wissenskontexts der Produzenten dieser Kulturgegenstände fortschreiten, aus dem sich auch die auf der denotativen und konnotativen Ebene sichtbar gewordenen Selektionen dessen, was thematisiert und wie es thematisiert wurde, erklären lassen. Mannheim schlägt hier also ein Verfahren zur Semantikanalyse vor, das für die Untersuchung aller Arten von Zeichen samt ihrer sozialen Einbettung Anwendung finden kann. In dem fünften Kapitel von »Ideologie und Utopie« (dem ursprünglichen Artikel »Wissenssoziologie« in dem Vierkandt'schen Handbuch der Soziologie von 1931) wird dieses Verfahren für die »Aspektenstruktur konkreter Aussagen« (Mannheim 1969, 233 ff.) spezifiziert. Wenn auch Mannheim dies nicht explizit anführt, ist es klar, dass sich die Analyse der Aspektenstruktur nicht nur auf gesprochene Form, sondern vielmehr auch auf die vertextete Form von »Denkmodellen« bezieht, deren Zuordnung auf soziale Konstitutionsprozesse sie möglich machen soll, auf die wir später noch zu sprechen kommen.

Die Aspektenstruktur einer Aussage soll die Rekonstruktion und zugleich die Unterscheidung der verschiedenen Semantiken in der Totalität eines Diskurses ermöglichen. Sie lässt sich in Texten anhand von folgenden Merkmalen ausmachen:

1. Bedeutung der verwendeten Begriffe (d. h. ihres konnotativen Ausdruckssinns),

2. die Bestimmung der jeweiligen Gegenbegriffe,

3. die Exklusion von Themen und Begriffen durch das Nichtgesagte,

4. der Aufbau der Kategorienapparatur – etwa im Sinne eines analytischen oder eines synthetisierenden Denkstils,

5. das in dieser Aspektenstruktur zum Ausdruck kommende übergreifende Denkmodell – d. h. ein Paradigma des Diskurses – etwa Liberalismus versus Sozialismus etc.

6. Schließlich empfiehlt Mannheim auch den in dem festgestellten Denkmodell enthaltenen Universalisierungs- bzw. Reflexionsgrad auszuarbeiten, um so den Grad der Seinsgebundenheit seiner Träger zu bestimmen,
   der um so höher sei, je geringer die Einsicht in die Perspektivität der
   eigenen Position ist.

In der Aspektenstruktur entwickelt Mannheim also ein analytisches Schema,
das es einerseits erlaubt, Aussagen und Texte auf die in ihnen verwendete
Semantik hin zu untersuchen und zugleich andererseits auch die Relevanzsysteme der Textproduzenten auszumachen, durch die der »Sozialprozess in die
Aspektenstruktur konstitutiv hineinragt« (Mannheim 1969, 232).

Dieses methodologische Verfahren funktioniert natürlich nicht rein mecha-
nisch im Sinne einer quantitativen Inhaltsanalyse, sondern ist an die Klärung
der Möglichkeit der Interpretation selbst, d. h. an die Möglichkeit des möglichst methodologisch greifbaren Prozesses des Fremdverstehens gebunden.
Folgt man der Argumentation diesbezüglicher Untersuchungen in Mannheims frühen Texten (Mannheim 1980, 212), so ist Fremdverstehen durch
die »konjunktive« Praxis der dyadischen Beziehung möglich, also anhand von
alltäglich stattfindenden sozialen Prozessen, in denen das »konjunktive« Erkennen, d. h. die dyadische Wissensbildung eingebettet ist (Mannheim 1980,
212). Dies ist die konstitutive Bedingung dafür, dass man überhaupt Kultur-
und Wissenssoziologie treiben kann, denn »nur der vergesellschaftete Mensch
vermag Kultursoziologie betreiben und verstehen« (Mannheim 1980, 82). Den
»objektiven Sinn« eines Zeichens, einer Aussage, eines Begriffs zu dekodie-
ren, bedeutet also, das Zeichen in den spezifischen Kontext seiner sozialen
Verwendung und Genese zurückzuverfolgen, in dem es seine gruppenspezifi-
sche »Perspektivität« erhält. Dies gilt offensichtlich sowohl für den alltäglich
Handelnden als auch für den Wissenssoziologen.

Fremdes Wissen und fremde Wissenssysteme zu verstehen oder zu interpretieren, kann man also nur, wenn man die für sie konstitutiven Prozesse
alltäglich miterleben oder wissenschaftlich beobachten kann. Aus der wissenssoziologischen Perspektive ergeben sich hier zwei Möglichkeiten: Entweder
eine Theorie der konstitutiven Prozesse zu entwickeln (also eine Konstitutionstheorie zu entwerfen, wie es etwa in dem phänomenologischen bzw.
Luhmann'schen Ansatz der Fall ist), oder die soziale Seinsgebundenheit von

Wissen anzuerkennen und die materialen Prozesse, in denen sie sich manifestiert, zu untersuchen. Mannheim wählt bekanntlich die zweite Alternative. Die stimmige Interpretation einer Weltanschauung bzw. eines Diskurses im Sinne einer Konfiguration von mehreren Weltanschauungen in einer historischen Periode, setzt also für ihn immer voraus, dass man den hinter den einzelnen Diskurssemantiken wirkenden, autonomen konstitutiven sozialen Prozess untersucht. Man könnte auch formulieren, dass Mannheim hier nach einem Regelmechanismus von Diskursen sucht, der sich in die »Aspektenstruktur« als Fallregel der einzelnen Semantik einschreibt. Wie sieht nun dieser »konstitutive soziale Prozess«, der in den Semantiken wirksam ist, aus? Seine Charakteristika lassen sich in Mannheims Materialstudien über den Konservatismus und über die »Konkurrenz im Gebiete des Geistigen« anschaulich aufzeigen.

Die »spezifische Morphologie«, d. h. die Fallregel eines Denkstils in Verbindung mit dem »sozialen Schicksal« der ihn tragenden Gruppen arbeitet Mannheim in seiner Konservatismusstudie aus. Bereits am Beginn der Analyse macht Mannheim deutlich, dass sich eine solche Morphologie nur im Kontext des »Gesamtgeschehens« der sich gegenseitig bedingenden Denkströmungen und Lebenshaltungen einer Periode konstruieren lässt, die eine »neuartige dynamische Einheit« ausmachen (Mannheim 1970, 419). Die Analyse eines Diskurselements ist also nur möglich anhand der Untersuchung des ganzen Diskursgeschehens und seiner Regelmechanismen, aus denen sich erst die Selektivität, d. h. die Inklusion und Exklusion des Diskursprozesses ergibt. Im Klartext: Der Konservatismus kann nur als Reaktion auf die Modernisierung von Gesellschaften rekonstruiert werden, d. h. in Differenz und Opposition zu den die Modernisierung tragenden Denkstilen, wie etwa dem Liberalismus bzw. dem Sozialismus. Diese Selektivität ist nicht lediglich im Bereich der Semantik eines Denkstils angesiedelt, sondern auch in »Lebenshaltungen« eingeschrieben. »Jede noch so alltägliche Handlung trägt etwas zur Förderung oder zur Hemmung dieses zu einer einheitlichen Dynamik sich zusammenschließenden Werdens bei« (Mannheim 19970, 421). Diese Dynamik steht also für die Autonomie eines Diskurses, der sich kraft eigener Selektivität und durch die Herausbildung von semantischen Differenzen in unterschiedliche, aufeinander bezogene Strömungen gliedert. Dieser Gliederung liegt die Ausdifferenzierung sozialer Gruppierungen zugrunde, deren politische und wirtschaftliche Interessenlage sich in Semantiken artikuliert. Auch diese Lage jedoch ist nicht der Entscheidung der Trägergruppen anheim gestellt, sondern ist ebenso ein Resultat der Gesamtdynamik des »sozialen Prozesses«. In dieser Dynamik spielt die Selektivität der Denkmodelle durch die der Prozess betrachtet wird, eine entscheidende Rolle, weil durch sie das Handeln im Allgemeinen, insbesondere jedoch das politische Handeln orientiert wird (Mannheim 1970, 224).

Wie lässt sich nun im empirischen Material von Texten das »innere Bildungsprinzip« einer gruppenspezifischen Semantik in der Gesamtheit des Diskurses ausmachen? Mannheim schlägt folgende Schritte vor, die er auch in seiner Studie am Material vorexerziert. Zuerst gilt es, die Trägergruppen in ihren Differenzen zu anderen Diskursteilnehmern zu lokalisieren. Weiterhin folgt Mannheim einer aufschlussreichen Variante des von ihm später formulierten Analyseschemas der Aspektenstruktur. Er versucht erst die »Leitdifferenzen« zu bestimmen, die eine konservative Semantik ausmachen, d. h. die typischen Begriffsoppositionen mit ihren positiven und negativen Aufladungen zu orten, durch die die konservative Weltauslegung gekennzeichnet ist. Im konkreten Falle des Konservatismus schlägt sich eine Leitdifferenz in der Opposition des positiv bewerteten »Konkreten«, d. h. »Gelebten« zu dem negativ belasteten »Abstrakten«, d. h. bloß Gedachten, Spekulativen, nieder. Dadurch gewinnt Mannheim den Kontext, der es ihm ermöglicht die für die konservative Semantik spezifische Deutung von Begriffen wie etwa »Freiheit« zu rekonstruieren – wiederum in Opposition zu etwa dem liberalen abstrakt-formalen Freiheitsbegriff. Aus den so gewonnenen Semantikelementen lassen sich nun die typische Zeitstruktur des Denkstils und somit sein Geschichtsverständnis und seine Vergangenheits- bzw. Zukunftsorientierung rekonstruieren, die über seine politische Ausrichtung Auskunft geben. Letztendlich wird eine »Grundintention«, d. h. eine Fallregelstruktur bestimmbar, die das Typische einer Semantik und der ihr eigenen Handlungsorientierung ausmacht (Mannheim 1970, 443, 446).

Würde man also eine diskursanalytische methodologische Anweisung aus dem Verfahren ableiten wollen, das in Mannheims Konservatismusstudie angewandt wird, so würde sie etwa wie folgt heißen: Untersuche die Leitdifferenzen, durch die die Aussagen in einem Diskurs gekennzeichnet sind. Bestimme mit deren Hilfe die spezifische Bedeutung der Begriffe und Themen sowie ihre Hierarchie und Bewertung. Beobachte anhand dieser Differenzen, welche Positionen die Produzenten dieser Aussage im sozialen Raum beziehen und wie sie sich gegeneinander abgrenzen. Bewerte anhand der sichtbar gewordenen »Grundintention« der jeweiligen Denkstile ihre Auswirkung auf politisches Handeln. Ein Beispiel einer solchen differenzierend vergleichenden Semantik-analyse gibt Mannheim bekanntlich im 4. Kapitel von »Ideologie und Utopie«, wo er die »gegenwärtige Konstellation« der Denkstile seiner Gegenwart dar-stellt, indem er den Konservatismus, Liberalismus und Sozialismus und später dann in seiner ersten Frankfurter Vorlesung von 1930 (Mannheim 2000) auch den orthodoxen Marxismus und Faschismusdiskurs analytisch behandelt.

Bisher habe ich also den Nachweis geführt, dass erstens Mannheims Ver-ständnis des wissensgenerierenden Sozialprozesses es erlaubt, diesen als einen Diskurs aufzufassen, und dass zweitens Mannheim durchaus recht konkrete analytische Verfahren formuliert, die dem empirisch forschenden Wissenss-oziologen eine Diskursanalyse ermöglichen, und zwar als die Untersuchung eines Geflechts von Semantiken und ihrer sozialen Träger. Wie aber ist es in einem solchen Diskursverständnis um das Phänomen der Macht bestellt, und wie verhält sich das autonome Diskursgeschehen, zu den in ihm involvierten Subjekten? Dass Mannheim die von ihm untersuchten Prozesse immer auch als Machtphänomene verstand oder – wie wir nun begründet sagen dürfen – dass er Diskurse immer auch als Machtdiskurse auffasste, dafür spricht bereits seine Betonung der politischen Reichweite der selektiven Wirkung von Semantiken. Vollends klar wird dies, wenn er den Kampf um die Definitionsmacht zu einem der wichtigsten sozialen Faktoren erklärt (Mannheim 1969, 231), die sich in der Wissensbildung und der Differenzierung von Semantiken niederschlagen. Diesen Zusammenhang von Machtkampf und Wissensbildung untersucht Mannheim bekanntlich in seiner Studie über die »Bedeutung der Konkurrenz im Gebiete des Geistigen« von 1928 (Mannheim 1970). Macht wird hier auf zwei Ebenen thematisiert: Zum einen als die Macht, die eine Weltanschauung aufgrund ihrer semantischen Selektivität gegenüber dem Subjekt ausübt, zum anderen als der Konkurrenzkampf, der aus diesem Grunde um die Definiti-onsmacht über die Weltauslegung geführt wird. Die erste Ebene wird unter kritischem Rückgriff auf Heideggers Daseinsanalytik nur kurz eingeführt, aber nicht weiter analysiert: Der Mensch steht immer mitten in einer bestimmten

Weltauslegung, die nicht nur ein purer Sprachgebrauch ist, sondern »eine alle Poren des Daseins ausfüllende, die Außenwelt und unsere Innenwelt erfassende Sinngebung« darstellt (Mannheim 1970, 574). Wir können hier im Lichte des vorhin Gesagten ergänzen, dass diese Macht der Weltauslegung wohl aus der habitualisierten kognitiven Selektivität von Semantiken besteht. Mannheim jedoch ist bestrebt, die soziale Konstitution der Weltauslegung empirisch zu beschreiben, indem er sie als ein Korrelat der Machtkämpfe einzelner Gruppen auffasst (Mannheim 1970, 575), d. h. als einen Machtdiskurs im wahrsten Sinne. Das »Wesen« des Machtdiskurses in Mannheim'scher Fassung besteht darin, dass sich die Opposition konkurrierender Gruppen in der Selektivität der sinngebenden semantischen Oppositionen niederschlägt, durch die die Semantik der Weltauslegung geprägt wird, wobei sich wiederum die kognitive Selektivität dieser Semantik in die Handlungsorientierungen der Subjekte einschreibt. Das soziale Sein prägt also nicht das Bewusstsein einzelner unmittelbar – etwa in Marx'scher Manier – sondern durch das Geflecht des Diskursgeschehens und seine spezifischen Konfigurationen, die ihrerseits ein Bestandteil des »sozialen Prozesses« sind, der das »gesellschaftliche Sein« ausmacht. Aus dem Zusammenwirken der konkurrierenden Kräfte, ihrer semantischen Selbstbeschreibungen und der diesen beiden Ebenen eigenen selektiven Differenzierung resultiert die übersubjektive Autonomie des Diskurses und seiner Macht.

Mannheim arbeitet vier Typen solcher Diskurskonfigurationen aus, die er anhand historischen Materials gewinnt, so dass sie sowohl als synchrone Idealtypen von Konfigurationssituationen als auch als Stufen der Ausdifferenzierung von Diskursen im Prozess der Gesellschaftsentwicklung angesehen werden können. Sie seien hier kurz genannt:

1. Konsens anhand der Kooperation einer Erfahrungsgemeinschaft,

2. Auslegungsmonopol einer Gruppe,

3. Konkurrenz vieler atomisierter Auslegungen

4. Konzentration durch Koalitionsbildung und Polarisierung der Standpunkte.

Historisch zugeordnet, bezieht sich Typus 1 auf einfache Gesellschaften, Typus 2 auf das kirchliche Deutungsmonopol im Mittelalter, Typus 3 auf die

Ausdifferenzierung der Weltauslegung in Kirchen und in der Laienöffentlichkeit durch die Aufklärung, und schließlich Typus 4 auf die Polarisierung der rationalen und irrationalen Weltanschauungen in der Moderne.

Diese Reihung stellt nicht nur eine Auswahl geeigneter historischer Beispiele für die jeweiligen Diskurstypen vor. Dahinter verbirgt sich auch Mannheims Intention, die Wirkung der Diskursmacht zu zeigen, indem er den Zusammenhang zwischen dem Wandel der Diskurstypen und der Ausdifferenzierung von Gesellschaften sowie der Kulturentwicklung in den Vordergrund stellt. Eine Diskursanalyse, so könnte man ein Fazit aus dieser Mannheim'schen Untersuchung ziehen, darf sich nicht mit der Untersuchung von Semantiken der Weltauslegung und ihren Oppositionen begnügen, sondern muss immer auch die Machtstruktur des Diskurses berücksichtigen, indem sie den Konkurrenzkampf um die Weltauslegung unter den Akteuren des Diskurses analysiert. Beides sind Orte der Produktion von Selektionen des Handelns und des Denkens, die außerhalb von Subjekten wirken, diese aber prägen, indem sie sich gegenseitig bedingen und so die zwei konstitutiven Stränge des sozialen Prozesses darstellen, in dem die soziale Wirklichkeit als »Totalität« hervorgebracht wird.

Fassen wir nun die Gestalt dessen, was wir bei Mannheim als Diskurse ausgemacht haben, in den wesentlichen Punkten zusammen:

1. Mannheim versteht das Diskursgeschehen als einen autonomen Prozess der Interaktion von mehreren Gruppierungen und ihren Weltanschauungen.

2. Dieses Geschehen in seiner Totalität besitzt eine selektierende Macht von Inklusion und Exklusion, die einerseits auf der Bildung von semantischen Differenzen und binären Oppositionen basiert, andererseits in dem Konkurrenzkampf und seinen selektiven Mechanismen verankert ist.

3. Diskurse prozessieren also nicht rein semiotisch, sondern enthalten immer nicht-wissensmäßige »Seinsfaktoren« als Mechanismen ihrer Wirkung.

4. Sie schreiben sich per Sinnselektion in die kognitiven Strukturen der Subjekte ein und werden erst dadurch handlungswirksam, bzw. habitualisierbar. Nicht der Körper ist für Mannheim die Schnittstelle zur Macht des Diskurses, sondern der Geist.

5. Zwischen der »seinsmäßigen« und der semiotischen selektiven Macht des Diskursgeschehens besteht ein konstitutiver Zusammenhang: Die aus dem Handlungszwang der Konkurrenz um Definitionsmacht resultierenden semantischen Differenzierungen und binären Codes strukturieren ihrerseits das Handlungsfeld, in dem die Konkurrenz ausgetragen wird.

6. Diskursaussagen weisen prinzipiell über sich hinaus – erstens, weil sie dadurch mitbestimmt werden, was sie ausschließen, zweitens, weil »Seinsfaktoren« der Macht in sie »hineinragen«. Der Diskurs ist daher immer mehr als er sagt und erfordert eine in diesem Sinne hermeneutische Analyse.

Entsprechend diesem Verständnis des Diskursgeschehens gestaltet Mannheim seine Untersuchungsverfahren, d. h. seine Diskursanalyse, deren methodischen Grundzüge sich durch folgendes auszeichnen:

1. Die oben genannten Merkmale des Diskursgeschehens stehen bei Mannheim für die generell anzunehmende und erschließbare Regelhaftigkeit von Diskursen. Diese unterscheidet sich jedoch von einer Regelhaftigkeit, die lediglich auf die Sequentialität von Aussagen bzw. von Texten baut. Daher wird das Prinzip der Sequentialität als diskursanalytische Regel bei Mannheim nicht verwendet.

2. Das Herangehen an die Regelhaftigkeit von Diskursen muss ein hermeneutisches sein, wobei sich die Interpretation sowohl darauf zu richten hat, was im Diskurs ausgesagt, als auch darauf, was latent bleibt und ausgeschlossen wird.

3. Die Interpretierbarkeit von Diskursen ist begründet in deren sozialer Genese, d. h. in der Tatsache der sozialen Sinnkonstitution, deren

Prinzip die Herstellung der intersubjektiven Zugänglichkeit von Kulturgegenständen als Elementen des Diskurses ist. Diese Annahme teilt Mannheim mit der späten Ethnomethodologie, wie bereits Bohnsack (1997, 195) zeigte.

4. Die Diskursanalyse muss daher sowohl die Semantiken als auch die außersemiotischen Mechanismen des Diskurses umfassen, wobei sie jedoch von beobachtbaren Phänomenen (Texte, Konfiguration von Gruppen) auszugehen hat.

5. Sie kann daher an beiden Ebenen des Diskurses ansetzen. Man kann entweder mit der Untersuchung der Konfiguration der im sozialen Raum vorhandenen Gruppierungen beginnen, um anhand der ermittelten Oppositionen zu der Untersuchung ihres Niederschlags in der Aspektenstruktur zu schreiten; oder man analysiert die Aspektenstrukturen von Aussagen, um durch die dort ermittelten Differenzen die Positionen ihrer Träger im sozialen Raum auszumachen.

6. Beide Verfahren stützen sich auf die Annahme allgemeiner Regelhaftigkeit von Diskursen, deren konkreten Niederschlag sie als die »Fallregel« (Grundintention) in der Struktur einzelner Weltauslegungen und der Lebenshaltung ihrer Träger rekonstruieren.

Wir sehen also, dass Mannheims Ansatz der Diskursanalyse durchaus den Anforderungen entspricht, die in der gegenwärtigen Diskussion gestellt werden, und zwar sowohl in der Konkretheit seiner Verfahren als auch in seiner Sicht des Gegenstands der Analyse selbst. Das heißt natürlich nicht, dass zwischen seinem und dem gegenwärtigen Diskursverständnis keine Differenzen bestünden. Abschließend möchte ich auf einige dieser Unterschiede, die für Mannheims Zugang spezifisch sind, verweisen:

1. Diskurse in Mannheims Sicht sind zwar wohl sinnbildende Prozesse der Wirklichkeitskonstruktion, sind aber nicht primär auf Verständigung, sondern vielmehr auf Definitionsmacht ausgerichtet. Eine vermittelnde Verständigungsfunktion kann allenfalls die wissenssoziologische Metatheorie des Diskurses haben, die so allerdings selbst zum Teil des Diskurses wird.

2. Insofern sind Mannheims Diskurse als Machtdiskurse zu verstehen, und so eher mit Foucaults als etwa mit der Habermas'schen Diskursauffassung zu kontrastieren.

3. Hier zeigt sich natürlich, durchaus im Sinne seiner Theorie, dass Mannheims Sicht durch das ihm zur Verfügung stehende begriffliche Instrumentarium des Diskurses seiner Zeit geprägt wird, dessen Leitdifferenzen in den Oppositionen Subjekt/Objekt, Kultur/Natur, Geist/Materie, Verstehen/Erklären zum Ausdruck kommen. Dieser Hintergrund macht auch die Differenz zu Foucaults Diskurssicht aus. Mannheim ist zwar bemüht, diese Dualismen durch seinen wissenssoziologischen Ansatz zu überbrücken, ist jedoch immer wieder gezwungen auf sie zurückzugreifen, wodurch sich eine Ambivalenz in seiner Diskurskonzeption bemerkbar macht. Diese Ambivalenz lässt sich beispielhaft an folgenden Punkten zeigen:

   a) Mannheims Zugang ist einerseits kognitivistisch – es geht ihm darum die »Seinsgebundenheit« des Wissens nachzuweisen, und daher auch darum, zu zeigen, wie »geistfremde«, materiale Seinsfaktoren in die Struktur von kultureller Weltauslegung »hineinragen«. Infolgedessen ist es auch die Formung des Geistes, nicht der Praxis und des Körpers, durch die die Diskurse den Zugriff auf Subjekte vollziehen. Andererseits zeigt Mannheim den sinngenetischen Zusammenhang der beiden Ebenen auf, wenn auch häufig nicht zu entscheiden ist, ob die daraus resultierende Perspektivität der sozialen Konstruktion der Wirklichkeit diese Wirklichkeit als solche ausmacht, oder ob wir es mit der Vorstellung einer in sich als identisch rekonstruierbaren Gesellschaft zu tun haben, von der lediglich unterschiedliche Gruppen unterschiedliche konkurrierende Beschreibungen anfertigen. Das heißt, es ist nicht klar, ob es die Macht des Diskurses ist, die die »Gesellschaft« konstruiert, oder ob Diskurse nur einen Teil eines auch außerdiskursiv begreifbaren sozialen Mechanismus ausmachen. Infolgedessen ist der dem Diskurskonzept zugrunde liegende konstruktivistische Ansatz bei Mannheim nur zum Teil realisiert.

b) Wenn auch mit Mannheim Diskurse als konkrete historische Konfigurationen von verschiedenen Gruppen und Semantiken zu begreifen sind, so steht diese Ansicht der Foucault'schen Fassung der zufälligen unkontrollierbaren ziellosen Ereignishaftigkeit des Diskurses fern. Mannheims Bemühen besteht vielmehr darin, die Rolle des Diskurses als eines Mechanismus der Evolution von Kultur zu zeigen.

c) Der Dualismus von Geist und Materie schlägt sich auch in der Semiotik nieder, die sich in Mannheims Lehre von den drei Sinnesarten artikuliert. Diese ist entschieden prästrukturalistisch. Im Gegensatz zu Foucaults poststrukturalistischer Sicht, in der der Diskurs seine »Zeichen« selbst erschafft, wird in dem Konzept des »objektiven« Sinns die »Naturhaftigkeit« von Zeichen im Sinne einer natürlichen Referenz vorausgesetzt, die erst durch den konnotativen Auslegungssinn ihre diskursive Gestalt erhält. Auch hier manifestiert sich die Ambivalenz der Mannheim'schen Diskursauffassung, die zwischen sozialem Konstruktivismus und der Vorstellung einer Vorgegebenheit von »naturhaften« Sinnstrukturen oder gar sinnfreien Sozialfaktoren schwankt.

Trotz dieser Differenzen und der darin zum Ausdruck kommenden Ambivalenz der Mannheim'schen Diskursauffassung wird jedoch deutlich, dass Mannheims Wissenssoziologie ein hohes konzeptuelles und empirisches Potential für Diskursanalyse besaß und dieses auch in konkreten analytischen Verfahren am Material umsetzte. Diskursanalytisch gesehen gewinnen wir mit diesem Resultat unversehens ein Argument, das in dem alten Disput über die Entwicklung der deutschen Soziologie, der zwischen Helmut Schelsky und René König stattfand, die Position von König stützt (König 1984). Es war eben nicht das mangelnde Innovationspotential der deutschen Zwischenkriegssoziologie, das die Entwicklung des Faches schon vor dem Aufkommen des Nationalsozialismus zum Stillstand brachte, wie Schelsky annahm. Es war vielmehr die durch den Nationalsozialismus erzwungene Emigration der innovativen Geister, die die Entwicklung von Ansätzen unterbrach, in denen wir heute mit Recht die Anlagen zu aktuellen Problemstellungen und –lösungen erkennen.

Literatur:

Bohnsack, Ralf (1997): »Dokumentarische Methode«, in: Hitzler, Ronald/Anne Honer (Hg.): *Sozialwissenschaftliche Hermeneutik*, Opladen: Leske + Budrich.

Fleck, Christian (2000): »Karl Mannheim im Mahlstrom«, in: Srubar, Ilja/Martin Endreß (Hg.): *Karl Mannheims Analyse der Moderne*, Opladen: Leske + Budrich, S. 241-262.

Foucault, Michel (1973: *Archäologie des Wissens*, Frankfurt/M.: Suhrkamp.

Foucault, Michel (1977): *Überwachen und Strafen. Die Geburt des Gefängnisses*, Frankfurt/M.: Suhrkamp.

Foucault, Michel (1997): *Die Ordnung des Diskurses*, Frankfurt/M.: Fischer.

Hitzler, Ronald/ Jo Reichertz/ Norbert Schröer (Hg.) (1999): *Hermeneutische Wissenssoziologie*, Konstanz: UVK.

Keller, Reiner (1997): »Diskursanalyse«, in: Hitzler/Ronald/Anne Honer (Hg.): *Sozialwissenschaftliche Hermeneutik*, Opladen: Leske + Budrich, S. 309-334.

Keller, Reiner (2005): *Wissenssoziologische Diskursanalyse. Grundlegung eines Programms*, Wiesbaden: VS-Verlag.

Knoblauch, Hubert (2005): *Wissenssoziologie*, Konstanz: UVK.

König, René (1984): »Über das vermeintliche Ende der deutschen Soziologie vor der Machtergreifung des Nationalsozialismus«, in: *Kölner Zeitschrift für Soziologie und Sozialpsychologie*, 36 (1984), S. 1-42.

Mannheim, Karl (1969): *Ideologie und Utopie*, Frankfurt/M.: Schulte-Bulmke.

Mannheim, Karl (1970): *Wissenssoziologie*, Neuwied: Luchterhand.

Mannheim, Karl (1980): *Strukturen des Denkens*, Frankfurt/M.: Suhrkamp.

Mannheim, Karl (2000): »Allgemeine Soziologie, Mitschrift der Vorlesung von Sommersemester 1930«, in: Srubar, Ilja/Martin Endreß (Hg.): *Karl Mannheims Analyse der Moderne*, Opladen: Leske + Budrich, S. 19-43.

Mannheim und die Postmodernen

I.

»Hätte Lyotard Mannheims Text gekannt«, bemerkt Peter V. Zima in seinem Buch »Moderne – Postmoderne«, »wäre er möglicherweise auf den Gedanken gekommen, dass die Heterogenität der Diskurse nicht der Weisheit letzter Schluß ist« (Zima 1997, 386). Mit »Mannheims Text« meint Zima jene Passagen von »Ideologie und Utopie«, in welchen Mannheim sein Konzept der »relationalen Struktur des Erkennens« erörtert und zeigt, dass die nebeneinander gleichberechtigt geltende Partikularität seinsgebundener Diskurse in Bezug zueinander gesetzt werden kann, indem man ihre Aspektenstruktur rekonstruiert, ihre Strukturdifferenzen erfasst und somit eine Folie gewinnt, vor der die Diskurse ineinander übersetzbar und füreinander verständlich gemacht werden können (Mannheim 1969, 258).

Mannheim und die Postmoderne? Das läßt aufhorchen. In der Regel gilt unter den soziologischen Klassikern Georg Simmel als der Gewährsmann des post- und zweitmodernen Räsonierens. Mannheim dagegen führt in der Ahnenreihe des Faches nach wie vor das Dasein eines angesehenen, aber nicht mehr ganz zeitgemäßen Klassikers. Und doch ist der Hinweis des Literaturwissenschaftlers Zima völlig richtig. Die strukturelle Homologie der Problemstellung in Lyotards »La condition postmoderne« und in Mannheims »Ideologie und Utopie« ist nicht zu übersehen: Der Zerfall einheitlicher Semantik und somit einer einheitlichen Wissenslegitimierung in die Vielzahl heteromorpher Diskurse, deren Regel in partikulären Kontexten lokaler Sozialität fundiert sind – dies ist die Ausgangsdiagnose beider Werke, wenn sie auch fünfzig Jahre nacheinander entstanden sind. Sollte die Emergenz der Selbstreflexivität von Gesellschaften das Kriterium der Post- oder Zweitmoderne sein, durch welches diese sich von der Moderne unterscheiden, so wie es mit Lyotard einsetzend quer durch die Bank ihre Theoretiker behaupten (Bauman 1995, Beck 1996, Lyotard 1994, um hier nur drei Argumentationstypen zu nennen), so treffen wir in Mannheims Wissenssoziologie die Objektivierung dieses Merkmals par excellence an.

Bereits in »Ideologie und Utopie« wird die Wissenssoziologie als der Ausdruck und zugleich als der Vollzug gesellschaftlicher Reflexivität expressis verbis dargestellt. Auch in der nun aufgefundenen und zu diskutierenden Vorlesung von 1930 versucht Mannheim (1930/2000) mit den Mitteln seines wissenssoziologischen Zugangs die Emergenz der Reflexivität in modernen Gesellschaften auf der Ebene konkreter sozialer Wirklichkeit zu zeigen. Er streift den ideengeschichtlichen Hintergrund des Reflexivwerdens der Moderne, untersucht seinen Ausdruck in der Lebenseinstellung von Individuen, analysiert zeitdiagnostisch seinen politischen und gesellschaftlichen Niederschlag und formuliert die Konsequenzen, die sich aus dem reflexiv gewordenen Zustand der Moderne für eine diesem adäquate Theorie ergeben. Dabei kommt er dem post- und zweitmodernen Gedankengut der Gegenwart überraschend nahe!

Ich will im ersten Teil meines Beitrags diese Nähe zuerst demonstrieren, indem ich Mannheims Aussagen den Charakteristiken der Post- bzw. Zweitmoderne bei Lyotard, Bauman und Beck gegenüberstelle, um im zweiten Teil einige systematische Konsequenzen aus diesem Vergleich zu ziehen.

II.

Was ist nun »Postmoderne«? Mit der folgenden Aufzählung von Merkmalen strebe ich natürlich keine Aussage über die Existenz oder Nichtexistenz von Postmoderne etc. an, sondern verzeichne lediglich Charakteristika, durch welche die soziale Realität als eine postmoderne gekennzeichnet wird. Dabei unterscheide ich Postmoderne von der Zweitmoderne, d. h. von Konzepten, die wie etwa Ulrich Beck, die Moderne selbst durch Reflexivierung modernisieren wollen, und statt von Postmoderne von zweiter Moderne sprechen.

Fangen wir mit dem Urvater der Postmoderne, Jean-François Lyotard, an. Nach der Legitimation unseres Wissens fragend, stellt Lyotard bekanntlich fest, dass die hergebrachte Legitimation durch die Rahmung des Wissens in den Metaerzählungen (metarécits, Metadiskurse) von wissenschaftlicher oder philosophischer Wahrheit und gesellschaftlicher Emanzipation (Lyotard 1994, 13, 112 f.) nicht mehr glaubhaft sei, und dass die Konstitution des Wissens von der Realität sich in eine Vielfalt von Sprachspielen »zerstreut«, deren Regeln heteromorph, lokal verankert und nicht gegenseitig übertragbar sind. (Lyotard 1994, 119 f., 190 f.). Eine Metaebene solcher Diskurse ist zwar erreichbar, aber nur innerhalb einer zeitlich begrenzten, historisch lokalisierten Konfiguration, die keine Universalität beanspruchen kann (Lyotard 1994, 190-191). Die Regeln eines Diskurses einem anderen aufzuzwingen, bedeutet für Lyotard »le tort«, also Ungerechtigkeit zu begehen; an anderen Stellen spricht Lyotard vom Terror der Isomorphie anstrebenden Systeme. Gerechtigkeit dagegen liegt in der Anerkennung der Heteromorphie einzelner Diskurse und ihres notwendigen Dissens. Im Hintergrund dieser Konzeption steht Lyotards Reflexion der »Gleichberechtigung« und der »Gleichursprünglichkeit« von autonomen Diskursen, wie sie etwa von Minderheiten, aber auch von der Frauenbewegung vorgetragen werden (Lyotard 1977, 67 f.).

Gesellschaftstheoretisch ist seine Konzeption wohl aus seinem Wunsch zu verstehen, ein Refugium für alternative, den Systemdiskurs des Kapitalismus transzendierende Denkansätze zu begründen, nachdem die marxistische Utopie gescheitert ist. Die »echte« Postmodernität der menschlichen Haltung angesichts der Vielfalt heteromorpher Diskurse ist für Lyotard nicht etwa dadurch gekennzeichnet, dass man der verlorenen sinnstiftenden Einheitlichkeit der Metadiskurse nachtrauert. Dies bleibt dem »unglücklichen Bewusstsein« den Generationen von Intellektuellen um die Jahrhundertwende überlassen. Das postmoderne Bewusstsein hat die Sehnsucht nach Sinn vergessen. Die postmodernen Menschen beziehen ihren Sinn aus der vernetzten Vielfalt lokaler Sprachspiele, an denen sie kommunikativ und interaktiv beteiligt sind, und die in ihrer Unübersichtlichkeit die »Patchwork«-Identität des postmodernen Menschen ausmachen (Lyotard 1994, 122 f.). Mit Simmel (1908) können wir hier bemerken, dass dadurch die Fähigkeit von Individuen entsteht, sich von einzelnen Systemdiskursen zu distanzieren und somit im Sinne Lyotards gegen die Isomorphie dominierender Systemregeln zu handeln. Diese Hoffnung teilt Lyotard nicht nur mit Simmel, sondern auch mit dem Modernisten Adorno und der späten Frankfurter Schule, die den Ausweg aus der falschen Totalität des Systems ebenso in der Chance sah, die Reproduktion der Systemimperative auf der Ebene lokaler Kommunikation und Interaktion zu verweigern (Horkheimer/Adorno 1975).

Den Rahmen der von Lyotard formulierten Postmodernität übernimmt

Zygmunt Bauman, um den Zustand entwickelter industrieller Gesellschaften der Gegenwart zu beschreiben und eine dementsprechende »postmoderne« Soziologie zu entwickeln. Als eine Schlüsselstelle, die uns seine Auffassung der »condition postmoderne« vor Augen führt, können wir das von ihm formulierte »ethische Paradox des postmodernen Zustands« betrachten. Dieses besteht darin, »den gesellschaftlichen Subjekten die Vollständigkeit moralischer Entscheidungen und Verantwortung zurückzugeben und ihnen gleichzeitig die Sicherheit der universellen Orientierung zu rauben, die ihnen das moderne Selbstbewusstsein einst versprach« (Bauman 1995, 23). Aus diesem bereits von Simmel als Differenz zwischen der subjektiven und objektiven Kultur diagnostizierten Zustand (Simmel 1996) ergibt sich in der Gegenwart eine »Dissonanz moralischer Stimmen, von denen keiner die Möglichkeit hat, die andere zum Schweigen zu bringen« (Bauman 1995, 23). Dadurch werden postmoderne Individuen auf ihre eigene Subjektivität zurückgeworfen, also individualisiert. Die Inkohärenz und Ambivalenz von Deutungen und Diskursen seien demnach die herausgehobenen Merkmale der Postmoderne in Baumans Augen (1995, 25). Während der Geist der Moderne nach einer universell bindenden Lösung des Wahrheitsgedankens und Gerechtigkeitsproblems strebte und so Gewissheit als kulturelles Gut betonte, löse die Postmoderne die Objektivität fragloser Werthierarchien auf in eine Koexistenz parallel geltender Wertsysteme, die in keiner hierarchischen Ordnung zueinander stehen. Damit wird die Frage nach einer übergreifenden Deutungsstruktur für Bauman unlösbar und theoretisch nutzlos (Bauman 1995, 52, 64). So muss sich auch die postmoderne Soziologie von einem übergeordneten Fortschrittsgedanken verabschieden und einsehen, dass die Dynamik der Gesellschaft keine klare Richtung aufweist (Bauman 1995, 224). Ihr Ziel muss es sein, ihr bisheriges »kognitives Feld« umzukehren (Bauman 1995, 25). Nicht mehr Herrschaft, Sozialisation, Ideologie und Kultur als Makromechanismen der Ordnung sollen im Vordergrund stehen. Die Aufmerksamkeit der Soziologie soll sich nun vielmehr auf die Selbstkonstitution der »Habitate«, d. h. der Lebensräume des Subjekts richten, in welchen die soziale Realität produziert und reproduziert wird (Bauman 1995, 225). Die Makromechanismen der sozialen Ordnung gelten also zunehmend als in Bezug auf die Erklärung sozialer Phänomene als indifferent. Differenz und somit sozialer Wandel etc. werden durch die Kommunikationsprozesse auf der Ebene der autonomen Habitate gezeigt.

Der postmodernen Soziologie kommt in diesem Zusammenhang die Rolle eines »semiotischen Maklers« zu, der die Funktion hat, die Kommunikation zwischen den über ihre Bedeutungsproduktion souverän bestimmenden Gemeinschaften (Habitate) zu erleichtern, indem er in die »relativ fremden« Deutungssysteme eindringt und Übersetzungsarbeit leistet (Bauman 1995, 71). »In der Person des Soziologen werden zwei oder mehr Traditionen in kommunikativen Kontakt gebracht – und teilen sich damit gegenseitig ihren jeweiligen Gehalt mit, der ansonsten undurchschaubar bliebe« (Bauman 1995, 71). An einer derart formulierten Stelle eines soziologischen Textes kann allerdings der Bezug auf Mannheim nicht mehr unterbleiben. So verweist Bauman hier auf die Arbeit von Susan Heckman über »Hermeneutics and the Sociology of Knowledge«, (Cambridge 1986) die Mannheims Konzept der relationierenden Wissenssoziologie in diesem Kontext nutzt, allerdings ohne – so wörtlich – »Mannheims negatives Konzept der Ideologie als einer verzerrenden Macht und Feind der Wahrheit« zu übernehmen (Bauman 1995, 72).

Das nebenfolgenreiche Prozessieren jener nach Vorhersage und Kalkulierbarkeit strebender Makromechanismen der Gesellschaftsordnung, von denen sich die postmoderne Soziologie in Baumans Sicht abwenden sollte, will dagegen Ulrich Beck mit Hilfe einer zweiten, reflexiven Modernisierung bereinigen. Durch diese aufklärerisch emanzipative Intention grenzt er seinen Ansatz von den postmodernen Theoretikern ab. Nichtsdestoweniger folgt auch Beck den von der Theorie der Postmoderne aufgestellten Merkmalen der Epochentrennung: Die erste Moderne zeichne sich durch ein wissenschaftliches Wahrheitsmonopol aus, durch einen linearen Fortschritts-und Technikglauben, durch das Streben nach Gewissheit sowie durch nationalstaatliche, industrielle und klassenmäßige Ordnungsmechanismen, die sich einer Selbstrelativierung verweigern. Zu diesen sind auch alternative moderne Entwürfe wie z. B. der Marxismus zu zählen. Die zweite Moderne wird durch die Herstellung von systemischer Unsicherheit, Individualisierung und Globalisierung charakterisiert, durch welche die Gewissheiten und die einfachen Ordnungsmechanismen der ersten Moderne aufgelöst und zugleich aber auch die darin enthaltenen Modernisierungspotentiale universalisierbar gemacht werden sollen. Dies soll durch die Reflexion der Nebenfolgen geschehen, die von den Ordnungs- und Produktionsmechanismen der ersten Moderne als gesellschaftliche Risiken ausgelöst wurden.

Diese Risiken und Asymmetrien sind es auch, die eine Reflexion der Nebenfolgen erzwingen. So produziert die erste Moderne die sie aufhebende Reflexivität der zweiten Moderne quasi dialektisch selbst. Die Einsicht in die sich selbst gefährdende, risikoproduzierende Moderne eins ist somit das Konstitutivum der Moderne zwei (Beck 1996, 22 f.). Die Merkmale der Reflexivität, Ambivalenz, und der gleichzeitigen Geltung mehrerer Wissens- und Wertsysteme differenzieren also zwischen der ersten und zweiten Moderne, d. h. das moderne zweckrationale »Entweder – Oder« wird von dem reflexiv-modernen, relationalen »und« abgelöst. Damit geht eine Individualisierung im Sinne der gesteigerten Entscheidungs- und Selbstrealisierungschancen sowie ein globaler, transnationaler Weltbezug von Individuen einher (Beck 1996, 65 f.). Zu den modernen Mechanismen der Gewissheitproduktion gehört es auch nach Beck, dass die emergent werdende Reflexivität und Ambivalenz durch eine systemintern hergestellte Fraglosigkeit bekämpft bzw. auch beseitigt wird. Die erste Moderne produziert so eine Gegenmoderne als Reaktion auf gesellschaftlich einsetzende Reflexivität (Beck 1996, 59). Es hat den Anschein, dass Beck zu den risikoproduzierenden Mechanismen der ersten Moderne neuerdings auch den bürokratisch umverteilenden und Lebenschancen zuteilenden Sozialstaat zählt. Wohlfahrt, Sozialarbeit, Rechtsstaat mit ihren Institutionen wollen die soziale Ungleichheit und Armut bekämpfen, so Beck, indem sie sie unter die »Aufmerksamkeitsschwelle« zurückdrängen, d. h. sozial ausgrenzen. Damit lösen aber Wohlfahrtsinstitutionen die Problemlage der Ausgeschlossenen nicht, sondern verlängern und reproduzieren sie bloß (Beck 1996, 91). Reflexive Moderne will auch diese »fabrizierte Barbarei« der Nebenfolgen aufheben, indem sie die Zukunft für eine neue Bürgergesellschaft öffnet, nachdem das sozialstaatliche europäische Projekt eines demokratisch aufgeklärten Industrialismus offensichtlich zerfällt (Beck 1996, 22).

Fassen wir nun die Charakteristika der Differenz von Moderne und Post- bzw. Zweitmoderne, wie sie in den Ansätzen der hier referierten Autoren formuliert wurden, zusammen.

1. Alle gehen davon aus, dass die Entwicklung der modernen Gesellschaft offenbar von einer Pluralisierung von Diskursen begleitet wird, die Eigenlogiken folgen und weder ineinander überführbar, noch unter ein gemeinsames Deutungsschema zu bringen sind. Dies macht die neue, postmoderne gesellschaftliche Wissensstruktur aus.

2. Diese ist gekennzeichnet durch Reflexivität, d. h. durch die Möglichkeit der Herauslösung aus dem Selbstverständnis von »großen Erzählungen« und durch die damit verbundene Einsicht in die zwar gleichberechtigte aber partikulär beschränkte Geltung der parallel zueinander bestehenden Diskurse. Nicht Homogenität, Einheit und Identität, sondern Differenz, Vielfalt und Heterogenität sind die Leitbegriffe der Post- und Zweitmoderne.

3. Daraus entsteht eine Offenheit von Perspektiven und Möglichkeiten, die den Individuen zur Wahl zur Verfügung stehen, die zur Entscheidung zwingen und somit auch dazu, ihre Lebensentwürfe »frei zu komponieren«, ohne allerdings einem schlüssigen Wertsystem folgen zu müssen bzw., was gravierender ist, zu können. Für diese Entwicklung steht der Begriff der Individualisierung.

4. Die Postmoderne bzw. die Zweitmoderne ist somit durch Ambivalenz und Ungewissheit des Denkens und des Entscheidens gekennzeichnet, die in Opposition zu der modernen Gewissheit und Eindeutigkeit des Fortschritts gesetzt werden.

5. Strukturell sind Ambivalenz und Ungewissheit die Folgen zunehmender Reflexivität von Gesellschaften. Sie entstehen aus der Einsicht in die Nebenfolgen der Modernisierung, d. h. der Rationalisierung von Wirtschaft und Herrschaft, die als systemisch erzeugte Risiken wahrgenommen werden.

6. Eine der Regelungstechniken, die der Moderne immanent sind, besteht in der Aufhebung dieser Risiko- und Ambivalenzgefühle durch soziale Herstellung von Eindeutigkeit und Fraglosigkeit – also durch die Etablierung von »Gegenmoderne«.

7. Der Zweck des postmodernen/zweitmodernen Denkens ist es, diese systemischen Schließungstendenzen zu überwinden und eine offene Denkweise zu etablieren. Dabei ist es die Aufgabe der Soziologie, die gesellschaftliche Reflexivität zu entwickeln und zwischen den einzelnen autonomen Wahrheitsbereichen der Diskurse zu vermitteln.

Stellen wir nun diesen Merkmalen die Konzeption Mannheims gegenüber, wie sie in der Vorlesung von 1930 zutage tritt. Mannheim sieht klar, dass die Soziologie – zumal die Soziologie des Wissens, also das Wissenssystem, dessen er sich bedient, ihrerseits ein Ausdruck des reflexiv Werdens der Gesellschaft ist. Die Soziologie sei ja aus dem »Leben« entstanden, d. h. aus dem Prozess der Entwicklung der Gesellschaft selbst. Sie ist, wie Mannheim sich ausdrückt, ein »Lebensorgan« der modernen Gesellschaft und des »soziologischen Menschen« in ihr (Mannheim 1930, 6, 29)[9], mit dessen Hilfe wohl Zeitdiagnosen, aber keine Utopien mehr (ich lese: »Metaerzählungen«), formulierbar seien (Mannheim 1930,17 f.). Mit anderen Worten, die Soziologie des Wissens ist selbst der Ausdruck einer neu entstehenden sozialen Wissensstruktur und Lebensführung, aus deren Anschauung sie zugleich lebt. Wodurch zeichnet sich diese Wissens- und Lebenshaltung des »soziologischen Menschen« aus? Mannheim charakterisiert den neuen Lebensstil als das »experimentale Leben« und weist im ersten Teil der Vorlesung seine Bedingungen und Merkmale aus.

Die erste, sozusagen geistesgeschichtlich grundlegende Bedingung seiner Entstehung ist der Zerfall der generalisierten Wertsysteme und der einheitlichen Lebensdeutung, der durch Nietzsches »Umwertung aller Werte« symbolisch umgesetzt wird. In dieser Perspektive steht natürlich an der Stelle der »›großen Erzählung‹ vor allem die Religion«, wir werden jedoch sehen, dass in Mannheims Konzept auch säkulare Metadiskurse die Position reflexiv überholter »metarécits« einnehmen. Die durch Nietzsche ins europäische Bewusstsein gehobene Diffusion aller Werte geht mit der zweiten, sozialgeschichtlichen Grundbedingung der »experimentierenden Lebenseinstellung«einher. Mannheim expliziert sie in »Ideologie und Utopie« (Mannheim 1969, 8 f., 20 f.) ausführlich, sie wird aber auch in der Vorlesung thematisiert: Es handelt sich um die zunehmende Ausdifferenzierung der Gesellschaft, die im Verlauf der Modernisierung von Wirtschaft und Herrschaft eine Vielfalt von beruflichen und politischen Gruppierungen hervorbringt und zugleich sowohl Mobilität zwischen ihnen als auch gleichzeitige Partizipation in ihnen möglich macht. In beiden der genannten Bedingungen ist die Chance der Einsicht in die Pluralität, Partikularität und in die relative Geltung von Gruppendenkstilen begründet.

---

[9]Die Seitenzahlen beziehen sich auf die Originalpaginierung des Manuskripts, die im publizierten Text angeführt wird.

Aus dem derart bedingten Zerfall der Eindeutigkeit der Werte folgt nun eine Reihe von Konsequenzen, die den Weltzugang des nachnietzscheanischen modernen Menschen prägen, und die Mannheim sorgfältig analysiert:

1. Es ist vor allem die Lebensdistanzierung, die aus der Unmöglichkeit resultiert, das Leben auf ein einziges Sinnziel zu orientieren und darin aufzugehen, wie man z. B. noch in einem Beruf aufgehen kann. Es ist nicht mehr möglich, wie Mannheim sagt, »in einer eindeutigen Bedeutungsrichtung zu leben« (Mannheim 1969, 9). Der moderne Mensch steht in mehreren »Bedeutungsausrichtungen« zugleich. Die Existenz nebeneinander bestehender Weltauslegungen macht die Moderne schlechthin aus.

2. Daraus ergibt sich, dass es keine einfache Identität von Sprache und Gegenstand, also von Signifikant und Signifikat mehr gibt, kein einfaches »Angesprochensein durch Dinge«, sondern vielmehr eine Vielfalt und Variabilität der »Dinge«, die durch die aus unterschiedlichen Herkunftskontexten entspringende Variabilität der Sprache bedingt ist. Mit anderen Worten: Der Mensch lebt in einer Vielfalt von Welten, getragen durch eine Vielfalt sprachlicher Diskurse. Dies führt Mannheim bereits in »Ideologie und Utopie« vor (Mannheim 1969, 234 ff.), wenn er die »Aspektenstruktur« konkurrierender Weltanschauungen untersucht und zeigt, wie die Bedeutungswerte gleicher Begriffe in unterschiedlichen, gleichzeitig bestehenden semantischen Kontexten differieren. Die Identität von Zeichen und Bezeichneten ist so aufgehoben und ihre Differenz wird zur Grundlage »normalen« Erlebens: »Das Erleben der Welt in Distanzierung« nennt Mannheim das.

Daraus resultiert ein Zweifaches: Zum einen die Einsicht in das soziale Konstruiertsein von Sinn- und Sprachwelten, die in eine Reflexivität der Lebenseinstellung einmündet (Mannheim 1969, 16); zum anderen entsteht dadurch ein »ironischer Selbstbezug« (Mannheim 1969, 17), in dem klar wird, dass die gerade gelebte Möglichkeit nur eine unter vielen anderen realisierbaren ist. »Das Ich schaut sich selber zu«, wählt seine Lebensverläufe und – und das ist wesentlich – sucht nicht mehr nach letztem Sinn, sondern erfährt die Variabilität der Chancen seines Lebens als ein Erlebnis par excellence. »Es wird nicht mehr gesucht, sondern erlebt«, formuliert Mannheim hier in der Vorwegnahme der »postmodernen Erlebnisgesellschaft« (Schulze 1992). Die modernen Individuen gehen also mit der Variabilität von Lebenschancen und Sinnangeboten experimentierend um, um sich erlebend zu realisieren. So beschreibt Mannheim den Sachverhalt, den man heute »Individualisierung« nennt.

Auch Mannheim beobachtet, dass die distanzierte, experimentierende Lebensführung und die zunehmende Sinnunsicherheit der Moderne Reaktionen hervorrufen, deren Ziel es ist, der Variabilität und Vielfalt von Sinndeutungen eine einheitliche Richtung bzw. einen einheitlichen Sinn zu geben. Moderne, d. h. säkulare Utopien dieser Art (so z. B. auch der Marxismus) stehen allerdings prinzipiell unter dem Zwang der Realisierbarkeit und werden dadurch schnell ihres Charismas entledigt. Nichtsdestoweniger sind diese auch der experimentellen Vielfalt konkurrierender Deutungssysteme zuzuordnen, in welcher Individuen ihre Realisierung suchen und finden können. Ihr verlockendes Angebot besteht in der »Reprimitivisierung«, d. h. in der künstlichen Aufhebung und Inhibition der reflexiven Distanzierung und in der Betonung vormoderner Sinn- und Werteinheit. Der Faschismus mit seiner Forcierung der eindeutigen Tat und Dezision gegenüber der Distanzierung und Reflexion ist in Mannheims Augen ein Beispiel der künstlichen Primitivisierung, die durch impressionistische Impulsivität und Führerprinzip die reflexive »Zweifelsituation« der Moderne aufzuheben sucht (Mannheim 1969, 27). Doch nicht nur die künstliche Schaffung einheitstiftender Lebensformen führt zu einer Reprimitivisierung in Mannheims Sinne. Auch das Beharren auf der Geschlossenheit von Deutungsschemata, also die dogmatische Betonung einer Orthodoxie, die die Vielfalt von Weltdeutungen einem einzigen geschlossenen Deutungssystem unterwerfen will, stellen einen Rückfall gegenüber der bislang erreichten gesellschaftlichen Reflexivität dar. So ist auch der Gegenspieler des Faschismus, der orthodoxe Marxismus, als eine primitivierende Reaktion auf die Reflexivität der Moderne anzusehen (Mannheim 1969, 41). Es ist so in der »Dialektik« der Moderne beschlossen, dass in der Vielfalt ihrer Weltdeutungen auch solche »Rückfälle« als alternative Lebenschancen wahrgenommen und realisiert werden. Die prinzipiell erreichte Reflexivität der modernen Lebensführung wird aber damit in den Augen Mannheims auf die Dauer nicht aufhebbar sein (Mannheim 1969, 33).

Mannheim zieht nun Schlüsse bezüglich der Gestalt eines der beschriebenen Lebensführung adäquaten wissenschaftlichen Denkstils. Er betont hier vier Punkte:

1. Ein solches Denken muss bereit sein, angesichts des sozialen Wandels rückgreifend seine eigenen Prämissen zu »lockern«.

2. Es muss sich stets der Partikularität eigenen Standpunkts bewusst sein.

3. In der so möglich gewordenen Anschauung und Anerkennung der in unterschiedlichen Landschaften und Ländern mit ihren Klassen, Gruppen und Kulturen partikulär sich ausbildenden »Wollungen« entsteht ein »erstes Stadium einer kosmopolitischen Situation« (Mannheim 1969, 53).

4. Die Entstehung eines solchen Denkens zu forcieren wäre die Aufgabe und die Chance der Intelligenz.

An dieser Stelle ist es wichtig darauf hinzuweisen, dass Mannheim die Sicherung der gesellschaftlichen Reflexivität der Moderne letztendlich nicht der Intelligenz überließ, sondern in der Weiterentwicklung seines Denkens soziale Techniken entwarf, die in Gestalt eines demokratischen Sozialstaats die Reprimitivisierung moderner Gesellschaften verhindern sollten.

III.

Durch diese Gegenüberstellung der post-/zweitmodernen Ansätze und Mannheims wissenssoziologischer Diagnose der Moderne hoffe ich gezeigt zu haben, in welcher überraschenden Übereinstimmung ihre Aussagen zueinander stehen. Ja, man könnte sogar sagen, dass das in den Ansätzen von Lyotard, Baumann und Beck sich präsentierende Vorwärtstasten der postmodernen Fragestellung in Mannheims Denken bereits weit entfaltet ist. Fassen wir die Entwicklung der »quaestio postmoderna« in den dargestellten Ansätzen kurz zusammen, so können drei Schritte oder Phasen der postmodernen Fragestellung unterschieden werden:

1. Mit Lyotard setzt die Feststellung der Ausdifferenzierung von partikulären und heteromorphen Diskursen ein, die nach einer neuen Legitimation des Wissens fragt. Die ist nicht mehr durch den Hinweis auf die zweifelsfreie Zielgerichtetheit des Wissens qua Fortschritt oder Wahrheitsbezug zu leisten und bedarf eines neuen Denkstils, der dem »Terror« der Isomorphie von Weltdeutungen durch die Anerkennung der Heteromorphie von lokal generierten Sprachspielen und Regeln begegnet und die Möglichkeit einer »Metaargumentation« nur für eine raum-zeitlich begrenzte Konfiguration lokaler Diskurse zulässt (Lyotard 1994, 191). Lyotard sagt zuerst nicht explizit, wer die Träger eines solchen neuen Metadiskurses sein sollen, doch man kann mit Fug annehmen, der französischen Tradition eingedenk, dass diese Aufgabe den Intellektuellen zugedacht war.

2. Baumann zieht aus der unüberwindbaren Heteromorphie der Lyotard'schen Diskurse Konsequenzen bezüglich der moralischen, also normativen Verfasstheit der Postmoderne und gewinnt so auch den Rahmen für die Bestimmung einer postmodernen Soziologie. Ganz im Sinne Durkheims betreibt er Soziologie als eine moralische Wissenschaft. In seiner Sicht steigert die Pluralität gleichberechtigter ethischer Diskurse die moralische Entscheidungsbelastung der Subjekte. Diese werden moralisch immer autonomer aber angesichts der Ambivalenz der Ordnungen immer ratloser. Eine »Reethisierung« der Gesellschaft stellt somit einen strukturellen Imperativ dar, der aus dieser Situation resultiert. Sollen die Subjekte ihre gewonnene Autonomie nicht wieder an moralische Fremdbestimmer verlieren, muss ihre Reflexivität, d. h. die Fähigkeit der Anerkennung und der Einsicht in die gleichzeitige Geltung mehrerer Diskurse gewährleistet werden. Dies erfordert Übersetzungsarbeit, d. h. hermeneutische Interpretationstätigkeit, die der Soziologe als semiologischer Makler leisten kann. Die Aufgabe der Soziologie steht somit in der Aufrechterhaltung gesellschaftlicher Reflexivität. Die Lyotard'sche Forderung nach einem Metadiskurs wird hier zum Bedarf eines hermeneutischen, übersetzenden, vermittelnden Denkstils. Die Forderung nach einem solchen wird allerdings nicht nur in der Soziologie laut. Der von Wolfgang Welsch in der Philoso-

phie geprägte Begriff einer »transversalen Vernunft« zielt in die gleiche Richtung (Welsch 1995).

3. Nicht nur ein Denkstil und ein neues Übersetzungswissen, sondern eine Politik, die auf die *condition postmoderne* antworten würde – dies ist die Forderung von Beck. Seine zweite Moderne will, darin übrigens auch den Intentionen von Baumann, aber auch Giddens (1995) und Albrow (1993) und anderen folgend, als Analyse des postmodernen Gesellschaftszustands die Richtung für eine dieser Gesellschaftsentwicklung adäquate Politik bestimmen. Risiken und Ungewissheiten, die aus den Nebenfolgen rationaler Herrschaft und Wirtschaft resultieren, erfordern neue Antworten, die durch den Rückzug des Nationalstaats und die Entwicklung transnationaler gesellschaftlicher Organisationen ermöglicht werden. Nachdem der Rückzug des Staates die Autonomie des Bürgers vermehrt, während die entnationalisierte Globalisierung die Bedeutung der Lokalität und Regionalität steigert, ist eine Politisierung der autonomen und reflexiven Subjekte im Sinne Baumanns angesagt. Darin sieht Beck die Chance des Aufbruchs zu einer neuen Bürgergesellschaft. Auch hier soll Soziologie als Artikulationshelferin des Zeitgeistes dienen.

Es ist unschwer zu erkennen, dass die hier beschriebenen drei Schritte der Entwicklung des post-/zweitmodernen Denkens in Mannheims Werk vollzogen wurden. Die Erkenntnis der Seinsgebundenheit von Denkstandorten führt zur Formulierung der These von der Partikularität des Wissens und seiner Denkstile als eines generellen Merkmals der Moderne. Die Wissenssoziologie als die Wissenschaft, die diesem Zustand entspringt und ihn zugleich zum Gegenstand hat, ist als ein relationierendes Übersetzungssystem zu verstehen, als ein Metadiskurs, in dem die Partikularität historischer Denkstilkonfigurationen aufgezeigt und dadurch aufgelöst werden kann. Die Intention dieser soziologisch angeleiteten Denktechnik ist auch für Mannheim eine politische. Sie soll in Zeiten eines total werdenden Partikularismus politischer Weltanschauungen das Politische als Inklusion des Anderen durch die Entwicklung eines Diskurses ermöglichen, in dem Reflexivität und somit auch Generalisierbarkeit der Reziprozität von Perspektiven handelnder Subjekte hervorgebracht wird. Man könnte es geradezu als eine Kernaussage Mannheims betrachten, dass die Emergenz der Sinnungewissheit aus dem Prozessieren der Moderne immer eine Politisierung als eine Reaktion hervorruft. Mannheim analysiert in unterschiedlichen Kontexten unterschiedliche Typen dieser Reaktion, so etwa wenn er sich mit dem Konservatismus, Liberalismus und Sozialismus beschäftigt, aber auch wenn er den Fall der gegenmodernen Reprimitivisierung untersucht. Die Entwicklung seiner Soziologie erfolgt also aus der Sorge um die Richtung derartiger Politisierungen. Und in diesem Kontext wird sein Schritt von der wissenssoziologischen zu einer politisch soziologischen Lösung des Problems von Bedeutung, d. h. sein Schritt von der Theorie eines »Metadiskurses« zu der Theorie der Sozialtechnik eines demokratischen Sozialstaats. Man könnte wohl sagen, dass sich dieser Schritt bei Mannheim vor dem Hintergrund der Erkenntnis vollzieht, dass die Ungewissheit produzierender Reflexivität der Moderne nur dann nicht selbstzerstörerisch wird, wenn es gelingt zu verhindern, dass die Politisierung als Reaktion auf ihre Emergenz die Form von Reprimitivisierung annimmt. Das politische Instrument dazu besteht dann nicht in dem relativierenden Metadiskurs, vermittelt durch die Soziologie, sondern in den Institutionen des Sozialstaats.

Angesichts dieses Befunds fällt es schwer, die Trennung von Moderne und Post-/Zweitmoderne als sinnvoll zu akzeptieren, oder gar als den Ausdruck für die Unterscheidung zweier Epochen anzunehmen, von denen die eine sich durch Nichtreflektiertheit der Systemzwänge, durch die generelle Geltung von Wissensystemen etc. und die andere durch das Gegenteil auszeichnet. Mannheims Analyse zeigt, dass Reflexivität im Sinne der gesellschaftsbedingten Einsicht in die Konstituiertheit von Gesellschaften und in die Partikularität unseres Wissens von ihnen, mit dem Prozess der Modernisierung als Ganzem verbunden und nicht seinen letzten Dekaden vorbehalten ist. Sie zeigt auch, dass in dem Reflexivwerden von Gesellschaften selbst noch keine Selektionsleistung enthalten ist, die die Richtung künftiger Gesellschaftsentwicklungen anzeigt. Reflexivität geht immer mit Ambivalenz einher, die den Horizont sozialen Handelns dem Experimentieren öffnet, und zwar sowohl im Sinne einer Steigerung der Reflexivität als auch im Sinne ihrer gegenmodernen Reduktion. Die Verwirklichung der reflexiv eröffneten Chancen hängt von zeiträumlich begrenzten, lokalen Konfigurationen ab, in welchen vorhandene partikuläre Semantikoptionen auf das experimentierende Handlungsinteresse von Akteuren treffen.

Die Aufgabe einer politisch interessierten Soziologie, die im Sinne Mannheims verfahren wollte, ließe sich dann schlicht folgendermaßen formulieren: Das durch die partikulären Diskurse und Semantiken jeweils eröffnete Handlungsfeld ist zu durchleuchten und auf seine integrativen bzw. desintegrativen Potentiale zu untersuchen. Damit allerdings würden sich auch die Gewichte in der gegenwärtigen post-/zweitmodernen Debatte verschieben: Nicht mehr die visionäre Selbstdarstellung des Soziologen stünde im Mittelpunkt des Interesses, sondern die die »reflexive« Gesellschaft ermöglichende Praxis des »soziologischen« Menschen.

Literatur:

Albrow, Martin (1993): *The Global Age. State and Society beyond Modernity*, Cambridge: Polity Press.

Bauman, Zygmunt (1995): *Ansichten der Postmoderne*, Hamburg/Berlin: Argument .

Beck, Ulrich (1996): »Das Zeitalter der Nebenfolgen und die Politisierung der Moderne«, in: ders./ Anthony Giddens/ Scott Lash: *Reflexive Modernisierung. Eine Kontoverse*, Frankfurt/M.: Suhrkamp. S. 19-112.

Giddens, Anthony (1995): *Konsequenzen der Moderne*, Frankfurt/M.: Suhrkamp.

Horkheimer, Max/ Theodor W. Adorno (1975): *Dialektik der Aufklärung*, Frankfurt/M.: Fischer.

Kettler, David/Volker Meja (1995): *Karl Mannheim and the Crisis of Liberalism*, New Brunswick: Transactions Publishers.

König, René (1987): »Vom vermeintlichen Ende der deutschen Soziologie vor der Machtergreifung des Nationalsozialismus«, in: ders.: *Soziologie in Deutschland. Begründer, Verächter, Verfechter*, München/Wien: Hanser, S. 343-387.

Lyotard, Jean-François (1994): *Das postmoderne Wissen*, Wien: Passagen.

Lyotard, Jean-François (1977): *Das Patchwork der Minderheiten*, Berlin: Merve.

Mannheim, Karl (1969): *Ideologie und Utopie*, Frankfurt/M.: Schulte-Bulmke.

Mannheim; Karl (1930): *Kolleg: Über den Gegenstand, die Methode und die Einstellung der Soziologie*, Frankfurt/M. 1930, in: Ilja Srubar/Martin Endreß (Hg.): *Karl Mannheims Analyse der Moderne*, Opladen: Leske + Budrich, S. 41-117.

Patocka, Jan (1988): *Ketzerische Essais zur Philosophie der Geschichte und ergänzende Schriften*, Stuttgart: Klett Cotta.

Schelsky, Helmut (1981): »Ortsbestimmung der deutschen Soziologie«, in: ders.: *Rückblicke eines »Anti-soziologen«*, Opladen: Westdeutscher Verlag.

Schulze, Gerhard (1992): *Die Erlebnisgesellschaft. Kultursoziologie der Gegenwart*, Frankfurt/M.: Campus.

Simmel, Georg (1908): »Die Kreuzung der Sozialen Kreise«, in: ders.: *Soziologie*, Berlin: Duncker & Humblot.

Simmel, Georg (1911): »Der Begriff und die Tragödie der Kultur«, in: *Gesamtausgabe* Bd. 14, Frankfurt/M.: Suhrkamp.

Welsch, Wolfgang (1995): *Vernunft. Die zeitgenössische Vernunftkritik und das Konzept der transversalen Vernunft*, Frankfurt/M.: Suhrkamp.

Zima, Peter V. (1997): *Moderne/Postmoderne*, Tübingen/Basel: Francke.

Drucknachweise

Handeln, Denken, Sprechen. Der Zusammenhang ihrer Form als genetischer Mechanismus der Lebenswelt,

> in: Ulrich Wenzel, Bettina Bretzinger, Klaus Holz (Hg.) (2003): Subjekte und Gesellschaft. Zur Konstitution von Sozialität, Weilerswist: Velbrück, S. 70-117

Die pragmatische Lebenswelttheorie als Grundlage interkulturellen Vergleichs,

> in: Ilja Srubar, Joachim Renn und Ulrich Wenzel (Hg.) (2005): Kulturen vergleichen. Sozial- und kulturwissenschaftliche Grundlagen und Kontroversen, Wiesbaden: VS Verlag, S. 151-171.

Unterwegs zu einer vergleichenden Lebensformforschung,

> in: Burkhard Liebsch und Jürgen Straub (Hg.) (2003), Lebensformen in Widerstreit, Frankfurt/M.: Campus, S. 105-135.

Transdifferenz, Kulturhermeneutik und alltägliches Übersetzen,

> in: Jochen Dreher und Peter Stegmaier (Hg.) (2007): Zur Unüberwindbarkeit kultureller Differenz, Bielefeld: Transkript 2007, S. 43-64

Strukturen des Übersetzens und interkultureller Vergleich,

> in: Joachim Renn, Jürgen Straub und Shingo Shimada (Hg.): Übersetzen als Medium des Kulturverstehens und sozialer Integration, Frankfurt/M.: Campus 2002, S. 323-245

Sprache als strukturelle Kopplung. Das Problem der Sprache in Luhmanns Theorie,

> in: Kölner Zeitschrift für Soziologie und Sozialpsychologie 57 (2005) Nr. 4 , S. 599-623

Systemischer Materialismus oder Konstitutionsanalyse sinnverarbeitender Systeme? Zwei Wege systemtheoretischer Wissenssoziologie,

> in: Soziologische Revue, 28 (2006), S. 3-13.

Mannheims Diskursanalyse,

> in: Balint Balla, Vera Sparschuh und Anton Sterbling (Hg.) (2007): Karl Mannheim. Leben, Werk und Bedeutung, Krämer: Hamburg, S. 79-94

Mannheim und die Postmodernen,

> in: Ilja Srubar und Martin Endreß (Hg.) (2000): Karl Mannheims Analyse der Moderne, Jahrbuch für die Soziologiegeschichte 1996, Opladen: Leske + Budrich, S. 353-370,